REPERCUSSÃO GERAL NO RECURSO EXTRAORDINÁRIO

Estudos em homenagem à Ministra Ellen Gracie

R425 Repercussão geral no recurso extraordinário: estudos em homenagem à
Ministra Ellen Gracie / coordenador Leandro Paulsen; apresentação
ção Ministro Ayres Britto. – Porto Alegre: Livraria do Advogado Editora, 2011.
306 p.; 23 cm.
ISBN 978-85-7348-757-2

1. Repercussão geral (Direito). 2. Recurso extraordinário. 3. Processo penal. 4. Cooperação internacional - (Direito). 5. Brasil. Supremo Tribunal Federal. 6. Gracie, Ellen. I. Paulsen, Leandro. II. Britto, Ayres.

CDU 347.955
CDD 347.81077

Índice para catálogo sistemático:
1. Recursos: Direito processual civil   347.955

(Bibliotecária responsável: Sabrina Leal Araujo – CRB 10/1507)

Leandro Paulsen
(coordenador)

REPERCUSSÃO GERAL NO RECURSO EXTRAORDINÁRIO

Estudos em homenagem à Ministra Ellen Gracie

Alexandre Berzosa Saliba
Alfredo Jara Moura
Cassio Scarpinella Bueno
Douglas Fischer
Guilherme Calmon Nogueira da Gama
Ives Gandra da Silva Martins
José Celso de Mello Filho
Leonardo Carneiro da Cunha
Regina Helena Costa
Roque Antonio Carrazza
Sacha Calmon Navarro Coêlho
Salise Monteiro Sanchotene
Taís Schilling Ferraz
Teori Albino Zavascki

MINISTRO AYRES BRITTO
(apresentação)

Porto Alegre, 2011

©
Alexandre Berzosa Saliba, Alfredo Jara Moura,
Cassio Scarpinella Bueno, Douglas Fischer,
Guilherme Calmon Nogueira da Gama, Ives Gandra da Silva Martins,
José Celso de Mello Filho, Leonardo Carneiro da Cunha,
Regina Helena Costa, Roque Antonio Carrazza, Sacha Calmon Navarro Coêlho,
Salise Monteiro Sanchotene, Taís Schilling Ferraz, Teori Albino Zavascki.
2011

Capa, projeto gráfico e diagramação
Livraria do Advogado Editora

Revisão
Rosane Marques Borba

Direitos desta edição reservados por
Livraria do Advogado Editora Ltda.
Rua Riachuelo, 1338
90010-273 Porto Alegre RS
Fone/fax: 0800-51-7522
editora@livrariadoadvogado.com.br
www.doadvogado.com.br

Impresso no Brasil / Printed in Brazil

Nota do coordenador

A Ministra Ellen Gracie é a um só tempo discreta e marcante. Impõe-se pelo modo refinado como se coloca, pelo respeito que presta a todos e que exige para si, pela serenidade com que encara as dificuldades, pela vivacidade de espírito com que assume desafios e vislumbra o futuro, pela disposição em ouvir, pela inteligência e perspicácia, pela assunção de posições equilibradas e firmes e pela autoestima que sustenta a segurança dos seus movimentos. Todas essas qualidades, Ellen Gracie emprestou ao exercício da magistratura.

Decorridos, em dezembro de 2010, dez anos de sua atuação no Supremo Tribunal Federal, cabe-nos prestar-lhe justa e afetuosa homenagem. É que, nessa década que dedicou ao país, a Ministra Ellen Gracie muito contribuiu tanto para a estabilidade das instituições democráticas como para o avanço da jurisprudência, sem falar na excelência que empregou na administração do Judiciário.

Durante sua gestão como Presidente do Supremo Tribunal Federal, direcionou muita energia para viabilizar o instituto da repercussão geral e estimular que fosse colocado em marcha, de modo que se pudesse passar a colher todos os frutos até então apenas potenciais. Diversas foram as atividades desenvolvidas nesse sentido, entre as quais o início da seleção de processos representativos das controvérsias e da devolução de feitos repetitivos, a criação espaço específico para o acompanhamento da repercussão geral no portal do STF, a divisão, entre os Ministros, de matérias a serem levadas ao exame de repercussão e o contato com outros tribunais a fim de tratar do papel de cada instância e dos efeitos do instituto da repercussão geral no processamento dos recursos extraordinários e dos agravos de instrumento. No período posterior à presidência, uma das suas maiores preocupações foi acelerar os julgamentos de mérito das matérias com repercussão geral reconhecida, especialmente daquelas de que dependia a solução definitiva de maior número de processos sobrestados.

A Ministra Ellen Gracie é uma entusiasta da repercussão geral, instituto que conduz a dois objetivos que lhe são muito caros: a boa administração dos recursos materiais e humanos do Judiciário e a maior qualidade dos julgamentos, destacadas a importância e a exclusividade da análise dos casos representativos das controvérsias.

A escolha do tema central deste livro, portanto, defluiu quase que naturalmente do acompanhamento do seu trabalho.

Os estudos reunidos nesta obra versam, em sua maioria, sobre o próprio instituto processual da repercussão geral ou sobre matérias de mérito com inequívoca repercussão. Outros tantos abordam temas igualmente relevantes relacionados à atuação do Supremo Tribunal Federal e à aplicação das suas decisões, a questões processuais penais de sua competência ou vinculadas às suas orientações e à cooperação internacional.

Esta homenagem, em forma de obra coletiva, fez-se pela generosidade de juristas que, de pronto e com entusiasmo, incorporaram-se ao projeto que propusemos. Mesmo com enormes responsabilidades nos seus trabalhos diários, encontraram tempo para dedicar à Ministra Ellen Gracie os estudos ora publicados. Agradecemos a todos e a cada um em particular, depositários que são da nossa maior consideração.

Esperamos que os leitores possam aproveitar a qualidade dos textos aqui reunidos e que a iniciativa seja motivo de satisfação para a nossa homenageada.

Leandro Paulsen
Juiz Auxiliar do Supremo Tribunal Federal
Juiz Federal na 4ª Região

Sumário

Apresentação
Ministro Ayres Britto 9

I – Jurisdição Constitucional 11

1. O Supremo Tribunal Federal e a defesa das liberdades públicas sob a Constituição de 1988: alguns tópicos relevantes
José Celso de Mello Filho 13

2. A função do Supremo Tribunal Federal e a força de seus precedentes: enfoque nas causas repetitivas
Leonardo Carneiro da Cunha 57

II – O Instituto da Repercussão Geral 75

3. Repercussão geral – muito mais que um pressuposto de admissibilidade
Taís Schilling Ferraz 77

4. Repercussão geral em matéria tributária: primeiras reflexões
Regina Helena Costa 109

5. A repercussão geral no Supremo Tribunal Federal do Brasil: tema novo ou variação recorrente do papel das Supremas Cortes?
Sacha Calmon Navarro Coêlho 119

6. Repercussão geral no projeto de novo Código de Processo Civil
Cassio Scarpinella Bueno 135

III – Temas de Repercussão Geral 151

7. Estudo em homenagem à Ministra Ellen Gracie: repercussão geral
Ives Gandra da Silva Martins 153

8. Repercussão geral, transporte aéreo e reparação tarifada
Guilherme Calmon Nogueira da Gama 169

9. A exclusão do ICMS da base de cálculo da COFINS
Roque Antonio Carrazza 189

10. Limites, ponderações de direitos fundamentais. Liberdade de expressão e direito à honra/dignidade da pessoa humana
Salise Monteiro Sanchotene 217

IV – Processo Penal 235

11. A prescrição da pretensão executória penal em face do que decidido pelo STF no HC nº 84.078-MG
    Douglas Fischer 237

12. O projeto do novo Código de Processo Penal. Breves notas. Agilidade no trâmite das ações penais originárias, inquéritos e extradições no âmbito do Supremo Tribunal Federal. Magistrado Instrutor
    Alexandre Berzosa Saliba 259

V – Cooperação Internacional 271

13. Questões sobre a extradição sob a ótica da jurisprudência do Supremo Tribunal Federal – efeitos da concessão de asilo e refúgio ao extraditando e da decisão de deferimento do pedido extradicional
    Alfredo Jara Moura 273

14. Cooperação jurídica internacional e a concessão de *exequatur*
    Teori Albino Zavascki 293

Apresentação

Ellen Gracie faz 10 anos como ministra do Supremo Tribunal Federal. 10 anos, reconheça-se, de brilho intelectual, equilíbrio emocional e devoção à causa pública. Ajunte-se: 10 anos de uma judicatura envolta na mais arejada atmosfera de humanismo, espírito agregador e lealdade a princípios. Arremate-se: 10 anos de votos aprofundadamente estudados e redigidos com todo apuro vernacular, de parelha com lúcida participação em debates orais, culto àquele tipo de jurisprudência que preserva o frescor das suas teses e total abertura para o novo que se dá ao respeito de não compactuar com o preconceito social, o obscurantismo científico e o sectarismo religioso. Porque assim exige a tão extensa quanto contemporânea tábua de valores da Constituição Federal brasileira.

2. São 10 anos, portanto, da mais decidida militância constitucional por parte de quem ainda se orna do mais vistoso carisma e sabe conciliar na exata medida firmeza e leveza, pensamento e sentimento, direito e justiça. Impondo-se, por isso mesmo, a um tipo tão qualificado de admiração que tinha que culminar com a publicação deste livro em louvor de sua fascinante personalidade.

3. Fascinante personalidade, porque fascínio, sim, é o que tem despertado em todos nós a simbiose da figura física e da trajetória profissional da ministra Ellen. Seja na condição de julgadora, produzindo votos corajosos e da mais intrínseca atualidade (como nas questões da "lei da ficha limpa", das células-tronco embrionárias e da união civil de caráter homoafetivo, somente para falar das mais recentes), seja na condição de presidente do Tribunal, introduzindo refinados métodos de organização do trabalho (com destaque para o campo da informatização) e de aprimoramento de institutos como o da repercussão geral, da súmula vinculante e da reclamação. Mas uma trajetória de que apenas dou conta como brevíssima referência, porquanto analiticamente comentada ao longo dos estudos que fazem parte desta publicação.

4. Pois bem, desses 10 anos agora comemorados, ressalto que 8 deles foram vividos por mim mesmo na privilegiada situação de colega da ministra agora homenageada. Tempo suficiente para testemunhar, dia após dia, mês após mês, ano após ano, o admirável modo de ser e de agir de uma pessoa que tenho até como predestinada. Primeira mulher a se investir no cargo de ministro do Supremo, primeira a presidir a 2ª Turma e primeira a titularizar a presidência da Corte. Fazendo-o como verdadeira líder, e não apenas como chefe. E trazendo a tiracolo, quando do retorno *à bancada*, o mesmo entusiasmo com que inflamou o espírito cívico-profissional dos colegas e subordinados. É dizer: simples ou sem afetação na hora do cimo, alegre e humilde na hora do sopé. Como invariavelmente sucede com todas as pessoas interiormente evoluídas, que são justamente as que experimentam, com êxito, esta oracular sentença de William Shakespeare: "Transformação é uma porta que se abre por dentro".

5. Em síntese, os luminosos 10 anos da ministra Ellen Gracie nesta Casa de fazer destino – que é o Supremo Tribunal Federal – evocam em nossas mentes aquelas quatro maiores virtudes humanas de que tratava a clássica filosofia dos gregos: verdade, justiça, bondade e beleza. Que são, no fundo, as mais lapidadas contas desse colar de pérolas que bem merece o nome de "consciência". Consciência ou estado pinacular de ser que habilita os lidadores jurídicos a internalizar essa definitiva lição de Tobias Barreto: "Direito não é só uma coisa que se sabe, mas também uma coisa que se sente". Na mesma linha, por sinal, da mundividência do filósofo alemão Max Scheler, para quem "O ser humano não é apenas um ser pensante ou um ser volitivo. É também um ser amante".

Brasília, 24 de maio de 2011.

Ministro Ayres Britto

I

JURISDIÇÃO CONSTITUCIONAL

── 1 ──

O Supremo Tribunal Federal e a defesa das liberdades públicas sob a Constituição de 1988: alguns tópicos relevantes

JOSÉ CELSO DE MELLO FILHO
Ministro e ex-Presidente do Supremo Tribunal Federal

Sumário: **1. A celebração** de duas datas **impregnadas** de relevo histórico e político; **2. O significado** da defesa da Constituição; **3. A colmatação** de omissões inconstitucionais: **um exercício de ativismo judicial?**; **4. O controle jurisdicional** do poder político: **o protagonismo** do Poder Judiciário e o *monopólio da última palavra*, pelo Supremo Tribunal Federal, em matéria constitucional; **5. A proteção jurisdicional** dos direitos humanos: um encargo **irrenunciável** do Supremo Tribunal Federal; **6. A questão** dos refugiados e o processo de extradição; 7. Extradição e terrorismo; **8. O acesso de estrangeiros** aos remédios constitucionais; **9. O privilégio constitucional** contra a autoincriminação **e os atos** de persecução estatal; **10. A delação anônima** nos procedimentos penais; **11. O poder investigatório** do Ministério Público; **12. Ministra Ellen Gracie**: uma nomeação *emblemática* para o Supremo Tribunal Federal.

1. A celebração de duas datas impregnadas de relevo histórico e político

O último ano do mandato da Ministra *Ellen Gracie* **como Presidente** do Supremo Tribunal Federal, <u>2008</u>, iniciou-se **sob a égide virtuosa** da comemoração **de duas datas** de significativa importância **e** de alto relevo político e social na história de nosso País.

Refiro-me, *de um lado*, **ao bicentenário** de criação **do primeiro** órgão de cúpula da Justiça nacional **e**, *de outro*, **ao 20º Aniversário** de promulgação da Constituição democrática de 1988.

As comemorações **em torno** do bicentenário, *organizadas e promovidas* pela Ministra Ellen Gracie, *logo no início* de sua Presidência, **evocam** um expressivo momento da história judiciária de nosso País, cujo processo de independência teve início efetivo **com a transmigração** da Família Real portuguesa para o Brasil, **motivada** pelas Guerras Peninsulares que irromperam em decorrência da invasão napoleônica dos Reinos da Espanha **e** de Portugal.

O Supremo Tribunal Federal, *como se sabe,* **projetando-se** numa linha histórica de sucessão direta, **constitui** *o legítimo continuador* – na condição de órgão de cúpula do sistema judiciário brasileiro – **da Casa da Suplicação do Brasil,** que, **investida** da mesma alçada e competência da Casa da Suplicação de Lisboa, **foi instituída,** logo após a chegada da Corte Real portuguesa ao nosso País, **pelo Príncipe-Regente** D. João, **mediante** Alvará régio de 10/05/1808, *"para se findarem ali todos os pleitos em ultima Instancia, por maior que seja o seu valor, sem que das ultimas sentenças proferidas em qualquer das Mezas da sobredita Casa se possa interpor outro recurso (...)",* **estendendo-se** a sua competência a todas as causas julgadas no Brasil **e**, *também,* **durante** o período de um ano, àquelas oriundas das *"Ilhas dos Açôres, e Madeira (...)".*

Esse evento impõe reflexões sobre o papel institucional, as funções constitucionais **e** a responsabilidade política e social do Supremo Tribunal Federal **no contexto** do processo de consolidação e aperfeiçoamento da ordem democrática em nosso País **e**, mais diretamente, **no plano da construção** de uma *jurisprudência das liberdades* **concebida e formulada** em favor dos direitos e garantias da pessoa humana.

De outro lado, nada mais oportuno e necessário do que celebrar **o 20º aniversário** da promulgação da Constituição da República de 1988, **que é** um dos mais significativos estatutos constitucionais de todos quantos regeram o sistema político-jurídico brasileiro **ao longo** de quase dois séculos de existência soberana e de vida independente de nosso País como Estado nacional.

O exame comparativo da Constituição de 1988, **com aquelas** que a precederam, **revela e permite ressaltar** a importância, a originalidade e o caráter inovador que qualificam a nossa **vigente** Lei Fundamental, elaborada e aprovada, em ambiente de plena liberdade, pelos representantes do Povo brasileiro reunidos em Assembleia Nacional Constituinte, num momento histórico impregnado de densas significações, em que o Brasil, **situando-se** entre o seu passado e o seu futuro, **rompeu,** vitoriosamente, **a ordem autocrática** imposta por um regime sombrio que havia aniquilado a vida democrática em nosso País, **frustrando,** *assim,* os sonhos de liberdade de toda uma geração de brasileiros.

2. O significado da defesa da Constituição

Impõe-se, ao Supremo Tribunal Federal, **tornado** fiel depositário da preservação da autoridade e da supremacia da nova ordem constitucional, **por deliberação soberana** da própria Assembleia Nacional Constituinte, **reafirmar**, a cada momento, o seu respeito, o seu apreço e a sua lealdade **ao texto sagrado** da Constituição democrática do Brasil.

Nesse contexto, **incumbe**, aos magistrados e Tribunais, **notadamente** aos Juízes da Corte Suprema do Brasil, **o desempenho** do dever que lhes é inerente: **o de velar** pela integridade dos direitos fundamentais de todas as pessoas, **o de repelir** condutas governamentais abusivas, **o de conferir** prevalência à essencial dignidade da pessoa humana, **o de fazer cumprir** os pactos internacionais que protegem os grupos vulneráveis expostos a práticas discriminatórias **e o de neutralizar** qualquer ensaio de opressão estatal.

O Supremo Tribunal Federal **possui** a exata percepção dessa realidade **e tem**, por isso mesmo, **no desempenho** de suas funções, **um grave compromisso** com o Brasil e com o seu povo, **e que consiste** em preservar a intangibilidade da Constituição que nos governa a todos, **sendo o garante** de sua integridade, **impedindo** que razões de pragmatismo governamental **ou** de mera conveniência de grupos, instituições ou estamentos prevaleçam **e** deformem o significado da própria Lei Fundamental.

Torna-se de vital importância reconhecer que o Supremo Tribunal Federal – **que é o guardião** da Constituição, por expressa **delegação** do poder constituinte – **não pode renunciar** ao exercício desse encargo, **pois**, se a Suprema Corte **falhar** no desempenho da **gravíssima** atribuição que lhe foi outorgada, **a integridade** do sistema político, **a proteção** das liberdades públicas, **a estabilidade** do ordenamento normativo do Estado, **a segurança** das relações jurídicas **e a legitimidade** das instituições da República **restarão** profundamente comprometidas.

Nenhum dos Poderes da República **pode** submeter a Constituição a seus próprios desígnios **ou** a manipulações hermenêuticas **ou**, ainda, a avaliações discricionárias **fundadas em razões** de conveniência política **ou** de pragmatismo institucional, **eis que** a relação de **qualquer** dos Três Poderes com a Constituição **há de ser**, necessariamente, **uma relação de respeito incondicional**, sob pena de juízes, legisladores e administradores converterem o alto significado do Estado Democrático de Direito em uma palavra vã **e** em um sonho frustrado pela prática autoritária do poder.

<u>**Nada compensa**</u> a ruptura da ordem constitucional, <u>**porque nada recompõe os gravíssimos efeitos**</u> que derivam do gesto **de infidelidade** ao texto da Lei Fundamental.

É por isso que se pode proclamar que o Supremo Tribunal Federal – que **não** se curva a ninguém **nem** tolera a prepotência dos governantes **nem** admite os excessos e abusos que emanam de qualquer esfera dos Poderes da República – **desempenha** as suas funções institucionais **e exerce** a jurisdição que lhe é inerente **de modo compatível** com os estritos limites que lhe traçou a própria Constituição.

Isso significa reconhecer que a prática da jurisdição, **quando provocada** por aqueles atingidos pelo arbítrio, pela violência e pelo abuso, **não pode ser considerada** – ao contrário do que muitos **erroneamente** supõem e afirmam – um gesto de indevida interferência da Suprema Corte **na esfera orgânica** dos demais Poderes da República.

3. A colmatação de omissões inconstitucionais: um exercício de ativismo judicial?

Nem se censure eventual ativismo judicial exercido pelo Supremo Tribunal Federal, **especialmente** porque, **dentre** as inúmeras causas **que justificam** esse comportamento afirmativo do Poder Judiciário, **de que resulta** uma positiva criação jurisprudencial do direito, **inclui-se a necessidade** de fazer prevalecer **a primazia** da Constituição da República, **muitas vezes** transgredida e desrespeitada por pura, simples e conveniente omissão dos poderes públicos.

Na realidade, o Supremo Tribunal Federal, **ao suprir as omissões inconstitucionais** dos órgãos estatais **e ao adotar** medidas que objetivem restaurar a Constituição violada **pela inércia** dos poderes do Estado, **nada mais faz** senão cumprir a sua missão constitucional **e demonstrar**, com esse gesto, o respeito incondicional que tem pela autoridade da Lei Fundamental da República.

Práticas de ativismo judicial, embora moderadamente desempenhadas pela Corte Suprema em momentos excepcionais, **tornam-se uma necessidade institucional**, quando os órgãos do Poder Público se omitem **ou** retardam, excessivamente, **o cumprimento** de obrigações a que estão sujeitos **por expressa determinação** do próprio estatuto constitucional, **ainda mais se se tiver presente** que o Poder Judiciário, **tratando-se** de comportamentos estatais **ofensivos** à Constituição, **não pode se reduzir** a uma posição de pura passividade.

A omissão do Estado – **que deixa de cumprir**, em maior **ou** em menor extensão, **a imposição** ditada pelo texto constitucional – **qualifica-se** como comportamento **revestido** da maior gravidade político-jurídica, **eis que**, **mediante inércia**, o Poder Público **também desrespeita** a Constituição, **também ofende** direitos que nela se fundam **e também impede**, por ausência (**ou** insuficiência) de medidas concretizadoras, **a própria aplicabilidade** dos postulados e princípios da Lei Fundamental, **tal como tem advertido** o Supremo Tribunal Federal:

> *DESRESPEITO À CONSTITUIÇÃO – MODALIDADES DE COMPORTAMENTOS INCONSTITUCIONAIS DO PODER PÚBLICO.*
> *- O desrespeito à Constituição **tanto** pode ocorrer mediante **ação** estatal **quanto** mediante **inércia** governamental. A situação de inconstitucionalidade **pode derivar** de um **comportamento ativo** do Poder Público, **que age ou edita** normas **em desacordo** com o que dispõe a Constituição, **ofendendo-lhe**, assim, os preceitos e os princípios que nela se acham consignados. **Essa conduta estatal**, que importa em um "**facere**" (atuação positiva), **gera** a inconstitucionalidade **por ação**.*
> *- **Se** o Estado **deixar de adotar** as medidas **necessárias** à realização concreta dos preceitos da Constituição, **em ordem a torná-los efetivos**, operantes e exeqüíveis, **abstendo-se**, em conseqüência, **de cumprir o dever de prestação** que a Constituição lhe impôs, incidirá em **violação negativa** do texto constitucional. Desse "**non facere**" ou "**non praestare**", resultará a inconstitucionalidade **por omissão**, que pode ser **total**, quando é nenhuma a providência adotada, **ou parcial**, quando é **insuficiente** a medida efetivada pelo Poder Público. (...).*
> (**ADI 1.458-MC/DF**, REL. MIN. CELSO DE MELLO)

Vê-se, pois, que, **na tipologia** das situações inconstitucionais, inclui-se, **também**, aquela que deriva do descumprimento, **por inércia estatal**, de norma impositiva de determinado comportamento atribuído ao Poder Público **pela própria** Constituição.

As situações configuradoras de omissão inconstitucional – ainda que se cuide de omissão parcial, derivada da insuficiente concretização, pelo Poder Público, do conteúdo material da norma impositiva fundada na Carta Política – **refletem comportamento estatal que deve ser repelido**, pois a **inércia** do Estado qualifica-se, **perigosamente**, como um dos **processos informais de mudança da Constituição**, expondo-se, por isso mesmo, **à censura** do magistério doutrinário (Anna Cândida da Cunha Ferraz, "**Processos Informais de Mudança da Constituição**", p. 230-232, item n. 5, 1986, Max Limonad; Jorge Miranda, "**Manual de Direito Constitucional**", tomo II/406 e 409, 2ª ed., 1988, Coimbra Editora; J. J. Gomes Canotilho e Vital Moreira, "**Fundamentos da Constituição**", p. 46, item n. 2.3.4, 1991, Coimbra Editora).

O fato inquestionável é um só: **a inércia estatal em tornar efetivas** as imposições constitucionais **traduz inaceitável gesto de desprezo** pela Constituição **e configura** comportamento que revela **um incompreensível** sentimento de desapreço pela autoridade, pelo valor e pelo alto significado de que se reveste a Constituição da República.

Nada mais nocivo, **perigoso e ilegítimo** do que elaborar uma Constituição, **sem** a vontade de fazê-la cumprir integralmente, **ou**, então, **de apenas** executá-la com o propósito subalterno de torná-la aplicável **somente**

nos pontos que se mostrarem **convenientes** aos desígnios dos governantes, **em detrimento** dos interesses maiores dos cidadãos.

A **percepção** da gravidade **e** das consequências lesivas, **derivadas** do gesto infiel do Poder Público **que transgride**, por omissão **ou** por insatisfatória concretização, **os encargos** de que se tornou depositário, **por efeito** de expressa determinação constitucional, **foi revelada**, entre nós, já no período monárquico, em lúcido magistério, por Pimenta Bueno ("**Direito Público Brasileiro e Análise da Constituição do Império**", p. 45, **reedição** do Ministério da Justiça, 1958) **e reafirmada** por eminentes autores contemporâneos (José Afonso da Silva, "**Aplicabilidade das Normas Constitucionais**", p. 226, item n. 4, 3ª ed., 1998, Malheiros; Anna Cândida da Cunha Ferraz, "**Processos Informais de Mudança da Constituição**", p. 217/218, 1986, Max Limonad; Pontes de Miranda, "**Comentários à Constituição de 1967 com a Emenda n. 1, de 1969**", tomo I/15-16, 2ª ed., 1970, RT, *v.g.*), **em lições que acentuam o desvalor jurídico do comportamento estatal omissivo.**

O desprestígio da Constituição – por inércia de órgãos meramente constituídos – **representa** um dos mais graves aspectos da patologia **constitucional**, pois reflete **inaceitável** desprezo, **por parte** das instituições governamentais, **da autoridade suprema** da Lei Fundamental do Estado.

Essa constatação, feita por Karl Loewenstein ("**Teoria de la Constitución**", p. 222, 1983, Ariel, Barcelona), **coloca em pauta o fenômeno da erosão da consciência constitucional**, motivado pela instauração, no âmbito do Estado, **de um preocupante processo de desvalorização funcional** da Constituição escrita, **como já ressaltado**, pelo Supremo Tribunal Federal, **em diversos julgamentos, como resulta** da seguinte decisão, **consubstanciada** em acórdão assim ementado:

> *A TRANSGRESSÃO DA ORDEM CONSTITUCIONAL PODE CONSUMAR-SE MEDIANTE AÇÃO (VIOLAÇÃO POSITIVA) OU MEDIANTE OMISSÃO (VIOLAÇÃO NEGATIVA).*
>
> *- **O desrespeito** à **Constituição tanto** pode ocorrer mediante **ação** estatal **quanto** mediante **inércia** governamental. A situação de inconstitucionalidade pode derivar de um **comportamento ativo** do Poder Público, **seja** quando este **vem a fazer** o que o estatuto constitucional **não lhe permite**, **seja**, ainda, quando vem a editar normas em desacordo, formal ou material, com o que dispõe a Constituição. Essa conduta estatal, que importa em um "**facere**" (atuação positiva), gera a inconstitucionalidade **por ação**.*
>
> *- **Se o Estado**, no entanto, **deixar de adotar** as medidas **necessárias à realização concreta** dos preceitos da Constituição, **abstendo-se**, em conseqüência, **de cumprir** o dever de prestação que a própria Carta Política lhe impôs, incidirá em **violação negativa** do texto constitucional. Desse "**non facere**" ou "**non praestare**", resultará a inconstitucionalidade **por omissão**, que pode ser **total** (quando é **nenhuma** a providência adotada) ou **parcial** (quando é **insuficiente** a medida efetivada pelo Poder Público). **Entendimento** prevalecente*

na *jurisprudência* do Supremo Tribunal Federal: **RTJ 162/877-879**, Rel. Min. CELSO DE MELLO (**Pleno**).
- **A omissão do Estado** – **que deixa de cumprir**, em maior ou em menor extensão, **a imposição** ditada pelo texto constitucional – **qualifica-se** como comportamento revestido da maior gravidade político-jurídica, eis que, **mediante inércia**, o Poder Público **também desrespeita** a Constituição, **também ofende** direitos que nela se fundam **e também impede**, por **ausência (ou insuficiência)** de medidas concretizadoras, a própria aplicabilidade dos postulados e princípios da Lei Fundamental.
DESCUMPRIMENTO DE IMPOSIÇÃO CONSTITUCIONAL LEGIFERANTE E DESVALORIZAÇÃO FUNCIONAL DA CONSTITUIÇÃO ESCRITA.
- O Poder Público – **quando se abstém** de cumprir, total ou parcialmente, **o dever de legislar**, imposto em cláusula constitucional, **de caráter mandatório** – infringe, **com esse comportamento negativo**, a própria integridade da Lei Fundamental, **estimulando**, no âmbito do Estado, o **preocupante** fenômeno da **erosão da consciência constitucional** (**ADI 1.484-DF**, Rel. Min. CELSO DE MELLO).
- **A inércia estatal** em adimplir as imposições constitucionais **traduz inaceitável gesto de desprezo** pela autoridade da Constituição **e configura**, por isso mesmo, comportamento que deve ser evitado. É que nada se revela mais nocivo, **perigoso e ilegítimo** do que elaborar uma Constituição, **sem** a vontade de fazê-la cumprir integralmente, **ou**, então, de **apenas** executá-la com o propósito subalterno de torná-la aplicável **somente** nos pontos que se mostrarem ajustados à conveniência e aos desígnios dos governantes, **em detrimento** dos interesses maiores dos cidadãos.
DIREITO SUBJETIVO À LEGISLAÇÃO E DEVER CONSTITUCIONAL DE LEGISLAR: A NECESSÁRIA EXISTÊNCIA DO PERTINENTE NEXO DE CAUSALIDADE.
- **O direito à legislação** só pode ser invocado pelo interessado, quando **também** existir – **simultaneamente imposta pelo próprio texto constitucional** – a previsão do **dever estatal** de emanar normas legais. **Isso significa** que o direito individual à atividade legislativa do Estado **apenas** se evidenciará naquelas **estritas** hipóteses em que o desempenho da função de legislar **refletir**, por efeito de **exclusiva** determinação constitucional, uma obrigação jurídica indeclinável **imposta** ao Poder Público.
Para que possa atuar a norma pertinente ao instituto do mandado de injunção, revela-se essencial que se estabeleça a necessária correlação entre a imposição constitucional de legislar, de um lado, e o conseqüente reconhecimento do direito público subjetivo à legislação, de outro, de tal forma que, ausente a obrigação jurídico-constitucional de emanar provimentos legislativos, não se tornará possível imputar comportamento moroso ao Estado, nem pretender acesso legítimo à via injuncional. Precedentes. (...).
(**RTJ 183/818-819**, REL. MIN. CELSO DE MELLO, **Pleno**)

O Supremo Tribunal Federal, em **recentes** julgamentos **versando** o abusivo e irrazoável **retardamento** da União Federal **na efetivação** de prestação legislativa **imposta** pela Constituição **em tema** de greve no serviço público (**MI 670/ES**, Rel. p/ o acórdão Min. Gilmar Mendes – **MI 708/DF**, Rel. Min. Gilmar Mendes – **MI 712/PA**, Rel. Min. Eros Grau), **supriu**, colmatando-a, **a omissão** denunciada por entidades de classe, **vindo a conceder** mandado de injunção **com o objetivo de viabilizar** o exercício, pelos servidores públicos civis, do direito de greve, **assim neutralizando**, mediante **adequada** resposta jurisdicional, **a lacuna normativa** representada **pela falta** da lei especial **a que se refere** o texto constitucional (**CF, art. 37, VII**).

Também em tema de implementação de políticas governamentais, **previstas e determinadas** no texto constitucional, **notadamente nas áreas de educação infantil** (RTJ 199/1219-1220) **e de saúde pública** (**RTJ** 174/687 – **RTJ** 175/1212-1213), a Corte Suprema brasileira **proferiu** decisões **que neutralizaram** os efeitos nocivos, lesivos e perversos **resultantes** da inatividade governamental, **em situações** nas quais **a omissão** do Poder Público representava **um inaceitável insulto** a direitos básicos **assegurados** pela própria Constituição da República, **mas cujo exercício** estava sendo inviabilizado **por contumaz** (e irresponsável) **inércia** do aparelho estatal.

O Supremo Tribunal Federal, em referidos julgamentos, **colmatou** a omissão governamental **e conferiu** real efetividade a direitos essenciais, **dando-lhes** concreção **e**, desse modo, **viabilizando** o acesso das pessoas **à plena fruição** de direitos fundamentais, cuja realização prática lhes **estava sendo negada**, injustamente, por **arbitrária** abstenção do Poder Público.

Assim foi, por exemplo, **com a questão** concernente à distribuição gratuita de medicamentos a pessoas carentes **e** portadoras do vírus HIV/AIDS:

O DIREITO À SAÚDE REPRESENTA CONSEQÜÊNCIA CONSTITUCIONAL INDISSOCIÁVEL DO DIREITO À VIDA.
- O direito público subjetivo à saúde representa prerrogativa jurídica indisponível assegurada à generalidade das pessoas pela própria Constituição da República (art. 196). Traduz bem jurídico constitucionalmente tutelado, por cuja integridade deve velar, de maneira responsável, o Poder Público, a quem incumbe formular – e implementar – políticas sociais e econômicas idôneas que visem a garantir, aos cidadãos, inclusive àqueles portadores do vírus HIV, o acesso universal e igualitário à assistência farmacêutica e médico-hospitalar.
- O direito à saúde – além de qualificar-se como direito fundamental que assiste a todas as pessoas – representa conseqüência constitucional indissociável do direito à vida. O Poder Público, qualquer que seja a esfera institucional de sua atuação no plano da organização federativa brasileira, não pode mostrar-se indiferente ao problema da saúde da população, sob pena de incidir, ainda que por censurável omissão, em grave comportamento inconstitucional.

A INTERPRETAÇÃO DA NORMA PROGRAMÁTICA NÃO PODE TRANSFORMÁ-LA EM PROMESSA CONSTITUCIONAL INCONSEQÜENTE.
- O caráter programático da regra inscrita no art. 196 da Carta Política – que tem por destinatários todos os entes políticos que compõem, no plano institucional, a organização federativa do Estado brasileiro – não pode converter-se em promessa constitucional inconseqüente, sob pena de o Poder Público, fraudando justas expectativas nele deposita-

*das pela coletividade, substituir, **de maneira ilegítima**, o cumprimento de **seu** impostergável dever, por um gesto **irresponsável** de infidelidade governamental ao que determina a própria Lei Fundamental do Estado.*
DISTRIBUIÇÃO GRATUITA DE MEDICAMENTOS A PESSOAS CARENTES.
*- **O reconhecimento judicial** da validade jurídica de programas **de distribuição gratuita** de medicamentos a pessoas carentes, **inclusive** àquelas **portadoras** do vírus HIV/AIDS, **dá efetividade** a preceitos fundamentais da Constituição da República (arts. 5º, **caput**, e 196) **e representa**, na concreção do seu alcance, um gesto reverente e solidário de apreço à vida e à saúde das pessoas, **especialmente** daquelas **que nada têm e nada possuem**, a não ser **a consciência** de sua própria humanidade **e** de sua essencial dignidade. **Precedentes** do STF.*
(RE 273.834-AGR/RS, REL. MIN. CELSO DE MELLO)

Diversa não foi a situação ocorrida em rico Município paulista, **que se absteve**, sem justo motivo, **de adotar** medidas necessárias **ao adimplemento** de sua obrigação constitucional de proporcionar *"educação infantil, em creche e pré-escola, às crianças de até 5 (cinco) anos de idade"* (**CF**, art. 208, IV):

*- **A educação infantil** representa prerrogativa constitucional indisponível, que, **deferida às crianças, a estas assegura**, para efeito de seu desenvolvimento integral, **e como primeira etapa** do processo de educação básica, **o atendimento** em creche e o acesso à pré-escola (**CF, art. 208, IV**).*
*- **Essa prerrogativa jurídica**, em conseqüência, **impõe**, ao Estado, **por efeito** da alta significação social de que se reveste a educação infantil, **a obrigação constitucional** de criar condições objetivas **que possibilitem**, de maneira concreta, **em favor** das "crianças de zero a seis anos de idade" (**CF**, art. 208, IV), **o efetivo** acesso **e** atendimento em creches e unidades de pré-escola, **sob pena de** configurar-se **inaceitável** omissão governamental, **apta a frustrar**, injustamente, **por inércia**, o integral adimplemento, **pelo Poder Público**, de prestação estatal **que lhe impôs** o próprio texto da Constituição Federal.*
*- A educação infantil, **por qualificar-se** como direito fundamental **de toda** criança, **não se expõe**, em seu processo de concretização, **a avaliações meramente discricionárias** da Administração Pública, **nem se subordina** a razões de puro pragmatismo governamental.*
*- **Os Municípios** – que atuarão, **prioritariamente**, no ensino fundamental **e na educação infantil** (**CF**, art. 211, § 2º) – **não poderão demitir-se do mandato constitucional**, juridicamente vinculante, **que lhes foi outorgado** pelo art. 208, IV, da Lei Fundamental da República, **e que representa fator de limitação** da discricionariedade político-administrativa dos entes municipais, **cujas opções**, tratando-se do atendimento **das crianças** em creche (**CF**, art. 208, IV), **não podem ser exercidas** de modo a comprometer, **com apoio** em juízo de simples conveniência **ou** de mera oportunidade, **a eficácia desse direito básico de índole social**.*
*- Embora resida, **primariamente**, nos Poderes Legislativo **e** Executivo, **a prerrogativa** de formular **e** executar políticas públicas, **revela-se possível**, no entanto, **ao Poder Judiciário**, determinar, **ainda** que em bases excepcionais, **especialmente** nas hipóteses de políticas públicas **definidas pela própria** Constituição, **sejam estas implementadas** pelos órgãos estatais inadimplentes, **cuja omissão** – por importar **em descumprimento** dos encargos político-jurídicos que sobre eles incidem em caráter mandatório – **mostra-se apta a comprometer** a eficácia e a integridade de direitos sociais e culturais **impregnados** de estatura constitucional. **A questão pertinente à** <u>"reserva do possível"</u>. **Doutrina**.*
(RE 436.996-AGR/SP, REL. MIN. CELSO DE MELLO)

4. O controle jurisdicional do poder político: o protagonismo do Poder Judiciário e o *monopólio da última palavra*, pelo Supremo Tribunal Federal, em matéria constitucional

A crescente judicialização das relações políticas em nosso País **resulta** da expressiva ampliação das funções institucionais conferidas ao Judiciário **pela vigente** Constituição, **que converteu** os juízes e os Tribunais **em árbitros** dos conflitos que se registram na arena política, **conferindo**, à instituição judiciária, **um protagonismo** que deriva **naturalmente** do papel que se lhe cometeu **em matéria** de jurisdição constitucional, **como o revelam** as inúmeras ações diretas, ações declaratórias de constitucionalidade **e** arguições de descumprimento de preceitos fundamentais **ajuizadas** pelo Presidente da República, pelos Governadores de Estado e pelos partidos políticos, **agora incorporados** à *"sociedade aberta dos intérpretes da Constituição"*, **o que atribui** – considerada essa visão pluralística do processo de controle de constitucionalidade – **ampla legitimidade democrática** aos julgamentos proferidos pelo Supremo Tribunal Federal, **inclusive** naqueles casos em que a Suprema Corte, **regularmente** provocada por grupos parlamentares minoritários, **a estes reconheceu** – pelo fato de **o direito das minorias** compor o próprio estatuto do regime democrático – **o direito** de investigação mediante comissões parlamentares de inquérito (**MS 24.831/DF**, Rel. Min. Celso de Mello – **MS 26.441/DF**, Rel. Min. Celso de Mello), **tanto quanto proclamou**, em respeito à vontade soberana dos cidadãos, **o dever de fidelidade partidária** dos parlamentares eleitos, **assim impedindo** a deformação do modelo de representação popular (**MS 26.603/DF**, Rel. Min. Celso de Mello – **MS 26.604/DF**, Rel. Min. Cármen Lúcia).

Ninguém ignora que o regime democrático, **analisado** na perspectiva das delicadas relações entre o Poder e o Direito, **não tem condições** de subsistir, **quando** as instituições políticas do Estado **falharem** em seu **dever de respeitar** a Constituição **e** as leis, **pois**, sob esse sistema de governo, **não poderá jamais prevalecer** a vontade **de uma só** pessoa, **de um só** estamento, **de um só** grupo **ou**, ainda, **de uma só** instituição.

Não se desconhece, de outro lado, que o **controle** do poder constitui uma **exigência** de ordem político-jurídica **essencial** ao regime democrático.

Ainda que em seu **próprio** domínio institucional, **nenhum** órgão estatal pode, **legitimamente**, pretender-se **superior** ou supor-se **fora** do alcance da autoridade suprema da Constituição Federal.

É que o poder **não se exerce** de forma ilimitada. No Estado democrático de Direito, **não há lugar** para o poder absoluto.

Como sabemos, o sistema constitucional brasileiro, **ao consagrar o princípio da limitação de poderes**, teve por objetivo instituir modelo destinado a **impedir** a formação de **instâncias hegemônicas de poder** no âmbito do Estado, **em ordem a neutralizar**, no plano político-jurídico, a possibilidade de **dominação institucional** de **qualquer** dos Poderes da República (**ou daqueles** que os integram) **sobre** os demais órgãos e agentes da soberania nacional.

A **referência** ao postulado da divisão funcional do poder põe em destaque o **censurável** comportamento dos **sucessivos** Presidentes da República que têm exercido, **de maneira pródiga e abusiva**, o poder extraordinário de editar medidas provisórias, com força de lei, **estabelecido** pelo art. 62 da Constituição Federal.

<u>A crescente apropriação institucional</u> do poder de legislar, **por parte** do Chefe do Poder Executivo da União, tem despertado **graves** preocupações de ordem jurídica, **em razão** do fato **de a utilização excessiva <u>das medidas provisórias</u> causar profundas distorções** que se projetam no plano das relações políticas entre os Poderes Executivo e Legislativo.

O exercício dessa **excepcional** prerrogativa presidencial, **precisamente** porque transformado **em inaceitável prática ordinária** de Governo, **torna necessário** – em função dos **paradigmas constitucionais**, que, de um lado, <u>consagram</u> a separação de poderes **e** o princípio da liberdade **e que**, de outro, <u>repelem</u> a formação de ordens normativas fundadas em processo legislativo **de caráter autocrático – que se imponha <u>moderação</u>** no uso da **extraordinária** competência de editar atos com força de lei, **outorgada**, ao Chefe do Poder Executivo da União, **pelo art. 62** da Constituição da República.

<u>Esse comportamento governamental</u> faz instaurar, **no plano** do sistema político-institucional brasileiro, <u>**uma perigosa práxis descaracterizadora**</u> da natureza mesma do regime de governo consagrado na Constituição da República, **<u>como pude enfatizar</u>**, em voto <u>vencido</u>, no Supremo Tribunal Federal, **quando** do julgamento, **em 1997, <u>da ADI 1.687/DF</u>**.

Eventuais dificuldades de ordem política – <u>exceto</u> quando <u>verdadeiramente</u> presentes <u>**razões constitucionais**</u> de urgência, necessidade **e** relevância material – <u>**não podem justificar**</u> a utilização de medidas provisórias, <u>**sob pena**</u> de o Executivo, <u>**além de apropriar-se**</u> ilegitimamente <u>**da mais relevante**</u> função institucional <u>**que pertence**</u> ao Congresso Nacional, <u>**converter-se em instância hegemônica de poder**</u> no âmbito da comunidade estatal, <u>**afetando**</u>, desse modo, <u>**com grave prejuízo**</u> para o regime das liberdades públicas **e** sérios reflexos sobre o sistema de *"checks and* *balances*", a relação de equilíbrio que **necessariamente** deve existir entre os Poderes da República.

Os dados pertinentes ao número de medidas provisórias editadas e reeditadas pelo Presidente da República, **desde** 05 de outubro de 1988 **até** a presente data, **evidenciam que o exercício compulsivo** da competência extraordinária de editar medida provisória **culminou por introduzir**, no processo institucional brasileiro, **verdadeiro <u>cesarismo governamental</u>** em matéria legislativa, **provocando graves distorções** no modelo político **e** gerando sérias **disfunções** comprometedoras **da integridade** do princípio constitucional da separação de poderes, **como tive** o ensejo de enfatizar, **quando** do julgamento <u>**do** RE 239.286/PR</u>, Rel. Min. Celso de Mello (**RDA** 219/323-329).

Esse contexto que venho de referir **põe em evidência um anômalo quadro de disfunção** dos poderes governamentais, de que deriva, **em desfavor** do Congresso Nacional, **o comprometimento** do seu relevantíssimo **poder de agenda**, por acarretar **a perda** da capacidade **de o Parlamento** condicionar **e** influir, **mediante** regular atividade legislativa, **na definição e no estabelecimento** de políticas públicas.

Cabe advertir, por isso mesmo, **que a utilização excessiva** das medidas provisórias **minimiza**, perigosamente, **a importância** político-institucional **do Poder Legislativo**, pois **suprime** a possibilidade **de prévia discussão parlamentar** de matérias que, **ordinariamente**, estão sujeitas ao poder decisório do Congresso Nacional.

Na realidade, **a expansão** do poder presidencial, **em tema** de desempenho da função normativa primária, **além de viabilizar** a possibilidade de uma **preocupante ingerência** do Chefe do Poder Executivo da União **no tratamento unilateral** de questões, que, **historicamente**, sempre pertenceram à esfera de atuação institucional dos corpos legislativos, **introduz fator de desequilíbrio sistêmico que atinge, afeta e desconsidera** a essência da ordem democrática, **cujos fundamentos** – apoiados em razões de garantia política **e** de segurança jurídica dos cidadãos – **conferem justificação teórica** ao princípio da reserva de Parlamento **e** ao postulado da separação de poderes.

Cumpre não desconhecer, neste ponto, **que é o Parlamento**, no regime da separação de poderes, **o único** órgão estatal investido de legitimidade constitucional para elaborar, **<u>democraticamente</u>**, as leis do Estado.

Interpretações regalistas da Constituição – **que visem a produzir** exegeses **servilmente** ajustadas à visão **e** à conveniência exclusivas dos governantes **e** de estamentos dominantes no aparelho social – **representariam** clara subversão da vontade **inscrita** no texto de nossa Lei Fundamental **e ensejariam**, a partir da temerária aceitação da soberania interpretativa manifestada pelos dirigentes do Estado, **a deformação** do sistema de discriminação de poderes, **fixado**, de modo legítimo e incontrastável, pela Assembleia Nacional Constituinte.

Impõe-se relembrar que os poderes do Estado, em nosso sistema constitucional, **são essencialmente definidos e precisamente limitados**. *"E a Constituição foi feita"* – **adverte a doutrina** (Hugo L. Black, "**Crença na Constituição**", p. 39, 1970, Forense) – *"para que esses limites não sejam mal interpretados ou esquecidos"*.

Tenho sempre enfatizado, bem por isso, **que uma Constituição escrita não configura** mera peça jurídica subalterna, **que possa sujeitar-se** à vontade discricionária **e** irresponsável dos governantes, **nem representa** simples estrutura formal de normatividade, **nem pode caracterizar ou ser interpretada** como um irrelevante acidente histórico na vida dos povos e das Nações (**RTJ 146/707-708**, Rel. Min. Celso de Mello). **A Constituição** – cujo sentido de permanência, estabilidade e transcendência **deve sobrepor-se** à irrupção de crises meramente episódicas **ou** à ocorrência de dificuldades de natureza conjuntural **que eventualmente afetem** o aparelho de Estado **ou**, até mesmo, **a própria** sociedade civil – **reflete**, ante a **magnitude** de seu significado político-jurídico, **um documento solene** revestido de importância essencial, **sob cujo império** protegem-se as liberdades, **impede-se** a opressão do poder **e repudia-se** o abuso governamental.

O exercício das funções estatais **sofre** os rígidos condicionamentos **impostos** pela ordem constitucional. **O extravasamento** dos limites de sua atuação **põe**, gravemente, em causa, **a supremacia**, formal e material, **da Constituição e gera** situações de conflituosidade jurídico-institucional, **na medida em que os atos de usurpação** qualificam-se **como fatores** de ruptura do equilíbrio entre os Poderes do Estado.

O constituinte brasileiro, **ao elaborar** a Constituição que nos rege, **mostrou-se atento e sensível** à experiência histórica de outros Povos **e fez consagrar**, na Carta Política que promulgou, **fiel** à nossa própria tradição constitucional, **um princípio** cuja essencialidade é marcante no plano das relações institucionais entre os órgãos da soberania nacional.

Esse princípio – **o da separação de poderes** –, a que é ínsito um sentido de fundamentalidade, **foi proclamado**, na Constituição brasileira de 1988, **como um dos seus núcleos irreformáveis**, insuscetível, **até mesmo**, de alteração por via de emenda constitucional (art. 60, § 4º, III).

O Supremo Tribunal Federal, **consciente** da extrema gravidade **que resulta** do desequilíbrio **entre** os Poderes da República **e tendo presente** um quadro de desvios inconstitucionais na utilização abusiva de medidas provisórias, **reconhece** a possibilidade jurídica de o Judiciário **efetuar** o controle dos pressupostos de urgência **e** relevância **autorizadores** da edição desse ato quase-legislativo (**RTJ** 145/101 – **RTJ** 165/174 – **RTJ** 190/140, *v.g.*).

Esse entendimento jurisprudencial – **que identifica**, na medida provisória, uma categoria normativa **que traduz derrogação excepcional** ao princípio constitucional da separação de poderes **e que admite**, por isso mesmo, **a legitimidade do controle jurisdicional** sobre os pressupostos da relevância e da urgência – **encontra apoio no magistério da doutrina** (Carmen Lúcia Antunes Rocha, "**Medidas Provisórias e Princípio da Separação de Poderes**", p. 44/69, **62**, "*in*" "**Direito Contemporâneo – Estudos em Homenagem a Oscar Dias Corrêa**", coordenação de Ives Gandra Martins, 2001, Forense Universitária; Clèmerson Merlin Clève, "**Medidas Provisórias**", p. 143/147, 2ª ed., 1999, Max Limonad; José Afonso da Silva, "**Curso de Direito Constitucional Positivo**", p. 533/534, item n. 13.3, 19ª ed., 2001, Malheiros; Alexandre de Moraes, "**Direito Constitucional**", p. 539/541, item n. 4.3.8, 9ª ed., 2001, Atlas; Zeno Veloso, "**Controle Jurisdicional de Constitucionalidade**", p. 168/171, itens ns. 181/182, 1ª ed., 1999, Cejup; Pinto Ferreira, "**Comentários à Constituição Brasileira**", p. 288, vol. 3, 1992, Saraiva; Uadi Lammêgo Bulos, "**Constituição Federal Anotada**", p. 769/770, item n. 10, 1ª ed., 2000, Saraiva; Luís Roberto Barroso, "**Constituição da República Federativa do Brasil**", p. 207, 2ª ed., 1999, Saraiva; Humberto Bergmann Ávila, "**Medida Provisória na Constituição de 1988**", p. 84/86, 1997, Fabris Editor; Celso Antônio Bandeira de Mello, "**Curso de Direito Administrativo**", p. 100/101, itens ns. 56/57, 13ª ed., 2001, Malheiros, *v.g.*).

Vale relembrar, ainda, neste ponto, que o Supremo Tribunal Federal **também** suspendeu, cautelarmente, **por transgressão constitucional**, medidas provisórias cuja edição **ofendeu** o princípio da separação dos poderes (**ADI 293-MC/DF**, Rel. Min. Celso de Mello – **ADI 4.048-MC/DF**, Rel. Min. Gilmar Mendes, *v.g.*).

É imperioso assinalar, em face da alta missão de que se acha investido o Supremo Tribunal Federal, que os desvios jurídico-constitucionais eventualmente praticados por qualquer instância de poder – mesmo quando surgidos no contexto de processos políticos – não se mostram imunes à fiscalização judicial da Suprema Corte, como se a autoridade e a força normativa da Constituição e das leis da República pudessem, absurdamente, ser neutralizadas por meros juízos de conveniência ou de oportunidade, não importando o grau hierárquico do agente público ou a fonte institucional de que tenha emanado o ato transgressor de direitos e garantias assegurados pela própria Lei Fundamental do Estado.

Vê-se, daí, **que a intervenção do Poder Judiciário**, nas hipóteses de lesão a direitos subjetivos **amparados** pelo ordenamento jurídico do

Estado, **reveste-se** de plena legitimidade constitucional, **ainda** que essa atuação institucional se projete na esfera orgânica **do Poder Legislativo**, como se registra naquelas situações em que se atribuem, à instância parlamentar, condutas tipificadoras de abuso de poder, **seja** por ação, **seja** por omissão.

Essa **diretriz** jurisprudencial, **fundada** em clássico magistério doutrinário (Pedro Lessa, **"Do Poder Judiciário"**, p. 65/66, 1915, Livraria Francisco Alves; Castro Nunes, **"Do Mandado de Segurança"**, p. 223, item n. 103, 5ª ed., 1956, Forense; Pontes de Miranda, **"Comentários à Constituição de 1967 com a Emenda n. 1, de 1969"**, tomo III/644, 3ª ed., 1987, Forense), **tem ordinariamente prevalecido** na prática jurisdicional do Supremo Tribunal Federal (**RTJ 173/806**, Rel. Min. Celso de Mello – **RTJ 175/253**, Rel. Min. Octavio Gallotti – **RTJ 176/718**, Rel. Min. Néri da Silveira, *v.g.*):

> O CONTROLE JURISDICIONAL DOS ATOS PARLAMENTARES: POSSIBILIDADE, DESDE QUE HAJA ALEGAÇÃO DE DESRESPEITO A DIREITOS E/OU GARANTIAS DE ÍNDOLE CONSTITUCIONAL.
> - *O Poder Judiciário*, quando intervém **para assegurar** as franquias constitucionais **e para garantir** a integridade e a supremacia da Constituição, **desempenha**, de maneira plenamente legítima, **as atribuições** que lhe conferiu **a própria** Carta da República, **ainda** que essa atuação institucional se projete na esfera orgânica **do Poder Legislativo**.
> - **Não obstante o caráter político** dos atos parlamentares, **revela-se legítima** a intervenção jurisdicional, **sempre** que os corpos legislativos **ultrapassem os limites** delineados pela Constituição **ou exerçam** as suas atribuições institucionais **com ofensa** a direitos públicos subjetivos **impregnados** de qualificação constitucional **e titularizados**, ou não, por membros do Congresso Nacional. **Questões políticas. Doutrina. Precedentes.**
> - **A ocorrência de desvios jurídico-constitucionais** nos quais incida uma Comissão Parlamentar de Inquérito **justifica**, plenamente, **o exercício**, pelo Judiciário, **da atividade de controle jurisdicional** sobre eventuais abusos legislativos (**RTJ 173/805-810, 806**), **sem que isso caracterize** situação de ilegítima interferência na esfera orgânica **de outro** Poder da República.
> (**MS 24.845/DF**, REL. MIN. CELSO DE MELLO)

O que se mostra importante reconhecer e reafirmar, sempre, **é que nenhum** Poder da República tem legitimidade **para desrespeitar** a Constituição **ou para ferir** direitos públicos e privados de seus cidadãos.

Isso significa, na fórmula política do regime democrático, **que nenhum dos Poderes** da República **está acima** da Constituição e das leis. **Nenhum** órgão do Estado – **situe-se** ele no Poder Judiciário, no Poder Executivo ou no Poder Legislativo – **é imune** ao império das leis e à força hierárquico-normativa da Constituição.

Constitui função do Poder Judiciário **preservar e fazer respeitar** os valores **consagrados** em nosso sistema jurídico, **especialmente** aqueles proclamados em nossa Constituição, **em ordem a viabilizar** os direitos reconhecidos aos cidadãos, **tais como** o direito de exigir que o Estado **seja dirigido** por administradores íntegros, por legisladores probos **e** por juízes incorruptíveis, **pois o direito ao governo honesto traduz uma prerrogativa insuprimível da cidadania**.

É **preciso, pois, reafirmar a soberania** da Constituição, **proclamando-lhe** a superioridade **sobre todos** os atos do Poder Público **e sobre todas** as instituições do Estado, **o que permite reconhecer**, no contexto do Estado Democrático de Direito, **a plena legitimidade** da atuação do Poder Judiciário **na restauração** da ordem jurídica lesada **e**, em particular, **a intervenção do Supremo Tribunal Federal, que detém**, em tema de interpretação constitucional, **e por força** de expressa delegação que lhe foi atribuída pela própria Assembleia Nacional Constituinte, *o monopólio da última palavra*, de que já falava Rui Barbosa, **em discurso parlamentar** que proferiu, **como Senador da República**, em 29 de dezembro **de 1914**, em resposta ao Senador gaúcho Pinheiro Machado, **quando** Rui **definiu**, com precisão, **o poder** de nossa Suprema Corte em matéria constitucional, **dizendo**:

> *(...)* ***Em tôdas*** *as organizações políticas* ***ou*** *judiciais* ***há sempre*** *uma autoridade extrema para errar em último lugar.*
> *(...)*
> ***O Supremo Tribunal Federal****, Senhores,* ***não sendo infalível****,* ***pode errar****, mas a alguém* ***deve ficar*** *o direito de errar* ***por último****, de decidir* ***por último****, de dizer alguma cousa que deva ser considerada como êrro ou como verdade.* **(grifei)**

5. A proteção jurisdicional dos direitos humanos: um encargo irrenunciável do Supremo Tribunal Federal

A importância do Poder Judiciário na estrutura institucional **em que se organiza** o aparelho de Estado **assume** significativo relevo político, histórico e social, **pois não há**, na história das sociedades políticas, **qualquer** registro de um Povo, que, **despojado** de um Judiciário independente, **tenha conseguido** preservar os seus direitos e conservar a sua própria liberdade.

É significativo que se discuta, portanto, **o tema** pertinente aos direitos humanos, **pois se comemorou**, no ano de 2008, **último** da Presidência da Ministra ELLEN GRACIE no Supremo Tribunal Federal, **o 60º aniversário da promulgação**, em 10/12/1948, pela III Assembléia Geral da ONU, **especialmente** reunida, para esse fim, em Paris, **da Declaração Universal dos Direitos da Pessoa Humana**.

Esse estatuto das liberdades públicas **representou**, no cenário internacional, **importante** marco histórico **no processo** de consolidação **e** de afirmação dos direitos fundamentais da pessoa humana, **pois refletiu**, nos trinta artigos que lhe compõem o texto, **o reconhecimento solene**, pelos Estados, **de que todas as pessoas** nascem livres **e** iguais em dignidade e direitos, **são dotadas** de razão e consciência **e titularizam** prerrogativas jurídicas inalienáveis que constituem o fundamento da liberdade, da justiça e da paz universal.

Com essa proclamação formal, os Estados componentes da sociedade internacional – **impulsionados** pelo estímulo originado de um insuprimível senso de responsabilidade **e conscientes** do ultraje representado pelos atos hediondos cometidos pelo regime nazi-fascista e pelos gestos de desprezo e de desrespeito sistemáticos praticados pelos sistemas totalitários de poder – tiveram a percepção histórica de que era preciso forjar as bases jurídicas e éticas **de um novo modelo que consagrasse, em favor** das pessoas, **a posse da liberdade** em todas as suas dimensões, **assegurando-lhes** o direito de viver protegidas do temor e a salvo das necessidades.

O Brasil – que subscreveu esse documento extraordinário no próprio ato de sua promulgação – **ainda está em débito** com o seu povo **na efetivação** das promessas essenciais contidas na Declaração Universal, **cujo texto**, mais do que simples repositório de verdades fundamentais e de compromissos irrenunciáveis, **deve constituir**, no plano doméstico dos Estados nacionais, **o instrumento de realização permanente** dos direitos e das liberdades nele proclamados.

É preciso, pois, que o Estado, **ao magnificar e valorizar** o significado real **que inspira** a Declaração Universal dos Direitos das Pessoas Humanas, **pratique**, sem restrições, sem omissões **e** sem tergiversações, **os postulados** que esse extraordinário documento de proteção internacional **consagra** em favor **de toda** a humanidade.

Torna-se essencial, portanto, **ter consciência** de que se revela inadiável conferir real efetividade, **no plano interno**, aos compromissos internacionais **assumidos** pelo Estado brasileiro **em tema** de direitos humanos.

Sob tal perspectiva, assume relevo indiscutível a definição da estatura hierárquica, no sistema de direito positivo interno brasileiro, **dos tratados internacionais de direitos humanos, valendo referir**, a esse respeito, **a existência** de julgamento, **ainda** em curso no Supremo Tribunal Federal, dessa **específica** questão, **em cujo âmbito** já se delineiam duas posições: a minha própria, na qual sustento, revendo antiga orientação, a qualificação constitucional de referidas convenções internacionais de direitos humanos e a do eminente Ministro Gilmar Mendes, que confere, a esses **mesmos** tratados, **caráter de supralegalidade** (HC 87.585/TO – RE 349.703/RS – RE 466.343/SP).

A questão dos direitos essenciais da pessoa humana – **precisamente** porque o reconhecimento de tais prerrogativas **funda-se** em consenso verdadeiramente universal (*"consensus omnium gentium"*) – **não mais constitui** problema de natureza filosófica **ou** de caráter meramente teórico, **mas representa**, isso sim, **tema fortemente impregnado** de significação política, **na medida** em que se torna fundamental e inadiável instituir meios destinados a protegê-los, **conferindo-lhes** efetividade e exequibilidade no plano das relações entre o Estado e os indivíduos.

<u>É esse</u>, pois, <u>o grande desafio</u> com que todos – governantes e governados – **nos defrontamos** no âmbito de uma sociedade democrática: <u>extrair</u>, das declarações internacionais **e** das proclamações constitucionais de direitos, <u>a sua máxima eficácia</u>, em ordem a tornar possível **o acesso** dos indivíduos **e** dos grupos sociais a sistemas institucionalizados de proteção aos direitos fundamentais da pessoa humana, <u>quaisquer</u> que sejam as gerações **ou** dimensões em que estes se projetem (Paulo Bonavides, "**Curso de Direito Constitucional**", p. 560/578, 21ª ed., 2007, Malheiros; Alexandre de Moraes, "**Constituição do Brasil Interpretada e Legislação Constitucional**", p. 96/99, itens ns. 5.1 e 5.2, 7ª ed., 2007, Atlas; Celso Lafer, "**A Reconstrução dos Direitos Humanos**", p. 125/134, 1988, Companhia das Letras, *v.g.*).

Cabe destacar, neste ponto, **que a própria jurisprudência constitucional** do Supremo Tribunal Federal **vem refletindo**, em seu processo de construção, <u>o sentido de contemporaneidade</u> de que se acham impregnadas **as mais recentes** gerações (**ou dimensões**) de direitos fundamentais (**MS 22.164/SP**, Rel. Min. Celso de Mello, **RTJ** 164/158-161), **valendo referir**, dentre tais prerrogativas básicas, <u>que realçam</u> o princípio da solidariedade, **o direito ao meio ambiente** ecologicamente equilibrado:

A <u>PRESERVAÇÃO</u> DA INTEGRIDADE DO MEIO AMBIENTE: <u>EXPRESSÃO CONSTITUCIONAL</u> DE UM DIREITO FUNDAMENTAL <u>QUE ASSISTE</u> À GENERALIDADE DAS PESSOAS.

*- **Todos têm direito** ao meio ambiente ecologicamente equilibrado. **Trata-se** de um típico direito **de terceira** geração (**ou de novíssima** dimensão), que assiste **a todo** o gênero humano (**RTJ** 158/205-206). **Incumbe**, ao Estado **e** à própria coletividade, **a especial obrigação** de defender **e** preservar, **em benefício** das presentes **e** futuras gerações, esse direito de titularidade coletiva **e** de caráter transindividual (**RTJ** 164/158-161). O **adimplemento** desse encargo, que é irrenunciável, **representa** a garantia **de que não se instaurarão**, no seio da coletividade, **os graves conflitos intergeneracionais** marcados **pelo desrespeito** ao dever de solidariedade, que a todos se impõe, **na proteção desse bem essencial** de uso comum das pessoas em geral. **Doutrina.***

A ATIVIDADE ECONÔMICA <u>NÃO PODE</u> SER EXERCIDA <u>EM DESARMONIA</u> COM OS PRINCÍPIOS DESTINADOS <u>A TORNAR EFETIVA</u> A PROTEÇÃO AO MEIO AMBIENTE.

*- A **incolumidade** do meio ambiente **não pode ser comprometida** por interesses empresariais **nem ficar dependente** de motivações de índole meramente econômica, **ainda** mais*

*se se tiver presente **que a atividade econômica**, considerada a disciplina constitucional que a rege, **está subordinada**, dentre **outros** princípios gerais, **àquele que privilegia** a "defesa do meio ambiente" **(CF**, art. 170, VI), **que traduz** conceito amplo **e** abrangente das noções de meio ambiente natural, de meio ambiente cultural, de meio ambiente artificial (espaço urbano) **e** de meio ambiente laboral. **Doutrina**.*

***Os instrumentos jurídicos** de caráter legal **e** de natureza constitucional **objetivam viabilizar a tutela efetiva** do meio ambiente, **para que não se alterem** as propriedades e os atributos que lhe são inerentes, **o que provocaria** inaceitável comprometimento da saúde, segurança, cultura, trabalho e bem-estar da população, **além de causar** graves danos ecológicos ao patrimônio ambiental, **considerado** este em seu aspecto físico **ou** natural.*

A <u>QUESTÃO</u> DO DESENVOLVIMENTO NACIONAL (<u>CF</u>, ART. 3º, II) <u>E A NECESSIDADE</u> DE PRESERVAÇÃO DA INTEGRIDADE DO MEIO AMBIENTE (<u>CF</u>, ART. 225): <u>O PRINCÍPIO DO DESENVOLVIMENTO SUSTENTÁVEL</u> COMO FATOR DE OBTENÇÃO <u>DO JUSTO EQUILÍBRIO</u> ENTRE AS EXIGÊNCIAS DA ECONOMIA <u>E</u> AS DA ECOLOGIA.

*- **O princípio do desenvolvimento sustentável**, além de impregnado de caráter **eminentemente** constitucional, **encontra** suporte legitimador em compromissos internacionais **assumidos** pelo Estado brasileiro **e representa** fator de obtenção do justo equilíbrio **entre** as exigências da economia **e** as da ecologia, **subordinada**, no entanto, a invocação desse postulado, **quando** ocorrente situação de conflito entre valores constitucionais relevantes, **a uma condição inafastável**, cuja observância **não** comprometa **nem** esvazie **o conteúdo essencial** de um dos mais significativos direitos fundamentais: **o direito à preservação** do meio ambiente, **que traduz** bem de uso comum **da generalidade** das pessoas, **a ser resguardado** em favor das presentes **e** futuras gerações.*

(**ADI 3.540-MC/DF**, REL. MIN. CELSO DE MELLO)

6. A questão dos refugiados e o processo de extradição

Há a considerar, ainda, **na perspectiva** dos múltiplos compromissos assumidos pelo Estado brasileiro na ordem internacional, **a delicada questão dos refugiados** e da necessidade de sua efetiva proteção jurídica.

A **comunidade internacional**, em 28 de julho de 1951, **imbuída do propósito** de consolidar e de valorizar o processo de afirmação histórica dos direitos fundamentais da pessoa humana, **celebrou**, no âmbito do Direito das Gentes, **um pacto** de alta significação ético-jurídica, **destinado** a conferir proteção real e efetiva àqueles, que, **arbitrariamente** perseguidos por razões de gênero, de orientação sexual e de ordem étnica, cultural, confessional ou ideológica, **buscam**, no Estado de refúgio, **acesso** ao amparo que lhes é negado, **de modo abusivo** e **excludente**, em seu Estado de origem.

Na verdade, a celebração da Convenção relativa ao Estatuto dos Refugiados – a que o Brasil aderiu em 1952 – **resultou da necessidade** de reafirmar o princípio de que todas as pessoas, **sem qualquer distinção**, devem gozar dos direitos básicos **reconhecidos** na Carta das Nações Unidas e **proclamados** na Declaração Universal dos Direitos da Pessoa Humana.

Esse estatuto internacional representou um notável esforço dos Povos e das Nações na busca solidária de soluções consensuais destinadas **a superar** antagonismos históricos **e a neutralizar** realidades opressivas que negavam, muitas vezes, **ao refugiado** – vítima de preconceitos, da discriminação, do arbítrio e da intolerância – **o acesso** a uma prerrogativa básica, **consistente** no reconhecimento, em seu favor, <u>**do direito a ter direitos**</u>.

<u>**Sem o acesso**</u> a tal prerrogativa, vale dizer, **sem a perspectiva** <u>**do direito a ter direitos**</u>, **o refugiado**, na posição de alguém **deslocado** no plano dos Estados nacionais, **destituído** de qualquer referência no sistema jurídico **e marginalizado** no ambiente social, **passava**, dramaticamente, **a desqualificar-se** como sujeito de direitos **e a ostentar** a **inaceitável** condição de verdadeira <u>**não pessoa**</u>.

Desse modo, o Estatuto dos Refugiados **representou**, no cenário internacional, um importante marco histórico **no processo de reconhecimento**, por parte dos Estados, <u>**de que todas as pessoas**</u> – que nascem livres e iguais em dignidade e direitos, **que são** dotadas de razão e consciência **e que titularizam** prerrogativas jurídicas inalienáveis, que constituem o próprio fundamento da liberdade, da justiça e da paz universal – <u>**merecem**</u> **proteção contra** <u>**qualquer**</u> **tipo de perseguição** que sofram, em seu Estado de origem, <u>**por motivo**</u> de raça, religião, nacionalidade, opinião política ou de vinculação a determinado grupo étnico ou social **e que**, em virtude de tal perseguição, **achem-se expostas** a grave **e** generalizada violação de seus direitos essenciais.

<u>**O sentido de fundamentalidade**</u> do compromisso que o Brasil assumiu no plano internacional **evidencia-se** pela promulgação, no âmbito de nosso ordenamento positivo doméstico, **da Lei nº 9.474**, de 22/07/97, **que definiu** mecanismos **para a implementação** do Estatuto dos Refugiados, **e**, mais do que isso, <u>**ampliou**</u>, generosamente, <u>**a própria noção conceitual**</u> de refugiado (Guilherme Assis de Almeida, "**A Lei 9.474/97 e a Definição Ampliada de Refugiado: breves considerações**", "*in*" "**O Direito Internacional dos Refugiados**", p. 164/165, 2001, Renovar), <u>**em ordem a tornar plena**</u>, no sistema jurídico nacional, **a proteção** a ser dispensada àquele que busca abrigo <u>**em nosso**</u> território.

Não se pode desconhecer que se delineia, **hoje**, uma **nova** perspectiva no plano do direito internacional. **É que**, ao contrário dos padrões ortodoxos consagrados pelo direito internacional clássico, os tratados e convenções, presentemente, **não mais consideram a pessoa humana**

como um **sujeito estranho** ao domínio de atuação dos Estados no plano externo.

O eixo de atuação do direito internacional público contemporâneo **passou** a concentrar-se, **também**, na dimensão subjetiva **da pessoa humana**, cuja essencial dignidade veio a ser reconhecida, em **sucessivas** declarações e pactos internacionais, como valor fundante do ordenamento jurídico sobre o qual repousa o edifício institucional dos Estados nacionais.

Torna-se importante destacar, sob tal perspectiva, **que a Conferência Mundial sobre Direitos Humanos**, realizada em Viena, em 1993, sob os auspícios da Organização das Nações Unidas, representou um passo decisivo **no processo de reconhecimento, consolidação** e **contínua expansão** dos direitos básicos da pessoa humana, **nestes compreendidos** os direitos essenciais **que assistem àqueles que**, dentre outras qualificações, ostentam a condição de refugiado.

A Declaração e Programa de Ação de Viena, adotada consensualmente pela **Conferência Mundial sobre Direitos Humanos**, foi responsável – **consoante observa** o diplomata brasileiro José Augusto Lindgren Alves ("**Os Direitos Humanos como Tema Global**", p. 135/144, item n. 8.2, 1994, Perspectiva) – por significativos **avanços conceituais** que se projetaram nos planos concernentes à **legitimidade** das preocupações internacionais com os direitos humanos (Artigo 4º), à **interdependência** entre democracia, desenvolvimento e direitos humanos (Artigo 8º) e, ainda, ao **reconhecimento** do sentido de universalidade dos direitos humanos (Artigo 5º), **dentre os quais** avulta, por sua inquestionável importância, o direito à obtenção do refúgio.

Não se pode desconhecer, nesse contexto, o alcance das **diversas** proclamações constantes da **Declaração de Viena**, especialmente daquelas que enfatizam o compromisso solene de **todos** os Estados de promover o respeito universal e a observância e proteção de todos os direitos humanos e liberdades fundamentais das pessoas.

Cumpre ressaltar, bem por isso, **que é sob essa perspectiva** – qual seja, **a de preservar** a integridade dos direitos dos refugiados, **protegendo-os** contra situações de risco – que a Lei nº 9.474/97 **determinou**, em seu art. 48, que "*Os preceitos desta Lei deverão ser interpretados em harmonia com a Declaração Universal dos Direitos do Homem de 1948, com a Convenção sobre o Estatuto dos Refugiados de 1951, com o Protocolo sobre o Estatuto dos Refugiados de 1967 e com todo dispositivo pertinente de instrumento internacional de proteção de direitos humanos com o qual o Governo brasileiro estiver comprometido*".

Essa cláusula normativa **permite** afirmar que o respeito efetivo às **finalidades** perseguidas **pelo Estatuto dos Refugiados passou** a qualificar-se como verdadeiro **paradigma de legitimação** das decisões que venham a ser proferidas, no Estado de refúgio (**o Brasil**, no caso), por suas autoridades, administrativas **ou** judiciárias.

Cabe ter presente, no entanto, que a *"ratio"* subjacente à norma inscrita **no art. 48** da Lei n° 9.474/97 – **que culmina** por estabelecer autêntica **diretriz hermenêutica** em tema de Direito de Refúgio – **prende-se** à finalidade de preservar, **em face do Estado de origem**, as prerrogativas e os benefícios outorgados àquele que, em tal país, sofre a situação de **injusta** perseguição, **impedindo** – enquanto **não definida** a sua condição político-jurídica de refugiado – que venha a ser **prematuramente** exposto a situações **que façam periclitar** os direitos e garantias de que é titular, **inibindo**, desse modo, com tal determinação legal, **a entrega extradicional abrupta** do súdito estrangeiro ao Estado que o reclama, para efeito de punição penal.

Impende advertir, por oportuno, que o método de interpretação previsto **no art. 48** da Lei n° 9.474/97 **apenas consagra**, segundo **enfatiza** autorizado magistério doutrinário (Antônio Augusto Cançado Trindade, **"Tratado de Direito Internacional dos Direitos Humanos"**, vol. I/275--284, 1997, Fabris Editor), o entendimento de que a **convergência** – normativa, operacional e hermenêutica – do Direito Humanitário, do Direito Internacional dos Direitos Humanos **e** do Direito dos Refugiados **apresenta-se imprescindível** à efetivação da proteção daqueles que, em função de raça, religião, nacionalidade, grupo social ou opiniões políticas, **sofrem** real, arbitrária e injusta perseguição no país de nacionalidade, de domicílio ou de origem.

Irrepreensível, sob tal aspecto, o **magistério** de Flávia Piovesan (**"O direito de asilo e a proteção internacional dos refugiados"**, *"in"* "O Direito Internacional dos Refugiados", p. 38/39, 2001, Renovar), **que assim se pronuncia** sobre o aspecto que venho de ressaltar: *"Há assim uma relação estreita entre a Convenção de 1951 e a Declaração Universal de 1948, em especial seu artigo 14, sendo hoje impossível conceber o Direito Internacional dos Refugiados de maneira independente e desvinculada do Direito Internacional dos Direitos Humanos. Esses Direitos têm em comum o objetivo essencial de defender e garantir a dignidade e a integridade do ser humano. Como afirma Hector Gros Espiell: 'Se é certo afirmar que os refugiados possuem um regime jurídico internacional específico que deriva, entre outros instrumentos, da Convenção de 1951 e do Protocolo de 1967, não é menos certo que os princípios e critérios normativos que fundam esse regime se encontram na Declaração Universal de Direitos Humanos (artigos 13 e 14) (...).' A proteção dos refugiados constitui a* *garantia de direitos humanos a uma categoria de pessoas tipificadas por elementos caracterizantes próprios, que requerem um tratamento normativo especial.".*

Desse modo, a **finalidade** da norma inscrita **no art. 48** da Lei nº 9.474/97 **refere-se** à adoção de um processo hermenêutico, que, **ao compatibilizar** a aplicação da legislação brasileira **com** os princípios emergentes do Estatuto dos Refugiados, **busca preservar** os valores básicos, **como** os da ampla proteção e respeito aos direitos fundamentais da pessoa humana, **notadamente** aqueles a que aludem **os arts. 31, 32 e 33** da Convenção Internacional relativa ao Estatuto dos Refugiados, **que garantem**, ao súdito estrangeiro, **ainda** que em situação irregular no país de refúgio, o direito **de não sofrer** sanções penais, **de não ser** expulso **e de não ser** entregue, **imediatamente**, ao Estado em cujo território a sua vida e a sua liberdade estejam injustamente ameaçadas, **desde que** aquele que busca o refúgio **indique**, à autoridade nacional, razões **idôneas** justificadoras de sua presença irregular no país.

Cumpre assinalar, no entanto, que a Convenção Internacional referente ao Estatuto dos Refugiados **não impede** que o país de refúgio (**o Brasil**, no caso) **faça aplicar** a sua legislação interna em matéria extradicional, **ainda** que o processo respectivo sofra – **como ocorre** em função do que dispõem **os arts. 33 e 34** da Lei nº 9.474/97 – **as consequências** neles estabelecidas, **tal como** o Supremo Tribunal Federal teve o ensejo de decidir:

EXTRADIÇÃO. QUESTÃO DE ORDEM. PEDIDO DE REFÚGIO. SUSPENSÃO DO PROCESSO. LEI Nº 9.474/97, ART. 34.
Questão de ordem resolvida no sentido de que **o pedido de refúgio**, *formulado* **após** *o julgamento de mérito da extradição,* **produz o efeito de suspender** *o processo,* **mesmo quando** *já publicado o acórdão,* **impedindo** *o transcurso do prazo recursal.*
(**Ext 785-QO-QO/ME**, REL. MIN. NÉRI DA SILVEIRA – **grifei**)

7. Extradição e terrorismo

O Supremo Tribunal Federal, **ao decidir** a Extradição nº 855/Chile, Rel. Min. Celso de Mello, **advertiu que a prática do terrorismo** não pode ser qualificada como ato de criminalidade política, **vindo**, por isso mesmo, **em consequência** desse entendimento, **a negar**, a determinado estrangeiro condenado por delitos de caráter terrorista, **o amparo generoso** que a Constituição brasileira **dispensa** àquele processado **ou** condenado **por crime político** (art. 5º, inciso LII).

Em referido julgamento (**Ext 855/Chile**), **o Plenário** de nossa Suprema Corte **enfatizou** que o repúdio ao terrorismo – por representar um compromisso ético-jurídico assumido pelo Brasil, **quer** em face de sua própria Constituição, **quer** perante a comunidade internacional – **consti-**

tuía importante vetor interpretativo **apto a nortear** as decisões do Tribunal no âmbito dos processos extradicionais.

O alto significado de que se revestiu esse julgamento **resultou** do fato de que o Supremo Tribunal Federal **recusou-se** a conferir, aos atos delituosos <u>de natureza terrorista</u>, o mesmo tratamento normativo atribuído às práticas de criminalidade política.

E a razão desse entendimento – **que bem reflete** os compromissos que o Estado brasileiro assumiu, no âmbito da OEA, em Barbados (2002), **quando subscreveu** a *Convenção Interamericana contra o Terrorismo* – **apoiou-se** no reconhecimento de que <u>o terrorismo constitui um atentado às próprias instituições democráticas</u>, o que autoriza **excluí-lo** da benignidade de tratamento **que foi conferida**, pela Constituição do Brasil, aos atos configuradores de criminalidade política.

Essa decisão do Supremo Tribunal Federal, tomada, **nesse ponto**, por unanimidade, **foi proferida** em 2004, **achando-se consubstanciada**, na parte concernente **<u>à descaracterização</u>** do terrorismo como ato de criminalidade política, em acórdão assim ementado:

<u>O REPÚDIO AO TERRORISMO</u>: *UM <u>COMPROMISSO</u> <u>ÉTICO-JURÍDICO</u> ASSUMIDO PELO BRASIL, <u>QUER</u> EM FACE DE SUA PRÓPRIA CONSTITUIÇÃO, <u>QUER</u> PERANTE A COMUNIDADE INTERNACIONAL.*

*- Os atos delituosos **de natureza terrorista**, considerados os parâmetros consagrados pela **vigente** Constituição da República, **não se subsumem** à noção de criminalidade política, **pois** a Lei Fundamental proclamou **o repúdio ao terrorismo** como um dos princípios essenciais **que devem reger** o Estado brasileiro em suas relações internacionais (**CF**, art. 4º, VIII), **além de haver qualificado o terrorismo**, para efeito de repressão interna, como crime **equiparável** aos delitos hediondos, **o que o expõe**, sob tal perspectiva, a tratamento jurídico impregnado de **máximo** rigor, **tornando-o** inafiançável **e** insuscetível da clemência soberana do Estado **e reduzindo-o**, ainda, à dimensão ordinária dos crimes **meramente** comuns (**CF**, art. 5º, XLIII).*

*- **A Constituição da República**, presentes tais vetores interpretativos (**CF**, art. 4º, VIII, **e** art. 5º, XLIII), **não autoriza** que se outorgue, às práticas delituosas **de caráter terrorista**, o **mesmo** tratamento benigno dispensado ao autor de crimes políticos **ou** de opinião, **impedindo**, desse modo, que se venha a estabelecer, **em torno do terrorista**, um **inadmissível** círculo de proteção que o faça **imune** ao poder extradicional do Estado brasileiro, **notadamente** se se tiver em consideração a **relevantíssima** circunstância de que a Assembléia Nacional Constituinte **formulou** um claro e inequívoco **juízo de desvalor** em relação a **quaisquer** atos delituosos **revestidos** de índole terrorista, **a estes não reconhecendo** a dignidade de que **muitas vezes** se acha impregnada a prática da criminalidade política.*

<u>EXTRADITABILIDADE</u> *DO TERRORISTA:* <u>NECESSIDADE</u> *DE PRESERVAÇÃO DO PRINCÍPIO DEMOCRÁTICO* <u>E</u> <u>ESSENCIALIDADE</u> *DA COOPERAÇÃO INTERNACIONAL NA* <u>REPRESSÃO</u> *AO TERRORISMO.*

*- O **estatuto** da criminalidade política **não** se revela aplicável **nem** se mostra extensível, em sua projeção jurídico-constitucional, aos atos delituosos **que traduzam** práticas terroristas, **sejam** aquelas cometidas por particulares, **sejam** aquelas perpetradas com o apoio oficial*

*do próprio aparato governamental, **à semelhança** do que se registrou, no Cone Sul, **com a adoção**, pelos regimes militares sul-americanos, **do modelo desprezível** do terrorismo de Estado.*

*- **O terrorismo** – que traduz expressão de uma macrodelinqüência **capaz** de afetar a segurança, a integridade **e** a paz dos cidadãos e das sociedades organizadas – **constitui** fenômeno criminoso da mais alta gravidade, a que a comunidade internacional **não pode** permanecer indiferente, **eis que o ato terrorista** atenta contra as próprias bases em que se apóia o Estado democrático de direito, **além** de representar ameaça inaceitável às instituições políticas e às liberdades públicas, **o que autoriza excluí-lo** da benignidade de tratamento que a Constituição do Brasil (art. 5º, LII) **reservou** aos atos configuradores de criminalidade política.*

*- **A cláusula de proteção** constante do art. 5º, LII da Constituição da República – **que veda a extradição** de estrangeiros por crime político ou de opinião – **não se estende**, por tal razão, ao autor de atos delituosos **de natureza terrorista**, considerado o frontal **repúdio** que a ordem constitucional brasileira **dispensa** ao terrorismo e ao terrorista.*

*- **A extradição** – **enquanto** meio legítimo de cooperação internacional **na repressão** às práticas de criminalidade comum – **representa** instrumento de **significativa** importância no combate eficaz **ao terrorismo**, que constitui "uma grave ameaça para os valores democráticos e para a paz e a segurança internacionais (...)" (**Convenção Interamericana** Contra o Terrorismo, Art. 11), **justificando-se**, por isso mesmo, para efeitos extradicionais, **a sua descaracterização** como delito de natureza política. **Doutrina**. (...).*
(**Ext 855/REPÚBLICA DO CHILE**, REL. MIN. CELSO DE MELLO)

Em suma: o Supremo Tribunal Federal, **no precedente** mencionado, **ao proclamar** que os atos de terrorismo **configuram** gravíssima ameaça aos valores democráticos, à paz **e** à segurança internacionais, **descaracterizou**, para efeitos extradicionais, como crimes políticos, **as práticas terroristas**.

8. O acesso de estrangeiros aos remédios constitucionais

O fato de alguém **ostentar** a condição jurídica de estrangeiro **e de não possuir** domicílio no Brasil **não obsta**, só por si, **o acesso** desse **não** nacional aos instrumentos processuais de tutela da liberdade **nem lhe subtrai**, por tais razões, **o direito de ver respeitadas**, pelo Poder Público, **as prerrogativas** de ordem jurídica **e** as garantias de índole constitucional que o ordenamento positivo brasileiro **confere e assegura** a qualquer pessoa **que sofra** persecução penal **instaurada** pelo Estado (**HC 94.016--MC/SP**, Rel. Min. Celso de Mello, *v.g.*).

Isso significa, portanto, **na linha** do magistério jurisprudencial do Supremo Tribunal Federal (**RDA** 55/192 – **RF** 192/122) **e** dos Tribunais em geral (**RDA** 59/326 – **RT** 312/363), que o súdito estrangeiro, **mesmo o não domiciliado** no Brasil, **tem plena legitimidade** para impetrar os remédios constitucionais, **como** o mandado de segurança **ou**, notadamente, o *"habeas corpus"*:

- *É inquestionável o direito de súditos estrangeiros ajuizarem*, em causa própria, a ação de *"habeas corpus"*, eis que esse remédio constitucional – por qualificar-se como verdadeira ação popular – pode ser utilizado por qualquer pessoa, independentemente da condição jurídica resultante de sua origem nacional.
(**RTJ 164/193-194**, REL. MIN. CELSO DE MELLO)

Cabe advertir, desse modo, que o estrangeiro, **inclusive** aquele que **não possui** domicílio em território brasileiro, **tem** direito público subjetivo, **nas hipóteses** de persecução penal, **à observância e ao integral respeito**, por parte do Estado, **das prerrogativas que compõem e dão significado** à cláusula do *devido processo legal*, **pois** – como **reiteradamente** tem proclamado a nossa Suprema Corte (**RTJ** 134/56-58 – **RTJ** 177/485--488 – **RTJ** 185/393-394, *v.g.*) – a condição jurídica **de não nacional** do Brasil **e** a circunstância de o réu estrangeiro **não possuir** domicílio em nosso país **não legitimam** a adoção, **contra** tal acusado, de **qualquer** tratamento arbitrário **ou** discriminatório.

O fato irrecusável é um só: o súdito estrangeiro, **ainda** que **não** domiciliado no Brasil, **assume**, sempre, como **qualquer** pessoa **exposta** a atos de persecução penal, a condição indisponível **de sujeito de direitos**, cuja intangibilidade **há de ser preservada** pelos magistrados **e** Tribunais deste país, **especialmente** pelo Supremo Tribunal Federal.

Nesse contexto, **impõe-se**, ao Judiciário, **o dever de assegurar**, mesmo ao réu estrangeiro **sem** domicílio no Brasil, **os direitos básicos** que resultam do postulado do *devido processo legal*, **notadamente** as prerrogativas inerentes **à garantia** da ampla defesa, **à garantia** do contraditório, **à igualdade** entre as partes perante o juiz natural **e à garantia** de imparcialidade do magistrado processante.

A essencialidade dessa garantia de ordem jurídica **reveste-se** de tamanho significado **e** importância **no plano** das atividades de persecução penal **que ela se qualifica** como requisito **legitimador** da própria *"persecutio criminis"*.

Daí a necessidade de se definir o alcance concreto **dessa cláusula de limitação** que incide sobre o poder persecutório do Estado.

O exame da garantia constitucional do *"due process of law"* **permite nela identificar** alguns elementos essenciais à sua própria configuração, **destacando-se**, dentre eles, por sua inquestionável importância, **as seguintes prerrogativas** (HC 94.016-MC/SP, Rel. Min. Celso de Mello): (**a**) **direito** ao processo (**garantia** de acesso ao Poder Judiciário); (**b**) **direito** à citação **e** ao conhecimento prévio do teor da acusação; (**c**) **direito** a um julgamento público e célere, **sem** dilações indevidas (RTJ 195/212--213, Rel. Min. Celso de Mello); (**d**) **direito** ao contraditório **e** à plenitude de defesa (direito à autodefesa **e** à defesa técnica), **assegurada**, ao réu, a prerrogativa de escolher o seu próprio defensor (**RTJ** 142/477-478) **ou**, quando tal não for possível, o direito de ser assistido, tecnicamente, por Defensor Público ou por Advogado dativo; (**e**) **direito** de presença e de *"participação ativa"* nos atos de interrogatório judicial **dos demais** litisconsortes penais passivos, **quando existentes** (**AP 470-AgR/MG**, Rel. Min. Joaquim Barbosa); (**f**) **direito de não ser** processado e julgado com base em leis *"ex post facto"*; (**g**) **direito** à igualdade entre as partes; (**h**) **direito** de não ser investigado, processado ou condenado, **com fundamento** em provas **revestidas** de ilicitude; (**i**) **direito** ao benefício da gratuidade; (**j**) **direito** à observância do princípio do juiz natural, **que representa**, em sua projeção político-jurídica, garantia constitucional indisponível assegurada a qualquer réu (**RTJ 179/378-379**, Rel. Min. Celso de Mello); (**l**) **direito** de não sofrer acusação penal formulada por um *acusador de exceção* (**RTJ 160/530-531**, Rel. Min. Celso de Mello), **que representa figura incompatível** com o postulado constitucional do *Promotor Natural* (**RTJ 146/794**, Rel. Min. Celso de Mello); (**m**) **direito** ao silêncio ou **privilégio** contra a autoincriminação (**v.** *item n*. *9*); e (**n**) **direito** à prova, **mesmo** nos casos em que os atos de persecução penal **estejam** sob *segredo de justiça*:

> - *O sistema normativo brasileiro **assegura**, ao Advogado regularmente **constituído** pelo indiciado (**ou** por aquele submetido a atos de persecução estatal), o direito de pleno acesso aos autos de investigação penal, mesmo que sujeita esta a regime de sigilo (**necessariamente** excepcional), **limitando-se**, no entanto, tal prerrogativa jurídica, às provas **já produzidas e formalmente incorporadas** ao procedimento investigatório, **excluídas**, conseqüentemente, as informações e providências investigatórias **ainda** em curso de execução e, por isso mesmo, **não documentadas** no próprio inquérito. **Precedentes**. **Doutrina**.*
> (**HC 87.725/DF**, REL. MIN. CELSO DE MELLO)

Vale rememorar que o Supremo Tribunal Federal, **ao examinar** a questão **da ilicitude** da prova penal, **tem reafirmado**, em sucessivas decisões, a exigência constitucional **de banimento** das provas ilícitas (**CF**, art. 5º, **LVI**), **em ordem a conferir efetividade** ao regime dos direitos e garantias individuais, **por mais grave** que seja a infração penal atribuída à pessoa sob persecução do Estado:

> *ILICITUDE DA PROVA – INADMISSIBILIDADE DE SUA PRODUÇÃO EM JUÍZO (OU PERANTE QUALQUER INSTÂNCIA DE PODER) – INIDONEIDADE JURÍDICA DA PROVA RESULTANTE DA TRANSGRESSÃO ESTATAL AO REGIME CONSTITUCIONAL DOS DIREITOS E GARANTIAS INDIVIDUAIS.*
> *- **A ação persecutória** do Estado, **qualquer** que seja a instância de poder perante a qual se instaure, **para revestir-se** de legitimidade, **não pode apoiar-se** em elementos probatórios **ilicitamente** obtidos, **sob pena** de ofensa à garantia constitucional do "due process of law", **que tem**, no dogma **da inadmissibilidade** das provas ilícitas, **uma de suas mais expressivas projeções concretizadoras** no plano do nosso sistema de direito positivo.*
> *- **A Constituição da República**, em norma **revestida** de conteúdo vedatório (**CF**, art. 5º, LVI), **desautoriza**, por incompatível com os postulados **que regem** uma sociedade fun-*

dada em bases democráticas (**CF**, art. 1º), **qualquer prova** cuja obtenção, pelo Poder Público, **derive de transgressão** a cláusulas de ordem constitucional, **repelindo**, por isso mesmo, **quaisquer** elementos probatórios **que resultem** de violação do direito material (**ou**, até mesmo, do direito processual), **não prevalecendo**, em conseqüência, no ordenamento normativo brasileiro, **em matéria** de atividade probatória, **a fórmula autoritária** do "male captum, bene retentum". **Doutrina. Precedentes.**

A QUESTÃO DA DOUTRINA DOS FRUTOS DA ÁRVORE ENVENENADA ("FRUITS OF THE POISONOUS TREE"): A QUESTÃO DA ILICITUDE POR DERIVAÇÃO.

- **Ninguém** pode ser investigado, denunciado **ou** condenado **com base**, **unicamente**, em provas ilícitas, **quer se trate** de ilicitude originária, **quer se cuide** de ilicitude por derivação. **Qualquer** novo dado probatório, **ainda** que produzido, de modo válido, em momento subseqüente, **não pode apoiar-se**, **não pode ter** fundamento causal **nem derivar** de prova **comprometida** pela mácula da ilicitude originária.

- **A exclusão** da prova originariamente ilícita – **ou daquela afetada pelo vício da ilicitude por derivação** – **representa** um dos meios mais expressivos **destinados a conferir efetividade à garantia** do "due process of law" e a tornar mais intensa, **pelo banimento** da prova **ilicitamente** obtida, a tutela constitucional **que preserva** os direitos e prerrogativas **que assistem** a qualquer acusado em sede processual penal. **Doutrina. Precedentes.**

- **A doutrina da ilicitude por derivação** (teoria dos "frutos da árvore envenenada") **repudia**, por constitucionalmente inadmissíveis, os meios probatórios, que, **não obstante** produzidos, validamente, em momento ulterior, **acham-se afetados**, no entanto, **pelo vício** (gravíssimo) da ilicitude originária, **que a eles se transmite**, **contaminando-os**, **por efeito** de repercussão causal. **Hipótese** em que os **novos** dados probatórios **somente foram conhecidos**, pelo Poder Público, **em razão** de anterior transgressão **praticada**, originariamente, pelos agentes da persecução penal, **que desrespeitaram** a garantia constitucional da inviolabilidade domiciliar.

- **Revelam-se inadmissíveis**, desse modo, **em decorrência** da ilicitude por derivação, **os elementos probatórios** a que os órgãos da persecução penal **somente tiveram acesso em razão** da prova **originariamente** ilícita, **obtida** como resultado **da transgressão**, por agentes estatais, de direitos e garantias constitucionais e legais, **cuja eficácia condicionante**, no plano do ordenamento positivo brasileiro, **traduz significativa limitação de ordem jurídica** ao poder do Estado **em face** dos cidadãos.

- **Se**, no entanto, o órgão da persecução penal **demonstrar** que obteve, **legitimamente**, novos elementos de informação **a partir de uma fonte autônoma** de prova – **que não guarde** qualquer relação de dependência **nem decorra** da prova **originariamente** ilícita, com esta **não mantendo** vinculação causal –, **tais dados probatórios revelar-se-ão plenamente admissíveis**, porque **não contaminados** pela mácula da ilicitude originária.

- A QUESTÃO DA FONTE AUTÔNOMA DE PROVA ("AN INDEPENDENT SOURCE") E A SUA DESVINCULAÇÃO CAUSAL DA PROVA ILICITAMENTE OBTIDA – DOUTRINA – PRECEDENTES DO SUPREMO TRIBUNAL FEDERAL – JURISPRUDÊNCIA COMPARADA (A EXPERIÊNCIA DA SUPREMA CORTE AMERICANA): CASOS "SILVERTHORNE LUMBER CO. V. UNITED STATES (1920); SEGURA V. UNITED STATES (1984); NIX V. WILLIAMS (1984); MURRAY V. UNITED STATES (1988)", v.g..
(**RHC 90.376/RJ**, REL. MIN. CELSO DE MELLO)

Não constitui demasia assinalar, neste ponto, **analisada a função defensiva** sob uma perspectiva global, **que o direito do réu** à observância, pelo Estado, **da garantia** pertinente ao *"due process of law"*, **além de traduzir** expressão concreta do direito de defesa, **também encontra** suporte legitimador **em convenções internacionais** que proclamam **a essencialidade** dessa franquia processual, **que compõe o próprio estatuto constitucional do direito de defesa**, enquanto complexo de princípios e de normas que amparam **qualquer** acusado **em sede** de persecução criminal (**HC 86.634/RJ**, Rel. Min. Celso de Mello), **mesmo** que se trate de réu **estrangeiro, sem** domicílio em território brasileiro, **aqui processado** por suposta prática de delitos a ele atribuídos (**HC 94.404-MC/SP**, Rel. Min. Celso de Mello, *v.g.*).

A justa preocupação da comunidade internacional **com a preservação** da integridade das garantias processuais básicas **reconhecidas** às pessoas **meramente acusadas** de práticas delituosas **tem representado, em tema** de proteção aos direitos humanos, **um dos tópicos mais sensíveis e delicados** da agenda dos organismos internacionais, **seja** em âmbito regional, **como** o Pacto de São José da Costa Rica (Artigo 8º), **aplicável** ao sistema interamericano, **seja** em âmbito global, **como** o Pacto Internacional sobre Direitos Civis e Políticos (Artigo 14), **celebrado** sob a égide da Organização das Nações Unidas, **e que representam** instrumentos **que reconhecem**, a qualquer réu, **dentre** outras liberdades eminentes, **o direito** à plenitude de defesa **e às demais** prerrogativas que derivam **da cláusula** concernente à garantia do devido processo.

9. O privilégio constitucional contra a autoincriminação e os atos de persecução estatal

A jurisprudência constitucional do Supremo Tribunal Federal **tem reafirmado**, de modo consistente, **os direitos e garantias** que assistem **a qualquer** pessoa sob investigação estatal **ou** persecução penal.

Essa proteção jurisdicional, que também se estende **ao plano** das investigações legislativas promovidas por comissões parlamentares de inquérito (**RTJ 176/805-806**, Rel. Min. Celso de Mello – **HC 94.082-MC/RS**, Rel. Min. Celso de Mello, *v.g.*), **tem sido igualmente dispensada** aos próprios Advogados – constituídos **ou** designados para assistir **e** orientar, juridicamente, a pessoa **que sofre** a persecução movida pelo Estado – **naqueles casos** em que esses operadores do Direito **são desrespeitados** em suas prerrogativas profissionais (**MS 23.576/DF**, Rel. Min. Celso de Mello – **MS 25.617-MC/DF**, Rel. Min. Celso de Mello, *v.g.*).

A Suprema Corte brasileira tem reconhecido que, **não obstante o caráter inquisitivo** da investigação administrativa, legislativa **ou** penal, **a unilateralidade** de tais procedimentos estatais **não tem o condão de abolir** os direitos, **de derrogar** as garantias, **de suprimir** as liberdades **ou** de

conferir, à autoridade pública, poderes absolutos na produção da prova e na pesquisa e indagação dos fatos:

> *- O indiciado **é sujeito** de direitos **e dispõe** de garantias **plenamente** oponíveis ao poder do Estado (**RTJ 168/896-897**). **A unilateralidade** da investigação penal **não autoriza que se desrespeitem** as garantias básicas de que se acha investido, **mesmo** na fase pré-processual, **aquele** que sofre, **por parte** do Estado, atos de persecução criminal.*
> *- O sistema normativo brasileiro **assegura**, ao Advogado regularmente **constituído** pelo indiciado (**ou** por aquele submetido a atos de persecução estatal), **o direito de pleno acesso** aos autos de investigação penal, **mesmo** que sujeita a regime de sigilo (**necessariamente excepcional**), **limitando-se**, no entanto, tal prerrogativa jurídica, às provas **já produzidas e formalmente incorporadas** ao procedimento investigatório, **excluídas**, conseqüentemente, as informações **e** providências investigatórias **ainda** em curso de execução **e**, por isso mesmo, **não documentadas** no próprio inquérito. **Precedentes**. **Doutrina**.*
> (**HC 87.725/DF**, REL. MIN. CELSO DE MELLO)

Não custa rememorar, ainda, que o Supremo Tribunal Federal, em tema de atividade persecutória desenvolvida pelo Poder Público, vem construindo, no exercício de sua jurisdição constitucional, **verdadeira *jurisprudência das liberdades***, com decisões que proclamam **e** asseguram, a **qualquer** pessoa, dentre **outras** importantes prerrogativas jurídicas, **o direito** de ser presumida inocente, **até** que sobrevenha condenação penal **transitada** em julgado (**ADPF 144/DF**, Rel. Min. Celso de Mello), **o direito de não ser** tratada **como se** já fosse culpada (**RTJ 176/805-806**, Rel. Min. Celso de Mello) **e o direito** de permanecer em silêncio (**HC 94.082-MC/RS**, Rel. Min. Celso de Mello).

O Supremo Tribunal Federal, **ao assegurar**, jurisdicionalmente, **a garantia constitucional** da presunção de inocência, **tem advertido**, reiteradas vezes, que as acusações penais **jamais se presumem** provadas, eis que o ônus da prova **incumbe**, exclusivamente, **a quem acusa**:

> *(...) **É sempre** importante reiterar **– na linha** do magistério jurisprudencial que o Supremo Tribunal Federal **consagrou** na matéria **– que nenhuma acusação penal** se presume provada. **Não compete**, ao réu, demonstrar a sua inocência. **Cabe**, ao contrário, ao Ministério Público, **comprovar**, de forma inequívoca, **para além** de qualquer dúvida razoável, a culpabilidade do acusado. **Já não mais prevalece**, em nosso sistema de direito positivo, a regra, que, **em dado momento histórico** do processo político brasileiro (**Estado Novo**), **criou**, para o réu, **com a falta de pudor** que caracteriza os regimes autoritários, a obrigação **de o acusado** provar a sua própria inocência (**Decreto-lei nº 88**, de 20/12/37, art. 20, n. 5). **Precedentes**.*
> (**HC 83.947/AM**, Rel. Min. CELSO DE MELLO)

Também a prerrogativa constitucional **contra** a autoincriminação **tem prevalecido** na jurisprudência do Supremo Tribunal Federal, cujos julgamentos **consagraram-na** como **importantíssimo direito** reconhecido **a qualquer** pessoa, **perante** qualquer instância de poder.

Assiste, com efeito, a **qualquer** pessoa **regularmente** convocada para depor perante autoridade pública (**seja** esta policial, judiciária, administrativa ou legislativa), **o direito de se manter em silêncio, sem** se expor – **em virtude** do exercício **legítimo** dessa faculdade – a **qualquer** restrição em sua esfera jurídica, **desde** que as suas respostas, às indagações que lhe venham a ser feitas, **possam acarretar-lhe** grave dano (*"Nemo tenetur se detegere"*).

É que indiciados ou testemunhas dispõem, em nosso ordenamento jurídico, **da prerrogativa** contra a autoincriminação, **consoante** tem proclamado a **jurisprudência constitucional** do Supremo Tribunal Federal (**RTJ 172/929-930**, Rel. Min. Sepúlveda Pertence – **RDA 196/197**, Rel. Min. Celso de Mello – **HC 78.814/PR**, Rel. Min. Celso de Mello, *v.g.*).

Cabe acentuar que o **privilégio contra a autoincriminação** – que é **plenamente invocável** perante as Comissões Parlamentares de Inquérito (Uadi Lammêgo Bulos, **"Comissão Parlamentar de Inquérito"**, p. 290/294, item n. 1, 2001, Saraiva; Nelson de Souza Sampaio, **"Do Inquérito Parlamentar"**, p. 47/48 e 58/59, 1964, Fundação Getúlio Vargas; José Luiz Mônaco da Silva, **"Comissões Parlamentares de Inquérito"**, p. 65 e 73, 1999, Ícone Editora; Pinto Ferreira, **"Comentários à Constituição Brasileira"**, vol. 3/126-127, 1992, Saraiva, *v.g.*) – **traduz** direito público subjetivo, de estatura constitucional, **assegurado a qualquer pessoa** pelo art. 5°, **inciso** LXIII, da nossa Carta Política.

<u>Convém assinalar</u>, neste ponto, que, "Embora aludindo ao **preso**, a interpretação da regra constitucional **deve** ser no sentido de que a garantia abrange **toda e qualquer pessoa**, pois, diante da **presunção de inocência**, que também constitui garantia fundamental do cidadão (...), a prova da culpabilidade **incumbe** exclusivamente à acusação" (Antônio Magalhães Gomes Filho, **"Direito à Prova no Processo Penal"**, p. 113, item n. 7, 1997, RT – **grifei**).

É por essa razão que o **Plenário** do Supremo Tribunal Federal **reconheceu** esse direito **também em favor** de quem presta depoimento **na condição de testemunha**, advertindo, então, que *"Não configura o crime de falso testemunho, quando a pessoa, <u>depondo</u> como testemunha, <u>ainda que compromissada</u>, deixa de revelar fatos que possam incriminá-la"* (**RTJ 163/626**, Rel. Min. Carlos Velloso – **grifei**).

<u>Esse direito</u>, na realidade, <u>**é plenamente oponível**</u> ao Estado, <u>a qualquer</u> de seus Poderes **e** aos seus respectivos agentes **e** órgãos. **Atua**, nesse sentido, **como poderoso fator de limitação** das próprias atividades de investigação **e** de persecução desenvolvidas pelo Poder Público (Polícia Judiciária, Ministério Público, Juízes, Tribunais e Comissões Parlamentares de Inquérito, **p. ex.**).

Cabe registrar que a cláusula legitimadora **do direito ao silêncio**, ao explicitar, **agora em sede constitucional**, o postulado **segundo o qual** *"Nemo tenetur se detegere"*, **nada mais fez** senão consagrar, desta vez no âmbito do sistema normativo instaurado pela Constituição de 1988, **diretriz fundamental** proclamada, **desde 1791**, pela **Quinta Emenda** que compõe o *"Bill of Rights"* norte-americano.

Na realidade, **ninguém pode ser constrangido** a confessar a prática de um ilícito penal (**HC 80.530-MC/PA**, Rel. Min. Celso de Mello). **Trata-se de prerrogativa**, que, **no autorizado magistério** de Antônio Magalhães Gomes Filho (**"Direito à Prova no Processo Penal"**, p. 111, item n. 7, 1997, RT), *"constitui uma decorrência natural do próprio modelo processual paritário, no qual seria inconcebível que uma das partes pudesse compelir o adversário a apresentar provas decisivas em seu próprio prejuízo (...)"* (**grifei**).

O direito de o indiciado/acusado (**ou** testemunha) **permanecer em silêncio** – consoante **proclamou** a Suprema Corte dos Estados Unidos da América, em *Escobedo v. Illinois* (1964) e, **de maneira mais incisiva**, em *Miranda v. Arizona* (1966) – **insere-se** no alcance concreto da cláusula constitucional **do devido processo legal**.

A importância de tal entendimento firmado **em *Miranda v. Arizona*** (1966) **assumiu** tamanha significação **na prática** das liberdades constitucionais nos Estados Unidos da América, **que a Suprema Corte** desse país, em julgamento **mais** recente (2000), **voltou a reafirmar** essa *"landmark decision"*, **assinalando** que as diretrizes **nela** fixadas (*"Miranda warnings"*) – **dentre as quais** se encontra a **prévia** cientificação **de que ninguém** é obrigado a confessar **ou** a responder a **qualquer** interrogatório – **exprimem** interpretação do próprio *"corpus"* constitucional, **como advertiu** o então *"Chief Justice"* William H. Rehnquist, **autor** de tal decisão, **proferida**, por 07 (sete) votos **a** 02 (dois), no caso *Dickerson v. United States* (530 U.S. 428, 2000), **daí resultando,** como **necessária** consequência, **a intangibilidade** desse precedente, **insuscetível de ser derrogado** por legislação **meramente** ordinária **emanada** do Congresso americano (*"... Congress may not legislatively supersede our decisions interpreting and applying the Constitution ..."*).

Cumpre rememorar, bem por isso, **que o Pleno** do Supremo Tribunal Federal, **ao julgar o HC 68.742/DF**, Rel. p/ o acórdão Min. Ilmar Galvão (**DJU** de 02/04/93), **também reconheceu** que ninguém pode, em virtude do princípio constitucional **que protege qualquer** acusado **ou** indiciado **contra** a autoincriminação, **ser constrangido** a produzir prova contra si próprio **ou**, então, **sofrer,** em função **do legítimo exercício** desse direito, **restrições** que afetem o seu *"status poenalis"*.

A Suprema Corte brasileira, **fiel aos postulados constitucionais** que expressivamente delimitam o círculo de atuação das instituições estatais, **enfatizou** que **qualquer** indivíduo *"tem, dentre as **várias** prerrogativas que lhe são constitucionalmente asseguradas, o **direito** de permanecer calado. 'Nemo tenetur se detegere'. Ninguém pode ser constrangido a confessar a prática de um ilícito penal"* (**RTJ 141/512**, Rel. Min. Celso de Mello).

Em suma: o direito ao silêncio – **e de não produzir** provas **contra** si próprio – **constitui** prerrogativa individual **que não pode** ser desconsiderada **por qualquer** dos Poderes da República.

Cabe enfatizar, ainda – **e como natural decorrência** dessa insuprimível prerrogativa constitucional –, **que nenhuma conclusão desfavorável ou qualquer restrição** de ordem jurídica à situação individual da pessoa **que invoca essa cláusula de tutela pode ser extraída** de sua válida e legítima **opção pelo silêncio**. Daí a grave – **e corretíssima** – **advertência** de Rogério Lauria Tucci ("**Direitos e Garantias Individuais no Processo Penal Brasileiro**", p. 370, item n. 16.3, 2ª ed., 2004, RT), **para quem o direito de permanecer calado** *"não pode importar em desfavorecimento do imputado, até porque consistiria inominado absurdo entender-se que o exercício de um direito, expresso na Lei das Leis como fundamental do indivíduo, possa acarretar--lhe qualquer desvantagem"*.

Esse mesmo entendimento é perfilhado por Antônio Magalhães Gomes Filho ("**Direito à Prova no Processo Penal**", p. 113, item n. 7, nota de rodapé n. 67, 1997, RT), **que repele**, por **incompatíveis** com o **novo** sistema constitucional, **quaisquer** disposições legais, prescrições regimentais **ou** práticas estatais que autorizem inferir, do exercício do direito ao silêncio, **inaceitáveis consequências prejudiciais** à defesa, aos direitos **e** aos interesses do réu, do indiciado **ou** da pessoa meramente investigada, **tal como** já o havia proclamado o Supremo Tribunal Federal, **antes da edição** da Lei nº 10.792/2003, que, **dentre** outras modificações, **alterou** o art. 186 do CPP (**RTJ 180/1125**, Rel. Min. Marco Aurélio).

É importante insistir na asserção de que, **mesmo** o indiciado, **quando submetido** a procedimento inquisitivo, de caráter unilateral (**perante** a Polícia Judiciária **ou** uma CPI, **p. ex.**), **não se despoja** de sua condição **de sujeito** de determinados direitos **e de titular** de garantias indisponíveis.

O **desrespeito** a tais franquias, **além de inadmissível**, põe em evidência a censurável **face arbitrária** do Estado cujos poderes **devem**, necessariamente, **conformar-se** ao que impõe o ordenamento positivo da República, **em especial** no que se refere à efetiva **e** permanente assistência técnica **por Advogado**.

Esse entendimento – **que reflete** a própria jurisprudência do Supremo Tribunal Federal, **construída** sob a égide **da vigente** Constituição (**MS 23.576/DF**, Rel. Min. Celso de Mello – **MS 23.684/DF**, Rel. Min. Sepúlveda Pertence – **MS 25.617-MC/DF**, Rel. Min. Celso de Mello, *v.g.*) – **encontra apoio** na lição de autores eminentes, que, **não desconhecendo** que o exercício do poder **não autoriza** a prática do arbítrio, **ainda** que se cuide de mera **investigação** conduzida **sem** a garantia do contraditório, **enfatizam** que, **em tal** procedimento inquisitivo, **há direitos**, titularizados pelo indiciado, **que não podem ser ignorados** pelo Estado.

Cabe referir, nesse sentido, **dentre** outras lições (que **também** são inteiramente aplicáveis às Comissões Parlamentares de Inquérito), **o autorizado magistério** de Fauzi Hassan Chouke ("**Garantias Constitucionais na Investigação Criminal**", p. 74, item n. 4.2, 1995, RT), de Ada Pellegrini Grinover ("**A Polícia Civil e as Garantias Constitucionais de Liberdade**", "*in*" "A Polícia à Luz do Direito", p. 17, 1991, RT), de Rogério Lauria Tucci ("**Direitos e Garantias Individuais no Processo Penal Brasileiro**", p. 383, 1993, Saraiva), de Roberto Maurício Genofre ("**O Indiciado: de Objeto de Investigações a Sujeito de Direitos**", "*in*" "Justiça e Democracia", vol. 1/181, item n. 4, 1996, RT), de Paulo Fernando Silveira ("**Devido Processo Legal – Due Process of Law**", p. 101, 1996, Del Rey), de Romeu de Almeida Salles Junior ("**Inquérito Policial e Ação Penal**", p. 60/61, item n. 48, 7ª ed., 1998, Saraiva), de Luiz Carlos Rocha ("**Investigação Policial – Teoria e Prática**", p. 109, item n. 2, 1998, Saraiva) **e** de Odacir Klein ("**Comissões Parlamentares de Inquérito – A Sociedade e o Cidadão**", p. 48/49, item n. 4, 1999, Fabris).

O que se revela importante registrar, neste ponto, **é uma simples**, porém necessária, **observação**: a função estatal de investigar **não pode** resumir-se a uma sucessão de abusos **nem deve** reduzir-se a atos que importem em violação de direitos **ou** que impliquem desrespeito a garantias estabelecidas na Constituição **e** nas leis da República. **O inquérito** – seja ele policial, parlamentar ou administrativo – **não pode transformar-se** em instrumento de prepotência **nem converter-se** em meio de transgressão ao regime da lei.

Os fins **não** justificam os meios. **Há parâmetros ético-jurídicos** que não podem e não devem ser transpostos pelos órgãos, pelos agentes **ou** pelas instituições do Estado. Os órgãos do Poder Público, quando investigam, processam **ou** julgam, **não estão exonerados** do dever de respeitar os **estritos** limites da lei **e** da Constituição, **por mais graves** que sejam os fatos cuja prática tenha motivado a instauração do procedimento estatal.

Cabe advertir, no entanto, **que a exigência de respeito** aos princípios consagrados em nosso sistema constitucional **não** frustra **nem** impede o exercício pleno, por qualquer órgão do Estado, dos poderes investigatórios e persecutórios de que se acha investido.

Ao contrário, **a observância dos direitos e garantias constitui fator de legitimação** da atividade estatal. **Esse dever de obediência** ao regime da lei **se impõe a todos** – magistrados, administradores e legisladores.

É, portanto, **na** Constituição **e nas** leis – **e não na busca pragmática de resultados**, independentemente da **adequação** dos meios à disciplina **imposta** pela ordem jurídica – **que se deverá promover a solução do justo equilíbrio** entre **as relações de tensão** que emergem do estado de permanente conflito entre o princípio da autoridade **e** o valor da liberdade.

O que simplesmente se revela intolerável, e **não** tem sentido, **por** divorciar-se dos padrões ordinários de submissão à *"rule of law"*, **é a sugestão – que seria paradoxal, contraditória e inaceitável** – de que o respeito pela autoridade da Constituição e das leis possa traduzir fator ou elemento de frustração da eficácia da investigação estatal.

O respeito efetivo aos direitos individuais **e** às garantias fundamentais outorgadas pela ordem jurídica aos cidadãos em geral **representa**, no contexto de nossa experiência institucional, **o sinal mais expressivo e o indício mais veemente** de que se **consolida**, em nosso País, de maneira real, **o quadro democrático** delineado pela **mais democrática de todas** as Constituições que o Brasil já teve: **a Constituição republicana de 1988.**

10. A delação anônima nos procedimentos penais

Não se desconhece que a *delação anônima*, **enquanto** fonte **única** de informação, **não constitui** fator que se mostre suficiente para legitimar, **de modo autônomo, sem** o concurso **de outros** meios de revelação dos fatos, a instauração de procedimentos estatais.

É por essa razão que o Supremo Tribunal Federal, **ao aprovar** a Resolução STF nº 290/2004 – **que instituiu**, nesta Corte, o serviço de Ouvidoria – **expressamente vedou** a possibilidade de formulação de reclamação, críticas **ou** denúncias de **caráter anônimo** (art. 4º, II), **determinando** a sua liminar rejeição.

Mais do que isso, o Plenário do Supremo Tribunal Federal, **ao julgar o MS 24.405/DF**, do Rel. Min. Carlos Velloso, **declarou**, *"incidenter tantum"*, **a inconstitucionalidade** da **expressão** *"manter ou não o sigilo quanto ao objeto e à autoria da denúncia"* **constante** do § 1º do art. 55 da Lei Orgânica do Tribunal de Contas da União (Lei nº 8.443/92).

É certo, no entanto, que essa diretriz jurisprudencial – **para não comprometer** a apuração de comportamentos ilícitos **e**, ao mesmo tempo,

para resguardar a exigência constitucional de publicidade – há de ser interpretada **em termos** que, *segundo entendo*, **assim podem ser resumidos**:

> **(a) o escrito anônimo** não justifica, **por si só**, desde que **isoladamente** considerado, **a imediata instauração** da *"persecutio criminis"*, **eis** que peças apócrifas **não podem** ser incorporadas, formalmente, ao processo, **salvo** quando tais documentos forem produzidos **pelo acusado, ou**, ainda, **quando constituírem**, eles próprios, **o corpo de delito (como sucede** com bilhetes de resgate no delito de extorsão mediante seqüestro, **ou como ocorre** com cartas que evidenciem a prática de crimes contra a honra, **ou** que corporifiquem o delito de ameaça **ou** que materializem o *"crimen falsi"*, **p. ex.**);
> **(b) nada impede**, contudo, **que o Poder Público, provocado** por delação anônima (*"disque-denúncia"*, **p. ex.**), **adote** medidas **informais** destinadas a apurar, **previamente**, em averiguação sumária, *"com prudência e discrição"*, **a possível** ocorrência de **eventual** situação de ilicitude penal, **desde que o faça** com o objetivo **de conferir a verossimilhança** dos fatos nela denunciados, em ordem a promover, **então**, em caso positivo, a formal instauração da *"persecutio criminis"*, **mantendo-se**, assim, **completa desvinculação** desse procedimento estatal **em relação** às peças apócrifas; **e**
> **(c) o Ministério Público**, de outro lado, **independentemente** da prévia instauração de inquérito policial, **também pode formar** a sua *"opinio delicti"* **com apoio** em **outros** elementos de convicção **que evidenciem** a materialidade do fato delituoso **e** a existência de indícios suficientes de autoria, **desde** que os dados informativos **que dão suporte** à acusação penal **não derivem** de documentos **ou** escritos **anônimos nem** os tenham **como único fundamento causal**.

Cumpre referir, no ponto, **o valioso** magistério **expendido** por Giovanni Leone (*"Il Códice di Procedura Penale Illustrato Articolo per Articolo"*, sob a coordenação de Ugo Conti, vol. I/562-564, itens ns. 154/155, 1937, Società Editrice Libraria, Milano), **cujo entendimento**, no tema, **após** reconhecer o desvalor **e** a ineficácia probante **dos escritos anônimos**, desde que **isoladamente** considerados, **admite**, no entanto, quanto a eles, **a possibilidade** de a autoridade pública, **a partir** de tais documentos **e mediante** atos investigatórios **destinados a conferir** a verossimilhança de seu conteúdo, **promover**, então, em caso positivo, **a formal instauração** da pertinente *"persecutio criminis"*, **mantendo-se**, desse modo, **completa desvinculação** desse procedimento estatal **em relação** às peças apócrifas que forem encaminhadas aos agentes do Estado, **salvo se** os escritos anônimos **constituírem** o próprio corpo de delito **ou** provierem do acusado.

Impende rememorar, no sentido **que ora venho de expor, a precisa lição** de José Frederico Marques ("Elementos de Direito Processual Penal", vol. I/147, item n. 71, 2ª ed., **atualizada** por Eduardo Reale Ferrari, 2000, Millennium):

> *No direito pátrio*, a lei penal considera crime a denunciação caluniosa *ou a comunicação falsa de crime (Código Penal, arts. 339 e 340)*, *o que implica a exclusão do anonimato na "notitia criminis"*, uma vez que é corolário dos preceitos legais citados a perfeita individualização de quem faz a comunicação de crime, a fim de que possa ser punido, **no caso** de atuar abusiva e ilicitamente.

Parece-nos, porém, que nada impede a prática de atos iniciais de investigação da autoridade policial, quando delação anônima lhe chega às mãos, uma vez que a comunicação apresente informes de certa gravidade e contenha dados capazes de possibilitar diligências específicas para a descoberta de alguma infração ou seu autor. Se, no dizer de G. Leone, não se deve incluir o escrito anônimo entre os atos processuais, não servindo ele de base à ação penal, e tampouco como fonte de conhecimento do juiz, nada impede que, em determinadas hipóteses, a autoridade policial, com prudência e discrição, dele se sirva para pesquisas prévias. Cumpre-lhe, porém, assumir a responsabilidade da abertura das investigações, como se o escrito anônimo não existisse, tudo se passando como se tivesse havido "notitia criminis" inqualificada. (grifei)

Essa diretriz doutrinária – **perfilhada** por Jorge Ulisses Jacoby Fernandes (**"Tomada de Contas Especial"**, p. 51, item n. 4.1.1.1.2, 2ª ed., 1998, Brasília Jurídica) – **é também admitida**, em sede de persecução penal, por Fernando Capez (**"Curso de Processo Penal"**, p. 77, item n. 10.13, 7ª ed., 2001, Saraiva):

*A delação anônima ("notitia criminis inqualificada") **não deve ser repelida de plano**, sendo incorreto considerá-la sempre inválida; contudo, **requer cautela redobrada**, por parte da autoridade policial, **a qual deverá**, antes de tudo, **investigar a verossimilhança** das informações.* **(grifei)**

Idêntica percepção sobre a matéria em exame **é revelada** por Julio Fabbrini Mirabete (**"Código de Processo Penal Interpretado"**, p. 95, item n. 5.4, 7ª ed., 2000, Atlas), **que assim se pronuncia**:

*(...) **Não obstante** o art. 5º, IV, da CF, **que proíbe o anonimato** na manifestação do pensamento, e de opiniões diversas, **nada impede a notícia anônima** do crime ("notitia criminis" inqualificada), **mas**, nessa hipótese, **constitui dever funcional** da autoridade pública **destinatária**, preliminarmente, **proceder com a máxima cautela e discrição** a investigações preliminares **no sentido** de apurar a verossimilhança das informações recebidas. **Somente com a certeza** da existência de indícios da ocorrência do ilícito **é que deve instaurar** o procedimento regular.* **(grifei)**

Esse entendimento **é também acolhido** por Nelson Hungria (**"Comentários ao Código Penal"**, vol. IX/466, item n. 178, 1958, Forense), **cuja análise** do tema – **realizada** sob a égide da Constituição republicana de 1946, **que expressamente não permitia o anonimato** (art. 141, § 5º), **à semelhança** do que se registra, **presentemente**, com a vigente Lei Fundamental (art. 5º, IV, *"in fine"*) – **enfatiza a imprescindibilidade** da investigação, **ainda que motivada por delação anônima**, desde que fundada **em fatos verossímeis**:

*Segundo o § 1.º do art. 339, "A pena é aumentada de sexta parte, se o agente se serve de anonimato ou de nome suposto". **Explica-se**: o indivíduo **que se resguarda sob o anonimato** ou nome suposto **é mais perverso** do que aquêle que age sem dissimulação. **Êle sabe** que a autoridade pública **não pode deixar** de investigar **qualquer possível pista** (salvo quando **evidentemente** inverossímil), **ainda quando indicada por uma carta* *anônima ou assinada com pseudônimo*; e, por isso mesmo, trata de esconder-se na sombra para dar o bote viperino. Assim, quando descoberto, deve estar sujeito a um plus de pena. **(grifei)**

Essa mesma posição – que entende recomendável, nos casos de *delação anônima*, que a autoridade pública **proceda, de maneira discreta**, a uma averiguação preliminar em torno da verossimilhança da comunicação (*"delatio"*) que lhe foi dirigida – **é igualmente compartilhada**, dentre outros, por Guilherme de Souza Nucci ("**Código de Processo Penal Comentado**", p. 87/88, item n. 29, 2008, RT), Damásio E. de Jesus ("**Código de Processo Penal Anotado**", p. 9, 23ª ed., 2009, Saraiva), Giovanni Leone ("**Trattato di Diritto Processuale Penale**", vol. II/12-13, item n. 1, 1961, Casa Editrice Dott. Eugenio Jovene, Napoli), Fernando da Costa Tourinho Filho ("**Código de Processo Penal Comentado**", vol. 1/34-35, 4ª ed., 1999, Saraiva), Rodrigo Iennaco ("**Da validade do procedimento de persecução criminal deflagrado por** *denúncia anônima* **no Estado Democrático de Direito**", "*in*" *Revista Brasileira de Ciências Criminais*, vol. 62/220-263, 2006, RT), Romeu de Almeida Salles Junior ("**Inquérito Policial e Ação Penal**", item n. 17, p. 19/20, 7ª ed., 1998, Saraiva) e Carlos Frederico Coelho Nogueira ("**Comentários ao Código de Processo Penal**", vol. 1/210, item n. 70, 2002, EDIPRO), **cumprindo rememorar**, ainda, **por valiosa**, **a lição** de Rogério Lauria Tucci ("**Persecução Penal, Prisão e Liberdade**", p. 34/35, item n. 6, 1980, Saraiva):

> *Não deve haver qualquer dúvida, de resto, sobre que a notícia do crime possa ser transmitida anonimamente à autoridade pública (...).*
> *(...) constitui dever funcional da autoridade pública destinatária da notícia do crime, especialmente a policial, proceder, com máxima cautela e discrição, a uma investigação preambular no sentido de apurar a verossimilhança da informação, instaurando o inquérito somente em caso de verificação positiva. E isto, como se a sua cognição fosse espontânea, ou seja, como quando se trate de "notitia criminis" direta ou inqualificada (...).*
> **(grifei)**

Vale acrescentar que esse entendimento **também** fundamentou julgamento **que proferi**, em sede monocrática, **a propósito** da questão pertinente **aos escritos anônimos**. Ao assim julgar, **proferi** decisão **que restou** consubstanciada **na seguinte ementa**:

> *DELAÇÃO ANÔNIMA. COMUNICAÇÃO DE FATOS GRAVES QUE TERIAM SIDO PRATICADOS NO ÂMBITO DA ADMINISTRAÇÃO PÚBLICA. SITUAÇÕES QUE SE REVESTEM, EM TESE, DE ILICITUDE (PROCEDIMENTOS LICITATÓRIOS SUPOSTAMENTE DIRECIONADOS E ALEGADO PAGAMENTO DE DIÁRIAS EXORBITANTES). A QUESTÃO DA VEDAÇÃO CONSTITUCIONAL DO ANONIMATO (CF, ART. 5º, IV, "IN FINE"), EM FACE DA NECESSIDADE ÉTICO-JURÍDICA DE INVESTIGAÇÃO DE CONDUTAS FUNCIONAIS DESVIANTES. OBRIGAÇÃO ESTATAL, QUE, IMPOSTA PELO DEVER DE OBSERVÂNCIA DOS POSTULADOS DA LEGALIDADE, DA IMPESSOALIDADE E DA MORALIDADE ADMINISTRATIVA (CF, ART. 37, "CAPUT"), TORNA INDERROGÁVEL O*

ENCARGO DE APURAR COMPORTAMENTOS EVENTUALMENTE LESIVOS AO INTERESSE PÚBLICO. **RAZÕES** *DE INTERESSE SOCIAL* **EM POSSÍVEL CONFLITO** *COM A EXIGÊNCIA DE PROTEÇÃO À INCOLUMIDADE MORAL DAS PESSOAS (***CF***, ART. 5º, X).* **O DIREITO PÚBLICO SUBJETIVO** *DO CIDADÃO* **AO FIEL** *DESEMPENHO,* **PELOS AGENTES ESTATAIS***, DO DEVER DE PROBIDADE* **CONSTITUIRIA** *UMA LIMITAÇÃO EXTERNA AOS DIREITOS DA PERSONALIDADE? LIBERDADES* **EM ANTAGONISMO***. SITUAÇÃO DE* **TENSÃO DIALÉTICA** *ENTRE PRINCÍPIOS ESTRUTURANTES DA ORDEM CONSTITUCIONAL.* **COLISÃO DE DIREITOS** *QUE SE RESOLVE,* **EM CADA CASO OCORRENTE***, MEDIANTE* **PONDERAÇÃO** *DOS VALORES E INTERESSES EM CONFLITO.* **CONSIDERAÇÕES DOUTRINÁRIAS***. LIMINAR* **INDEFERIDA***.*
(**MS 24.369-MC/DF**, REL. MIN. CELSO DE MELLO, "*IN*" **INFORMATIVO/STF** Nº 286/2002)

Vê-se, portanto, que, **tratando-se** de revelação de fatos **revestidos** de aparente ilicitude penal, **existe**, "*a priori*", **a possibilidade** de o Estado **adotar** medidas destinadas **a esclarecer**, em sumária **e** prévia apuração, **a idoneidade** das alegações que lhe foram transmitidas, **desde** que verossímeis, **em atendimento ao dever estatal** de fazer prevalecer – **consideradas** razões de interesse público – **a observância** do postulado jurídico da legalidade, **que impõe**, à autoridade pública, **a obrigação** de apurar a verdade real **em torno** da materialidade **e** autoria de eventos **supostamente** delituosos, **tal como tenho enfatizado** em **alguns** julgamentos **proferidos** no Supremo Tribunal Federal (**Inq** 1.957/PR, *v.g.*), **como aquele** consubstanciado **em ementa** a seguir reproduzida:

A INVESTIGAÇÃO PENAL E A QUESTÃO DA DELAÇÃO ANÔNIMA. DOUTRINA. PRECEDENTES. PRETENDIDA EXTINÇÃO DO PROCEDIMENTO INVESTIGATÓRIO, COM O CONSEQÜENTE ARQUIVAMENTO DO INQUÉRITO POLICIAL. DESCARACTERIZAÇÃO, NA ESPÉCIE, DA PLAUSIBILIDADE JURÍDICA DO PEDIDO. MEDIDA CAUTELAR INDEFERIDA.
- **As autoridades públicas não podem** *iniciar* **qualquer** *medida de persecução (penal* **ou** *disciplinar),* **apoiando-se***,* **unicamente***, para tal fim, em peças apócrifas* **ou** *em escritos anônimos. É por essa razão que o* **escrito anônimo não autoriza***, desde que* **isoladamente** *considerado,* **a imediata instauração** *de "persecutio criminis".*
- **Peças apócrifas** *não podem ser formalmente incorporadas a procedimentos* **instaurados** *pelo Estado,* **salvo** *quando forem produzidas* **pelo acusado ou***, ainda,* **quando constituírem***, elas próprias,* **o corpo de delito** *(***como sucede** *com bilhetes de resgate no crime de extorsão mediante seqüestro,* **ou como ocorre** *com cartas* **que evidenciem** *a prática de crimes contra a honra,* **ou** *que corporifiquem o delito de ameaça* **ou que materializem** *o "crimen falsi",* **p. ex.***).*
- **Nada impede***, contudo,* **que o Poder Público***,* **provocado** *por delação anônima ("disque-denúncia",* **p. ex.***),* **adote** *medidas* **informais** *destinadas a apurar,* **previamente***, em averiguação sumária, "***com prudência e discrição"***,* **a possível** *ocorrência de* **eventual** *situação de ilicitude penal,* **desde que o faça** *com o objetivo* **de conferir a verossimilhança** *dos fatos nela denunciados,* **em ordem a promover***,* **então***, em caso positivo, a formal instauração da "persecutio criminis",* **mantendo-se***, assim,* **completa desvinculação** *desse procedimento estatal* **em relação** *às peças apócrifas. (...).*
(**HC 100.042-MC/RO**, REL. MIN. CELSO DE MELLO)

Em suma: revelar-se-á *plenamente* legítima **a instauração** de procedimento de investigação penal, **desde** que – **além de não guardar** direta **e** imediata **vinculação causal** com a *"notitia criminis"* inqualificada (**assim denominada** por José Frederico Marques, "Elementos de Direito Processual Penal", vol. I/147, item n. 71, 2ª ed., **atualizada** por Eduardo Reale Ferrari, 2000, Millennium) – **venham** os órgãos incumbidos da *"persecutio criminis"* (**e destinatários** da peça apócrifa) a movimentar o aparato estatal <u>somente após</u> **averiguação preliminar** (e criteriosa) dos elementos **veiculados** em **referida** comunicação de prática delituosa.

11. O poder investigatório do Ministério Público

Esse tema, *impregnado* de alto relevo jurídico-constitucional, **tem sido examinado** pela Segunda Turma do Supremo Tribunal Federal, que, em *diversos* processos, **os primeiros** dos quais relatados pela Ministra Ellen Gracie (**HC 91.661/PE – RE 535.478/SC**, *v.g.*), **deixou assentado** ser *"perfeitamente possível que o órgão do Ministério Público **promova a colheita** de determinados elementos de prova **que demonstrem** a existência da autoria e da materialidade de determinado delito"*, <u>especialmente</u> se se tratar de crimes praticados por policiais, **advertindo**, *no entanto*, que essa função investigatória do *"Parquet"*, **tal** como sublinhado em referidos julgamentos, *"<u>não significa retirar</u> da Polícia Judiciária"* as atribuições que o estatuto constitucional a ela expressamente outorgou.

Incensurável esse entendimento, pois, <u>segundo penso</u>, revela-se **plena** a legitimidade constitucional do poder de investigar do Ministério Público, **eis que** os organismos policiais (**embora** detentores da função de polícia judiciária) <u>não têm</u>, no sistema jurídico brasileiro, **o monopólio** da competência penal investigatória.

Na realidade, **o poder de investigar** compõe, em sede penal, **o complexo** de funções institucionais do Ministério Público, **que dispõe** – na condição de *"dominus litis"*, **e**, *também*, **como expressão** de sua competência para exercer *o controle externo* da atividade policial – **da atribuição** de fazer instaurar, <u>ainda que em caráter subsidiário</u>, **mas** sempre por autoridade própria **e** sob sua direção, **procedimentos** de investigação penal **destinados** a viabilizar a obtenção de dados informativos, de subsídios probatórios **e** de elementos de convicção **que lhe permitam** formar a *"opinio delicti"*, **em ordem a propiciar** eventual ajuizamento da ação penal de iniciativa pública.

É certo que **a investigação penal**, quando realizada por organismos policiais, **será** <u>sempre</u> **dirigida** por autoridade policial, <u>a quem igualmente competirá</u> exercer, **com exclusividade**, **a presidência** do respectivo inquérito, **muito embora** a acusação penal, para ser formulada, **não depende**, *necessariamente*, **de prévia** instauração de inquérito policial.

Mesmo quando inexistente **qualquer** investigação penal **promovida** pela Polícia Judiciária, **sabemos** que o Ministério Público, *ainda assim*, **poderá** fazer instaurar, *validamente*, a pertinente *"persecutio criminis in judicio"*, **desde** que disponha, *para tanto*, de elementos **mínimos** de informação, fundados em base empírica idônea, **que o habilitem** a deduzir, **perante** juízes e Tribunais, a acusação penal.

Cabe enfatizar que **a cláusula** de *exclusividade* **inscrita** no art. 144, § 1º, **inciso** IV, da Constituição da República – **que não inibe** a atividade de investigação criminal do Ministério Público – **tem** *por única finalidade* **conferir** *à Polícia Federal*, **dentre os diversos** organismos policiais **que compõem** o aparato repressivo da União Federal (*polícia federal, polícia rodoviária federal* **e** *polícia ferroviária federal*), **primazia investigatória** na apuração dos crimes previstos **no próprio** texto da Lei Fundamental **ou**, *ainda*, em tratados **ou** em convenções internacionais.

Incumbe, *desse modo*, à Polícia Civil dos Estados-membros **e** do Distrito Federal, *ressalvada* a competência da União Federal **e excetuada** a apuração dos crimes militares, **a função de proceder** à investigação dos ilícitos penais (crimes **e** contravenções), *sem prejuízo* do poder investigatório **de que dispõe**, como atividade subsidiária, o Ministério Público.

É importante deixar registrado que a atividade investigatória dos membros do Ministério Público *estará sempre sujeita* a controle jurisdicional, *notadamente* porque se revela oponível, aos agentes do *"Parquet"*, **o sistema** de direitos e garantias individuais **fundado** no texto da Constituição da República.

Com efeito, **o Ministério Público**, *sem prejuízo* da fiscalização intraorgânica **e daquela** desempenhada pelo Conselho Nacional do Ministério Público, *está permanentemente sujeito* **ao controle jurisdicional** dos atos que pratique **no âmbito** das investigações penais que promova *"ex propria auctoritate"*, **não podendo**, *dentre* **outras** limitações de ordem jurídica, **desrespeitar** o direito do investigado ao silêncio (*"nemo tenetur se detegere"*), **nem** lhe ordenar a condução coercitiva, **nem constrangê-lo** a produzir prova contra si próprio, **nem lhe recusar** o conhecimento das razões **motivadoras** do procedimento investigatório, **nem submetê-lo** a medidas **sujeitas** à reserva constitucional de jurisdição, **nem impedi-lo** de fazer-se acompanhar de Advogado, **nem impor**, *a este*, indevidas **restrições** ao regular desempenho de suas prerrogativas profissionais (**Lei nº 8.906/94**, art. 7º, *v.g.*).

O procedimento investigatório instaurado pelo Ministério Público **deverá** conter **todas** as peças, termos de declarações **ou** depoimentos, laudos periciais **e demais** subsídios probatórios **coligidos** no curso da investigação, **não podendo**, o *"Parquet"*, *sonegar, selecionar* **ou** *deixar de juntar*, aos autos, **quaisquer** desses elementos de informação, **cujo conteúdo**, *por referir-se* ao objeto da apuração penal, **deverá ser tornado acessível** *tanto* à pessoa sob investigação *quanto* ao seu Advogado.

O regime de sigilo, *sempre excepcional*, **eventualmente** prevalecente no contexto de investigação penal **promovida** pelo Ministério Público, *não se revelará oponível*, no entanto, ao investigado **e** ao Advogado por este constituído, **que terão direito** de acesso – *considerado* o princípio da comunhão das provas – **a todos** os elementos de informação que **já tenham** sido *formalmente incorporados* aos autos do respectivo procedimento investigatório.

Pessoalmente, **tenho assim julgado**, *com o beneplácito* da Segunda Turma do Supremo Tribunal Federal, **reconhecendo**, *em diversos processos*, **a plena** legitimidade jurídico-constitucional do poder investigatório do Ministério Público (**HC** 85.419/RJ – **HC** 89.837/DF – **HC** 90.099/RS – **HC** 94.173/BA, **dos quais** fui Relator), **como o evidencia** julgamento consubstanciado em acórdão assim ementado:

> *"HABEAS CORPUS"*– **CRIMES DE TRÁFICO DE DROGAS E DE CONCUSSÃO** ATRIBUÍDOS A POLICIAIS CIVIS – **POSSIBILIDADE** DE O MINISTÉRIO PÚBLICO, **FUNDADO EM INVESTIGAÇÃO** POR ELE PRÓPRIO PROMOVIDA, **FORMULAR** DENÚNCIA **CONTRA** REFERIDOS AGENTES POLICIAIS – **VALIDADE JURÍDICA** DESSA ATIVIDADE INVESTIGATÓRIA – **CONDENAÇÃO PENAL** IMPOSTA AOS POLICIAIS – **LEGITIMIDADE JURÍDICA DO PODER INVESTIGATÓRIO DO MINISTÉRIO PÚBLICO** – **MONOPÓLIO CONSTITUCIONAL** DA TITULARIDADE DA AÇÃO PENAL PÚBLICA PELO "PARQUET" – **TEORIA** DOS PODERES IMPLÍCITOS – **CASO** "McCULLOCH v. MARYLAND" (1819) – **MAGISTÉRIO DA DOUTRINA** (RUI BARBOSA, JOHN **MARSHALL**, JOÃO **BARBALHO**, **MARCELLO CAETANO**, CASTRO NUNES, OSWALDO TRIGUEIRO, v.g.) – **OUTORGA**, AO MINISTÉRIO PÚBLICO, **PELA PRÓPRIA** CONSTITUIÇÃO DA REPÚBLICA, **DO PODER DE CONTROLE EXTERNO** SOBRE A ATIVIDADE POLICIAL – **LIMITAÇÕES DE ORDEM JURÍDICA** AO PODER INVESTIGATÓRIO DO MINISTÉRIO PÚBLICO – "HABEAS CORPUS" **INDEFERIDO**. (...).
> (**HC 87.610/SC**, REL. MIN. CELSO DE MELLO)

Devo insistir, *por necessário*, que a investigação penal – *não obstante* promovida, *unilateralmente*, pelo Ministério Público – **não legitimará** qualquer condenação criminal, **se** os elementos de convicção nela produzidos (*porém não reproduzidos* em juízo, **sob** a garantia do contraditório) *forem os únicos* dados probatórios existentes **contra** a pessoa investigada, *o que afasta a objeção* de que a investigação penal, **quando** realizada pelo Ministério Público, **poderia comprometer** o exercício do direito de defesa.

É preciso enfatizar que a submissão do acusado, *uma vez instaurado* **o processo** *em juízo*, **impõe** que se lhe assegurem, *em plenitude*, as garantias **inerentes** ao *"due process of law"*. *As virtualidades jurídicas* **que emer-**

gem da cláusula constitucional do devido processo legal *não podem ser ignoradas* pelo aplicador da lei penal, que deverá ter presentes – *ao longo* da *"persecutio criminis in judicio"* – **todos** os princípios, que, **forjados** pela consciência liberal dos povos civilizados, **proclamam**, *de um lado*, **a presunção** de inocência dos acusados **e garantem**, *de outro*, **o irrestrito** exercício, *com todos* os recursos e meios a ele inerentes, **do direito de defesa** em favor daqueles **que sofrem** acusação penal.

Daí a razão pela qual, *a meu ver*, **a instauração** de mera investigação penal, *por iniciativa* **e** *sob a responsabilidade* do Ministério Público, **nenhum** gravame **impõe** à esfera de direitos **e** ao *"status libertatis"* do investigado, **eis que**, *a este*, assegurar-se-á, *sempre*, **o efetivo respeito** às garantias do contraditório, da bilateralidade do juízo **e** da plenitude de defesa, **uma vez promovida**, *"in judicio"*, **a fase processual** da persecução penal.

12. *Ministra Ellen Gracie*: uma nomeação *emblemática* para o Supremo Tribunal Federal

A escolha da Ministra Ellen Gracie, *em 2000*, para o Supremo Tribunal Federal, **constituiu** evento que se revelou **denso** de significação histórica.

A presença dessa Juíza eminente na Suprema Corte brasileira, que *também* por ela foi presidida (2006-2008), **representou** *a expressão visível* de que, em nosso País, *as relações de gênero* passaram a ostentar um **novo** perfil, **superando-se**, *desse modo*, contexto ideológico cujas premissas institucionalizavam **uma inaceitável** *discriminação de gênero*, que impedia, *injustamente*, **o pleno** acesso da mulher às instâncias **mais** elevadas de poder.

É justo que se reconheça, *em decorrência* de tal fato, **o advento** *de um novo tempo*, que tem o alto significado de verdadeiro *rito de passagem*, **pois se tornou claro**, *agora*, que o Brasil **repudia** práticas discriminatórias **fundadas** em razões de gênero, *ao mesmo tempo em que consagra* a prática afirmativa, democrática e republicana da igualdade.

Esse fato – *que é emblemático* sob todos os aspectos – **representou**, *com grandeza*, um *expressivo* momento histórico **que há de se perpetuar** na memória **das grandes** conquistas sociais, políticas e jurídicas do povo brasileiro.

Importante acentuar que esse processo, *hoje em plena evolução*, constitui fator decisivo, suficiente, *só por si*, **para eliminar** práticas sociais excludentes, **para realçar** a essencial dignidade da condição feminina **e para romper** barreiras culturais, cuja existência **marginalizava**, arbitrariamente, *até então*, a mulher em nosso País.

A presença luminosa da Ministra Ellen Gracie no Supremo Tribunal Federal **traduz**, *com notável* força **e** *expressiva* significação, **o reconhecimento** de que o processo de afirmação *da condição feminina* **há de ter**, *no Direito*, **não** um instrumento de opressão, **mas** uma forma de libertação **destinada** a banir, *definitivamente*, da práxis social, *a deformante* matriz ideológica, **que atribuía**, à dominação patriarcal, *um odioso estatuto de hegemonia*, **incapaz** de forjar uma visão de mundo **compatível** com os valores da República, **fundada** em bases democráticas **e cuja estrutura** se acha moldada, *dentre outros signos que a inspiram*, **pela igualdade de gênero**.

— 2 —

A função do Supremo Tribunal Federal e a força de seus precedentes: enfoque nas causas repetitivas

LEONARDO CARNEIRO DA CUNHA

Mestre em Direito pela UFPE. Doutor em Direito pela PUC/SP. Pós-doutorado pela Universidade de Lisboa. Professor-adjunto da Faculdade de Direito do Recife (UFPE), nos cursos de graduação, mestrado e doutorado. Professor do Curso de Mestrado da Universidade Católica de Pernambuco. Membro do Instituto Brasileiro de Direito Processual – IBDP. Procurador do Estado de Pernambuco e advogado.

Sumário: 1. Introdução; 2. O fenômeno da litigiosidade em massa e o regime processual das causas repetitivas; 3. Precedentes e jurisprudência; 4. A função e o papel do Supremo Tribunal Federal; 5. Os precedentes e as súmulas do STF: sua força em relação aos demais órgãos jurisdicionais; 6. Os precedentes do STF e o art. 557 do CPC; 7. Os precedentes do STF e o julgamento imediato de improcedência nas causas repetitivas (CPC, art. 285-A); 8. Os precedentes do STF e a tutela antecipada em causas repetitivas. Bibliografia.

1. Introdução

O presente ensaio destina-se a examinar a função do Supremo Tribunal Federal e a força de seus precedentes, sobretudo no cenário atual em que desponta o fenômeno da litigiosidade em massa.

Não se tolera mais a possibilidade de os órgãos jurisdicionais, diante de situações concretas similares ou isomórficas, conferirem resultados díspares. A divergência jurisprudencial atenta contra o princípio da isonomia. É preciso que casos iguais tenham idêntica solução jurídica. Nesse sentido, firmado entendimento jurisprudencial sobre determinado tema, os casos que envolvam tal assunto devem seguir esse mesmo entendimento.

Assim, emitido um precedente por um tribunal de cúpula que tenha competência para definir a interpretação sobre aquele assunto, devem o próprio tribunal e os demais órgãos jurisdicionais segui-lo, assegurando-se assim a indispensável e a desejável isonomia. E, com mais razão, se tal tribunal for o Supremo Tribunal Federal, devem os demais órgãos jurisdicionais seguir a orientação por ele firmada.

Eis o objeto do presente estudo: pretende-se demonstrar a função do STF e a força de seus precedentes, sobretudo nas chamadas causas repetitivas.

2. O fenômeno da litigiosidade em massa e o regime processual das causas repetitivas

A atividade econômica contemporânea, corolário do desenvolvimento do sistema de produção e distribuição em série de bens, conduziu à insuficiência do Judiciário para atender ao crescente número de feitos que, no mais das vezes, repetem situações pessoais idênticas, acarretando a tramitação paralela de significativo número de ações coincidentes em seu objeto e na razão de seu ajuizamento.

A partir daí, erigiu-se a necessidade de se imprimir tratamento coletivo a esses litígios, reunindo num único processo, ou em alguns, os interesses disputados, em vista da consecução de vantagem econômica, temporal e operacional.

Quer isso dizer que as regras processuais previstas no Código de Processo Civil revelaram-se *inadequadas*, não atendendo ao objeto e às finalidades dos chamados direitos difusos, coletivos e individuais homogêneos. Para que houvesse um processo *adequado* a tais direitos, foram editados diplomas legislativos que passaram a disciplinar os mecanismos de tutela de direitos coletivos e de tutela coletiva de direitos.

Com essa finalidade, foi editada a Lei nº 4.717/1965, que regula a *ação popular*, sendo também editada a Lei nº 7.347/1985, que disciplina a *ação civil pública*. Ao lado da ação popular e da ação civil pública, destacam-se a *ação de improbidade administrativa*, regulada pela Lei nº 8.429/1992, e o *mandado de segurança coletivo*, a ser impetrado por partido político com representação no Congresso Nacional, ou por organização sindical, entidade de classe ou associação legalmente constituída e em funcionamento há pelo menos um ano, em defesa dos interesses de seus membros ou associados.

As ações coletivas submetem-se, portanto, a um subsistema próprio, compreendido pelo conjunto das mencionadas leis, a que se agregam as regras processuais contidas no Código de Defesa do Consumidor.

Acontece, porém, que as referidas ações não têm o alcance de abranger todas as situações repetitivas, por várias razões. Em primeiro lugar, não há uma quantidade suficiente de associações, de sorte que a maioria das ações coletivas tem sido proposta pelo Ministério Público[1] – e, mais recentemente, pela Defensoria Pública – não conseguindo alcançar todas as situações massificadas que se apresentam a cada momento.

Demais disso, as ações coletivas não são admitidas em alguns casos. No âmbito doutrinário, discute-se se é cabível a ação coletiva para questões tributárias.[2] Por sua vez, a jurisprudência do STF,[3] secundada pela do STJ,[4] *não* admite a ação civil pública em matéria tributária. O entendimento do STF inspirou o Presidente da República, que resolveu, pela Medida Provisória nº 2.180-35/2001, acrescentar um parágrafo único ao art. 1º da Lei 7.347/1985, estabelecendo a vedação de ação civil pública para veicular pretensões que envolvam tributos, contribuições previdenciárias, FGTS e outros fundos de natureza institucional cujos beneficiários podem ser individualmente determinados.

Finalmente, o regime da coisa julgada coletiva contribui para que as questões repetitivas não sejam definitivamente solucionadas nas ações coletivas. A sentença coletiva faz coisa julgada, atingindo os legitimados coletivos, que não poderão propor a mesma demanda coletiva. Segundo dispõem os §§ 1º e 2º do art. 103 do CDC, a extensão da coisa julgada poderá beneficiar, jamais prejudicar, os direitos *individuais*. Eis aí a extensão *secundum eventum litis* da coisa julgada coletiva. O que é *secundum eventum litis* não é a *formação* da coisa julgada, mas sua *extensão* à esfera individual dos integrantes do grupo. É a extensão *erga omnes* ou *ultra partes* da coisa julgada que depende do resultado da causa, consistindo no que se chama de extensão *in utilibus* da coisa julgada.[5] Julgado procedente o pedido, ou improcedente após instrução suficiente, haverá coisa julgada para os legitimados coletivos, podendo, entretanto, ser propostas as demandas individuais em defesa dos respectivos direitos individuais. Em caso de improcedência por falta de prova, não haverá coisa julgada, podendo qualquer legitimado coletivo repropor a demanda coletiva, sen-

---

[1] Nas palavras de Marcelo Zenkner, "a pífia participação dos demais co-legitimados no ajuizamento de ações civis públicas vem acarretando um preocupante assoberbamento do Ministério Público, instituição que, não obstante o notório comprometimento público de seus integrantes, encontra hoje sérias dificuldades para responder, a contento, aos legítimos reclamos da sociedade." (*Ministério Público e efetividade do processo civil*. São Paulo: RT, 2006, n. 3.1.1, p. 144).

[2] Conferir, a propósito, com indicação de posições a favor e contra, ALMEIDA, João Batista. *Aspectos controvertidos da ação civil pública*. São Paulo: RT, 2001, n. 1.7.2, p. 68.

[3] Acórdão do Pleno do STF, RE 195.056, rel. Min. Carlos Velloso, j. 9/12/1999, DJ de 30/5/2003, p. 30. *No mesmo sentido:* acórdão da 2ª Turma do STF, RE 248.191 AgR, rel. Min. Carlos Velloso, j. 1º/10/2002, *DJ* de 25/10/2002, p. 64). *Ainda no mesmo sentido:* acórdão da 2ª Turma do STF, AI 382.298 AgR-ED, rel. Min. Gilmar Mendes, j. 27/2/2007, *DJ* de 30/3/2007, p. 96).

[4] Acórdão da 2ª Turma do STJ, REsp 878.312/DF, rel. Min. Castro Meira, j. 13/5/2008, DJe de 21/5/2008. *No mesmo sentido:* acórdão da 1ª Seção do STJ, EREsp 505.303/SC, rel. Min. Humberto Martins, j. 11/6/2008, *DJe* 18/8/2008).

[5] GIDI, Antonio. *Coisa Julgada e Litispendência em Ações Coletivas*. São Paulo: Saraiva, 1995, *passim*.

do igualmente permitido a qualquer sujeito propor sua demanda individual.[6] Quer dizer que as demandas individuais podem ser propostas em qualquer caso de improcedência.

Não bastasse isso, a restrição da eficácia subjetiva da coisa julgada em ação coletiva, estabelecida pelo art. 16 da Lei nº 7.347/1985[7] e, igualmente, pelo art. 2º-A da Lei nº 9.494/1997,[8] que lhe impõem uma limitação territorial, acarreta uma indevida fragmentação dos litígios, contrariando a essência do processo coletivo, que tem por finalidade concentrar toda a discussão numa única causa.[9] Como se percebe, as ações coletivas são insuficientes para resolver, com eficiência e de maneira definitiva, as questões de massa, contribuindo para a existência de inúmeras demandas repetitivas, a provocar um acúmulo injustificável de causas perante o Judiciário.

Significa que, mesmo com a implantação de um regime próprio para os processos coletivos, persistem as demandas repetitivas, que se multiplicam a cada dia.

As demandas repetitivas caracterizam-se por veicularem, em larga escala, situações jurídicas homogêneas. As causas repetitivas, que consistem numa realidade a congestionar as vias judiciais, necessitam de um regime processual próprio, com dogmática específica, que se destine a dar-lhes solução prioritária, racional e uniforme.

Tal regime é composto por várias regras extraídas do ordenamento jurídico brasileiro, a exemplo do art. 285-A do CPC, da súmula vinculante, da repercussão geral, do art. 4º, § 8º, da Lei nº 8.437/1992, do julgamento *por amostragem* do recurso extraordinário e do recurso especial

---

[6] GIDI, Antonio. *Rumo a um Código de Processo Civil Coletivo*. Rio de Janeiro: Forense, 2008, p. 289--290.

[7] "Art. 16. A sentença civil fará coisa julgada *erga omnes*, nos limites da competência territorial do órgão prolator, exceto se o pedido for julgado improcedente por insuficiência de provas, hipótese em que qualquer legitimado poderá intentar outra ação com idêntico fundamento, valendo-se de nova prova."

[8] "Art. 2º-A. A sentença civil prolatada em ação de caráter coletivo proposta por entidade associativa, na defesa dos interesses e direitos dos seus associados, abrangerá apenas os substituídos que tenham, na data da propositura da ação, domicílio no âmbito da competência territorial do órgão prolator."

[9] A respeito do assunto, com críticas aos dispositivos, aos quais se atribui a pecha de inconstitucionalidade, conferir, DIDIER JR., Fredie; ZANETI JR., Hermes. *Curso de direito processual civil: processo coletivo*. 5ª ed. Salvador: JusPodivm, 2010, p. 143-150. No âmbito da jurisprudência do Superior Tribunal de Justiça, a regra tem sido aplicada sem restrições. A propósito: "EMBARGOS DE DIVERGÊNCIA. AÇÃO CIVIL PÚBLICA. EFICÁCIA. LIMITES. JURISDIÇÃO DO ÓRGÃO PROLATOR. 1 – Consoante entendimento consignado nesta Corte, a sentença proferida em ação civil pública fará coisa julgada erga omnes nos limites da competência do órgão prolator da decisão, nos termos do art. 16 da Lei n. 7.347/85, alterado pela Lei n. 9.494/97. Precedentes. 2 – Embargos de divergência acolhidos." (Acórdão da 2ª Seção do STJ, EREsp 411.529/SP, rel. Min. Fernando Gonçalves, j. 10/3/2010, DJe 24/3/2010).

(CPC, arts. 543-B e 543-C), do pedido de uniformização da interpretação da lei federal no âmbito dos Juizados Especiais Cíveis Federais, entre outras.[10]

As mencionadas regras estabelecem técnicas de processamento e julgamento de causas repetitivas, com a finalidade de conferir racionalidade e uniformidade na obtenção dos seus resultados. Por meio de tais regras, pretende-se, enfim, racionalizar o julgamento das causas repetitivas, agilizando seu resultado e evitando a divergência jurisprudencial, com o que se alcança isonomia entre as pessoas que figuram em processos repetitivos, cujos fundamentos são uniformes.

À evidência, as causas repetitivas devem ter regime próprio, que se oriente pela necessidade de adoção de mecanismos de uniformização de jurisprudência, com vistas ao atendimento das necessidades de isonomia e de segurança jurídica.

3. Precedentes e jurisprudência

Costuma-se dizer que os precedentes seriam institutos próprios dos ordenamentos de *common law*. Não é verdade. Os precedentes existem em todos os sistemas; se há decisão judicial, há precedente. É inegável a importância que o emprego do precedente e da jurisprudência reveste na vida do direito de todos os ordenamentos modernos. A referência ao precedente não é mais uma característica peculiar dos ordenamentos de *common law*, estando presente em quase todos os sistemas também de *civil Law*.[11]

O precedente e a prática constante de segui-lo não é, como lembra Ugo Mattei, uma peculiaridade dos sistemas de *common law*, porque a ideia segundo a qual os casos símiles devem ser decididos de modo semelhante é um princípio de justiça reconhecido no âmbito de toda a tradição jurídica ocidental.[12] O que é típico ou próprio do *common law* é o *stare decisis*, que indica uma obrigação jurídica dos juízes sucessivos de não discordar de certos precedentes.[13]

Conforme adverte Fraçois Rigaux, a situação dos países de *civil law* afasta-se menos do que poderia parecer da dos países de *common law*. A doutrina do precedente, nos países de *civil law*, está presente sob uma forma velada: os órgãos jurisdicionais inferiores devem respeitar a lei, a

---

[10] A propósito, conferir, CUNHA, Leonardo José Carneiro da. O regime processual das causas repetitivas. *Revista de Processo*. São Paulo: RT, jan. 2010, v. 179, p. 139-174.

[11] TARUFFO, Michele. *Precedente e giurisprudenza*. Editoriale Scientifica, 2007, p. 7.

[12] *Il modello di common law*. 2ª ed. Torino: G. Giappichelli Editore, 2004, p. 133-134.

[13] Idem, p. 134.

qual é um texto interpretado pela corte suprema em cuja instância estão sediadas. Elas são, por conseguinte, censuradas por ter transgredido a lei, isto é, a interpretação que esta recebeu da jurisprudência anterior.[14]

Os órgãos jurisdicionais, convocados para solucionar conflitos, proferem decisões. Cada decisão constitui um *precedente judicial*. A resolução de um caso concreto forma uma opinião jurídica expressada pelo órgão jurisdicional, vindo a representar um paradigma ou um modelo para futuras resoluções que se refiram a casos semelhantes, nos quais tenha relevância a mesma questão jurídica. Tais resoluções paradigmáticas são os *precedentes* que servem para orientar os tribunais em casos futuros, sendo útil à uniformidade e à continuidade da jurisprudência, assegurando, assim, a segurança jurídica.[15]

Como afirma José Rogério Cruz e Tucci, o *precedente* nasce como uma regra de um caso e, em seguida, terá ou não o destino de tornar-se a regra de uma série de casos análogos.[16]

Michele Taruffo lembra que *precedente* e *jurisprudência* são termos frequentemente utilizados como se fossem sinônimos, mas há uma nítida distinção entre *precedente* e *jurisprudência*. Há, antes de tudo, uma distinção de caráter *quantitativo*: quando se fala em *precedente*, refere-se somente a *uma única* decisão relativa a um caso particular, enquanto a alusão à *jurisprudência* indica a existência de uma *pluralidade* considerável de decisões relativas a vários e diversos casos concretos. A decisão que se assume como *precedente* é uma só. Diversamente, o que se chama *jurisprudência* é a referência a muitas decisões.[17]

A obediência aos precedentes e a uniformização da jurisprudência prestam-se a concretizar a *segurança jurídica*, garantindo *previsibilidade* e evitando a existência de decisões divergentes para situações jurídicas homogêneas ou para situações de fato semelhantes.

O respeito aos precedentes assegura a segurança jurídica, conferindo credibilidade ao Poder Judiciário e permitindo que os jurisdicionados pautem suas condutas levando em conta as orientações jurisprudenciais já firmadas. Em outras palavras, o respeito aos precedentes estratifica a *confiança legítima:* os jurisdicionais passam a confiar nas decisões proferidas pelo Judiciário, acreditando que os casos similares terão o mesmo tratamento e as soluções serão idênticas para situações iguais.

---

[14] *A lei dos juízes*. Trad. Edmir Missio. São Paulo: Martins Fontes, 2000, p. 155.

[15] LARENZ, Karl. *Metodologia da ciência do direito*. Trad. José Lamego. 3ª ed. Lisboa: Fundação Calouste Gulbenkian, 1997, p. 610-611.

[16] *Precedente judicial como fonte do direito*. São Paulo: RT, 2004, p. 11-12.

[17] *Precedente e giurisprudenza*. Editoriale Scientifica, 2007, p. 11-12.

Como afirma Michele Taruffo, impõe-se inaugurar uma séria política do precedente, com a finalidade de introduzir um grau apreciável de uniformidade e de coerência na própria jurisprudência.[18]

As causas repetitivas devem – cumpre reafirmar – ter um regime jurídico próprio, orientado pelos princípios da isonomia e da segurança jurídica, com adoção de medidas prioritárias tendentes à uniformização da jurisprudência quanto às questões jurídicas nelas discutidas.

Nesse contexto, a função e o papel do Supremo Tribunal Federal merecem destaque e têm acentuada importância.

4. A função e o papel do Supremo Tribunal Federal

O Supremo Tribunal Federal mantém a função precípua de guardião da Constituição Federal. Compete-lhe a guarda da Constituição, preservando e interpretando as normas constitucionais. Nessa função de preservar e interpretar as normas da Constituição Federal, deve-se considerar inserida a função de *uniformizar* a jurisprudência nacional quanto à interpretação das normas constitucionais. Daí por que as decisões do STF, ainda que no âmbito do controle difuso de constitucionalidade, despontam como *paradigmáticas*, devendo ser seguidas pelos demais tribunais da federação.

Porque contém a função de guarda da Constituição Federal, ao STF cabe conferir interpretação às normas constitucionais, fazendo-o por meio de controle concentrado de constitucionalidade ou por meio do controle difuso, sendo este último, como se sabe, realizado por meio do recurso extraordinário.

No espectro dessa função desempenhada pelo STF, insere-se o recurso extraordinário, mercê do qual a Corte Suprema rejulga decisões proferidas, em última ou única instância, que tenham violado dispositivo da Constituição Federal. No particular, além de corrigir a ofensa a dispositivos da Constituição, o STF cuida de *uniformizar* a jurisprudência nacional quanto à interpretação das normas constitucionais.

Daí se infere que "o recurso extraordinário, portanto, sempre teve como finalidade, entre outras, a de assegurar a inteireza do sistema jurídico, que deve ser submisso à Constituição Federal".[19]

Enfim, o papel do Recurso Extraordinário, no quadro dos recursos cíveis, é o de resguardar a interpretação dada pelo STF aos dispositivos

---

[18] TARUFFO, Michele. Ob. cit., p. 31.

[19] ARRUDA ALVIM. O Recurso Especial na Constituição Federal de 1988 e suas origens. *Aspectos polêmicos e atuais do recurso especial e do recurso extraordinário.* Teresa Arruda Alvim Wambier (coord.). São Paulo: RT, 1997, p. 46.

constitucionais, garantindo a inteireza do sistema jurídico constitucional federal e assegurando-lhe validade e uniformidade de entendimento.

O sistema de controle de constitucionalidade das leis no direito brasileiro tem passado, nos últimos tempos, por algumas mudanças bastante significativas. A Emenda Constitucional nº 45/2004 criou a súmula vinculante em matéria constitucional (CF, art. 103-A) e consagrou, no texto Carta Magna, a orientação do STF de conferir efeito também vinculante às decisões proferidas em causas de controle concentrado de constitucionalidade, quer em Ação Direta de Inconstitucionalidade, quer em Ação Declaratória de Constitucionalidade (CF, art. 102, § 2º).

Um dos aspectos dessa mudança é a transformação do recurso extraordinário, que, embora instrumento de *controle difuso* de constitucionalidade das leis, tem servido, também, ao *controle abstrato*. Normalmente, relaciona-se o *controle difuso* ao *controle concreto* da constitucionalidade. São, no entanto, coisas diversas. O controle é difuso porque pode ser feito por qualquer órgão jurisdicional; ao controle difuso contrapõe-se o concentrado. Chama-se de controle concreto, porque feito *a posteriori*, à luz das peculiaridades do caso; a ele se contrapõe o controle abstrato, em que a inconstitucionalidade é examinada em tese, *a priori*. Normalmente, o *controle abstrato* é feito de forma concentrada, no STF, por intermédio da ADIN, ADC ou ADPF, e o *controle concreto*, de forma difusa. O *controle difuso* é sempre *incidenter tantum*, pois a constitucionalidade é questão incidente, que será resolvida na fundamentação da decisão judicial; assim, a decisão a respeito da questão somente tem eficácia *inter partes*. O controle concentrado, no Brasil, é feito *principaliter tantum*, ou seja, a questão sobre a constitucionalidade da lei compõe o objeto litigioso do processo e a decisão a seu respeito ficará imune pela coisa julgada material, com eficácia *erga omnes*.

Nada impede, porém, que o controle de constitucionalidade seja difuso, mas abstrato: a análise da constitucionalidade é feita em tese, embora por qualquer órgão judicial. Obviamente, porque tomada em controle difuso, a decisão não ficará acobertada pela coisa julgada e será eficaz apenas *inter partes*. Mas a análise é feita em tese, que vincula o tribunal a adotar o mesmo posicionamento em outras oportunidades. É o que acontece quando se instaura o incidente de arguição de inconstitucionalidade perante os tribunais (CF, art. 97; CPC, arts. 480 a 482): embora instrumento processual típico do controle difuso, a análise da constitucionalidade da lei, neste incidente, é feita em abstrato.[20] Trata-se de incidente proces-

---

[20] Sobre o tema, também, MENDES, Gilmar Ferreira. "O sistema de controle das normas da Constituição de 1988 e reforma do Poder Judiciário". *Revista da AJURIS*. Porto Alegre: AJURIS, 1999, n. 75, p. 244.

sual de natureza objetiva (é exemplo de processo objetivo, semelhante ao processo da ADIN ou ADC). É por isso que, também à semelhança do que já ocorre na ADIN e ADC, é possível a intervenção de *amicus curiae* neste incidente (CPC, art. 482 e §§). É, ainda em razão disso, que fica dispensada a instauração de um novo incidente para decidir questão que já fora resolvida anteriormente pelo mesmo tribunal ou pelo STF (CPC, art. 481, parágrafo único).

Isso conduz a se admitir a ampliação do *cabimento da reclamação constitucional*, para abranger os casos de desobediência a decisões tomadas pelo *Pleno* do STF em *controle difuso de constitucionalidade*, independentemente da existência de enunciado sumular de eficácia vinculante. É certo, porém, que não há previsão expressa neste sentido (fala-se de reclamação por desrespeito a súmula vinculante e a decisão em ação de controle concentrado de constitucionalidade). Mas a nova feição que vem assumindo o *controle difuso* de constitucionalidade, quando feito pelo STF, permite que se faça essa interpretação extensiva, até mesmo como forma de evitar decisões contraditórias e acelerar o julgamento das demandas.

A Emenda Constitucional nº 45/2004 acrescentou o § 3º ao art. 102 da CF/88, inovando em matéria de cabimento do recurso extraordinário. Prescreve o dispositivo o ônus do recorrente de demonstrar "a repercussão geral das questões constitucionais discutidas no caso", a fim de que o "tribunal examine a admissão do recurso, somente podendo recusá-lo pela manifestação de dois terços dos seus membros". Embora seja da competência das turmas do STF o julgamento do recurso extraordinário, a análise dessa questão preliminar deve ser feita pelo Pleno, a quem devem ser remetidos os autos.

O recorrente, além de ter de fundamentar o seu recurso em uma das hipóteses do art. 102, III, da CF/88, terá, também, de demonstrar o preenchimento desse outro requisito.[21] O *quorum* qualificado é para considerar que a questão *não* tem repercussão geral. "É razoável afirmar, assim, que existe uma presunção em favor da existência de repercussão geral".[22] Desta forma, é possível que a turma do STF *conheça* do recurso, por reputar geral a questão discutida, sem necessidade de remeter os autos ao plenário; não lhe é permitido, porém, considerar que o recurso, por esse motivo, é inadmissível.

---

[21] Consideram inconstitucional essa regra, por violar o princípio da indisponibilidade dos recursos, "ceifando" exercício de direito fundamental, CUNHA Jr., Dirley, RÁTIS, Carlos. *EC 45/2004 – Comentários à Reforma do Poder Judiciário*. Salvador: Edições JusPodivm, 2005, p. 44.

[22] STRECK, Lenio Luiz. *Comentários à reforma do Poder Judiciário*. Rio de Janeiro: Forense, 2005, p. 134. No mesmo sentido, BERMUDES, Sérgio. *A reforma do Judiciário pela Emenda Constitucional n. 45*. Rio de Janeiro: Forense, 2005, p. 57.

Em razão da tendência de transformação do recurso extraordinário em instrumento do controle difuso e *abstrato* da constitucionalidade das leis, é correta a observação de que o pronunciamento do Plenário do STF sobre a *repercussão geral* de determinada questão vincula os demais órgãos do tribunal e dispensa, inclusive, que se remeta o tema a um novo exame do Plenário, em recurso extraordinário que verse sobre a questão cuja amplitude da repercussão já tenha sido examinada, haja ou não enunciado sumulado a respeito. Aplica-se por extensão o disposto no parágrafo único do art. 481 do CPC. Nesses casos, e apenas nesses (pois a competência para decidir sobre a *repercussão geral* é do Plenário do STF), admitir-se-á o juízo de inadmissibilidade do recurso extraordinário, pela ausência de repercussão geral, por decisão do Presidente do tribunal *a quo*, ou por decisão monocrática de relator (art. 557 do CPC) ou por acórdão de Turma do STF. Também será dispensada nova manifestação do Plenário se o tema já foi decidido em ação de controle concentrado de constitucionalidade.

5. Os precedentes e as súmulas do STF: sua força em relação aos demais órgãos jurisdicionais

Já se viu, no item 4 *supra*, que o Supremo Tribunal Federal tem a função de conferir a interpretação às normas constitucionais. Não lhe é conferida a função institucional de conferir interpretação a normas legais, cabendo tal atribuição ao Superior Tribunal de Justiça.

A interpretação de normas constitucionais é realizada pelo STF com a emissão de precedentes e, igualmente, com a edição de enunciados de sua súmula de jurisprudência.

A essa altura, cumpre atentar para a circunstância de que o enunciado da súmula de jurisprudência não constitui um postulado genérico e abstrato, sob pena de assemelhar-se a uma norma e de o Judiciário usurpar a função legiferante que se comete à casa legislativa. Na verdade, o que há de ser seguido não é o enunciado da súmula, mas os precedentes que o originaram. Daí a necessidade, aliás, de a edição do enunciado da súmula ser acompanhado da indicação dos julgados que lhe deram origem.

Para que se possa aplicar um enunciado sumular, o órgão jurisdicional deverá cotejar o caso que foi submetido à sua apreciação com as particularidades dos precedentes que o originaram. Do confronto entre a situação concreta submetida ao crivo do julgador e as nuances contidas nos precedentes que deram azo ao enunciado da súmula é que se poderá verificar a possibilidade de este vir ou não a ser aplicado ao caso concreto. Enfim, as *rationes decidendi* dos precedentes que originaram a súmula devem coincidir com aquelas do caso erigido ao crivo do órgão julgador, a exemplo do que sucede no recurso especial interposto pela divergência jurisprudencial (CF/88, art. 105, III, *c*; CPC, art. 541, parágrafo único). Não é ocioso insistir na necessidade desse confronto, que deve ser feito entre as *rationes decidendi* dos precedentes que geraram a súmula, como critérios que identificam os fatos relevantes da causa e os fundamentos centrais da decisão, estando fora desse confronto ou devendo ser desprezado o *obiter dictum*, ou seja, o argumento ou circunstância secundária ou acessória, utilizada apenas de passagem, como reforço do fundamento, com simples eficácia persuasiva.

Com isso se permite a flexibilização na aplicação das súmulas, podendo o tribunal, num momento posterior, abandonar sua aplicação, vindo, até mesmo, a revogar ou cancelar a súmula, diante da revisão do fundamento que sustentou os precedentes que lhe deram origem. É o que se chama de *overruling*. Por outro lado, a súmula poderá deixar de ser aplicada, se do cotejo entre os precedentes que lhe deram origem e o caso concreto não se configurar uma similitude ou identidade nas *rationes decidendi*. Em outras palavras, para que se aplique a súmula faz-se necessário, como já se viu, um confronto entre o caso concreto e as circunstâncias constantes dos precedentes que a originaram. Não havendo tal identificação, não deve ser aplicada a súmula, caracterizando o chamado *distinguishing*.

A propósito, impõe-se advertir que os tribunais superiores, ao apreciarem recursos especiais e extraordinários, cumprem a função constitucional de uniformizar a interpretação de normas. Ao STF cumpre interpretar as normas constitucionais, cabendo ao STJ a interpretação da legislação infraconstitucional. Suas súmulas, nesse sentido, desempenham um importante papel de complementação do ordenamento jurídico. Então, em matéria constitucional, devem ser seguidas por juízes e tribunais as súmulas do STF.

As súmulas do STF que versam sobre matérias infraconstitucionais não estão a desempenhar a função de complementação do sistema normativo, eis que a Corte Suprema não detém a atribuição de interpretar normas legais, que não tenham assento constitucional. Nesse caso, a súmula não está fundada em *precedente*, mas sim em *exemplo*, ou seja, num mero indicativo de como o tribunal, naquela matéria, entende internamente, não devendo os demais juízes e tribunais adotar, necessariamente, a mesma orientação.

Segundo Michele Taruffo, o *exemplo* é só superficialmente similar ao *precedente*, mas se diferenciam pela estrutura e função. O exemplo pode desenvolver qualquer função persuasiva – e é por essa razão que vem sendo usado – mas não desenvolve uma função propriamente justificativa.[23]

Os juízes e tribunais estão vinculados, em matéria infraconstitucional, ao STJ, e não ao STF. Este, de fato, não está hierarquicamente superposto aos juízes e tribunais para as matérias infraconstitucionais, somente o estando no tocante às questões constitucionais. Significa que, se um juiz ou tribunal não segue a orientação do STF numa questão infraconstitucional, este jamais poderá ser provocado para rever a decisão.

6. Os precedentes do STF e o art. 557 do CPC

Os julgamentos nos tribunais devem ser, em regra, tomados por decisão colegiada. Antes de ser proferido o julgamento colegiado, o caso é submetido ao exame do relator. Ao relator cabe estudar o caso, firmar seu entendimento para, então, elaborar o relatório e levar o caso a julgamento, a fim de, na correspondente sessão, expor os detalhes aos seus pares, emitindo seu voto. A partir daí, colhem-se os demais votos, encerrando-se o julgamento, com a posterior lavratura do acórdão.

Em vez de dar sequência a todo esse trâmite, é possível que o relator já julgue o recurso, por decisão singular, sem elaboração de relatório, nem inclusão em pauta, nem coleta de votos dos seus pares. Enfim, franqueia-se ao relator a possibilidade de já decidir o recurso, valendo-se do disposto no art. 557 do CPC.

Assim, pode o relator já *negar seguimento* ao recurso intempestivo, deserto, prejudicado, manifestamente inadmissível por outra razão ou, ainda, negar-lhe provimento, se manifestamente improcedente. De igual modo, pode o relator já negar seguimento ou provimento a recurso que contraste com súmula ou com jurisprudência dominante do *respectivo* tribunal ou de tribunal *superior*.

É possível ao relator não somente já negar seguimento ao recurso, mas também já lhe dar provimento, desde que presente uma das hipóteses previstas no § 1º-A do art. 557 do CPC. Em outras palavras, pode o relator já *dar provimento* ao recurso, se a decisão recorrida estiver em manifesto contraste com súmula ou com jurisprudência dominante de tribunal *superior*.

Ao reexame necessário aplica-se o art. 557 do CPC, podendo o relator, positivadas as hipóteses ali previstas, em decisão isolada, negar ou dar provimento à remessa. Com efeito, "o art. 557 do CPC, que autoriza

---

[23] TARUFFO, Michele. *Precedente e giurisprudenza*. Editoriale Scientifica, 2007, p. 33.

o relator a decidir o recurso, alcança o reexame necessário" (súmula do STJ, n. 253).

Quer dizer que, se já houver precedentes ou súmula do STF, o caso pode ser julgado, isoladamente, pelo relator, em qualquer tribunal.

Os precedentes do STF – e, igualmente, os enunciados de sua súmula de jurisprudência –, para que viabilizem a aplicação do art. 557 do CPC, devem dizer respeito a matéria constitucional.

Significa que os precedentes ou enunciados da súmula do STF que versem sobre matéria infraconstitucional não devem ser invocada para aplicação do art. 557 do CPC, pois os juízes e tribunais não estão subordinados à Suprema Corte no que respeita às questões infraconstitucionais. Ora, se vier a ser aplicado o art. 557 do CPC com base em precedente ou enunciado da súmula que diga respeito a matéria infraconstitucional, o tribunal que irá rever a decisão será o STJ, e não o STF. E isso porque, nessa matéria, os juízes e tribunais estão vinculados ao STJ, e não à Corte Suprema. Tais precedentes e enunciados sumulares do STF estão fundados em *exemplo,* e não em *precedente,* não devendo, pois, ser aplicados pelos tribunais, sendo, na verdade, apenas uma indicação do próprio STF de como é seu entendimento quanto a uma questão infraconstitucional.

7. Os precedentes do STF e o julgamento imediato de improcedência nas causas repetitivas (CPC, art. 285-A)

O art. 285-A do CPC prevê o julgamento imediato pelo juízo, quando a matéria for unicamente de direito e já houver sentença, em casos idênticos, de total improcedência. Trata-se de uma regra de racionalização de julgamentos em demandas de massa.

Para que possa ser aplicado o art. 285-A do CPC, é preciso que (a) a matéria controvertida seja unicamente de direito e (b) já tenha sido, naquele juízo, proferida sentença de total improcedência em outros casos idênticos.

Quando o dispositivo exige que sua aplicação depende de a matéria controvertida ser unicamente de direito, está a referir-se a *demandas de massa.* Com efeito, nas chamadas demandas de massa, os fatos são repetidos em cada uma das demandas. Os autores passaram pela mesma ou semelhante situação. Tal situação afigura-se indiscutível, já demonstrada documentalmente. A discussão, em todos esses casos, é apenas de direito: discute-se se a norma é aplicável ou não, se é válida ou não, se é constitucional ou não. Em demandas tributárias, em que se discute, por exemplo, a constitucionalidade de determinado tributo, a única questão de fato é a demonstração de o autor revestir-se da condição de contribuinte daquele tributo; quanto ao mais, a análise do caso restringe-se a aferir a legitimidade da exação. É o que ocorre, igualmente, em demandas previdenciárias ou que envolvem servidores públicos, em que se postula a agregação de alguma parcela ou a aplicação de determinado índice de correção monetária: nesses casos, os fatos a serem demonstrados e comprovados correspondem à condição de aposentado ou à de servidor e ao valor da aposentadoria ou dos vencimentos, consistindo toda a discussão em verificar a legitimidade da argumentação jurídica.

Enfim, nas demandas de massa ou repetitivas, quando não se faça necessária a comprovação técnica, pericial ou testemunhal de determinado ponto alegado, a matéria a ser apreciada pelo julgador é toda de direito, restringindo-se a contestação a rebater os pontos de direito suscitados na petição inicial.

É preciso, para que se aplique o art. 285-A do CPC, que os argumentos jurídicos sejam os *mesmos*. Quando o dispositivo alude a *casos idênticos*, está a exigir identidade de argumentação jurídica. Vindo a ser proposta demanda com *novos* argumentos ou com argumentos *diferentes*, não se deve aplicar o dispositivo, devendo ser citado o réu, para que se verifique a legitimidade dessa argumentação, ainda não levada ao crivo daquele juízo.

Ainda para que se possa aplicar o dispositivo, deverá ter havido sentença de total improcedência, em *"casos idênticos"*, que tenham sido proferidas pelo *mesmo* juízo. Não se deve aplicar a regra, tomando-se em consideração sentenças proferidas por *outro* juízo. E mais: não basta que o juízo tenha proferido, apenas, uma sentença; faz-se necessário que já haja algumas sentenças de total improcedência, proferidas em casos repetidos.

Impõe-se interpretar o dispositivo sistematicamente, levando-se em conta o disposto no art. 557 e, ainda, o disposto nos arts. 120, parágrafo único, 518, § 1º, e 544, § 3º, todos do CPC, além do disposto no art. 103-A da Constituição Federal. Em outras palavras, ainda que o juízo tenha proferido várias sentenças de total improcedência em casos idênticos, não deve aplicar o art. 285-A do CPC, se houver súmula ou jurisprudência dominante, em sentido divergente, do Supremo Tribunal Federal. Aplicar o art. 285-A do CPC, quando há súmula ou jurisprudência dominante do STF em sentido contrário, longe de racionalizar o julgamento de demandas de massa, significa contribuir para um processo com dilações indevidas, atentando contra o princípio da duração razoável dos processos, além de conspirar em favor de eventuais divergências jurisprudenciais, com manifesta desatenção ao princípio da isonomia.

De igual modo, deve-se interpretar o dispositivo sistematicamente para entender que, mesmo quando não houver sentenças de total improcedência proferidas no mesmo juízo, franqueia-se ao juiz já julgar imediatamente a causa, aplicando o art. 285-A do CPC, na hipótese de já haver jurisprudência ou súmula do STF a respeito do assunto. Se o STF não acolhe a tese que sustenta a pretensão, cabe ao juiz seguir tal orientação da Corte Suprema e já julgar, de imediato, improcedente o pedido do autor, aplicando-se o art. 285-A do CPC. Quer isso dizer que tal dispositivo também pode ser aplicado quando, em vez de sentenças do próprio juízo, houver precedentes do Supremo Tribunal Federal.

8. Os precedentes do STF e a tutela antecipada em causas repetitivas

Como se pode perceber do que se disse até o momento, é necessário haver um regime processual próprio para as causas repetitivas, a fundar-se nos princípios da isonomia e da segurança jurídica. É preciso, em outras palavras, que haja uniformidade jurisprudencial para situações jurídicas homogêneas. Se alguém tem direito a certa vantagem, todos os demais que estejam na mesma situação hão de usufruir igualmente da mesma vantagem.

Se o STF firmou um entendimento a respeito de determinado tema, cabe a quem se enquadre na condição de devedor, obrigado ou que esteja no estado de sujeição, respeitar e seguir a orientação da Corte Suprema, estendendo a todos os demais que se encaixem na mesma situação.

Assim, caso o STF entenda, por exemplo, que determinada vantagem é devida à dada categoria de servidores públicos, cabe à Administração Pública seguir essa orientação e pagar a vantagem a todos os servidores que se enquadrem na hipótese. Assim não o fazendo a Fazenda Pública, haverá, certamente, uma multiplicidade de demandas repetitivas, todas destinadas à obtenção da referida vantagem. Nesse caso, proposta a demanda e estando o servidor enquadrado na hipótese, caberá tutela antecipada para impor o pagamento imediato, não incidindo as vedações à sua concessão.

Segundo Ruy Zoch Rodrigues, a tutela antecipada, nesses casos de ações repetitivas, teria fundamento no disposto no § 6º do art. 273 do CPC, devendo-se interpretar o termo *incontroverso*, não somente no sentido tradicional de *não discutido* ou *não contestado*, mas também no sentido de *indiscutível, indubitável*, que não seja *seriamente contestável*.[24]

---

[24] *Ações repetitivas:* casos de antecipação de tutela sem o requisito de urgência. São Paulo: RT, 2010, p. 196-200.

Em casos assim, a tutela antecipada somente não será concedida, se a situação do servidor ou do interessado não se ajustar à *ratio decidendi* do precedente firmado pelo STF. Quer isso dizer que somente não será concedida a tutela antecipada, se houver algum *distinguishing, overruling* ou *overriding*. Aliás, em casos assim, a defesa do réu deve restringir-se a demonstrar que há uma situação diferente que impõe o afastamento do precedente, ou que há fatores que não justificam mais a interpretação conferida pelo tribunal superior. Noutros termos, o réu, em casos como esse, deve demonstrar a existência de um *distinguishing, overruling* ou *overriding*. Não havendo tal demonstração, deve já ser julgado procedente o pedido, ou, se houver algum incidente ou outro pedido a ser apreciado, já deve ser concedida tutela antecipada, com base no art. 273, II, do CPC, por ser a defesa abusiva ou protelatória.

Em casos repetitivos, pode o juiz, enfim, já conceder a tutela antecipada *inaudita altera parte,* para fazer aplicar o precedente do tribunal superior, com base no § 6º do art. 273 do CPC. Se, entretanto, já tiver havido contestação e esta não for séria, não demonstrando a razão pela qual não se aplica o precedente na espécie, cumpre, então, já julgar procedente o pedido do autor. Na hipótese de não ser possível já julgar procedente o pedido, por haver algum incidente pendente ou por haver outro pedido a ser examinado com mais demora, impõe-se conceder a tutela antecipada com base no inciso II do art. 273 do CPC, pois a defesa será, nesse caso, abusiva. Realmente, se a defesa insiste numa tese que já foi rechaçada pelo tribunal superior, não demonstrando qualquer novidade, peculiaridade ou elemento distintivo, estará apenas a retardar o resultado, sendo, em verdade, protelatória. Daí se justificar a concessão da tutela antecipada prevista no inciso II do art. 273 do CPC.

Bibliografia

ARRUDA ALVIM. O Recurso Especial na Constituição Federal de 1988 e suas origens. *Aspectos polêmicos e atuais do recurso especial e do recurso extraordinário.* Teresa Arruda Alvim Wambier (coord.). São Paulo: RT, 1997.

BERMUDES, Sérgio. *A reforma do Judiciário pela Emenda Constitucional n. 45.* Rio de Janeiro: Forense, 2005.

CUNHA, Leonardo José Carneiro da. O regime processual das causas repetitivas. *Revista de Processo.* São Paulo: RT, jan. 2010, v. 179.

CUNHA JR., Dirley; RÁTIS, Carlos. EC 45/2004 – *Comentários à Reforma do Poder Judiciário.* Salvador: Edições JusPodivm, 2005.

GIDI, Antonio. Coisa Julgada e Litispendência em Ações Coletivas. São Paulo: Saraiva, 1995.

——. *Rumo a um Código de Processo Civil Coletivo.* Rio de Janeiro: Forense, 2008.

LARENZ, Karl. *Metodologia da ciência do direito.* Trad. José Lamego. 3ª ed. Lisboa: Fundação Calouste Gulbenkian, 1997.

MATTEI, Ugo. *Il modello di common law.* 2ª ed. Torino: G. Giappichelli Editore, 2004.

MENDES, Gilmar Ferreira. "O sistema de controle das normas da Constituição de 1988 e reforma do Poder Judiciário". *Revista da AJURIS*. Porto Alegre: AJURIS, 1999, n. 75.

RIGAUX, Fraçois. *A lei dos juízes*. Trad. Edmir Missio. São Paulo: Martins Fontes, 2000.

ROGRIGUES, Ruy Zoch. *Ações repetitivas*: casos de antecipação de tutela sem o requisito de urgência. São Paulo: RT, 2010.

STRECK, Lenio Luiz. *Comentários à reforma do Poder Judiciário*. Rio de Janeiro: Forense, 2005.

TARUFFO, Michele. *Precedente e giurisprudenza*. Editoriale Scientifica, 2007.

TUCCI, José Rogério Cruz e. *Precedente judicial como fonte do direito*. São Paulo: RT, 2004.

ZENKNER, Marcelo. *Ministério Público e efetividade do processo civil*. São Paulo: RT, 2006.

— II —
O INSTITUTO DA REPERCUSSÃO GERAL

— 3 —

Repercussão geral – muito mais que um pressuposto de admissibilidade

Taís Schilling Ferraz
Conselheira do Conselho Nacional do Ministério Público.
Juíza Federal na 4ª Região. Foi Juíza Auxiliar do Supremo Tribunal Federal.

Sumário: Introdução; 1. Repercussão geral: aspectos gerais; 2. Primeira Etapa da Repercussão Geral: A implantação do novo sistema; 2.1. Vigência; 2.2. Exame da repercussão geral; 2.3. Competência para o exame do requisito; 2.4. Dois terços para a recusa; 3. Segunda Etapa da Repercussão geral: O sobrestamento dos múltiplos, a relação com os órgãos recursais de origem e a relativização da importância dos demais requisitos de admissibilidade; 3.1. Sobrestamento; 3.2. Repercussão geral e demais pressupostos de admissibilidade; 4. Terceira Etapa da Repercussão Geral: O julgamento da questão constitucional; 4.1. A amplitude das decisões sobre a questão constitucional de repercussão geral; 4.2. A reafirmação da jurisprudência; 4.3. Efeitos da repercussão geral sobre o uso das decisões monocráticas. Conclusão.

Introdução

Muitas modificações ocorreram no controle difuso de constitucionalidade desde que foi implantado no Supremo Tribunal Federal o sistema de admissibilidade dos recursos extraordinários fundado na existência de repercussão geral da questão constitucional suscitada.

Mais do que um novo requisito de admissibilidade recursal, a repercussão geral introduziu inédito regime de processamento de recursos e de geração de efeitos sobre as ações individuais fundadas em idêntica questão constitucional. Foi necessário profunda adaptação nos modelos até então adotados, não apenas na Suprema Corte, mas também nas instâncias recursais ordinárias e especiais.

Efeito dos mais evidentes da implantação da repercussão geral foi a maior integração entre os órgãos do Poder Judiciário e entre os agentes de todo o Sistema de Justiça. A ele somam-se racionalização de procedimentos, mudanças no âmbito de cognição dos recursos extraordinários, maior isonomia e segurança jurídica no trato das questões constitucionais e, em especial, crescente necessidade de revisão do paradigma individualista sobre o qual foram erguidos os dogmas do processo civil.

Há muito, os autores advertem para o fato de que o processo civil foi concebido e ainda está a serviço da defesa dos direitos individuais, em cuja geração tomaram forma os princípios que substanciam o devido processo legal. Grande parte dos procedimentos ainda hoje adotados é voltada à garantia de direitos individuais, marcados pelos traços da liberdade e igualdade em suas acepções puramente formais, em que, após o longo caminho para o reconhecimento do direito e do próprio dano, há escolha entre cumprir e não cumprir a obrigação; em que se oportuniza ao devedor, em nome da garantia do contraditório, opor toda a resistência possível ao cumprimento de sua obrigação, e onde, como regra, o não atendimento ao direito apenas conduz a uma ação de reparação de danos, à consagração do "aguarde-se o dano e indenize-se".

As leis processuais e sua exegese alinharam-se a essa doutrina das liberdades e ao devido processo legal em sua acepção formal, em que o princípio da inércia comanda a postura do julgador e onde se cria espaço para o abuso das prerrogativas processuais asseguradas às partes.

Em meio a esse quadro, forte fenômeno seguiu-se no caminho de tornar o processo verdadeira ciência jurídica. As garantias individuais refletidas no plano processual e seguidas à risca em sua exegese formal (contraditório, igualdade na concessão de infindáveis faculdades processuais, ampla defesa, etc.), foram e ainda são, por vezes, invocadas de forma absolutamente apartada do direito material examinado em concreto, conduzindo, como não poderia deixar de ser, a processos intermináveis, resultados contraditórios e ao consequente descrédito na atividade jurisdicional.

A segurança jurídica reclamada pela sociedade moderna, embora deite suas raízes nos direitos fundamentais de primeira geração, nesses não se esgota nem se realiza, exigindo, mais que liberdade dos litigantes e abstenção dos governantes, uma gama de atitudes positivas do Estado, de natureza prestacional, necessárias à realização do direito à igualdade, berço dos direitos fundamentais de segunda geração que, hoje se reconhece, não se alcança pela mera proibição à discriminação, mas sim pela positivação de medidas mais complexas, voltadas à substanciação dessa garantia. O processo civil deve seguir o mesmo influxo. É de Mauro Cappelletti a constatação de que é muito fácil declarar os direitos sociais, o difícil é realizá-los. Daí que o movimento para acesso à justiça é um movimento para a efetividade dos direitos sociais.[1]

---

[1] Cappelletti, Mauro; GARTH, Bryant. *Acesso à Justiça*. Porto Alegre: Fabris, 1988.

É nesse caminho que se deve conceber o processo civil de resultados, a modernização do instrumento, o abandono da forma pela forma. Não há mais espaço para uma concepção individualista dos litígios. É preciso reelaborar, reler os procedimentos, para que sejam capazes de dar efetividade aos direitos materiais. Mais que reconhecer a necessidade da prestação jurisdicional é imprescindível encontrar meios para que se efetive, e com a urgência que a espécie de direito reclama.

A grande parte das mudanças na legislação processual foi impulsionada por essa tomada de consciência.

O sincretismo do processo tornou-se a regra. A execução da sentença passou à condição de mera fase subsequente ao reconhecimento do direito, deixando a condição de processo autônomo. O devido processo legal voltou-se para o seu aspecto substancial, acolhendo institutos como a antecipação dos efeitos da tutela jurisdicional. O efeito suspensivo das decisões passou a ser exceção e reprime-se, hoje, com maior vigor o uso procrastinatório dos instrumentos processuais. Surgiram os juizados especiais, para o processamento mais ágil das demandas de menor valor econômico e das ações penais por crimes de menor potencial ofensivo, e o espírito de litigiosidade que cerca as partes que ingressam em juízo começa a ser enfrentado com novas armas pelos operadores do direito, que descobrem na conciliação forma das mais eficazes de pacificação dos conflitos.

Dinamarco registra que a "reforma abriu caminhos para uma nova era no processo civil brasileiro. Lançou-se contra dogmas, temores e preconceitos, numa releitura de princípios tradicionais e tentativa de afeiçoar sua interpretação às exigências do tempo. É tempo de repúdio ao conceitualismo e ao conformismo. O processo civil de hoje é necessariamente um processo civil de resultados, porque sem bons resultados, e efetivos, o sistema processual não se legitima".[2]

As modificações trazidas pela repercussão geral, a par de constituírem ferramentas necessárias para que o STF possa priorizar seu papel de Corte Constitucional frente às costumeiras competências revisionais, introduziram forte componente modernizador no processo civil brasileiro e na jurisdição constitucional, exigindo de todos os operadores do direito espírito aberto para a compreensão da extensão das modificações e das suas razões, todas voltadas à efetividade plena da prestação da Justiça, em um paradigma não individualista, que tem como nortes a igualdade e a segurança jurídica na interpretação das normas.

---

[2] DINAMARCO, Cândido Rangel. Anais do Seminário "O CPC e as suas recentes alterações", publicado por acta-diurna.com.br.

1. Repercussão geral – Aspectos gerais

Introduzida através da Emenda Constitucional 45/2004 (art. 102, §3º), a repercussão geral da questão constitucional discutida no processo passou a ser condição para a admissibilidade do recurso extraordinário.

Regulamentada pela Lei 11.418/2006, de novo pressuposto para o conhecimento do recurso, a repercussão geral passou à condição de verdadeiro instrumento processual, ganhando efeitos transcendentes semelhantes, mas ainda mais abrangentes que os que já vinham sendo produzidos pelas decisões do STF ou da Turma Nacional de Uniformização, todas no âmbito dos Juizados Especiais Federais (Lei 10.259/2001).

A referida lei introduziu no Código de Processo Civil os arts. 543-A e 543-B, delimitando os contornos da repercussão geral, definindo, em grandes linhas, a nova sistemática de processamento dos recursos extraordinários no STF, nos Tribunais e Turmas Recursais de origem, e estabelecendo o efeito multiplicador da decisão sobre tema constitucional de repercussão geral sobre as ações individuais.

Cabe ao recorrente, agora, além da demonstração de que há no recurso questão constitucional a ser dirimida pelo Supremo Tribunal Federal, ou seja, que está configurada uma das hipóteses descritas nas alíneas do inciso III do art. 102, da CF/88, evidenciar que há relevância na matéria a ser discutida, sob os planos social, econômico, jurídico ou político, bem como que serão alcançados pela decisão mais que os interesses subjetivos envolvidos na causa.[3]

Assim, para ter repercussão geral, a questão constitucional suscitada deverá ostentar as qualidades da relevância, sob os aspectos antes indicados, e da transcendência.

Este novo instrumento processual insere no controle difuso de constitucionalidade componente de natureza objetiva, capaz de evitar infindáveis decisões sobre um mesmo tema pela Corte Constitucional. É que, uma vez definido que o assunto versado em recurso determinado tem relevância, sob algum dos aspectos legais, será levado a julgamento de mérito pelo Plenário do STF, e o resultado que daí advier orientará as decisões judiciais futuras em todos os processos que tragam a mesma discussão, nas instâncias recursais ordinárias ou especiais. Ensejará a retratação de decisões contrárias à orientação do STF ou tornará prejudicados os recursos que desafiem decisões conformes.

---

[3] CPC, art. 543-A, § 1º Para efeito da repercussão geral, será considerada a existência, ou não, de questões relevantes do ponto de vista econômico, político, social ou jurídico, que ultrapassem os interesses subjetivos da causa.

Trata-se de mecanismo de racionalização do trabalho de todo o Poder Judiciário. O recurso extraordinário a cuja matéria o STF tenha negado repercussão geral, ainda que traga como fundamento a análise de uma questão constitucional, não será considerado admissível, aplicando-se esta decisão para todos os demais sobre o mesmo tema,[4] que não deverão ser encaminhados à Corte. Semelhante raciocínio valerá para os eventuais agravos de instrumento direcionados à admissibilidade do recurso extremo, que ficam prejudicados.[5]

Reconhecida, por outro lado, a existência de repercussão geral, os recursos sobre a mesma matéria poderão ser sobrestados, aguardando-se o julgamento do *leading case* pela Corte Constitucional, para futuro procedimento consentâneo com o que venha a ser decidido, evitando-se insegurança jurídica, repetições infindáveis de decisões e de procedimentos preparatórios e subsequentes, e eliminando a necessidade de remessa de todas as ações individuais ao STF.

Caberá aos tribunais e turmas recursais de origem, neste caso, dar aplicação à decisão da Corte Suprema aos recursos extraordinários e agravos que tenham permanecido sobrestados ou que venham a tratar, no futuro, de idêntica questão constitucional.

A lei processual determina que os processos sejam levados a juízo de retratação na Corte de origem, quando a decisão desafiada pelo recurso extraordinário for contrária ao entendimento do STF, ou que os recursos sejam dados por prejudicados, nos casos de decisões que sufraguem o mesmo entendimento da Corte Constitucional.[6]

Apenas naqueles processos em que o tribunal, no reexame da decisão, concluir por mantê-la é que haverá remessa dos recursos para exame do STF, e, ainda assim, desde que sejam estes considerados admissíveis.[7]

---

[4] CPC, art. 543-A, § 5º Negada a existência da repercussão geral, a decisão valerá para todos os recursos sobre matéria idêntica, que serão indeferidos liminarmente, salvo revisão da tese, tudo nos termos do Regimento Interno do Supremo Tribunal Federal.

[5] RISTF, art. 328-A, § 1º Nos casos anteriores, o Tribunal de origem sobrestará os agravos de instrumento
contra decisões que não tenham admitido os recursos extraordinários, julgando-os prejudicados nas hipóteses do art. 543-B, § 2º, e, quando coincidente o teor dos julgamentos, § 3º.

[6] CPC, art. 543-B, § 3º Julgado o mérito do recurso extraordinário, os recursos sobrestados serão apreciados pelos Tribunais, Turmas de Uniformização ou Turmas Recursais, que poderão declará-los prejudicados ou retratar-se.

[7] CPC, art. 543-B, § 4º 4o Mantida a decisão e admitido o recurso, poderá o Supremo Tribunal Federal, nos termos do Regimento Interno, cassar ou reformar, liminarmente, o acórdão contrário à orientação firmada.

2. Primeira Etapa da Repercussão Geral – A implantação do novo sistema

2.1. Vigência

A efetiva implantação do regime da repercussão geral deu-se após a edição da Emenda Regimental nº 21, publicada em 3 de maio de 2007. Este é o marco normativo e temporal das modificações operadas em todo o sistema de processamento dos recursos extraordinários, no STF. Por questão de ordem,[8] a Corte decidiu que a exigência de demonstração pelo recorrente, na petição de recurso extraordinário, da existência de repercussão geral da questão constitucional apenas se aplicaria aos acórdãos publicados a partir de 3 de maio de 2007.

Isto não significa dizer que não se possa aplicar aos recursos extraordinários anteriormente interpostos, mas ainda pendentes de processamento e decisão, o novo *regime de sobrestamento e de julgamento*.

Reconhecida pelo Supremo Tribunal Federal a relevância de determinada controvérsia constitucional, aplicam-se igualmente aos recursos extraordinários anteriores à adoção da sistemática da repercussão geral os mecanismos previstos nos §§ 1º e 3º do art. 543-B, do CPC.[9]

A legislação processual nova incide sobre os feitos em curso, atingindo os atos processuais subsequentes, e assim se qualifica o julgamento frente ao recurso que lhe dará origem.

A alteração legal ou regimental na competência para o julgamento de determinado recurso (do Plenário para uma Turma, ou vice-versa) alcança o processo em andamento. Obviamente, a parte recorrente não tem direito adquirido ao juízo que proferirá o julgamento, nem ao regime jurídico de processamento do apelo extremo.

---

[8] AI-QO 664567, Rel. Min. Sepúlveda Pertence. "1.A determinação expressa de aplicação da L. 11.418/06 (art. 4º) aos recursos interpostos a partir do primeiro dia de sua vigência não significa a sua plena eficácia. Tanto que ficou a cargo do Supremo Tribunal Federal a tarefa de estabelecer, em seu Regimento Interno, as normas necessárias à execução da mesma lei (art. 3º). 2. As alterações regimentais, imprescindíveis à execução da L. 11.418/06, somente entraram em vigor no dia 03.05.07 – data da publicação da Emenda Regimental nº 21, de 30.04.2007. 3. No artigo 327 do RISTF foi inserida norma específica tratando da necessidade da preliminar sobre a repercussão geral, ficando estabelecida a possibilidade de, no Supremo Tribunal, a Presidência ou o Relator sorteado negarem seguimento aos recursos que não apresentem aquela preliminar, que deve ser "formal e fundamentada". 4. Assim sendo, a exigência da demonstração formal e fundamentada, no recurso extraordinário, da repercussão geral das questões constitucionais discutidas só incide quando a intimação do acórdão recorrido tenha ocorrido a partir de 03 de maio de 2007, data da publicação da Emenda Regimental n. 21, de 30 de abril de 2007."

[9] AI-QO 715.423, Rel. Ministra Ellen Gracie. "(...) Segunda questão de ordem resolvida no sentido de autorizar os tribunais, turmas recursais e turmas de uniformização a adotarem, quanto aos recursos extraordinários interpostos contra acórdãos publicados anteriormente a 03.05.2007 (e aos seus respectivos agravos de instrumento), os mecanismos de sobrestamento, retratação e declaração de prejudicialidade previstos no art. 543-B, do Código de Processo Civil."

A inaplicabilidade é quanto ao teor do § 2º desse mesmo artigo, que traz a previsão da automática inadmissão de recursos, por não ser possível, observados os mesmos princípios, quanto à aplicação da lei processual aos feitos em curso, exigir a presença de requisito de admissibilidade incluído pela legislação em momento posterior à interposição do recurso.

A via regimental adotada para a regulamentação lançou efeitos, também, sobre os tribunais e turmas recursais de origem, onde são interpostos, processados e de onde, quando for o caso, são remetidos ao STF, os recursos extraordinários. Na medida em que está a disciplinar o processamento de recursos de sua própria competência, faz todo sentido que o Regimento Interno do STF produza efeitos, também, nos tribunais, que atuam no processamento dos REs, na mera condição de *longa manus* e *ex vi lege*, sem substituição ou delegação para a tomada de decisões.

As decisões que no novo regime a lei processual prevê sejam lançadas pelos tribunais em processos onde já houve interposição de recurso extraordinário, são proferidas no exercício de sua própria competência e não por delegação de atribuições.[10]

Sobre a possibilidade do uso do Regimento Interno do STF para a definição dos procedimentos relativos à repercussão geral, seja na Corte, seja em outros órgãos, a Lei 11.418/2006, que introduziu a sistemática da repercussão geral no Código de Processo Civil, é farta de previsões. O § 5º do art. 543-B, por exemplo, estabelece que "o Regimento Interno do Supremo Tribunal Federal disporá sobre as atribuições dos Ministros, das Turmas e de outros órgãos, na análise da repercussão geral", e não é o único item a dispor sobre o uso do RISTF na disciplina deste novo instrumento processual.[11]

2.2. *Exame da repercussão geral*

As primeiras decisões do STF sobre a existência ou não de repercussão geral em matérias constitucionais ocorreram em Plenário, e logo se verificou que seria necessária a criação de mecanismo que permitisse a agilização desta etapa, sem onerar ainda mais a pauta da Corte que precisa estar direcionada, prioritariamente, para os julgamentos de mérito.

---

[10] Assim ocorre, por exemplo, na retratação, onde o tribunal não julga o recurso extraordinário, mas exerce sua própria competência, que, por lei, agora fica prorrogada.

[11] Assim também o fazem os §§ 5º e 6º do art. 543-A, o caput e o § 4º do art. 543-B, todos do CPC, e o art. 3º da Lei 11.418/2006, segundo o qual, "caberá ao Supremo Tribunal Federal, em seu Regimento Interno, estabelecer as normas necessárias à execução desta Lei".

O Plenário Virtual foi, então, desenvolvido e entrou em funcionamento no segundo semestre de 2007 com o objetivo de concentrar as discussões sobre a presença ou não de repercussão geral nas questões constitucionais suscitadas nos recursos extraordinários.

Trata-se de sistema desenvolvido pelo próprio tribunal, com interface de simples compreensão e manejo, através do qual são inseridos os dados e as decisões acerca dos recursos selecionados pelos relatores como *leading cases*.

Em seu gabinete, o relator identifica questão constitucional ainda não levada a exame de repercussão geral, mas presente em recursos extraordinários a ele distribuídos, e seleciona, dentre os processos, aquele que considere mais adequado à representação da controvérsia. Poderá fazê-lo levando em consideração não apenas o teor do recurso extraordinário, mas também considerando a relevância e o aprofundamento das decisões e as discussões travadas no decorrer da tramitação, como a decisão de admissibilidade, o acórdão recorrido, as razões e as contrarrazões dos recursos, entre outras peças.

Nem sempre, portanto, o recurso mais completo é o escolhido. É preciso compreender o processo de julgamento dos casos de repercussão geral de forma nova e aberta. O STF decidirá a questão constitucional nele contida, em todas as suas circunstâncias e a partir de elementos que poderão, inclusive, ser carreados à discussão mediante a atuação dos *amici curiae*, não ficando adstrito sequer às razões recursais.

Identificado o processo que terá a função de *leading case*, e feita análise pelo relator, será ele registrado no sistema, com inserção da manifestação conclusiva quanto à existência ou inexistência de questão constitucional e quanto à presença ou não de repercussão geral. Imediatamente o sistema, que conta com um espelho no portal do STF, disponibiliza, para os demais integrantes da Corte e para o público em geral, o que foi inserido no Plenário Virtual, passando a correr o prazo de 20 dias para manifestação de todos os ministros, também pela via eletrônica.

Decorrido o prazo, o sistema apura o resultado segundo os parâmetros constitucionais, que exigem dois terços dos membros do STF para que se possa inadmitir um tema por ausência de repercussão geral. É lançado de forma automática o resultado do julgamento, que fica disponível no portal para que os tribunais e a comunidade jurídica em geral tenham conhecimento de que houve exame da repercussão geral daquele tema.

A opção pelo uso do Plenário Virtual tornou rápido o exame da repercussão geral. Além de evitar que cada tema fosse previamente examinado em sessão plenária, prejudicando a já extensa pauta de julgamentos, garantiu a mais rápida atuação nos tribunais e turmas recursais de origem, para a identificação e adoção do regime de sobrestamento ou para o registro de prejudicialidade nos chamados processos múltiplos.

Mas não é apenas pela via eletrônica que os ministros examinam a repercussão geral. Também nas sessões plenárias isto ocorre, de forma conjunta ou apartada do julgamento do mérito das questões constitucionais. Nestes casos a matéria chega, como regra, através de questões de ordem.

2.3. Competência para o exame do requisito

O exame da presença da repercussão geral, enquanto requisito de admissibilidade, divide-se entre os aspectos formal e material.

Os tribunais de segundo grau, os tribunais superiores e as turmas recursais, inclusive a Turma Nacional de Uniformização – TNU – têm atribuição para proceder ao exame formal, isto é, se o recurso extraordinário traz, em seu texto, de forma destacada ou no bojo das alegações, fundamentação específica, voltada a demonstrar a presença de repercussão geral na questão constitucional suscitada.

Em não havendo alegação de repercussão geral no recurso, em preliminar formal e fundamentada, poderá ser ele inadmitido já na instância recursal de origem.[12] O § 2º do art. 543-A é claro no sentido de que "O recorrente deverá demonstrar, em preliminar do recurso", e o art. 327 do RISTF refere, inequivocamente, que a "Presidência do Tribunal recusará recursos que não apresentem 'preliminar formal e fundamentada' de repercussão geral".

A preliminar de repercussão geral no RE, no exame de admissibilidade, pelos Tribunais, tem sido exigida mesmo nas hipóteses de decisão contrária à súmula ou jurisprudência dominante, em que o CPC fala em presunção da existência de repercussão geral. Alguns órgãos de origem interpretaram que o § 3º do art. 543-A do CPC ("Haverá repercussão geral sempre que o recurso impugnar decisão contrária a súmula ou jurisprudência dominante do Tribunal") teria dispensado a formulação de razões específicas pelo recorrente. O STF, entretanto, decidiu que sempre há necessidade de preliminar formal e fundamentada, até porque a subsunção da matéria do RE aos precedentes anteriores, que demonstram a existência de jurisprudência dominante, demandará esforço do recorrente e análise específica pelo Relator.[13]

---

[12] RE 569.476 AgR, Rel. Min. Ellen Gracie; AI 827.299 AgR, Rel. Min. Carmen Lúcia, AI 707.796 AgR, Rel. Min Gilmar Mendes

[13] RE 569.476 AgR, Rel. Min. Ellen Gracie

Não se trata de examinar se os fundamentos carreados são adequados ou suficientes à demonstração da relevância do tema, mas de verificação do cumprimento formal do requisito.

Idêntica competência tem o STF para identificar a ausência da alegação nos casos em que os órgãos de origem não o tenham feito.

A atribuição para o exame da presença da repercussão geral na sua dimensão substancial, porém, é do STF, que, com exclusividade, examina se a matéria é relevante sob os aspectos social, jurídico, político ou econômico e se tem transcendência, ou seja, se a decisão pretendida alcançará regular mais que os interesses subjetivos postos em determinada causa.

E a Corte assim o faz, como regra, de forma apartada do julgamento do mérito dos recursos extraordinários, permitindo que, uma vez verificada a presença de repercussão geral, os demais órgãos do Poder Judiciário separem idênticas controvérsias, presentes em múltiplos processos, de forma a sobrestá-los até o julgamento pelo STF. Enquanto isso, os Ministros preparam o julgamento de mérito. Neste mesmo período acorrem os interessados, que não estão limitados aos diretamente envolvidos no recurso extraordinário selecionado como *leading case*, com apresentação de memoriais e elementos que contribuam para o completo e aprofundado julgamento da questão constitucional.

2.4. Dois terços para a recusa

Segundo a norma constitucional, exige-se que dois terços dos membros do Supremo Tribunal Federal decidam pela inexistência de repercussão geral, para que se possa negar o exame do recurso extraordinário, sobre tema constitucional específico.

Não se cogita, aqui, do *quorum* de instalação da sessão ou do *quorum* de votantes em determinado processo, que pode variar, segundo situações de impedimento, licenças, etc. Como a Corte, na sua composição Plena, conta com onze ministros, e a Constituição fala em dois terços dos membros do Tribunal,[14] será necessário o voto de oito deles para que se negue a repercussão geral a determinado tema constitucional.

O ponto é relevante, já que nem sempre todos participarão do julgamento. Pode ocorrer, por exemplo, que em determinado tema constitucional levado ao Plenário Virtual votem apenas nove ministros, e que sete se manifestam pela inexistência de repercussão geral. Nesta hipótese, o

---

[14] CF, art. 102, § 3º No recurso extraordinário o recorrente deverá demonstrar a repercussão geral das questões constitucionais discutidas no caso, nos termos da lei, a fim de que o Tribunal examine a admissão do recurso, somente podendo recusá-lo pela manifestação de dois terços de seus membros.

tema será admitido ao julgamento do mérito, por falta de votos suficientes para a recusa.

No pronunciamento sobre o mérito do tema e na definição de que determinada matéria é constitucional ou infraconstitucional incidem, para a contagem dos votos e identificação do resultado, as normas específicas do Regimento Interno do Supremo Tribunal Federal.

3. Segunda Etapa da Repercussão geral – O sobrestamento dos múltiplos, a relação com os órgãos recursais de origem e a relativização da importância dos demais requisitos de admissibilidade

3.1. Sobrestamento

O reconhecimento de que determinada questão constitucional tem relevância, sob qualquer dos aspectos legais (social, político, jurídico ou econômico), e que sua definição alcançará regular mais que os interesses subjetivos envolvidos em determinada causa, conduzirá ao sobrestamento de todos os recursos extraordinários múltiplos, vale dizer, de todos os que tragam como fundamento, total ou parcial, a mesma questão.

Este efeito se produzirá ainda que no âmbito de cada tribunal não tenham sido selecionados, até aquele momento, recursos extraordinários representativos da mesma controvérsia. Daí a necessidade de estabelecimento de canais rápidos e seguros de comunicação entre o STF e as cortes de origem. Uma vez selecionado o recurso extraordinário em que será feito o exame da repercussão geral de determinado tema, e incluído o feito no Plenário Virtual, os tribunais e turmas recursais já poderão proceder à separação dos feitos múltiplos sobre o mesmo assunto, sobrestando-os, inicialmente, até o julgamento da própria repercussão geral e, no caso de ser esta reconhecida, até o julgamento do mérito da questão constitucional.

Além dessa hipótese, sempre que houver multiplicidade de recursos com fundamento em idêntica controvérsia, os tribunais e turmas recursais sobrestarão os recursos múltiplos após terem realizado a seleção e remessa ao STF dos representativos dessa controvérsia. E aqui a suspensão do andamento dos múltiplos ocorrerá antes mesmo da análise da repercussão geral do tema. É o que estabelece o art. 543-B e respectivo § 1º, segundo o qual, "caberá ao Tribunal de origem selecionar um ou mais recursos representativos da controvérsia e encaminhá-los ao Supremo Tribunal Federal, sobrestando os demais até o pronunciamento definitivo da Corte".[15]

Para garantir que os recursos múltiplos fossem efetivamente submetidos ao regime de sobrestamento, seja porque seu tema constitucional já esteve submetido à análise de repercussão geral, seja porque já existem no Tribunal recursos suficientes e representativos de idêntica controvérsia, a Presidência do STF editou as Portarias 177/2007[16] e 138/2009,[17] permitindo a devolução aos órgãos recursais de origem, diretamente pela Secretaria Judiciária, dos processos múltiplos ainda não distribuídos, bem como dos recursos em que os ministros tenham determinado o sobrestamento ou a restituição.

A adoção destes procedimentos exigiu dos tribunais e turmas recursais de origem novas formas de organização dos recursos extraordinários em tramitação na origem e sujeitos ao sobrestamento. A própria estrutura das Presidências ou Vice-Presidências (a depender do órgão com competência para o juízo de admissibilidade na origem) foi repensada, agregando-se novos valores a serem considerados e a necessidade de técnicas de gerenciamento de processos. Atualmente, mais que o exame da presença de requisitos de admissibilidade nos recursos extraordinários, o trabalho desenvolvido nesta etapa exige aprofundamento na análise da questão constitucional contida no recurso, de seus contornos, de sua repetição em outros processos e da sua potencial identificação com temas já levados ao exame de repercussão geral pelo STF. Além das tarefas e da organização exigidos nesta etapa, novos desafios se apresentam após o julgamento da questão constitucional de repercussão geral, quando serão iniciados os procedimentos relativos à aplicação da decisão da Corte aos feitos sobrestados.

---

[15] CPC, art. 543-B. Quando houver multiplicidade de recursos com fundamento em idêntica controvérsia, a análise da repercussão geral será processada nos termos do Regimento Interno do Supremo Tribunal Federal, observado o disposto neste artigo. § 1o Caberá ao Tribunal de origem selecionar um ou mais recursos representativos da controvérsia e encaminhá-los ao Supremo Tribunal Federal, sobrestando os demais até o pronunciamento definitivo da Corte.

[16] Através da Portaria 177/2007 (art. 1º) determinou-se "à Secretaria Judiciária que devolva aos Tribunais, Turmas Recursais ou Turma Nacional de Uniformização dos Juizados Especiais os processos múltiplos ainda não distribuídos relativo a matérias submetidas a análise de repercussão geral do STF, bem como aqueles em que os(as) Ministros(as) tenham determinado sobrestamento e/ou devolução".

[17] Já na Portaria 138/2009 (art. 1º), a possibilidade de devolução estendeu-se para os casos em que ainda não houve exame de repercussão geral, mas já foram remetidos pelos tribunais os recursos representativos da controvérsia: Art. 1º Determinar à Secretaria Judiciária que devolva aos Tribunais, Turmas Recursais ou Turma Nacional de Uniformização dos Juizados Especiais os processos múltiplos ainda não distribuídos relativos a matérias submetidas a análise de repercussão geral pelo STF, *os encaminhados em desacordo com o disposto no § 1º do art. 543-B, do Código de Processo Civil*, bem como aqueles em que os Ministros tenham determinado sobrestamento ou devolução.

Foi necessária a criação de canais de comunicação rápidos e simples entre os órgãos do Poder Judiciário, seja para garantir que as instâncias recursais tivessem conhecimento das decisões do STF sobre repercussão geral, desde a análise da presença do requisito, e assim pudessem organizar os recursos de forma compatível com o novo regime, seja para garantir que o STF tivesse ciência do volume de processos múltiplos e sujeitos ao sobrestamento, dimensionando os possíveis efeitos sobre as ações individuais de uma decisão de mérito e, quando fosse o caso, priorizando julgamentos de determinados temas.

A informatização tem sido a grande aliada nessa comunicação. Todas as informações sobre repercussão geral e o próprio Plenário Virtual podem ser acessados e acompanhados através do Portal do STF e a Presidência do Tribunal mantém, com os tribunais, ferramenta específica para a obtenção de informações sobre o volume de processos sobrestados, além de fórum de discussão.

A estas informações, espelhadas no Portal do STF na *web*, toda a comunidade jurídica tem acesso, o que é fundamental no novo sistema em que a seleção do *leading case* mobilizará os interessados a agregar fundamentos ao recurso extraordinário inicialmente escolhido, desde a fase de reconhecimento da repercussão geral até o eventual julgamento do mérito da questão constitucional.

Reuniões de trabalho vêm sendo desenvolvidas desde o início da repercussão geral com os tribunais e turmas recursais de origem, para ampliar a troca de informações e para a construção conjunta de soluções em matéria procedimental. O mesmo caminho vem sendo adotado em relação à comunidade jurídica, mediante seminários e reuniões de trabalho, ao pressuposto de que é fundamental para o sucesso das mudanças ocorridas que as etapas iniciais de implantação deste novo sistema de processamento dos recursos extraordinários sejam compartilhadas e por todos compreendidas.

3.2. Repercussão geral e demais pressupostos de admissibilidade

É singular a relação que se estabeleceu entre a repercussão geral e os demais requisitos de admissibilidade do recurso extraordinário. Se for possível ainda dizer que o recurso extraordinário selecionado como representativo da controvérsia deve atender a todos os requisitos extrínsecos, intrínsecos e específicos de um recurso constitucional, não mais se pode afirmar que a mesma exigência seja válida para todos os processos múltiplos, vale dizer, para todos os recursos extraordinários que versem o mesmo tema constitucional e que aguardam, sobrestados, o julgamento do mérito da matéria pelo STF.

Seria viável, então, cogitar-se do sobrestamento de um recurso extraordinário carente de prequestionamento ou de preparo e que trate de tema idêntico ao que, mediante outro feito, foi levado ao exame da repercussão geral?

Em caso positivo, seria possível eventual juízo de retratação pelo tribunal de origem, diante de um recurso extraordinário inadmissível?

A expectativa é de uma resposta afirmativa, embora as questões sejam controversas e ainda não tenham sido objeto de específico pronunciamento pela Corte.

Algumas decisões que enfrentam questões tangenciais, porém, sinalizam para a singularidade deste requisito de admissibilidade, indicando sua preponderância sobre os demais.

Em dezembro de 2007, quando tinha início a aplicação do novo regime de admissibilidade e grandes modificações no fluxo de ingresso e tramitação dos recursos extraordinários estavam ocorrendo no STF, o Ministro Cézar Peluso anteviu situação insólita com grande potencial para colocar em risco todo o sistema de racionalização que havia sido implantado e que buscava, como resultado relevante, a possibilidade de uma determinada questão constitucional ser decidida uma única vez, sem necessidade de exame individual de cada controvérsia sobre idêntico tema.

Todo o trâmite do recurso extraordinário estava administrado nos contornos do novo regime. Com a identificação dos primeiros temas de repercussão geral, os tribunais davam início ao sobrestamento dos recursos extraordinários múltiplos já interpostos, evitando a remessa de recursos iguais ao STF, conforme previu a lei, os quais teriam tratamento individual no próprio tribunal de origem e após o julgamento do mérito do *leading case* pelo STF, o que legitimamente se esperava que viesse a ocorrer uma única vez.

Entretanto, antes do sobrestamento dos recursos extraordinários, as cortes de origem vinham realizando o respectivo juízo de admissibilidade, ou seja, avaliavam se tais recursos eram tempestivos, se estavam preparados, se atendiam ao requisito do prequestionamento, dentre outros. Mantendo o padrão de exame de admissibilidde restritivo até então existente, fruto de jurisprudência defensiva do próprio STF, grande parte dos recursos vinha sendo inadmitida na origem, gerando, ato contínuo, a interposição de agravos de instrumento na maior parte dos processos, dentre os quais aqueles que versavam as mesmas matérias consideradas relevantes e que seriam julgadas no mérito pelo STF, porque em outros feitos haviam sido reconhecidas como matérias de repercussão geral.

Suscitou o Ministro Peluso, então, em Plenário, uma questão de ordem, que ficou registrada na ata da 58ª (quinquagésima oitava) sessão extraordinária, realizada em 19 de dezembro de 2007, propondo a adoção de medidas específicas no sentido de evitar que a Corte viesse a se tornar um tribunal de agravos.

Naquela questão de ordem, que originou a Emenda Regimental 23/2008, os ministros decidiram que os recursos extraordinários passíveis de sobrestamento, por versarem temas de repercussão geral, não deveriam ser previamente submetidos a juízo de admissibilidade.[18] Reconhecida a repercussão geral do tema, caberia ao tribunal de origem sobrestar imediatamente todos os múltiplos daquele tema, evitando-se novos agravos, inclusive porque, com o julgamento do mérito, grande parte viria a ser declarada prejudicada, por força do disposto no § 3º do art. 543-B, do CPC,[19] tornando prejudicado o próprio agravo que houvesse sido intentado.

Quanto aos agravos interpostos até então, e que se encontravam em processamento na origem, também deveriam ser sobrestados, quando o tema de fundo dos recursos extraordinários que buscavam ver admitidos estivesse aguardando julgamento de mérito, por ter sido reconhecido como de repercussão geral.[20]

A questão de ordem foi acolhida e criou-se, com este pronunciamento da Corte, norma de transição para os agravos já interpostos, definindo-se, ainda, mecanismo para evitar a interposição de novos agravos em processos cujos temas tenham repercussão geral.

Por este entendimento, a remessa *do agravo já interposto* ao STF só deverá ocorrer se: a) a decisão final de mérito do STF, no julgamento do tema de repercussão geral, resultar contrária à que foi consagrada no tribunal de origem e que foi objeto do recurso extraordinário; b) não houver retratação da decisão de inadmissibilidade do Recurso Extraordinário.[21]

Se a decisão final de mérito do STF, no julgamento do tema de repercussão geral for consentânea com a que foi prolatada pelo tribunal de origem e resultou na interposição do recurso extraordinário, este, assim

---

[18] Art. 328-A. Nos casos previstos no art. 543-B, *caput*, do Código de Processo Civil, o Tribunal de origem não emitirá juízo de admissibilidade sobre os recursos extraordinários já sobrestados, nem sobre os que venham a ser interpostos, até que o Supremo Tribunal Federal decida os que tenham sido selecionados nos termos do § 1º daquele artigo (RISTF, na redação dada pela ER 23/2008)

[19] Julgado o mérito do recurso extraordinário, os recursos sobrestados serão apreciados pelos Tribunais, Turmas de Uniformização ou Turmas Recursais, *que poderão declará-los prejudicados* ou retratar-se.

[20] Art. 328-A § 1º Nos casos anteriores, o Tribunal de origem sobrestará os agravos de instrumento contra decisões que não tenham admitido os recursos extraordinários, julgando-os prejudicados nas hipóteses do art. 543-B, § 2º, e, quando coincidente o teor dos julgamentos, § 3º (RISTF, na redação dada pelas ER 23/2008 e 27/2008).

[21] § 2º Julgado o mérito do recurso extraordinário em sentido contrário ao dos acórdãos recorridos, o Tribunal de origem remeterá ao Supremo Tribunal Federal os agravos em que não se retratar.

como o agravo que pretende a sua admissibilidade, serão, *ex vi lege*, considerados prejudicados (art. 543-B, § 3º),[22] não se falando em remessa de qualquer deles à Corte Suprema.

Se houver reconsideração da decisão de inadmissibilidade do Recurso Extraordinário, o que é plenamente compatível com o regime do agravo de instrumento, o processo será naturalmente encaminhado a juízo de retratação pelo órgão prolator da decisão objeto do recurso, que poderá: a) retratar-se, para aplicar o entendimento de mérito do STF, tornando prejudicado o agravo; b) negar-se à retratação, mantendo decisão contrária ao entendimento do STF.

É neste último caso que se cogitará da remessa, aí *do próprio extraordinário*, e não do agravo, à Suprema Corte, e desde que presentes os requisitos de admissibilidade.[23]

O propósito da Emenda Regimental foi evitar novos agravos nos processos cujos temas tenham repercussão geral e dar solução racional aos já interpostos.

Quanto aos recursos extraordinários novos, a interpretação que sobressai é de que o juízo de admissibilidade nos recursos extraordinários múltiplos daqueles em que se verificou o reconhecimento da repercussão geral, não deverá ocorrer antes do sobrestamento e só será necessário após o julgamento de mérito e para aqueles feitos em que o tribunal de origem não se retratar, mantendo decisão contrária ao entendimento do STF.

Daí decorre que o juízo de admissibilidade e a subsequente remessa do recurso extraordinário múltiplo ao STF só deverá ocorrer se for única condição que remanescer para possibilitar a adequação da decisão final do processo ao entendimento da Suprema Corte em matéria constitucional, dada a negativa do tribunal de origem.

A remessa do recurso múltiplo, seja agravo, seja recurso extraordinário, portanto, é exceção.

---

[22] AI-QO 760.358, Rel Min. Gilmar Mendes: "A prejudicialidade, aqui, decorre diretamente da lei processual e do mecanismo de racionalização nela estabelecido. É a lei que presume a inexistência de interesse no julgamento de recurso interposto de decisão já conformada ao entendimento desta Corte ao examinar questão constitucional de repercussão geral. Admitir-se o agravo de instrumento em situações tais, e retomar-se a remessa individual de processos ao STF, significa confrontar a lógica do sistema e restabelecer o modelo da análise casuística, quando toda a reforma processual foi concebida de forma a permitir que a Suprema Corte se debruce uma única vez sobre cada questão constitucional".

[23] CPC, art. 543-B, § 4º *Mantida a decisão e admitido o recurso*, poderá o Supremo Tribunal Federal, nos termos do Regimento Interno, cassar ou reformar, liminarmente, o acórdão contrário à orientação firmada.

Os ministros sinalizaram aos tribunais de origem com a possibilidade de darem tratamento, em situações específicas, para os próprios agravos de instrumento, solução que inova substancialmente o regime de julgamento dessa espécie recursal, mas que é claramente compatível com o novo instrumento de racionalização, fundado na isonomia em matéria de interpretação constitucional e que busca evitar que o STF tenha que decidir repetidas vezes sobre a mesma questão.

Mais que indicar a possibilidade de darem solução para os agravos, o STF posicionou a repercussão geral em uma dimensão diversa daquela em que se encontram os demais pressupostos de admissibilidade.

Ao permitir que os recursos sejam sobrestados antes do juízo de admissibilidade, o STF está consentindo que permaneçam nesta condição recursos que não atendam a todos os requisitos extrínsecos, intrínsecos ou específicos, é dizer, está admitindo, ao menos em tese, que um recurso extraordinário sem adequado prequestionamento fique aguardando, juntamente com outros, que versem o mesmo tema constitucional, até que ocorra o julgamento de mérito.

E com que propósito a Corte constitucional assim o faria se o subsequente resultado desse sobrestamento fosse a inadmissibilidade do recurso extraordinário em qualquer hipótese? Caso não houvesse a possibilidade futura de adequação da decisão ao entendimento do STF faria sentido manter os recursos sobrestados para que depois fossem inadmitidos, mesmo nos casos em que as decisões por eles desafiadas resultassem contrárias ao entendimento sobre tema constitucional definitivamente decidido?

A resposta soa negativa. E não é absurdo afirmar que a ausência de requisitos de admissibilidade nos recursos extraordinários que versam temas de repercussão geral, não impede o sobrestamento e ao futuro juízo de retratação. A repercussão geral é mais que um pressuposto para o conhecimento dos recursos.

Em um contexto de racionalização, em que se pretende o efeito multiplicador das decisões do STF, evitando que cada caso chegue individualmente, quando versar questão já decidida ou a ser decidida pela Corte, em que se busca evitar que processos sejam finalizados com soluções contraditórias em matéria de interpretação da Constituição, com prejuízos à isonomia, em que se podem poupar ações rescisórias para reverter julgamentos contrários ao entendimento do STF, é preciso dar nova significação aos requisitos de admissibilidade dos recursos extraordinários. É preciso interpretá-los à luz do novo regime constitucional e legal.

O próprio Código de Processo Civil permite esta conclusão. A admissibilidade dos recursos extraordinários, no regime dos arts. 543-A e

543-B, apenas aparece como necessária quando decorrente da negativa de retratação do tribunal de origem, para fins de adequação da decisão recorrida ao entendimento do STF (*Mantida a decisão e admitido o recurso*, poderá o Supremo Tribunal Federal, nos termos do Regimento Interno, cassar ou reformar, liminarmente, o acórdão contrário à orientação firmada).

Ao regular o sobrestamento, a lei prevê que os tribunais sobrestarão os múltiplos, em ato contínuo à escolha e remessa dos representativos da controvérsia (art. 543-B. § 1º), mantendo-os nesta condição até que o STF aprecie o mérito do *leading case*. Não há qualquer previsão de juízo de admissibilidade como condição para o sobrestamento.

E ao regular o que deve ocorrer após este julgamento, o Código de Processo Civil prevê que os tribunais poderão declarar prejudicados os recursos ou retratar-se, sem nada estabelecer quanto à prévia necessidade de exame da presença dos requisitos de admissibilidade.

Ocorre que os colegiados de origem, em casos tais, exercem competência própria, não estão julgando os recursos extraordinários. "A jurisdição do Supremo Tribunal Federal somente se inicia com a manutenção, pela instância ordinária, de decisão contrária ao entendimento firmado nesta Corte, em face do disposto no § 4º do art. 543-B, do CPC".[24] Este o entendimento que está na base da racionalidade de todo o sistema. A decisão, que foi do legislador, e não do STF, de não mais submeter ao Tribunal, individualmente, os recursos múltiplos, precisa estar cercada de mecanismos que a tornem efetiva.[25]

Assentou o Min. Gilmar Mendes, ao proferir voto no julgamento da Questão de Ordem no AI 760.358, em que foi relator, que "os tribunais e turmas recursais de origem têm competência para dar encaminhamento definitivo aos processos múltiplos nos temas levados à análise de repercussão geral. Não há, nesta hipótese, delegação de competência. O Tribunal a quo a exerce por força direta da nova sistemática legal". E, na sequência, "apenas os casos de negativa de retratação podem subir, se os recursos extraordinários cumprirem os pressupostos para o seu recebimento, e aí sim falaremos em juízo de admissibilidade tradicional (Art. 543-B, § 4º *Mantida a decisão e admitido o recurso*, poderá o Supremo Tribunal Federal, nos termos do Regimento Interno, cassar ou reformar, liminarmente, o acórdão contrário à orientação firmada)".

O requisito de admissibilidade, cuja superação se afigura dificílima, mesmo diante das razões até aqui invocadas, é o da tempestividade do

---

[24] STF, AC 2.171, Rel. Min. Ellen Gracie.
[25] STF, AI-QO 760.358, Rel. Min. Gilmar Mendes

recurso extraordinário. Como se admitir o sobrestamento de um recurso intempestivo, incapaz de evitar que se opere o trânsito em julgado e os efeitos que daí decorrem? É possível encaminhar, em tal condição, o processo ao juízo de retratação? E, acaso se admita o sobrestamento nos casos de recursos interpostos além do prazo legal, qual o limite da intempestividade? Dias? Meses? Anos?

A verdade é que até hoje o STF não dispensou a tempestividade ao realizar o juízo de admissibilidade de recursos em geral, e, dentre os demais pressupostos, este sempre ocupou lugar de maior relevância.

Isto ocorre porque, mais que ineficaz ou inválido, o recurso intempestivo é tomado por boa parte da doutrina como ato processual inexistente, por não ser capaz de evitar o trânsito em julgado da decisão impugnada, que se opera pelo simples fato do decurso *in albis* do prazo legal. Não há, aqui, um defeito no exercício do direito de recorrer (extrínseco), nem uma circunstância prévia que suprima do recorrente o direito ao recurso (intrínseco). Em verdade não há recurso a examinar, porque formou-se a coisa julgada antes que a parte buscasse impugnar a decisão.

Estabelecida esta premissa, de se reconhecer que dentre os demais pressupostos de admissibilidade, a tempestividade é a que realmente oferece maior dificuldade de superação, mesmo diante das circunstâncias do novo regime de processamento dos recursos extraordinários.

Este fato, porém, não é suficiente para jogar por terra a interpretação fundada na premissa de que a repercussão geral é mais que um requisito de admissibilidade recursal e que provoca a relativização da importância dos demais requisitos frente aos processos múltiplos.

E não se exige, para esta interpretação, modificação legislativa. É suficiente a leitura sistemática da legislação constitucional e ordinária neste novo contexto. As soluções que implicam mudança de entendimento não passam necessariamente por uma prévia alteração legislativa. É de JEAN CRUET a constatação: "vê-se todos os dias a sociedade reformar a lei; nunca se viu a lei reformar a sociedade".[26]

Segurança jurídica, igualdade e pacificação social não se alcançam por reformas legislativas, e o acesso à Justiça, enquanto valor, não passa necessariamente pelo processo tradicional da jurisdição formal. A mudança deve ocorrer através dos intérpretes e aplicadores do direito processual, de dentro para fora. A necessidade de questionamento e de superação dos dogmas desse sistema terá que ser apreendida pelos seus próprios operadores.

---

[26] CRUET, Jean. A vida do direito e a inutilidade das leis. BDJur, Brasília, DF, 20 jan. 2010. Disponível em: http://bdjur.stj.jus.br/dspace/handle/2011/26626

Este o caminho inaugurado pela terceira onda renovatória do processo civil identificada pela doutrina e assim denominada por CAPPELLETTI, onde ocorre uma releitura dos institutos que tiveram seus lindes demarcados inicialmente segundo acepções autonomistas, voltadas à ciência processual, e que hoje devem ser pensados, segundo métodos teleológicos, à luz da finalidade maior, que é de oferecer justiça àqueles que a demandam perante o Poder Judiciário, afastando-se nesse caminho, os entraves de natureza estritamente formal, superando-se a burocracia e atraindo-se os grupos sociais para que participem do processo de mudança, pois, segundo a autoridade de CAPPELLETTI, é necessário que se adaptem os espíritos, sob pena de nada valerem as reformas.[27]

4. Terceira Etapa da Repercussão Geral – O julgamento da questão constitucional

4.1. A amplitude das decisões sobre a questão constitucional de repercussão geral

O julgamento da questão de repercussão geral, através do *leading case* selecionado, ocorre sempre em decisão plenária, obedecendo à forma de julgamento dos recursos extraordinários.

O STF tem assentado nos julgamentos de repercussão geral que a relevância social, política, jurídica ou econômica não é do recurso, mas da questão constitucional que nele se contenha.[28] A Corte decide se determinado tema deve ser trazido à sua apreciação, conforme tenha ou não repercussão geral e esta decisão poderá ser tomada através de um único recurso. Sendo ela positiva, este ou outro recurso sobre a mesma questão constitucional será levado a julgamento e a decisão que sobrevier será aplicada, nos tribunais e turmas recursais de origem, a todos os processos com recursos extraordinários sobrestados, ou que venham a ser interpostos.

A possibilidade ou não da aplicação do quanto decidido pelo STF aos diversos outros recursos está vinculada à abrangência da própria questão constitucional submetida a julgamento e à possibilidade desta questão constitucional definir o futuro dos processos.[29]

Algumas decisões de mérito já prolatadas pelo STF nas questões de repercussão geral revelam a disposição da Suprema Corte de fazer va-

---

[27] Cappelletti, Mauro; GARTH, Bryant. *Acesso à Justiça*. Porto Alegre: Fabris, 1988.
[28] STF, RE-QO 582.650, Rel. Min. Ellen Gracie
[29] STF, AI-QO 760.358, Rel. Min Gilmar Mendes

ler plenamente o novo instituto. Os julgamentos têm sido extremamente abrangentes, sempre precedidos de ampla participação dos interessados.

A Lei 11.418/2006 assegura a participação de *amicus curiae* nos julgamentos de repercussão geral, figura cuja atuação, anteriormente, restringia-se a algumas poucas hipóteses, a maior parte relacionada aos mecanismos de controle concentrado de constitucionalidade. Os advogados, que representam partes e instituições não presentes nos pólos ativo e passivo do recurso extraordinário selecionado como *leading case*, vêm apresentando memoriais, agregando fundamentos relevantes ao julgamento da questão, em grande parte inéditos, frente às razões do recurso inicialmente escolhido. Não raro, ao levar o feito a julgamento, o relator solicita a inclusão em pauta, para julgamento conjunto de outros recursos sobre o mesmo tema, de forma a do conjunto colher o máximo de fundamentos a serem enfrentados.

Talvez seja ainda prematuro falar-se em *causa petendi* aberta nos recursos extraordinários, já que a questão constitucional precisa estar delimitada, inclusive para a adequada informação dos julgamentos futuros dos feitos múltiplos. Entretanto, os primeiros julgamentos da Corte Constitucional em temas de repercussão geral pavimentam um caminho no sentido da superação dos lindes tradicionais, inclusive o prequestionamento.

Na medida em que a Corte julgará definitivamente a questão constitucional, é esperado que todos os elementos que possam contribuir para que este julgamento enfrente com segurança jurídica a matéria sejam passíveis de cognição. E para que tal ocorra, alguns dogmas erigidos a partir do paradigma individualista do processo civil precisam ser superados.

Um dos exemplos de julgamento de mérito, em que o âmbito de cognição da questão constitucional não ficou restrito aos lindes do recurso extraordinário escolhido como paradigma, ocorreu na sessão em que decidido o RE 565.714, em que foi relatora a Ministra Cármen Lúcia.

Na ocasião, a questão constitucional posta no recurso era saber se violava a Constituição Federal a adoção do salário mínimo como indexador e base de cálculo de adicional de insalubridade, pago a policiais militares do Estado de São Paulo. A lei que estava tendo sua constitucionalidade examinada era a Lei Complementar paulista 432/85, em seu art. 3º. Os recorrentes pretendiam, a pretexto da inconstitucionalidade da vinculação de reajustes ao salário mínimo, transferir a base de cálculo do adicional de insalubridade para o total de suas remunerações.

Ao decidir, a Corte positivou o entendimento de que o salário mínimo não pode ser utilizado como fator de indexação, sob pena de violação da parte final do inciso IV do art. 7º da Constituição Federal. Não examinou, porém, apenas a lei complementar paulista. O STF foi além, decidindo pela impossibilidade deste uso do salário mínimo como indexador para qualquer fim, seja no cálculo de adicionais, gratificações e outras vantagens decorrentes do trabalho, seja para policiais militares, servidores civis ou trabalhadores do regime celetista, chegando a editar, com base neste entendimento, súmula vinculante, cujo verbete resultou extremamente abrangente.[30]

A análise do voto da relatora e dos debates travados durante o julgamento[31] revela o enfrentamento da necessidade de abstrair-se do caso concreto a questão constitucional, que, para efeitos de repercussão geral, demandaria um pronunciamento em tese do Tribunal, mas que, aplicada especificamente ao recurso extraordinário paradigma, poderia resultar em *reformatio in pejus*.

O STF, então, construiu solução em que reconheceu, incidentalmente, a inconstitucionalidade da utilização do salário mínimo como indexador, que era a causa de pedir dos recorrentes e a questão constitucional de repercussão geral. No entanto, desproveu o recurso extraordinário, mantendo, por ora, a irregular sistemática legal de cálculo, por não poder acolher a pretensão de que o adicional de insalubridade fosse calculado sobre suas remunerações, ou escolher outro fator de indexação, substituindo-se ao legislador.

Este precedente é de extrema importância e revela a possibilidade de abstração da questão constitucional, frente ao recurso que lhe dá origem, inclusive para permitir que outras leis, além daquela que está tendo sua constitucionalidade avaliada no recurso extraordinário paradigma, sejam alcançadas pelo entendimento que for assentado no julgamento, dispensando que o STF examine cada uma delas, quando sejam contestadas com base no mesmo suposto vício de validade.

Nessa linha, decidindo o STF, por exemplo, que é inconstitucional a cobrança de IPTU progressivo, no exame de recurso extraordinário de município que tenha adotado esta forma de cálculo do imposto, a decisão valerá para as leis dos demais municípios que houverem adotado idêntica sistemática de cobrança, dispensando-se o julgamento de um recurso extraordinário por município.

A amplitude da matéria passível de conhecimento pela Corte nas decisões sobre temas com repercussão geral reconhecida é plenamente consentânea com o novo modelo, sendo possível e esperado que se aplique

---

[30] Súmula Vinculante 4: " Salvo nos casos previstos na Constituição, o salário mínimo não pode ser usado como indexador de base de cálculo de vantagem de servidor público ou de empregado, nem ser substituído por decisão judicial".

[31] RE 565.714, Rel. Min. Cármen Lúcia.

o que foi decidido a todos os múltiplos casos em que a mesma questão constitucional se apresente como determinante do destino da demanda, ainda que revestida de circunstâncias acidentais diversas.

Daí a importância de carrear-se ao julgamento o maior número possível de elementos de convicção, admitindo-se que participem os *amici curiae*, seja mediante sustentação oral, seja mediante apresentação de memoriais.

Mais que abrangentes nos fundamentos, as decisões das questões constitucionais de repercussão geral têm admitido elementos típicos do controle objetivo de constitucionalidade. No julgamento do Recurso Extraordinário 560.626, que tratava da possibilidade de lei ordinária dispor sobre a prescrição e a decadência no caso de contribuições sociais (arts. 45 e 46 da Lei 8.212/91), o STF decidiu sobre questão não trazida no recurso extraordinário adotado como *leading case*. Durante sua sustentação oral no julgamento o então Advogado-Geral da União, Dias Toffoli, hoje Ministro da própria Corte, requereu que, acaso se acolhesse a tese de inconstitucionalidade dos referidos dispositivos legais, fossem modulados os efeitos deste pronunciamento.

Acolhendo o pedido, o STF decidiu que a inconstitucionalidade não produziria efeitos em relação aos contribuintes que tivessem recolhido as contribuições sociais sem questionar, administrativa ou judicialmente, os prazos de decadência ou prescrição.[32] Neste caso a abstração da tese jurídica foi de tamanho alcance que a modulação dos efeitos não se aplicou sequer à regulação dos interesses subjetivos do recurso extraordinário que estava sendo decidido em concreto.

Como se percebe, a repercussão geral trouxe muito mais que uma condição para o conhecimento de recursos extraordinários pela Suprema Corte. Aqueles que nela identificam apenas um filtro, voltado a reduzir a massa substancial de recursos que, em tese, poderiam aportar no STF, desconhecem seu imenso potencial para a efetividade da jurisdição constitucional.

A verdade é que o novo regime, iniciado com a Emenda Constitucional 45/2004 e implantado através de alterações no CPC, mudanças no Regimento Interno e sucessivas decisões sobre procedimento é capaz de qualificar ainda mais as decisões sobre matéria constitucional, por permitir que nos julgamentos dos recursos-paradigma sejam agregados elementos de convicção provenientes de seus múltiplos, por racionalizar a

---

[32] RE 560.626, Rel. Min. Gilmar Mendes. Colhe-se da ementa: "(...) V. MODULAÇÃO DOS EFEITOS DA DECISÃO. SEGURANÇA JURÍDICA. São legítimos os recolhimentos efetuados nos prazos previstos nos arts. 45 e 46 da Lei 8.212/91 e não impugnados antes da data de conclusão deste julgamento".

pauta do Plenário, por ter efeito multiplicador e por permitir que o STF assuma definitivamente a função de Corte Constitucional.[33]

4.2. A reafirmação da jurisprudência

Dúvida das mais relevantes surgiu, ainda na primeira etapa, quanto aos efeitos da repercussão geral nos casos de temas já decididos pelo STF, sobre os quais formou-se pacífica jurisprudência.

Seriam eles considerados automaticamente relevantes? Caberia a aplicação imediata do que estabelece o § 3º do art. 543-B nos casos de matérias reiteradamente decididas? É dizer, estariam os tribunais e turmas recursais de origem autorizados a realizar juízo de retratação ou a considerar prejudicados os recursos extraordinários, sem necessidade de novo pronunciamento pelo STF?

A resposta positiva soa tentadora e, aparentemente, encontra fundamento no § 3º do art. 543-A do CPC, segundo o qual, haverá repercussão geral sempre que o recurso impugnar decisão contrária à súmula ou jurisprudência dominante do Tribunal.

Tentador, também, é prosseguir-se no caminho consagrado anteriormente à reforma, decidindo-se monocraticamente os recursos extraordinários sobre tais temas, ao pressuposto de que sua repercussão geral estaria presumida.

Este raciocínio, entretanto, não foi considerado o que melhor atende ao novo regime e à segurança jurídica, já que, aplicado aos casos concretos, caberia aos órgãos recursais definir o que é considerado jurisprudência dominante no STF, sabendo-se que, embora a tendência seja a manutenção da jurisprudência formada ao longo do tempo pela estabilidade de que se revestem os julgados da Suprema Corte, não são incomuns modificações de entendimento decorrentes de diversas razões, como as alterações na ordem jurídico-constitucional e as mudanças na composição do Tribunal. Correr-se-ia o risco de que a interpretação dada pelo órgão de origem para a solução de um recurso individual não se confirmasse, quando, em outro feito, houvesse decisão diferente pelo STF, causando perplexidade e insegurança jurídica.

---

[33] RE 760.358, Rel. Min. Gilmar Mendes. Colhe-se do voto: "Houve uma opção política na reforma constitucional. Temos que assumir definitivamente a função de Corte Constitucional e abandonar a função de Corte de Revisão. Temos que confiar na racionalidade do sistema e na aplicação de nossas decisões pelas Cortes de Origem." (...) E, mais adiante, "Desde que demos aplicação a este novo modelo, tivemos a oportunidade de julgar, em Plenário, questões constitucionais de relevância ímpar, porque se alargou nosso tempo de dedicação aos aspectos de grande complexidade e de alta indagação que as cercavam e que as distanciavam da pauta."

Assim, no julgamento do RE-QO 582.650, em que foi Relatora a Ministra Ellen Gracie,[34] decidiu-se que mesmo nos casos de jurisprudência dominante seria necessário o pronunciamento do STF para a reafirmação do entendimento, abrindo-se espaço para a incidência dos efeitos da repercussão geral, de forma que as instâncias recursais de origem pudessem, com segurança, aplicando a jurisprudência da Corte Constitucional, realizar juízos de retratação ou considerar prejudicados os recursos sobre o mesmo tema.

Nestes julgamentos avalia-se, inicialmente, se há jurisprudência dominante sobre a questão constitucional, decidindo-se, em ato contínuo, se há repercussão geral. Positivo este juízo, decide-se sobre a reafirmação da jurisprudência.

---

[34] QUESTÃO DE ORDEM. RECURSO EXTRAORDINÁRIO. PROCEDIMENTOS DE IMPLANTAÇÃO DO REGIME DA REPERCUSSÃO GERAL. QUESTÃO CONSTITUCIONAL OBJETO DE JUPRISPRUDÊNCIA DOMINANTE NO SUPREMO TRIBUNAL FEDERAL. PLENA APLICABILIDADE DAS REGRAS PREVISTAS NOS ARTS. 543-A E 543-B DO CÓDIGO DE PROCESSO CIVIL. ATRIBUIÇÃO, PELO PLENÁRIO, DOS EFEITOS DA REPERCUSSÃO GERAL ÀS MATÉRIAS JÁ PACIFICADAS NA CORTE. CONSEQÜENTE INCIDÊNCIA, NAS INSTÂNCIAS INFERIORES, DAS REGRAS DO NOVO REGIME, ESPECIALMENTE AS PREVISTAS NO ART. 543-B, § 3º, DO CPC (DECLARAÇÃO DE PREJUDICIALIDADE OU RETRATAÇÃO DA DECISÃO IMPUGNADA). LIMITAÇÃO DA TAXA DE JUROS REAIS A 12% AO ANO. ART. 192, § 3º, DA CONSTITUIÇÃO FEDERAL, REVOGADO PELA EC Nº 40/2003. APLICABILIDADE CONDICIONADA À EDIÇÃO DE LEI COMPLEMENTAR. JURISPRUDÊNCIA CONSOLIDADA, INCLUSIVE COM EDIÇÃO DE ENUNCIADO DA SÚMULA DO TRIBUNAL. RECONHECIMENTO DA REPERCUSSÃO GERAL DO TEMA, DADA A SUA EVIDENTE RELEVÂNCIA. RECURSOS EXTRAORDINÁRIOS CORRESPONDENTES COM DISTRIBUIÇÃO NEGADA E DEVOLVIDOS À ORIGEM, PARA A ADOÇÃO DOS PROCEDIMENTOS PREVISTOS NO ART. 543-B, § 3º, DO CPC. 1. Aplica-se, plenamente, o regime da repercussão geral às questões constitucionais já decididas pelo Supremo Tribunal Federal, cujos julgados sucessivos ensejaram a formação de súmula ou de jurisprudência dominante. 2. Há, nessas hipóteses, necessidade de pronunciamento expresso do Plenário desta Corte sobre a incidência dos efeitos da repercussão geral reconhecida para que, nas instâncias de origem, possam ser aplicadas as regras do novo regime, em especial, para fins de retratação ou declaração de prejudicialidade dos recursos sobre o mesmo tema (CPC, art. 543-B, § 3º). 3. Fica, nesse sentido, aprovada a proposta de adoção de procedimento específico que autorize a Presidência da Corte a trazer ao Plenário, antes da distribuição do RE, questão de ordem na qual poderá ser reconhecida a repercussão geral da matéria tratada, caso atendidos os pressupostos de relevância. Em seguida, o Tribunal poderá, quanto ao mérito, (a) manifestar-se pela subsistência do entendimento já consolidado ou (b) deliberar pela rediscussão do tema. Na primeira hipótese, fica a Presidência autorizada a negar distribuição e a devolver à origem todos os feitos idênticos que chegarem ao STF, para a adoção, pelos órgãos judiciários a quo, dos procedimentos previstos no art. 543-B, § 3º, do CPC. Na segunda situação, o feito deverá ser encaminhado à normal distribuição para que, futuramente, tenha o seu mérito submetido ao crivo do Plenário. 4. Possui repercussão geral a discussão sobre a limitação da taxa de juros reais a 12% ao ano, prevista no art. 192, § 3º, da Constituição Federal, até a sua revogação pela EC nº 40/2003. Matéria já enfrentada por esta Corte em vários julgados, tendo sido, inclusive, objeto de súmula deste Tribunal (Súmula STF nº 648). 5. Questão de ordem resolvida com a definição do procedimento, acima especificado, a ser adotado pelo Tribunal para o exame da repercussão geral nos casos em que já existente jurisprudência firmada na Corte. Deliberada, ainda, a negativa de distribuição do presente recurso extraordinário e dos que aqui aportarem versando sobre o mesmo tema, os quais deverão ser devolvidos pela Presidência à origem para a adoção do novo regime legal. (RE 582650 QO, Relator(a): Min. MINISTRO PRESIDENTE, julgado em 16/04/2008, DJe-202 DIVULG 23-10-2008 PUBLIC 24-10-2008 EMENT VOL-02338-10 PP-01941 RTJ 00207-03 PP-01245)

Uma vez confirmado o entendimento, abre-se aos tribunais e turmas recursais a possibilidade de aplicar aos processos múltiplos os efeitos do julgamento de mérito de questão constitucional com repercussão geral (retratando-se ou considerando prejudicados os recursos extraordinários).

De outro lado, em concluindo o STF que não é caso de reafirmar a jurisprudência sobre a questão constitucional, seja porque não é dominante, seja porque há possibilidade de revisão da tese, o julgamento ficará restrito ao exame de repercussão geral, levando-se, oportunamente, para novo exame de mérito o tema constitucional através do recurso extraordinário selecionado ou de outro que trate do mesmo assunto.

A reafirmação da jurisprudência pelo STF ocorreu, inicialmente, mediante questões de ordem suscitadas no Plenário, pelos Presidentes e pelos demais ministros. Atualmente, o Plenário Virtual está adaptado para que o julgamento se processe de forma eletrônica.

4.3. Efeitos da repercussão geral sobre o uso das decisões monocráticas

Com a implantação do novo sistema de processamento dos recursos extraordinários, e especialmente após a definição do procedimento para a reafirmação da jurisprudência nos casos de entendimento anterior consolidado, o uso das decisões singulares pelos relatores sofreu redefinições.

Houve necessidade de compatibilizar-se a aplicação das normas contidas no art. 557 e 544, § 4º, do Código de Processo Civil, que conferem ao relator a possibilidade de decidir monocraticamente o recurso, com a nova sistemática introduzida nos arts. 543-A e 543-B, do mesmo compêndio processual, segundo a qual, o exame da presença de repercussão geral e o julgamento de mérito em tema de relevância demandam decisão colegiada, no mais das vezes plenária.

Fundamental é a interpretação sistemática dos dispositivos, especialmente para o julgamento dos chamados processos múltiplos, de forma a evitar a transmissão de mensagens contraditórias aos tribunais e turmas recursais sobre os julgamentos em matéria constitucional e a remessa interminável de processos iguais ao STF.

Esta percepção desencadeou medidas que implicaram em alteração substancial das hipóteses de uso da via monocrática para o julgamento dos recursos constitucionais: se fosse mantida a sistemática anterior, em que, invocando a jurisprudência dominante, o relator decidia de forma singular os recursos, sem uso do regime da repercussão geral (reconhecimento da relevância e julgamento plenário do mérito), não se produziriam os efeitos transcendentes, e haveria sucessivos e infindáveis julgamentos sobre a mesma questão constitucional nos múltiplos recursos individuais.

Adotando-se previamente o regime de julgamento da repercussão geral, diferentemente, os processos individuais múltiplos terão desfecho nos tribunais e turmas recursais de origem, suspendendo-se, uma vez reconhecida a relevância do tema, a remessa de novos recursos ao STF.

Após o julgamento do mérito serão decididos monocraticamente os processos múltiplos que se encontrem na Corte, sobrestados ou não, aplicando-se, aí sim, o disposto nos artigos 557 e 544, § 4º, do Código de Processo Civil.

Mais uma vez aqui é necessária a releitura do procedimento legal, sua interpretação sistemática, de forma a garantir-se a efetividade da reforma processual.

Não são desconhecidas as dificuldades de adaptação do processo civil ao novo contexto, mas é fundamental ter presente que o instrumento deve servir ao seu fim, que é a realização do direito material.

Conclusão

A doutrina e a legislação processuais desenvolveram-se sob uma concepção individualista dos direitos e dos litígios. Disposições restritivas como o alcance da coisa julgada (apenas aos litigantes) e a legitimação para a causa (admitida, como regra, exclusivamente aos titulares do direito material já atingido), e, de outro lado, a existência de uma grande gama de faculdades processuais, a atribuir às partes extrema liberdade na condução do processo (atos processuais dispositivos), demonstram que os direitos e as liberdades individuais deram o primeiro norte para a formulação das normas adjetivas e para a sua interpretação.

Fortemente influenciado pela doutrina das liberdades individuais e pela consequente concepção de que ao Estado incumbe a não intervenção na esfera da liberdade dos indivíduos, o processo civil não foi preparado para as modificações no catálogo dos direitos materiais, especialmente para a agregação dos direitos fundados na igualdade que implicam, no mais das vezes, em *status positivus*, postura ativa do Estado, consistente em colocar à disposição dos indivíduos prestações de natureza jurídica e material. O princípio da inércia, que, no plano material equivaleria à não intervenção do Estado-juiz, ganhou força no período em que o processo tornou-se ciência.

O processo vinha sendo interpretado à luz do próprio processo, em verdadeiro círculo vicioso e, o que é pior, em nome de uma suposta segurança jurídica e a pretexto da observância de normas constitucionais.

Contraditório e ampla defesa, garantias conquistadas pelo Estado de Direito, isolaram-se dos demais direitos fundamentais aos quais deveriam servir, para serem tratadas como autossuficientes, perdendo a característica da instrumentalidade, legitimando o excesso no exercício das faculdades processuais que daí decorrem, em prejuízo à efetividade da prestação jurisdicional.

Discorrendo sobre o assunto, Humberto Theodoro Júnior registra que "para firmar-se a autonomia científica do direito processual, os estudos fundamentais desse novo ramo da ciência do direito preocuparam-se, de início, com delinear sua mais completa separação do direito material. O objeto do direito processual eram os grandes conceitos e as grandes categorias que o informavam e que eram analisados sem qualquer vínculo de subordinação às instituições clássicas do direito civil e demais segmentos do direito material".[35]

Instalada a crise de efetividade da jurisdição, que, como se pode perceber, não se deveu exclusivamente à omissão legislativa na adaptação das normas constitucionais, mas sim e também ao esforço dos juristas na obtenção de autonomia ímpar para uma disciplina instrumental, quebrou-se a conexidade que não pode deixar de existir entre o processo e o direito que se pretende realizar.

Hoje se retoma a necessidade de serem afinados direito e processo. Hoje se traz à análise, mais que nunca, o fator tempo no trabalho jurisdicional. Esta retomada, porém, deve ocorrer sob uma perspectiva nova, aberta, pois qualquer conexão que se faça terá que levar em conta as modificações no quadro dos direitos fundamentais, a atual inadequação do paradigma individualista.

---

[35] THEODORO JR., Humberto. "Tutelas Específicas de obrigações de fazer e não fazer", Revista Síntese de Direito Civil e Processual Civil, v.15, pág. 16. Continua o autor "(...)Esse comportamento, todavia, se produziu grandes resultados acadêmicos, nenhum efeito concreto significativo conseguiu lograr no campo da melhoria prática da tutela jurisdicional posta à disposição da sociedade. Por isso, na segunda metade do Século XX, a ótica da ciência processual se deslocou justamente para a conexão que não pode deixar de existir entre direito material e processo. Embora cada um se submeta a princípios e objetivos próprios, não pode nenhum deles ser visualizado como compartimento estanque do saber jurídico, mas ambos só se podem entender como órgãos indissociáveis de um só organismo. Por isso, o processo passou a ser estudado como meio de valorizar o direito como um todo e de assegurar efetividade às garantias e mandamentos de todo o direito de fundo, de maneira que nenhum dos dois segmentos possa ser visualizado isoladamente, senão como aspectos indissociáveis de uma única realidade normativa.
O direito processual desfruta de autonomia científica, para efeitos pedagógicos, mas sua compreensão só se torna útil quando se volta para determinar de que modo o processo pode concorrer para a realização das metas do direito material, dentro do convívio social.
Essa grande revolução operada nas últimas décadas do século há pouco findo, deu lugar à valorização prática da ordem jurídica processual, graças ao reconhecimento de suas metas não só jurídicas, mas também políticas e sociais."

Nas precisas palavras de Carlos Alberto A. de Oliveira, "(...) pode-se concluir que garantismo e eficiência devem ser postos em relação de adequada proporcionalidade, por meio de uma delicada escolha dos fins a atingir e de uma atenta valoração dos interesses a tutelar. E o que interessa realmente é que nessa difícil obra de ponderação sejam os problemas da justiça solucionados num plano diverso e mais alto do que o puramente formal dos procedimentos e transferidos ao plano concernente ao interesse humano objeto dos procedimentos: um processo assim na medida do homem, posto realmente ao serviço daqueles que pedem justiça".[36]

É nesta era do processo civil de resultados que surge a repercussão geral, cuja natureza e regime jurídico, na interpretação que vem fazendo a Suprema Corte, são muito maiores que os de um pressuposto de admissibilidade recursal.

A principal via de acesso ao STF para o controle difuso de constitucionalidade sofreu modificações profundas. O próprio controle difuso, de características marcadamente individuais, sofreu o influxo da objetivação. O Poder Judiciário teve que reinventar o fluxo dos recursos extraordinários e estabelecer mecanismos de comunicação e integração sem precedentes. Ampliou-se o âmbito de cognição do recurso extremo. Relativizaram-se, frente à presença da relevância social, jurídica, política ou econômica da matéria, os pressupostos recursais para acesso à Suprema Corte.

Estes são alguns dos resultados advindos da nova sistemática que muito bem servem à demonstração de que a introdução do § 3º do art. 102 na Constituição, pela Emenda Constitucional 45/2004, não teve como causa ou efeito a diminuição da competência do STF. Pelo contrário, serviu à racionalização de todo o sistema de controle difuso de constitucionalidade, permitindo que o STF pudesse debruçar-se, sem preocupação com o volume de feitos idênticos, sobre um número cada vez maior de questões constitucionais de extrema relevância e alta indagação.

Se é verdade que se reduziram os recursos extraordinários e agravos de instrumento protocolados, autuados e distribuídos no STF – e esta diminuição foi substancial, chegando à casa dos 60%, – cresceu a efetividade da jurisdição constitucional, seja pela quantidade de conflitos individuais solucionados com uma única decisão, seja pela quantidade de temas relevantes que tiveram espaço na pauta do plenário nos últimos anos e que foram avaliados na plenitude.

Esta redução da distribuição, portanto, não significa mera diminuição de carga de processos do Supremo Tribunal Federal, nem implica

---

[36] ALVARO DE OLIVEIRA, Carlos Alberto. "O processo Civil na Perspectiva dos Direitos Fundamentais". *In Processo e Constituição*, Rio de janeiro: Forense, 2004, pág. 15.

prejuízo da sua missão jurisdicional ou do acesso individual à Justiça. Revela, isto sim, uma nova forma de prestar jurisdição em matéria constitucional, assegurando às questões de relevância social, política, econômica e jurídica um processo decisório rápido e plural e, na sequência, maior disseminação dos efeitos desta decisão, de forma a garantir a isonomia na aplicação das normas constitucionais.

Estas etapas iniciais da implantação da repercussão geral no Poder Judiciário são de enorme importância para o sucesso do novo regime inaugurado pela Emenda Constitucional 45/2004. As primeiras linhas definidas para o procedimento, o foco no direito material e a consequente retomada do papel instrumental do processo é que garantem efetividade às mudanças.

Exige-se, mais que nunca, disposição para administrar, seja na condução dos processos, individualmente, seja na criação e implementação de projetos ou reorganização de serviços.

E não é apenas do Judiciário que o novo sistema demanda a releitura do processo, mas de toda a comunidade jurídica. Pouco adiantará continuar a reformar a lei se não mudarem os seus intérpretes e aplicadores. As soluções que vêm sendo colocadas em prática, e que resultam em positivas conquistas no caminho da efetividade da prestação jurisdicional, têm demandado atuação positiva, criatividade e disposição para o questionamento e a superação de procedimentos ultrapassados, cuja validade nem mais se discutia, tão arraigados estavam no dia a dia forense.

Novos e importantes desafios estão à frente, a exigir permanente vigília, inclusive para evitar a desconstrução das recentes conquistas na interpretação do alcance e do regime da repercussão geral. O foco de atenção voltado para a questão constitucional a ser dirimida e, apenas indiretamente, ao recurso circunstancialmente eleito como paradigma tem efeitos substanciais na forma de pensar e processar o recurso extraordinário.

Dentre estes desafios estão a comunicação cada vez maior com os órgãos recursais e com as demais instâncias ordinárias do Poder Judiciário para a discussão e a aplicação dos efeitos das decisões de repercussão geral, a compatibilização do sistema do Supremo Tribunal Federal com o regime dos recursos repetitivos do Superior Tribunal de Justiça (CPC art. 543-C), especialmente quando no mesmo caso haja recursos especial e extraordinário interpostos, a priorização constante do julgamento das questões constitucionais em que o reconhecimento da repercussão geral provocou o sobrestamento de um grande número de recursos extraordinários, e outros.

O uso da tecnologia e das ferramentas de gestão será sempre fundamental neste caminho. A verdade é que se a progressão geométrica na quantidade de feitos e a burocracia judicial permanecessem sendo desafiadas apenas através do incremento de pessoas e de estrutura física no Poder Judiciário, este resultaria gigantesco e inviável, seja em razão dos custos, seja pela complexidade de sua gestão.

Outros mecanismos de racionalização e de administração da litigiosidade deverão agregar-se à repercussão geral. Seu próprio regime demandará, no futuro, modificações e releituras. Entretanto, como agora, fundamental será que estas novas soluções apartem-se da ortodoxia do sistema judiciário, introduzindo novos mecanismos de gestão ao processo civil e partindo de diagnósticos cada vez mais precisos sobre as reais necessidades da jurisdição constitucional.

— 4 —

Repercussão geral em matéria tributária: primeiras reflexões

REGINA HELENA COSTA

Livre-docente em Direito Tributário pela PUCSP
Professora de Direito Tributário dos cursos de graduação e pós-graduação da PUCSP
Desembargadora Federal do Tribunal Regional Federal da 3ª Região

Sumário: 1. Segurança jurídica e jurisprudência; 2. Notas sobre o regime da repercussão geral; 3. Repercussão geral em matéria tributária; 4. Repercussão geral: conceito jurídico indeterminado; 5. Conclusão.

1. Segurança jurídica e jurisprudência

O tema da repercussão geral insere-se no contexto da relação existente entre segurança jurídica e jurisprudência. A segurança jurídica, por sua vez, lastreia-se em valores fundamentais, que são isonomia e legalidade, constituindo autêntico sobreprincípio, como as melhores lições doutrinárias ensinam.

A aproximação entre segurança jurídica e jurisprudência manifesta-se, a nosso ver, mediante três ideias: *estabilidade, irretroatividade* e *uniformidade*.

Estabilidade, na hipótese, significa que a jurisprudência deve sinalizar aquilo que será o entendimento a vigorar para o futuro, constituindo um indicativo dos comportamentos que devem ser adotados, que serão considerados legítimos. O objetivo é evitar oscilações, especialmente as abruptas, na orientação adotada pelos órgãos jurisdicionais.

A irretroatividade, nesse contexto, e em homenagem ao princípio geral hospedado no art. 5º, XXXVI, CR, significa que não somente a lei não pode prejudicar o direito adquirido, o ato jurídico perfeito e a coisa julgada, mas também os atos decorrentes de sua aplicação, como é o caso das decisões judiciais.

Desse modo, leis, atos administrativos e decisões judiciais devem projetar seus efeitos para o futuro. O pretérito, desse modo, há de ser resguardado por uma questão de segurança.

Interessa-nos, para as ponderações que faremos a seguir, aprofundarmos o exame da noção de uniformização da jurisprudência, como introdução ao estudo da repercussão geral.

Uniformização, induvidosamente, remete à isonomia, à preocupação de tratar igualmente aqueles que se situam em situação equivalente. Entende-se que a solução uniforme é a solução isonômica, traduzindo o tratamento justo.

Acompanhamos há alguns anos a reforma que tem sido promovida na legislação processual civil. Já são dezenas de leis recentes a alterar o Código de Processo Civil, e uma das tônicas dessa reforma processual paulatina, é, justamente, a uniformização jurisprudencial. Vários mecanismos têm sido adotados com essa finalidade, valendo lembrar apenas alguns: a possibilidade de decisão monocrática de recursos, a súmula vinculante, o regime jurídico dos recursos repetitivos do Superior Tribunal de Justiça e, em particular, o mecanismo da repercussão geral no recurso extraordinário.

Trata-se de tendência que expressa grande preocupação do legislador e, claramente, reflete a inquietação da sociedade, especialmente do meio jurídico, com a questão da ausência de uniformização das decisões judiciais.

Como o nosso ordenamento jurídico sempre permitiu a prolação de decisões de distinto teor para a solução de situações equivalentes, tal proceder, após décadas de prática, acarretou o reconhecimento de que a não uniformização estaria afetando a própria isonomia.

2. Notas sobre o regime da repercussão geral

Inserido nessa moldura, o instituto da repercussão geral surge por força da Emenda Constitucional n. 45 de 2004, no bojo da apelidada "Emenda da Reforma do Judiciário". Essa emenda constitucional inseriu um § 3º, no art. 102 da Constituição, assim expresso:

> No recurso extraordinário o recorrente deverá demonstrar a repercussão geral das questões constitucionais discutidas no caso, nos termos da lei, a fim de que o Tribunal examine a admissão do recurso, somente podendo recusá-lo pela manifestação de dois terços de seus membros.

Da leitura do dispositivo, extrai-se que a repercussão geral será arguida como preliminar no recurso extraordinário, constituindo um novo pressuposto de admissibilidade e, evidentemente, faz lembrar instituto semelhante que existia no passado: a chamada "arguição de relevância".

Em sequência, adveio a alteração promovida no Código de Processo Civil, mediante a edição da Lei n. 11.418, de 2006, que introduziu dois artigos para disciplinar o regime jurídico da repercussão geral (arts. 543-A e 543-B).

Do art. 543-A, relevante, para a análise que faremos a seguir, destacar os seguintes preceitos: o *caput*, segundo o qual "o Supremo Tribunal Federal, em decisão irrecorrível, não conhecerá do recurso extraordinário quando a questão constitucional nele versada não oferecer repercussão geral nos termos desse artigo"; e o § 1º, que prescreve que, "para efeito de repercussão geral, será considerada a existência, ou não, de questões relevantes do ponto de vista econômico, político, social ou jurídico, que ultrapassem os interesses subjetivos da causa".

Ainda, consoante o § 2º, "o recorrente deverá demonstrar, em preliminar do recurso para apreciação exclusiva do Supremo Tribunal Federal, a existência de repercussão geral".

Finalmente, o § 3º do mesmo art. 543-A estabelece que "haverá repercussão geral sempre que o recurso impugnar a decisão contrária a súmula ou jurisprudência dominante do tribunal".

Tais dispositivos são extremamente importantes porque, além de reafirmarem tratar-se, como não poderia deixar de ser, de um novo pressuposto de admissibilidade do recurso extraordinário, define-se o que vem a ser *repercussão geral*: a existência de questões relevantes, do ponto de vista econômico, político, social ou jurídico, que ultrapassem os interesses subjetivos da causa.

No § 3º, por seu turno, estabelece-se uma presunção, ou seja, situações em que os Ministros não precisam decidir se a causa envolve ou não questão de repercussão geral. São as hipóteses de o recurso impugnar decisão contrária à súmula do Supremo ou à sua jurisprudência dominante. Então, nesses casos, existe repercussão geral presumida; nos demais, o tribunal terá que decidir se existe ou não repercussão geral para efeito de admissibilidade do recurso.

Tal mecanismo busca cingir a competência do Supremo Tribunal Federal, efetivamente, àquelas questões constitucionais que tenham relevância de natureza social, política, econômica ou jurídica, e que essa relevância transcenda os interesses subjetivos daquela causa, como declara o Código de Processo Civil.

Com isso, evita-se que a Corte, para firmar a interpretação constitucional das normas submetidas à sua apreciação – como até bem pouco tempo era imperioso fazer – aprecie centenas, até mesmo milhares de recursos absolutamente idênticos. O intuito foi justamente delimitar a competência do Supremo, fazendo com que o tribunal não necessite reiterar a apreciação em casos iguais, com grande desperdício de tempo, energia e recursos diversos.

Parece-nos importante remarcar, neste passo, que a adoção desse mecanismo também ensejou, de modo inédito, uma maior comunicação entre os órgãos jurisdicionais. Isso porque, para a repercussão geral funcionar, é necessário, segundo as normas que estão no código e no regimento interno do Supremo Tribunal Federal, uma comunicação direta entre este e os tribunais de origem. Há uma dinâmica interessante nesse aspecto: os tribunais de origem selecionam os recursos extraordinários que deverão ser submetidos à apreciação do Supremo Tribunal Federal, a cada tese ou cada caso idêntico, e os remetem àquela Corte; os demais recursos ficam sobrestados nos tribunais de origem, aguardando o julgamento do *leading case*.

O Supremo Tribunal Federal, em sequência, decidirá se há repercussão geral, salvo se se tratar de repercussão geral presumida. Se a Corte negar a repercussão geral, os recursos extraordinários sobrestados serão automaticamente inadmitidos.

Por outro lado, uma vez reconhecida a repercussão geral e julgado o mérito do recurso extraordinário, os recursos sobrestados serão apreciados pelos tribunais, abrindo-se-lhes, basicamente, duas possibilidades: *(i)* estes julgarão esses recursos, no sentido de declará-los prejudicados, se o entendimento estampado no acórdão conformar-se à orientação que se firmou na Suprema Corte; ou *(ii)* exercerão juízo de retratação, caso o entendimento adotado no acórdão proferido pelo tribunal de origem seja contrário ao entendimento consolidado no Supremo Tribunal Federal.

Note-se que essa comunicação, esse tratamento mais direto possível, entre os tribunais e o Supremo Tribunal Federal, é algo que não existia, e que a repercussão geral veio a impor, para que esse instrumento funcione de maneira adequada.

Anote-se que a repercussão geral começou a ser exigida nos recursos extraordinários interpostos de acórdãos publicados a partir de 3 de maio de 2007, data da entrada em vigor da Emenda Regimental 21/07 ao RISTF, que estabeleceu as normas necessárias à execução das disposições legais e constitucionais sobre o novo mecanismo.

As estatísticas apresentadas revelam que a repercussão geral tem se mostrado um filtro muito poderoso da admissibilidade dos recursos extraordinários, pois acarretou uma diminuição fantástica no número de recursos extraordinários distribuídos à Corte.

Em 2007,[1] ano em que a repercussão geral passou a ser admitida, foram distribuídos ao Supremo Tribunal Federal, apenas no 2º semestre, 19.911 recursos extraordinários

Ainda em 2008, o número recursos extraordinários distribuídos foi de 21.532. Já em 2009, a Corte recebeu apenas 8.346 recursos extraordinários e em 2010, consolidando a redução verificada no ano anterior, o total de recursos extraordinários foi de 6.734.

Portanto, no prazo de pouco mais de três anos da aplicação do instituto, o número de recursos extraordinários distribuídos caiu cerca de 70%.

Tais dados impressionam e, sob esse aspecto, pode-se afirmar que a repercussão geral está funcionando bem.

3. Repercussão geral em matéria tributária

Outro ponto que vale registrar é a grande vocação da matéria tributária para ensejar casos de reconhecimento de repercussão geral.

Justifica-se tal constatação por estarmos num âmbito de relações jurídicas deflagradas diretamente pela lei, de obrigações *ex lege*, e mais, de obrigações *ex lege* submetidas ao *princípio da generalidade*, segundo o qual todos devem pagar tributos se realizam as situações descritas na lei, bastando a concretização de uma dessas situações para que a respectiva obrigação seja deflagrada.

Num contexto como esse, de relações de massa, envolvendo direitos individuais de origem homogênea, evidente a grande oportunidade para o reconhecimento de repercussão geral.

Acresca-se a tais fundamentos o fato de que a disciplina normativa das relações tributárias, no Brasil, é de natureza precipuamente constitucional, o que acentua a possibilidade de ocorrer transcendência dos interesses subjetivos da causa.

Mais uma vez, os números demonstram a assertiva. Num breve levantamento que fizemos sobre as repercussões gerais em matéria tributária, com base nos dados apresentados pelo Supremo Tribunal Federal,[2] exsurge clara a predominância do reconhecimento de repercussão geral nesse âmbito.

Inicialmente, dentre os assuntos com repercussão geral reconhecida e mérito julgado: dos 40 casos de repercussão geral reconhecida com mérito julgado, 14 foram de natureza tributária, o que corresponde a 35%.

---

[1] Cf. dados extraídos do sítio do Supremo Tribunal Federal na *internet*, em consulta realizada em 19.03.2011.

[2] Cf. consulta realizada no sítio do Supremo Tribunal Federal na *internet*, em 19.03.2011.

Por outro lado, no que tange aos assuntos que têm repercussão geral reconhecida, com mérito pendente de julgamento, dos 135 casos, 56 são sobre matéria tributária – correspondentes a expressivos 42%.

Já assuntos com repercussão geral reconhecida, mediante jurisprudência do Tribunal reafirmada para aplicação dos regimes dos arts. 543-A e B do Código de Processo Civil, de 17 casos nessa situação, 3 versam sobre matéria tributária, portanto, 18%.

Finalmente, registre-se que poucos foram os casos de repercussão geral rejeitada em matéria tributária: de 73, apenas 10 versavam sobre essa área.

Forçoso reconhecer, portanto, que a repercussão geral possui grande conexão com o domínio tributário, por revelar-se este extremamente fértil ao reconhecimento de questões que extrapolam os interesses subjetivos da causa.

4. Repercussão geral: conceito jurídico indeterminado

Neste passo, importante submeter à reflexão a natureza do próprio conceito de repercussão geral.

Assim ocorre se a causa é entre *A* e *B*, mas é relevante do ponto de vista social, do ponto de vista coletivo. Observe-se a presença da noção de *coletivização* quando pensamos em repercussão geral; a causa é entre duas partes, mas a decisão que se tirar daquele julgamento, por envolver questão constitucional de uma dessas naturezas, de relevância jurídica, política, econômica ou social, afetará outras relações jurídicas, influenciando o julgamento de outras causas, que versem sobre o mesmo assunto.

Cremos que *repercutir*, repercutir como ultrapassar, como reverberar, e, enfim, a noção de repercussão geral, é, inequivocamente, um *conceito jurídico indeterminado*, dentre os muitos conceitos indeterminados que o Direito abriga, também chamados conceitos elásticos ou conceitos imprecisos.

Tais conceitos, como sabido, a par de um conteúdo preciso, apresentam uma zona de incerteza. Possuem um núcleo conceitual, como dizia Engisch, e ali sabemos exatamente o que ele comporta, mas há igualmente um halo conceitual, que é a zona de penumbra, a zona de dúvida.

O que nos parece importante questionar, neste momento em que a repercussão geral ainda é um instituto novo, é o seguinte: o fato de "repercussão geral" ser um conceito jurídico indeterminado, autoriza que o Supremo Tribunal Federal decida discricionariamente as causas que apreciará, os recursos extraordinários que admitirá? Noutro dizer: tal competência envolve *discricionariedade*?

Esse é, a nosso ver, um tema fascinante – se os conceitos jurídicos indeterminados são passíveis de gerar discricionariedade – e, a partir dessa análise, quais os desdobramentos daí decorrentes.

Tivemos a oportunidade de estudar esse assunto há muito tempo,[3] e, mais recentemente, retomamos essas reflexões, que são úteis, também, diante da análise do regime de repercussão geral.

Os conceitos indeterminados, consoante as lições dos publicistas, podem ser classificados em duas categorias: de um lado, os *conceitos de experiência*, e de outro, os *conceitos de valor*.

Essa distinção é feita segundo a natureza jurídica dos conceitos, e terá repercussões na questão da discricionariedade. Entende-se por *discricionariedade*, singelamente, a liberdade concedida pela lei ao aplicador desta, para que ele possa escolher, dentre mais de uma solução possível, aquela que entenda mais justa no caso concreto. Ou seja, quando a lei outorga essa margem de apreciação subjetiva ao aplicador da lei para que ele decida, dentre mais de uma possibilidade, segundo critérios de oportunidade e conveniência, estamos diante de discricionariedade.

Logo, se a pergunta é "o Supremo Tribunal Federal exerce competência discricionária quando aprecia se a causa tem ou não repercussão geral?", a resposta, em nosso sentir, depende de como se classifica tal conceito – se conceito de experiência ou de valor.

Conceito de experiência é um conceito que diz respeito a objetos sensíveis, que remete a ideia técnica, e, portanto, é um conceito que, uma vez apreciado e esgotado o processo interpretativo, o aplicador chegará a uma única solução para o caso concreto. Os conceitos de experiência não outorgam a margem de apreciação subjetiva que pode ser ensejada pelos conceitos de valor, que são conceitos que envolvem sentimentos e desejos.

Conceitos de experiência podem ser, por exemplo, "força irresistível" e "incapacidade da pessoa física", porque tecnicamente é possível determinar o que é uma força irresistível, o que é incapacidade para este ou aquele fim.

Já os conceitos de valor são sempre mais difíceis de lidar – tais como "boa fé", "justo preço", "justa indenização". Esses conceitos, quando apreciados, ou seja, uma vez esgotado o processo interpretativo, por vezes, deixarão uma margem de apreciação subjetiva que o processo interpretativo não foi capaz de eliminar. E essa margem de apreciação subjetiva, em nosso sentir, traduz-se em discricionariedade.

---

[3] "Conceitos Jurídicos Indeterminados e Discricionariedade Administrativa", *Revista de Direito Público* 95, julho-setembro/90, p. 125.

Em resumo, se "repercussão geral" é um conceito jurídico indeterminado – o que nos parece induvidoso – trata-se de conceito de experiência ou conceito de valor?

5. Conclusão

Temos para nós, em primeiras reflexões, tratar-se de um conceito de experiência, pois entendemos possível identificar quando a causa realmente produzirá repercussão, transcenderá os interesses subjetivos das partes do processo, quando realmente haverá um impacto daquela decisão em múltiplas relações jurídicas. Pensamos cuidar-se de uma apreciação técnica e, portanto, de discricionariedade não se cogita.

Em matéria tributária, essa afirmação é confirmada pelo fato de que o Supremo Tribunal Federal tem reconhecido, necessariamente, a ocorrência de repercussão geral, quando houver declaração de inconstitucionalidade de lei federal ou tratado pela Corte de origem, e no caso de temas envolvendo matéria tributária federal. São aspectos técnicos que indicam a aludida transcendência de interesses.

Desse modo, o Supremo Tribunal Federal não desfruta de oportunidade e conveniência para decidir quando o recurso extraordinário deve ser admitido ou não. Em outras palavras, não lhe cabe avaliar se em dado caso é ou não conveniente reconhecer-se a repercussão geral, ou se noutro caso é ou não oportuno fazê-lo.

Parece-nos, portanto, numa meditação preliminar, que a questão não se situa realmente na seara da discricionariedade, conquanto estejamos diante de um conceito jurídico indeterminado.

A relevância da questão pode ser demonstrada com a indicação de casos.

Constituem situações que bem ilustram a existência de repercussão geral em matéria tributária, já reconhecida pelo Supremo Tribunal Federal, mas com o mérito pendente, exemplificadamente: *i)* a instituição do IPTU com alíquota progressiva, após a edição da EC n. 29/2000 (RE 586.693-RG) e *ii)* a inclusão do ICMS na base de cálculo do PIS e da COFINS (574.706-RG). Nestes casos, evidente a transcendência dos interesses particulares envolvidos, diante da imensa multiplicidade de relações jurídicas de igual natureza e consequente impacto da solução a ser adotada.

Diversamente, noutras hipóteses, tais como: *i)* a incidência do IOF nos contratos de mútuo onde não participam instituições financeiras – *factoring* (art. 13, Lei n. 9.779/99 – RE 590.186-RG) e *ii)* a instituição da taxa de extinção de incêndio pelo Estado de Minas Gerais (RE 561.158-RG), não parece tão clara a repercussão geral reconhecida pela Corte e, desse modo, duvidoso o cabimento do regime de repercussão geral, com todas as suas particularidades, a tais assuntos.

De todo modo, aguardamos que uma mais duradoura experiência na aplicação do instituto, aliada à judiciosa reflexão dos mais ilustrados, revelem, em futuro breve, a consolidação do entendimento acerca da natureza do conceito de repercussão geral e seus desdobramentos.

— 5 —

A repercussão geral no Supremo Tribunal Federal do Brasil – tema novo ou variação recorrente do papel das Supremas Cortes?

SACHA CALMON NAVARRO COÊLHO

Professor Titular da Faculdade de Direito da Universidade Federal do Rio de Janeiro (Direito Financeiro e Tributário). Doutor em Direito pela Universidade Federal de Minas Gerais. Presidente da Associação Brasileira de Direito Financeiro. Advogado.

Sumário: Proêmio; As peculiaridades do método difuso e concentrado de controle de constitucionalidade das leis no Brasil; As formas de conferir efeitos *erga omnes* às decisões do Supremo Tribunal Federal brasileiro; A Repercussão geral, outra técnica de dar efetividade – não porém rapidez – às declarações do STF sobre o significado da Constituição; Um voto relevante sobre a matéria; A conclusão do voto e as razões de decidir; Observação pertinente; O fecho do ensaio.

Proêmio

Somos uma sociedade acostumada a experiências autoritárias de governança, desde o período colonial sob o guante português, passando pela época do Império Unido de Portugal, Brasil e Algarves, tendo o Rio de Janeiro como capital (inversão colonial), com a metrópole relegada a zona periférica, por isso que aqui ficavam a Coroa, o Governo e as decisões. O autoritarismo continuou depois da separação do Brasil do império português, tornando-se nação independente, sob a forma de uma monarquia constitucional, após 7 de setembro de 1822. Nessa época, passamos a adotar a tripartição dos poderes, sob um peculiar regime parlamentarista de Governo, a governar um país imenso, mas unitário, onde as províncias espalhadas num imenso território não tinham autonomia político-administrativa, curvando-se ao cetro real. O monarca tinha domínio sobre os ramos executivo e legislativo. O rei podia derrubar e erguer os gabinetes parlamentaristas de governo e dominava o Judiciário. Os magistrados eram indicados por atos de Sua Majestade.

Proclamada a República em 1889, adotamos, teoricamente, o modelo norte-americano: presidencialismo, federação e controle difuso da constitucionalidade das leis (*judicial review*). Na prática, persistia o autoritarismo do Poder Executivo.

O país viveu particularidades inexistentes noutras latitudes e noutros países, como a América do Norte, que nos serviu de exemplo. Por outro lado relativamente às experiências europeias, com suas Cortes Constitucionais (Direito romano-germânico) incorporamos o controle concentrado europeu.

Entretanto, e por causa disso, hoje, em pleno século XXI, temos a simbiose dos dois modelos de controle de constitucionalidade das leis e atos normativos, o que para mim, com o devido respeito aos que discordam do meu pensamento, resultou numa algaravia complexa que empurra para o Supremo Tribunal Federal (STF) milhares de questões. Seja lá como for, a intensa ocupação do nosso STF abarrotado de temas relevantíssimos e miuçalhas jurídicas que lhe deveriam ser estranhas, o botaram em crise. O tema da "repercussão geral" encarta-se neste panorama. *Ex facto oritur jus*. É uma tentativa de travar a sobrecarga de recursos extraordinários. No passado já tivemos o anteposto da relevância da questão federal.

Há mais. A Constituição de 1988 constitucionalizou exageradamente o Direito comum, na esperança de vê-lo respeitado. Deu-se o contrário. A litigiosidade cresceu exponencialmente, trazendo no bojo dos processos matéria constitucional atraindo a competência do STF. Por este ângulo, a questão da relevância do direito discutido ou, noutras palavras, o instituto da repercussão geral avisa que não basta a matéria ostentar cunho constitucional, é necessário que o seu desate tenha repercussão geral, o que é, por vários motivos, paradoxal. *Primus* – Toda questão constitucional é relevante e necessariamente tem repercussão geral. É estranho que a Constituição, em certos casos, não tenha garante. *Secundus* – A repercussão geral é um, *a priori*, por isso que integra o juízo de admissibilidade do recurso. A admissão tem cariz subjetivo e, portanto, arbitrário. O juiz da Suprema Corte decide se a questão constitucional deve ou não ser conhecida com perda evidente de eficácia da Lei Maior. *Tertius* – Estabelece-se por este sendeiro uma diminuição material da Constituição. Ela só é Constituição se o seu alegado desrespeito tiver repercussão geral. Se tal não ocorrer é como se não existisse.

O recurso extraordinário só será apreciado pelo Supremo caso ultrapasse os interesses das partes. A sistemática de julgamento é: 1) escolhe-se um, ou alguns, recursos; 2) paralisa-se o julgamento de todos os casos que tratem da matéria; 3) o STF julga o recurso escolhido; 4) todo o Judiciário aplica aquela decisão aos casos semelhantes. É o *stare decisis* do Direito norte-americano? Não mas nele inspira-se. A demonstração pela parte da relevância recursal tem parecença com o *writ a certiorari* do Direito norte-americano. É possível identificar algumas consequências: (a) esvaziamento das discussões nas turmas; (b) debates mais qualificados no Plenário; (c) harmonia das decisões judiciais; (d) debate de "teses", e não de "processos"; (e) projeção da Suprema Corte e de seus precedentes; (f) consolidação da interpretação com a participação dos *amici curiae;* (g) articulação dos interessados nos julgamentos; (h) muitas vezes, os juízes aplicarão o precedente a casos que diferem do que foi decidido. Essas divergências entre o Supremo e os demais tribunais podem trazer problemas não só às partes, mas ao próprio STF; (i) a repercussão geral implica o instituto da avocatória, ainda que indiretamente. Em tese, todos os processos iguais ao que será julgado são avocados, ficam paralisados e são julgados, justamente por serem iguais.

O nosso intuito é cooperar para aprimorar o instituto, às luzes do Direito comparado, e valorar os votos da ilustre e conscienciosa Ministra Ellen Gracie, em honra de quem fomos convidados a escrever o presente ensaio, parcela de obra coletiva, com autores de maior nomeada, em *líber amicorum* pelos seus dez laboriosos anos de judicatura na Suprema Corte brasileira, o que muito me satisfaz e engrandece, em que pese faltar-me méritos para tão ingente mister.

As peculiaridades do método difuso e concentrado de controle de constitucionalidade das leis no Brasil

O Brasil adota, em parte, o controle concentrado europeu de controle de constitucionalidade e, igualmente, o controle difuso, de origem norte-americana, mas sem o *stare decisis* clássico do controle *incidenter tantum* no bojo de um caso concreto.

Mauro Cappelletti, no seu *O controle judicial de constitucionalidade das leis no direito comparado* (Porto Alegre, Antônio Fabris, 1984), procura justificar a não expansão do modelo norte-americano, na Europa de formação romano-germânica, pelas insuficiências do mesmo e em razão das peculiaridades jurídicas existentes no continente. Damos à estampa, as agudas observações desse autor:

(...)
No método de controle "difuso" de constitucionalidade – no denominado método "americano", em suma – todos os órgãos judiciários, inferiores ou superiores, federais ou estaduais, têm, como foi dito, o poder e o dever de não aplicar as leis inconstitucionais aos casos con-

cretos submetidos a seu julgamento. Experimentemos então imaginar, como hipótese de trabalho – uma hipótese que, de resto, foi tornada realidade, como já se referiu, em alguns países, ou seja, na Noruega, Dinamarca, Suécia, Suíça e foi posta em prática, por poucos anos, também na Alemanha e na Itália –, a introdução deste método "difuso" de controle nos sistemas jurídicos da Europa continental e, mais em geral, nos sistemas denominados de *civil law,* do *stare decisis.* Pois bem, a introdução, nos sistemas de *civil law* do método "americano" de controle, levaria à consequência de que uma mesma lei ou disposição de lei poderia não ser aplicada, porque julgada inconstitucional, por alguns juízes, enquanto poderia, ao invés, ser aplicada, porque não julgada em contraste com a Constituição por outros. Demais, poderia acontecer que o mesmo órgão judiciário que, ontem, não tinha aplicado uma determinada lei, ao contrário, a aplique hoje, tendo mudado de opinião sobre o problema de sua legitimidade constitucional. Poderiam, certamente, formar-se verdadeiros "contrastes de tendências" entre órgãos judiciários de tipo diverso – que se manifestam, por exemplo, em perigosos contrastes entre os órgãos da justiça ordinária e os da justiça administrativa – ou entre órgãos judiciários de diverso grau: por exemplo, uma maior inclinação dos órgãos judiciários inferiores, compostos usualmente de juízes mais jovens e, portanto, menos ligados a um certo passado, a declarar a inconstitucionalidade de leis que os juízes superiores (e mais velhos) tendem, ao contrário, a julgar válidas, como exatamente se verificou com notoriedade na Itália, no período de 1948-1956, e, como, pelo que leio, continua a se verificar, de maneira impressionante, no Japão. A consequência, extremamente perigosa, de tudo isto, poderia ser uma grave situação de conflito entre órgãos e de incerteza do direito, situação perniciosa quer para os indivíduos como para a coletividade e o Estado. Tampouco a não aplicação, mesmo reiterada, de uma lei por parte do órgão supremo da justiça poderia impedir o comportamento contrário de qualquer outro órgão do ordenamento judiciário, nem, muito menos, uma mudança de opinião do órgão supremo.

Mas não basta. Ulteriores inconvenientes do método "difuso" de controle, porque concretizado em ordenamento jurídicos que não acolhem o princípio do *stare decisis*, são os que derivam da necessidade de que, mesmo depois de uma primeira não aplicação ou de uma série de não aplicações de uma determinada lei por parte das Cortes, qualquer sujeito interessado na não aplicação da mesma lei proponha, por sua vez, um novo caso em juízo. (ob. cit. p. 76)

(...)

Este insucesso e as acima lastimadas graves consequências de conflito e de incerteza foram evitados nos Estados Unidos da América, como também nos outros países de *common law*, em que vige o sistema de controle judicial "difuso" de constitucionalidade. Ali vale, de fato – e ainda que com muitas atenuações das quais, porém, não é aqui necessário falar porque elas não negam a substancial validade de nossas presentes considerações –, o fundamental princípio do *stare decisis*, por força do qual "*a decision by the highest court in any jurisdiction is binding on all lower courts in the same jurisdiction*". O resultado final do princípio do vínculo aos precedentes é que, embora também nas Cortes (estaduais e federais) norte-americanas possam surgir divergências quanto à constitucionalidade de uma determinada lei, através do sistema das impugnações a questão de constitucionalidade poderá acabar, porém, por ser decidida pelos órgãos judiciários superiores e, em particular, pela Supreme Court cuja decisão será, daquele momento em diante, vinculatória para todos os órgãos judiciários. Em outras palavras, o princípio do *stare decisis* opera de modo tal que o julgamento de inconstitucionalidade da lei acaba, indiretamente, por assumir uma verdadeira eficácia *erga omnes* e não se limita então a trazer consigo o puro e simples efeito da "não aplicação" da lei a um caso concreto com possibilidade, no entanto, de que em outros casos a lei seja, ao invés, de novo aplicada. Uma vez não aplicada pela Supreme Court por inconstitucionalidade, uma lei americana, embora permanecendo *on the books*, é tornada a *dead law*, uma lei morta, conquanto pareça que não tenham faltado alguns casos, de resto excepcionalíssimos, de revivescimento de uma tal lei por causa de uma "mudança de rota" daquela Corte.

Vê-se, deste modo, como aquele simples e claro raciocínio, que, como disse, fora já limpidamente formulado por Hamilton no *O Federalista* e que, depois, esteve na base da sentença de 1803, no caso Marbury *versus* Madison, tenha vindo, na realidade, a operar em um plano enormemente mais vasto e comprometedor do que aquele que, à primeira vista, se podia imaginar. Na verdade, aquele raciocínio inclinava-se, aparentemente, a resolver o problema da inconstitucionalidade das leis no terreno da pura e simples interpretação das próprias leis: já que – dizia-se – a lei constitucional é "mais forte" do que a lei ordinária, o juiz, devendo decidir um caso em que seria relevante uma lei que ele julgue contrária à norma constitucional, deve "interpretar o direito" no sentido de dar a prevalência à norma constitucional, e não àquela inconstitucional. Portanto: não invasão do juiz na esfera do poder legislativo, mas, antes, pura e simples "não aplicação" da lei naquele dado caso concreto. Mas eis, ao invés, que, mediante o instrumento do *stare decisis*, aquela "mera não aplicação", limitada ao caso concreto e não vinculatória para os outros juízes e para os outros casos acaba, ao contrário, por agigantar os próprios efeitos, tornando-se, em síntese, uma verdadeira eliminação, final e definitiva, válida para sempre e para quaisquer outros casos, da lei inconstitucional: acaba, em suma, por tornar-se uma verdadeira "anulação da lei", além disso, com efeito, em geral, retroativo. (ob. cit. p. 80)

(...)

O sistema de controle "concentrado" de constitucionalidade está baseado em uma doutrina radicalmente contraposta àquela, acima examinada (v. parágrafo 3), sobre o que está fundado, ao invés, o sistema "difuso". Com efeito, é óbvio que no sistema "concentrado" não vale mais o clássico raciocínio de Hamilton e de Marshall, que resolvia – ao menos aparentemente (supra parágrafo 5) – o problema da lei inconstitucional e do seu controle judicial, em plano de mera interpretação e de consequente aplicação ou não aplicação da lei. Em lugar daquele raciocínio, vale aqui, antes, a doutrina da supremacia da lei e/ou da nítida separação dos poderes, com a exclusão de um poder de controle da lei por parte dos juízes comuns. Na verdade, no sistema de controle "concentrado", a inconstitucionalidade e consequente invalidade e, portanto, inaplicabilidade da lei não pode ser acertada e declarada por qualquer juiz, como mera manifestação de seu poder e dever de interpretação e aplicação do direito "válido" nos casos concretos submetidos a sua competência jurisdicional. Ao contrário, os juízes comuns – civis, penais, administrativos – são incompetentes para conhecer, mesmo *incidenter tantum* e, portanto, com eficácia limitada ao caso concreto, da validade das leis. Eles devem sempre, se assim posso me exprimir, ter como boas as leis existentes, salvo, eventualmente –, como acontece na Itália e na Alemanha, mas não na Áustria – o seu poder de suspender o processo diante deles pendente, a fim de arguir, perante o Tribunal Especial Constitucional, a questão de constitucionalidade surgida por ocasião de tal processo. De modo que, não corretamente – alguns estudiosos acreditam poder falar, a este respeito, de uma verdadeira "presunção de validade das leis" que tem efeito para todos os juízes com a única exceção da Corte Constitucional: uma presunção que, obviamente, não pode absolutamente ser configurada, ao invés, nos sistemas que adotaram o método de controle "difuso" de constitucionalidade. (ob. cit. págs. 84/88)

Essas observações de Cappelletti são importantes até porque o modelo brasileiro, alfim, pertence à família romano-germânica e adota o sistema difuso de controle de constitucionalidade das leis junto com o concentrado. Os defeitos do controle difuso são facilmente removíveis, a começar pela determinação da observância obrigatória das decisões do Supremo Tribunal Federal, *declaratórias de inconstitucionalidade* qualquer que seja o método, o que traz à baila interessantes questões, acenando para soluções criativas e eficazes, embora traga também certas inconveniências em razão de possíveis desníveis entre o Supremo Tribunal Federal, guarda da Constituição, e o Superior Tribunal de Justiça, na qualidade de *Tribunal da Federação*, órgão máximo incumbido de *uniformizar a jurisprudência* no direito pátrio, com predomínio sobre os tribunais federais de 2º grau e os tribunais de justiça dos Estados-Membros.

Por outro lado, os apontados inconvenientes do sistema difuso, principalmente os que timbram na diversidade de opiniões de juízes a respeito de uma questão alegada de inconstitucional, na verdade, são decorrentes da própria natureza da função jurisdicional. Afinal de contas, a mesma liberdade que tem o juiz, no sistema difuso, de optar pela constitucionalidade ou não de uma lei, *incidenter tantum*, a tem o juiz no sistema concentrado, para suscitar a exceção de inconstitucionalidade (sustando o processo). Se não estiver convencido, não o fará... a menos que o sistema processual o obrigue a fazer subir até a Corte Constitucional a exceção de inconstitucionalidade, questão prejudicial do julgamento do mérito, por isso que a lei de regência do caso é increpada pelo excipiente de inconstitucional e isso o juiz monocrático, no método concentrado, não tem competência – menos em Portugal – para apreciar. A decisão do juiz no sistema difuso sobe ao tribunal *ad quem* e depois à Corte Suprema, cuja decisão passa a ser vista como precedente, se sumulada. Essa *via crucis*, demorada, cumpre ser evitada, em nome da celeridade e segurança do Direito. Se se agregar celeridade ao sistema difuso, com foco na Suprema Corte Judicial, como é o caso do Brasil, tem-se que, sendo a decisão da Corte Máxima de eficácia *erga omnes*, alcança-se o mesmo efeito que Cappelletti julga ser a expressão mais alta de racionalidade, a emoldurar as Cortes Constitucionais europeias, isto é, uma decisão que obriga rapidamente a todos ao mesmo tempo. O Brasil precisa conferir eficácia máxima aos métodos de controle de constitucionalidade das leis por dois motivos. A uma, porque uma Constituição imensa, analítica, trouxe para o STF matérias de todos os principais ramos do Direito (a quantidade de casos questionando a constitucionalidade de leis e de atos normativos é assim enorme). A duas, porque a sistemática recursal, no Brasil, se derrama por três instâncias infraconstitucionais com uma gama variada de recursos, o que, às vezes, faz uma simples ação demorar 10 anos até ser examinada pelo STF, traduzindo um despautério difícil de ser admitido ante os princípios da celeridade, da certeza e da segurança do direito.

As formas de conferir efeitos *erga omnes* às decisões do Supremo Tribunal Federal brasileiro

No que concerne ao controle concentrado que é exercido principalmente por meio de ações diretas de constitucionalidade e inconstitucionalidade, sem entrar em pormenores relativos aos sujeitos competentes para aforar ditas ações, que são muitos, bem como a outras formas de acesso à Suprema Côrte Constitucional, como por exemplo, pela arguição de descumprimento de preceito fundamental, diga-se *brevitates causa* que no controle direto e abstrato de constitucionalidade das leis, os acórdãos da Corte possuem efeitos *erga omnes* e vinculam o Executivo, o Legislativo, o Judiciário e a sociedade como um todo (art. 102, § 2°, da Constituição Federal). É um ditado sobre o sentido da Constituição. Mesmo em face de norma proveniente de Emenda à Constituição, afazer do Poder Constituinte Derivado, a via direta, portanto, é mais lépida bem como a resposta que é cortante. Muito embora sejam capacitados para aforar ações diretas diversos sujeitos, elas não estancam a pletora de recursos extraordinários que enfartam a Suprema Corte Brasileira. Confira-se a Lei Maior:

> Art. 103. Podem propor a ação direta de inconstitucionalidade e a ação declaratória de constitucionalidade: (Redação dada pela Emenda Constitucional nº 45, de 2004)
>
> I – o Presidente da República;
>
> II – a Mesa do Senado Federal;
>
> III – a Mesa da Câmara dos Deputados;
>
> IV – a Mesa de Assembléia Legislativa ou da Câmara Legislativa do Distrito Federal; (Redação dada pela Emenda Constitucional nº 45, de 2004)
>
> V – o Governador de Estado ou do Distrito Federal; (Redação dada pela Emenda Constitucional nº 45, de 2004)
>
> VI – o Procurador-Geral da República;
>
> VII – o Conselho Federal da Ordem dos Advogados do Brasil;
>
> VIII – partido político com representação no Congresso Nacional;
>
> IX – confederação sindical ou entidade de classe de âmbito nacional.
>
> § 1º O Procurador-Geral da República deverá ser previamente ouvido nas ações de inconstitucionalidade e em todos os processos de competência do Supremo Tribunal Federal.
>
> § 2º Declarada a inconstitucionalidade por omissão de medida para tornar efetiva norma constitucional, será dada ciência ao Poder competente para a adoção das providências necessárias e, em se tratando de órgão administrativo, para fazê-lo em trinta dias.

§ 3º Quando o Supremo Tribunal Federal apreciar a inconstitucionalidade, em tese, de norma legal ou ato normativo, citará, previamente, o Advogado-Geral da União, que defenderá o ato ou texto impugnado.

Art. 103-A. O Supremo Tribunal Federal poderá, de ofício ou por provocação, mediante decisão de dois terços dos seus membros, após reiteradas decisões sobre matéria constitucional, aprovar súmula que, a partir de sua publicação na imprensa oficial, terá efeito vinculante em relação aos demais órgãos do Poder Judiciário e à administração pública direta e indireta, nas esferas federal, estadual e municipal, bem como proceder à sua revisão ou cancelamento, na forma estabelecida em lei. (Incluído pela Emenda Constitucional nº 45, de 2004) (Vide Lei nº 11.417, de 2006).

§ 1º A súmula terá por objetivo a validade, a interpretação e a eficácia de normas determinadas, acerca das quais haja controvérsia atual entre órgãos judiciários ou entre esses e a administração pública que acarrete grave insegurança jurídica e relevante multiplicação de processos sobre questão idêntica.

§ 2º Sem prejuízo do que vier a ser estabelecido em lei, a aprovação, revisão ou cancelamento de súmula poderá ser provocada por aqueles que podem propor a ação direta de inconstitucionalidade.

§ 3º Do ato administrativo ou decisão judicial que contrariar a súmula aplicável ou que indevidamente a aplicar, caberá reclamação ao Supremo Tribunal Federal que, julgando-a procedente, anulará o ato administrativo ou cassará a decisão judicial reclamada, e determinará que outra seja proferida com ou sem a aplicação da súmula, conforme o caso.

Dir-se-á que temos, doutra forma, o *stare decisis*. Sim, à nossa maneira, mas nem as súmulas vinculantes nem as reclamações ou queixas Constitucionais conseguem desobstruir as artérias do STF. Os recursos extraordinários devido à existência do controle difuso enfartam as artérias da Corte, sem falar que ocupam – por etapas – o Poder Judiciário. Começam as ações perante os juízes monocráticos estaduais e federais, chegam aos Tribunais Estaduais e Federais de Apelação e finalmente adentram o Tribunal de Justiça (STJ), Tribunal Superior de Trabalho (TST) e por último o Supremo Tribunal Federal (STF), que é um Tribunal Constitucional.

A Repercussão geral, outra técnica de dar efetividade – não porém rapidez – às declarações do STF sobre o significado da Constituição

O leito da matéria em exame está na Constituição. Não constitui demasia expor o inteiro teor do Instituto em respeito aos leitores daqui e d'alhures.

CONSTITUIÇÃO FEDERAL DE 1988

Art. 102. (...).

§ 3º No recurso extraordinário o recorrente deverá demonstrar a repercussão geral das questões constitucionais discutidas no caso, nos termos da lei, a fim de que o Tribunal examine a admissão do recurso, somente podendo recusá-lo pela manifestação de dois terços de seus membros. (parágrafo incluído pela EC nº 45, de 30 de dezembro de 2004)

LEI Nº 11.418, DE 19 DE DEZEMBRO DE 2006

Acrescenta à Lei nº 5.869, de 11 de janeiro de 1973 – Código de Processo Civil, dispositivos que regulamentam o § 3º do art. 102 da Constituição Federal.

O PRESIDENTE DA REPÚBLICA

Faço saber que o Congresso Nacional decreta e eu sanciono a seguinte Lei:

Art. 1º Esta Lei acrescenta os arts. 543-A e 543-B à Lei nº 5.869, de 11 de janeiro de 1973 – Código de Processo Civil, a fim de regulamentar o § 3º do art. 102 da Constituição Federal.

Art. 2º A Lei nº 5.869, de 11 de janeiro de 1973 – Código de Processo Civil, passa a vigorar acrescida dos seguintes arts. 543-A e 543-B:

"Art. 543-A O Supremo Tribunal Federal, em decisão irrecorrível, não conhecerá do recurso extraordinário, quando a questão constitucional nele versada não *oferecer repercussão geral*, nos termos deste artigo.

§ 1º Para efeito da repercussão geral, será considerada a existência, ou não, de questões relevantes do ponto de vista econômico, político, social ou jurídico, que ultrapassem os interesses subjetivos da causa.

§ 2º O recorrente deverá demonstrar, em preliminar do recurso, para apreciação exclusiva do Supremo Tribunal Federal, a existência da repercussão geral.

§ 3º Haverá repercussão geral sempre que o recurso impugnar decisão contrária a súmula ou jurisprudência dominante do Tribunal.

§ 4º Se a Turma decidir pela existência da repercussão geral por, no mínimo, 4 (quatro) votos, ficará dispensada a remessa do recurso ao Plenário.

§ 5º Negada a existência da repercussão geral, a decisão valerá para todos os recursos sobre matéria idêntica, que serão indeferidos liminarmente, salvo revisão da tese, tudo nos termos do Regimento Interno do Supremo Tribunal Federal.

§ 6º O Relator poderá admitir, na análise da repercussão geral, a manifestação de terceiros, subscrita por procurador habilitado, nos termos do Regimento Interno do Supremo Tribunal Federal.

§ 7º A Súmula da decisão sobre a repercussão geral constará de ata, que será publicada no Diário Oficial e valerá como acórdão."

"Art. 543-B Quando houver multiplicidade de recursos com fundamento em idêntica controvérsia, a análise da repercussão geral será processada nos termos do Regimento Interno do Supremo Tribunal Federal, observado o disposto neste artigo.

§ 1º Caberá ao Tribunal de origem selecionar um ou mais recursos representativos da controvérsia e encaminhá-los ao Supremo Tribunal Federal, sobrestando os demais até o pronunciamento definitivo da Corte.

§ 2º Negada a existência de repercussão geral, os recursos sobrestados considerar-se-ão automaticamente não admitidos.

§ 3º Julgado o mérito do recurso extraordinário, os recursos sobrestados serão apreciados pelos Tribunais, Turmas de Uniformização ou Turmas Recursais, que poderão declará-los prejudicados ou retratar-se.

§ 4º Mantida a decisão e admitido o recurso, poderá o Supremo Tribunal Federal, nos termos do Regimento Interno, cassar ou reformar, liminarmente, o acórdão contrário à orientação firmada.

§ 5º O Regimento Interno do Supremo Tribunal Federal disporá sobre as atribuições dos Ministros, das Turmas e de outros órgãos, na análise da repercussão geral."

Art. 3º Caberá ao Supremo Tribunal Federal, em seu Regimento Interno, estabelecer as normas necessárias à execução desta Lei.

Art. 4º Aplica-se esta Lei aos recursos interpostos a partir do primeiro dia de sua vigência.

Art. 5º Esta Lei entra em vigor 60 (sessenta) dias após a data de sua publicação.

Brasília, 19 de dezembro de 2006; 185º da Independência e 118º da República.

REGIMENTO INTERNO DO STF

Art. 13. São atribuições do Presidente:

V – despachar:

c) como Relator (a), nos termos dos arts. 544, § 3º, e 557 do Código de Processo Civil, até eventual distribuição, os agravos de instrumento e petições ineptos ou doutro modo manifestamente inadmissíveis, bem como os recursos que não apresentem preliminar formal e fundamentada de repercussão geral, ou cuja matéria seja destituída de repercussão geral, conforme jurisprudência do Tribunal.

Art. 21. São atribuições do Relator:

§ 1º Poderá o(a) Relator(a) negar seguimento a pedido ou recurso manifestamente inadmissível, improcedente ou contrário à jurisprudência dominante ou à Súmula do Tribunal, deles não conhecer em caso de incompetência manifesta, encaminhando os autos ao órgão que repute competente, bem como cassar ou reformar, liminarmente, acórdão contrário à orientação firmada nos termos do art. 543-B do Código de Processo Civil.

Art. 322. O Tribunal recusará recurso extraordinário cuja questão constitucional não oferecer repercussão geral, nos termos deste capítulo.

Parágrafo único. Para efeito da repercussão geral, será considerada a existência, ou não, de questões que, relevantes do ponto de vista econômico, político, social ou jurídico, ultrapassem os interesses subjetivos das partes.

Art. 323. Quando não for caso de inadmissibilidade do recurso por outra razão, o(a) Relator(a) submeterá, por meio eletrônico, aos demais Ministros, cópia de sua manifestação sobre a existência, ou não, de repercussão geral.

§ 1º Nos processos em que o Presidente atuar como relator, sendo reconhecida a existência de repercussão geral, seguir-se-á livre distribuição para o julgamento de mérito.

§ 2º Tal procedimento não terá lugar, quando o recurso versar questão cuja repercussão já houver sido reconhecida pelo Tribunal, ou quando impugnar decisão contrária a súmula ou a jurisprudência dominante, casos em que se presume a existência de repercussão geral.

§ 3º Mediante decisão irrecorrível, poderá o(a) Relator(a) admitir de ofício ou a requerimento, em prazo que fixar, a manifestação de terceiros, subscrita por procurador habilitado, sobre a questão da repercussão geral.

Art. 323-A. O julgamento de mérito de questões com repercussão geral, nos casos de reafirmação de jurisprudência dominante da Corte, também poderá ser realizado por meio eletrônico.

Art. 324. Recebida a manifestação do(a) Relator(a), os demais Ministros encaminhar-lhe-ão, também por meio eletrônico, no prazo comum de 20 (vinte) dias, manifestação sobre a questão da repercussão geral.

§ 1º Decorrido o prazo sem manifestações suficientes para recusa do recurso, reputar-se-á existente a repercussão geral.

§ 2º Não incide o disposto no parágrafo anterior quando o Relator declare que a matéria é infraconstitucional, caso em que a ausência de pronunciamento no prazo será considerada como manifestação de inexistência de repercussão geral, autorizando a aplicação do art. 543-A, § 5º, do Código de Processo Civil.

§ 3º O recurso extraordinário será redistribuído por exclusão do(a) Relator(a) e dos Ministros que expressamente o(a) acompanharam nos casos em que ficarem vencidos.

Art. 325. O(A) Relator(a) juntará cópia das manifestações aos autos, quando não se tratar de processo informatizado, e, uma vez definida a existência da repercussão geral, julgará o recurso ou pedirá dia para seu julgamento, após vista ao Procurador-Geral, se necessária; negada a existência, formalizará e subscreverá decisão de recusa do recurso.

Parágrafo único. O teor da decisão preliminar sobre a existência da repercussão geral, que deve integrar a decisão monocrática ou o acórdão, constará sempre das publicações dos julgamentos no Diário Oficial, com menção clara à matéria do recurso.

Art. 325-A. Reconhecida a repercussão geral, serão distribuídos ou redistribuídos ao relator do recurso paradigma, por prevenção, os processos relacionados ao mesmo tema.

Art. 326. Toda decisão de inexistência de repercussão geral é irrecorrível e, valendo para todos os recursos sobre questão idêntica, deve ser comunicada, pelo(a) Relator(a), à Presidência do Tribunal, para os fins do artigo subseqüente e do artigo 329.

Art. 327. A Presidência do Tribunal recusará recursos que não apresentem preliminar formal e fundamentada de repercussão geral, bem como aqueles cuja matéria carecer de repercussão geral, segundo precedente do Tribunal, salvo se a tese tiver sido revista ou estiver em procedimento de revisão.

§ 1º Igual competência exercerá o(a) Relator(a) sorteado(a), quando o recurso não tiver sido liminarmente recusado pela Presidência.

§ 2º Da decisão que recusar recurso, nos termos deste artigo, caberá agravo.

Art. 328. Protocolado ou distribuído recurso cuja questão for suscetível de reproduzir-se em múltiplos feitos, a Presidência do Tribunal ou o(a) Relator(a), de ofício ou a requerimento da parte interessada, comunicará o fato aos tribunais ou turmas de juizado especial, a fim de que observem o disposto no art. 543-B do Código de Processo Civil, podendo pedir-lhes informações, que deverão ser prestadas em 5 (cinco) dias, e sobrestar todas as demais causas com questão idêntica.

Parágrafo único. Quando se verificar subida ou distribuição de múltiplos recursos com fundamento em idêntica controvérsia, a Presidência do Tribunal ou o(a) Relator(a) selecionará um ou mais representativos da questão e determinará a devolução dos demais aos tribunais ou turmas de juizado especial de origem, para aplicação dos parágrafos do art. 543-B do Código de Processo Civil.

Art. 328-A. Nos casos previstos no art. 543-B, *caput*, do Código de Processo Civil, o Tribunal de origem não emitirá juízo de admissibilidade sobre os recursos extraordinários já sobrestados, nem sobre os que venham a ser interpostos, até que o *Supremo Tribunal Federal* decida os que tenham sido selecionados nos termos do § 1º daquele artigo.

§ 1º Nos casos anteriores, o Tribunal de origem sobrestará os agravos de instrumento contra decisões que não tenham admitido os recursos extraordinários, julgando-os prejudicados nas hipóteses do art. 543-B, § 2º, e, quando coincidente o teor dos julgamentos, § 3º.

§ 2º Julgado o mérito do recurso extraordinário em sentido contrário ao dos acórdãos recorridos, o Tribunal de origem remeterá ao *Supremo Tribunal Federal* os agravos em que não se retratar.

Art. 329. A Presidência do Tribunal promoverá ampla e específica divulgação do teor das decisões sobre repercussão geral, bem como formação e atualização de banco eletrônico de dados a respeito.

Um voto relevante sobre a matéria

Isto posto, passemos a comentários à volta de um voto da Ministra Ellen Gracie (Recurso Extraordinário 559.937). Por primeira, quero vincar a questão da demora. A Ministra Ellen Gracie, nas preliminares do voto, disse:

> A repercussão geral da matéria, por sua vez, não apenas foi suscitada em preliminar no Recurso Extraordinário ora trazido a julgamento (item "III – Da Existência de Repercussão Geral" das razões de recurso, à fl. 233 dos autos), como já restou reconhecida por esta Corte, por unanimidade, na Sessão Plenária de 26 de setembro de 2007 nos autos do RE 559.607, relator o Ministro Marco Aurélio.
>
> Está o recurso apto, assim, para ser analisado por este Tribunal.
>
> Importa destacar, ainda, *que há milhares de processos sobre a matéria aguardando o julgamento definitivo da questão por este Supremo Tribunal Federal, os quais vêm sendo represados já há mais de dois anos*. Daí a urgência para que este Tribunal defina a questão e promova assim o encerramento dessa miríade de controvérsias repetitivas que sobrecarregam o sistema judiciário. (Grifamos)
>
> O contribuinte se insurgiu, nesta ação, contra as contribuições PIS/PASEP-Importação e COFINS-Importação, formulando pedidos sucessivos. Apontou a invalidade das contribuições como um todo, por inconstitucionalidade da Lei 10.865/04 em bloco, e, em caráter sucessivo, se insurgiu especificamente contra a extensão da base de cálculo. A procedência foi parcial, somente tendo sido acolhido o pedido sucessivo.
>
> O acórdão recorrido, do Egrégio Tribunal Regional Federal da 4ª Região, reconheceu a inconstitucionalidade do art. 7º, inciso I, da Lei 10.865/04 na parte em que determina que, na apuração da base de cálculo das referidas contribuições, o valor aduaneiro seja "acrescido do valor do Imposto sobre Operações relativas à Circulação de Mercadorias e sobre Prestação de serviços de Transporte Interestadual e Intermunicipal e de Comunicação – ICMS incidente no desembaraço aduaneiro e do valor das próprias contribuições", por ter ultrapassado os limites do conceito de valor aduaneiro, em afronta ao disposto no art. 149, § 2º, III, *a*, da Constituição Federal.

As contribuições questionadas neste recurso extraordinário foram instituídas, ambas, com fundamento no art. 149, § 2º, II, e no art. 195, IV, da Constituição Federal, como contribuições de seguridade social. O primeiro destes dispositivos diz que as contribuições sociais "incidirão também sobre a importação de produtos estrangeiros ou serviços" e o segundo determina que a seguridade social será financiada, entre outras fontes, mediante recursos provenientes de contribuição "do importador de bens ou serviços do exterior, ou de quem a lei a ele equiparar".

Foi a própria lei instituidora de tais contribuições – Lei 10.865/04, conversão da MP 164/04 – que as denominou PIS/PASEP-Importação e COFINS-Importação.

A conclusão do voto e as razões de decidir

Quando do advento da EC 33/01, o art. 2º do DL 37/66, com a redação determinada pelo DL 2.472/88, já fazia referência ao *valor aduaneiro* ao dispor acerca da base de cálculo do Imposto sobre a Importação:

Art. 2º A base de cálculo do imposto é: I – quando a alíquota for específica, a quantidade de mercadoria, expressa na unidade de medida indicada na tarifa; II – quando a alíquota for "ad valorem", o valor aduaneiro apurado segundo as normas do art. 7º do Acordo Geral sobre Tarifas Aduaneiras e Comércio – GATT.

Vê-se que a dimensão do que seja valor aduaneiro decorre de acordo internacional sobre tributação.

Aliás, é relevante ter em conta que o Decreto Legislativo 30/94 aprovou Acordo sobre a implementação do artigo VII do Acordo Geral sobre Tarifas e Comércio – GATT – 1994, constante do Anexo 1A ao Acordo Constitutivo da Organização Mundial de Comércio, e que o Decreto 1.344/94 o promulgou, incorporando os resultados da Rodada Uruguai de Negociações Comerciais Multilaterais do GATT.

A regulamentação do controle do valor aduaneiro consta da IN SRF 327/03. E o novo Regulamento Aduaneiro também cuidou da matéria. Vejam-se os arts. 76 e 77 do Dec. 6.759/09 (Novo Regulamento Aduaneiro):

Art. 76. Toda mercadoria submetida a despacho de importação está sujeita ao controle do correspondente valor aduaneiro. Parágrafo único. O controle a que se refere o *caput* consiste na verificação da conformidade do valor aduaneiro declarado pelo importador com as regras estabelecidas no Acordo de Valoração Aduaneira. Art. 77. Integram o valor aduaneiro, independentemente do método de valoração utilizado (...): I – o custo de transporte da mercadoria importada até o porto ou o aeroporto alfandegado de descarga ou o ponto de fronteira alfandegado onde devam ser cumpridas as formalidades de entrada no território aduaneiro; II – os gastos relativos à carga, à descarga e ao manuseio, associados ao transporte da mercadoria importada, até a chegada aos locais referidos no inciso I; e III – o custo do seguro da mercadoria durante as operações referidas nos incisos I e II.

Cabe observar que o valor aduaneiro compreende também os custos de transporte, de carga, descarga e manuseio e de seguro, de modo que corresponda ao valor do produto posto no país importador, ou seja, ao preço CIF (*cost, insurance and freight*), e não ao simples preço FOB (*free on board*).

Note-se, aliás, que as operações de importação submetem-se a inúmeros custos logísticos e tributários inexistentes nas operações internas, como o frete internacional e o respectivo seguro, bem como contribuição de intervenção no domínio econômico para renovação da marinha mercante (AFRMM), IOF-Câmbio e, especialmente, o Imposto sobre a Importação. Submetem-se as importações, ainda, ao ICMS-Importação, o qual, diferentemente do ICMS interno, tem como base de cálculo a soma do valor da mercadoria com o imposto de importação, o imposto sobre produtos industrializados, o imposto sobre operações de câmbio e quaisquer outros impostos, taxas, contribuições e despesas aduaneiras (art. 13, V, da LC 87/96, com a redação da LC 114/02). E não deixam de gerar a obrigação de pagar IPI, o qual, na importação, incide sobre o valor aduaneiro acrescido do imposto de importação, das taxas exigidas para entrega do produto no País e dos encargos cambais (arts. 47, I, do CTN e 14, I, b, da Lei 4.502/64, com a redação da Lei 7.798/89).

O gravame das operações de importação dá-se não como concretização do princípio da isonomia, mas como medida de política tributária visando a evitar que a entrada de produtos desonerados tenha efeitos predatórios relativamente às empresas sediadas no País, bem como para fins de equilíbrio da balança comercial.

Para tanto, como se viu, muitos são os tributos incidentes e, desde o advento da MP 164/04, convertida na Lei 10.865/04, também incidem a PIS/PASEP-Importação e a COFINS-Importação.

De tudo extrai-se, pois, que não há parâmetro de comparação que permita, mediante a invocação da isonomia, justificar constitucionalmente a tributação pretendida, deixando de atender às delimitações impostas pela EC 33/2001. Jamais poderiam a PIS/PASEP-Importação e a COFINS-Importação ter extrapolado a norma de competência respectiva, composta não apenas dos arts. 149, II, e 195, IV, mas também do § 2º, III, a, daquele artigo, acrescentado pela EC 33/2001.

A inobservância da norma constitucional constante do art. 149, § 2º, III, a, faz com que o art. 7º, I, da Lei 10.865/04, inconstitucional que é, não tenha qualquer validade, não obrigando os contribuintes. No conflito entre o dispositivo constitucional e o dispositivo legal, por certo, há de se aplicar aquele, dada a supremacia da Constituição.

Correto, pois, o acórdão recorrido.

Ante todo o exposto, reconhecendo a inconstitucionalidade da parte do art. 7º, inciso I, da Lei 10.865/04 que diz "acrescido do valor do Imposto sobre Operações Relativas à Circulação de Mercadorias e sobre Prestação de Serviços de Transporte Interestadual e Intermunicipal e de Comunicação – ICMS incidente no desembaraço aduaneiro e do valor das próprias contribuições", por violação ao art. 149, § 2º, III, a, acrescido pela EC 33/01, *nego provimento ao recurso extraordinário.*

Aos recursos sobrestados, que aguardavam a análise da matéria por este STF, aplica-se o art. 543-B, § 3º, do CPC.

Observação pertinente

Insta-se o leitor a verificar que a *quastio juris* estabeleceu-se porque primeiramente o Legislador Federal fez lei sem dar a mínima atenção à Constituição, aos tratados assinados pelo Brasil e as leis federais que sempre, desde sempre, utilizavam o conceito de "valor aduaneiro" de modo uniforme e, também porque o Poder Executivo rompeu a Lei Maior para aumentar a tributação dos seus tributos em evidente cascata (tributo servindo de matéria tributável de outro tributo, absurdo *nonsense*)

No Brasil os entes políticos (Legislativo e Executivo) são responsáveis por 81% dos recursos que sobrecarregam as pautas dos Tribunais Superiores. Não exercem o controle *interna corporis* de constitucionalidade das leis e atos normativos, muito pelo contrário. Tampouco são apenados por essas atitudes autoritárias, antidemocráticos e não republicanos. Os advogados públicos recorrem por recorrer, quase não sofrem condenações em honorários e raramente são multados pelos recursos protelatórios, não se podendo omitir, nesse trabalho, a existência desse déficit civilizatório a exacerbar o trabalho da Corte Suprema Brasileira.

O fecho do ensaio

Vê-se então que nos encerros do controle difuso as súmulas vinculantes e os recursos extraordinários de repercussão geral possuem efeitos *erga omnes* e vinculam os poderes públicos e os particulares no tocante aos casos iguais. Procuram dar eficácia as decisões da Suprema Corte, na esteira do *stare decisis* do Direito Norte-Americano. Não é despiciendo notar que a Suprema Corte de lá julga 180 casos por ano, a brasileira oito mil processos (REs), sem falar na ações diretas (controle concentrado) e *habeas corpus*. A razão de ser dessa discrepância parece assentar-se em três premissas.

Primus – A Constituição Americana e suas poucas emendas é sintética, breve, não oferecendo o flanco a desobediências claras enquanto a brasileira é pletórica, abundante, analítica, quase um supercódigo de normas jurídicas de todos os ramos do Direito, ofertando ocasião a inúmeros desrespeitos e ofensas, ampliando como em lugar algum da terra o contencioso Constitucional.

Secundus – Noutras latitudes o Legislativo e o Executivo primam por respeitar a Constituição, como em França, onde o controle de constitucionalidade dá-se na última etapa do processo Legislativo, pelo Conselho Constitucional, órgão respeitado da Assembleia Nacional da República Francesa e os atos da Administração são severamente analisados em face da Constituição pelo Conselho de Estado, órgão materialmente jurisdicional mas integrante, formalmente falando, do aparato do Estado Administração, daí falar-se ali em dualidade de jurisdição. No Brasil, ao revés o controle de constitucionalidade das leis e atos normativos e o controle da legalidade dos atos administrativos constam do *ordo juris* mas não é feito no Legislativo e no Executivo, por causa da vocação autoritária a que nos referimos no início dessa explanação. Estes vezos históricos e culturais se sobrepõem as boas praticas republicanas, ocasionando seguidas estocadas ao corpo da Constituição e de suas numerosas emendas. É a Constituição mais emendada do mundo no curto espaço de vinte e poucos anos, a trazer enorme instabilidade constitucional.

Tertius – As competências do Supremo Tribunal Brasileiro superam vigorosamente as das Cortes Constitucionais da Europa e da Suprema Corte Americana, que se ocupam exclusivamente de questões constitucionais.

Por último mas não menos importante, a nossa Suprema Corte, aos poucos reduzirá os pleitos que a assolam. Por isso, não é bom mudar a sua jurisprudência com frequência. Demore e medite a Corte no que vai dizer para que o dito se torne como a luz de um farol a orientar os justiçáveis. Os EEUU nem precisavam do *stare decisis*. A Constituição e sua interpretação mudam pouco, sempre por força de circunstâncias históricas (a discriminação racial, vg). Os americanos andam armados e matam-se por força de uma velha emenda à Constituição, de um tempo em que o Estado não garantia, porque desorganizado, a vida, a integridade física e a propriedade das pessoas. A Suprema Corte bem poderia impor restrições ao porte e à venda de armas de fogo. O próprio Congresso poderia emendar a Constituição. Nada feito. Respeitam-se o passado e as Instituições. No Brasil precisamos do *stare decisis* e não o temos, apenas institutos similares que demandarão tempo e afinco até surtirem efeitos. Devemos emitir súmulas vinculantes com mais rapidez, mas para tanto, será preciso, antes, estabilizar a jurisprudência da Constituição com acórdãos que mereçam a aprovação majoritária da sociedade. A tanto chegaremos no futuro. Hoje a esperança ocupa os nossos corações. Há Ministros e Ministras em Brasília tanto como os houve em Berlim, naquela ocasião de hipertrofia do Poder Imperial Alemão.

— 6 —

Repercussão geral no projeto de novo Código de Processo Civil

CASSIO SCARPINELLA BUENO

Mestre, Doutor e Livre-docente em Direito Processual Civil pela Faculdade de Direito da PUCSP. Professor de Direito Processual Civil nos cursos de Graduação, Especialização, Mestrado e Doutorado da Faculdade de Direito da PUCSP. Membro e Diretor de Relações Institucionais do Instituto Brasileiro de Direito Processual. Membro do Instituto Iberoamericano de Direito Processual e da Associação Internacional de Direito Processual. Advogado.

Sumário: 1. O projeto de novo Código de Processo Civil; 2. Discussão; 2.1. Necessária leitura constitucional dos dispositivos projetados; 2.1.1. A repercussão geral na Constituição Federal e no Código de Processo Civil em vigor; 2.2. Competência do Supremo Tribunal Federal; 2.3. Identificação da Repercussão Geral; 2.4. A demonstração da Repercussão Geral; 2.5. Presunção da Repercussão Geral; 2.6. Negativa da Repercussão Geral; 2.7. Oitiva do "amicus curiae"; 2.8. A "súmula" da Repercussão Geral; 2.9. Repercussão Geral e recurso extraordinário repetitivo; 3. Outras regras relativas à Repercussão Geral no PL 8.604/2010; 4. Considerações finais.

1. O projeto de novo Código de Processo Civil

Em 2009, o Presidente do Senado Federal instituiu uma Comissão de Juristas para elaborar o Anteprojeto de um novo Código de Processo Civil. Presidida pelo Ministro Luiz Fux, relatada por Teresa Arruda Alvim Wambier, e composta por Adroaldo Furtado Fabrício, Benedito Cerezzo Pereira Filho, Bruno Dantas, Elpídio Donizete Nunes, Humberto Theodoro Junior, Jansen Fialho de Almeida, José Miguel Garcia Medina, José Roberto Santos Bedaque, Marcos Vinicius Furtado Coelho e Paulo Cezar Pinheiro Carneiro, os resultados daquele trabalho tomaram corpo em Anteprojeto que foi entregue no final do 1º semestre de 2010 àquela Casa Legislativa.

No âmbito do Senado Federal, o Anteprojeto converteu-se no Projeto de Lei do Senado (PLS) n. 166/2010 e o Senador nomeado para relatá-lo, Valter Pereira, designou Comissão Especial não só para a revisão do Anteprojeto mas também – senão principalmente – para analisar, uma a uma, as centenas e centenas de propostas de aperfeiçoamento enviadas àquela Casa, não só pelos próprios Senadores mas principalmente pelos mais diversos segmentos da sociedade brasileira e das instituições nacionais. Esta Comissão foi formada por Athos Gusmão Carneiro, Dorival Renato Pavan, Luis Henrique Volpe Camargo e pelo autor deste breve ensaio.

Com diversas modificações, o Senado Federal acabou por aprovar no final do mês de dezembro de 2010, substitutivo ao PLS 166/2010 que, enviado de imediato à Câmara dos Deputados, para os fins do art. 65, parágrafo único, da Constituição Federal, lá tramita sob o número 8.046/2010, não tendo, ainda, quando do fechamento do presente trabalho, relator designado.

O Projeto, tal qual aprovado no Senado Federal, mantém, em largas linhas a disciplina atual dos Recursos Extraordinário e Especial, não só consolidando as importantes e profundas modificações neles introduzidas pela Emenda Constitucional nº 45/2004 e, no plano infraconstitucional, pelas Leis nos 11.418/2006 e 11.672/2008, mas, também, apresentando algumas soluções que, bem analisadas, terão o condão de aperfeiçoar a prestação jurisdicional dos Tribunais Superiores no que diz ao processamento e ao julgamento daqueles dois recursos. Não é diferente o que se tem para a Repercussão Geral do Recurso Extraordinário.

Eis o texto, tal qual projetado pelo Senado Federal, para o que hoje ocupa o art. 543-A do Código de Processo Civil, tal qual introduzido pela Lei n. 11.418/2006:

> Art. 989. O Supremo Tribunal Federal, em decisão irrecorrível, não conhecerá do recurso extraordinário, quando a questão constitucional nele versada não oferecer repercussão geral, nos termos deste artigo.
>
> § 1º Para efeito da repercussão geral, será considerada a existência, ou não, de questões relevantes do ponto de vista econômico, político, social ou jurídico, que ultrapassem os interesses subjetivos da causa.
>
> § 2º O recorrente deverá demonstrar, para apreciação exclusiva do Supremo Tribunal Federal, a existência da repercussão geral.
>
> § 3º Haverá repercussão geral sempre que o recurso:
>
> I – impugnar decisão contrária a súmula ou jurisprudência dominante do Supremo Tribunal Federal;
>
> II – contrariar tese fixada em julgamento de casos repetitivos, na forma deste Código;
>
> III – questionar decisão que tenha declarado a inconstitucionalidade de tratado ou lei federal, nos termos do art. 97 da Constituição da República;
>
> § 4º Negada a repercussão geral, a decisão valerá para todos os recursos sobre matéria idêntica, que serão indeferidos liminarmente, salvo revisão da tese, tudo nos termos do Regimento Interno do Supremo Tribunal Federal.

§ 5º O Relator poderá admitir, na análise da repercussão geral, a manifestação de terceiros, subscrita por procurador habilitado, nos termos do Regimento Interno do Supremo Tribunal Federal.

§ 6º A súmula da decisão sobre a repercussão geral constará de ata, que será publicada no diário oficial e valerá como acórdão.

§ 7º No caso do recurso extraordinário processado na forma da Seção III deste Capítulo, negada a existência de repercussão geral no recurso representativo da controvérsia, os recursos sobrestados considerar-se-ão automaticamente não admitidos.

A redação proposta pela Comissão de Juristas era a seguinte:

Art. 950. O Supremo Tribunal Federal, em decisão irrecorrível, não conhecerá do recurso extraordinário, quando a questão constitucional nele versada não oferecer repercussão geral, nos termos deste artigo.

§ 1º Para efeito da repercussão geral, será considerada a existência, ou não, de questões relevantes do ponto de vista econômico, político, social ou jurídico, que ultrapassem os interesses subjetivos da causa.

§ 2º O recorrente deverá demonstrar, para apreciação exclusiva do Supremo Tribunal Federal, a existência da repercussão geral.

§ 3º Haverá repercussão geral sempre que o recurso impugnar decisão contrária a súmula ou jurisprudência dominante do Supremo Tribunal Federal ou à tese fixada em julgamento de casos repetitivos, na forma deste Código.

§ 4º Negada a repercussão geral, a decisão valerá para todos os recursos sobre matéria idêntica, que serão indeferidos liminarmente, salvo revisão da tese, tudo nos termos do Regimento Interno do Supremo Tribunal Federal.

§ 5º O Relator poderá admitir, na análise da repercussão geral, a manifestação de terceiros, subscrita por procurador habilitado, nos termos do Regimento Interno do Supremo Tribunal Federal.

§ 6º A súmula da decisão sobre a repercussão geral constará de ata, que será publicada no diário oficial e valerá como acórdão.

§ 7º No caso do recurso extraordinário processado na forma da Seção III deste Capítulo, negada a existência de repercussão geral no recurso representativo da controvérsia, os recursos sobrestados considerar-se-ão automaticamente não admitidos.

2. Discussão

Ocupa-nos, nessa oportunidade, para homenagear a Ministra Ellen Gracie, do Supremo Tribunal Federal, uma breve apresentação das propostas do Projeto para a Repercussão Geral do Recurso Extraordinário. É para esse fim que se voltam os números seguintes.

2.1. Necessária leitura constitucional dos dispositivos projetados

Antes de examinar as regras propostas para o novo Código de Processo Civil, cabe destacar que não só o art. 989 destacado precedentemente (v. n. 1, *supra*) mas também os demais que versam sobre o mesmo instituto – e, mais amplamente, todos os dispositivos nele propostos que querem disciplinar o Recurso Extraordinário e o Recurso Especial, bem como a competência a ser desempenhada pelo Supremo Tribunal Federal e pelo Superior Tribunal de Justiça –, merecem ser *lidos e interpretados* a partir da Constituição Federal. É nela, e não no plano infraconstitucional, que está o verdadeiro (e único) ponto de partida da interpretação e da aplicação do direito processual civil. É o que vimos chamando de "modelo constitucional do direito processual civil" do qual a legislação não pode querer se desviar, mesmo quando voltada a disciplinar os princípios lá contidos.

Para cá, melhor que enaltecer lições doutrinárias e jurisprudenciais, nacionais e estrangeiras, sobre o assunto, cabe dar justo destaque ao art. 1º do Projeto, um dos pontos altos concebidos pela Comissão de Juristas e mantido integralmente pela Comissão de Revisão do Senado Federal:

> Art. 1º O processo civil será ordenado, disciplinado e interpretado conforme os valores e os princípios fundamentais estabelecidos na Constituição da República Federativa do Brasil, observando-se as disposições deste Código.

Diante do ineditismo e da importância quase que didática da norma destacada, não haverá razão nenhuma – como, *data maxima venia*, já não há – para que o intérprete e o aplicador do direito processual civil deixem de contrastar um a um os dispositivos do Código com o "modelo constitucional do direito processual civil", viabilizando com isso um incremento, indispensável e inadiável, do controle *incidental* da constitucionalidade, sem prejuízo, evidentemente, do exercício do controle *concentrado*, este de grande vulto, como mostram os dados que vêm sendo divulgados pelo Supremo Tribunal Federal.

2.1.1. A repercussão geral na Constituição Federal e no Código de Processo Civil em vigor

A Emenda Constitucional n. 45/2004, entre tantas novidades que trouxe para o "modelo constitucional do direito processual civil", estabeleceu um novo pressuposto para o *cabimento* do recurso extraordinário. É o que o § 3º do art. 102 chama de "repercussão geral", nos seguintes termos: "No recurso extraordinário o recorrente deverá demonstrar a repercussão geral das questões constitucionais discutidas no caso, nos termos da lei, a fim de que o Tribunal examine a admissão do recurso, somente podendo recusá-lo pela manifestação de dois terços de seus membros".

Desde logo importa colocar em relevo, em total consonância com o que foi posto pelo n. 2.1, supra, que, *formalmente*, não há nenhuma inconstitucionalidade no instituto aqui examinado. A circunstância de a "repercussão geral" ter sido introduzida no cenário processual civil brasileiro por Emenda Constitucional, votada e aprovada em consonância com o "devido processo legislativo", é o suficiente para afastar dela qualquer pecha de inconstitucionalidade no que diz respeito ao veículo normativo empregado. De resto, como as hipóteses de cabimento dos "recursos *extraordinários*" não podem ser compreendidas como "cláusulas pétreas" (art. 60, § 4º, da Constituição Federal), não há qualquer óbice na sua alteração, desde que sejam feitas por Emenda Constitucional, sendo indiferente, para este fim, que as hipóteses sejam ampliadas ou restringidas, como se dá com relação à exigência aqui destacada.

O fato de o acesso ao Supremo Tribunal Federal ter se restringido por força da "repercussão geral" – e, mais uma vez, os números divulgados pelo Supremo Tribunal Federal são suficientemente esclarecedores a esse respeito –, não traz ao instituto nenhuma inconstitucionalidade no sentido *material*. Pela natureza e finalidade dos "recursos extraordinários", é possível (e até mesmo desejável) que o constituinte tivesse se encarregado, como se encarregou, de estabelecer verdadeiros *filtros* ao acesso ao Supremo Tribunal Federal para viabilizar que ele mais bem desempenhe a sua função, de estabelecer parâmetros seguros e objetivos de aplicação do direito *federal* constitucional em todo o território nacional.

A "repercussão geral", destarte, faz as vezes de um verdadeiro *filtro* sobre os casos em que cabe o recurso extraordinário. Além de dever se tratar de causa decidida por única ou última instância que atenda ao menos uma das hipóteses das alíneas do inciso III do art. 102 da Constituição Federal, a decisão recorrida *também* deve atender aquela exigência, oferecendo "repercussão geral".

O instituto foi regulamentado originalmente pela Lei n. 11.418/2006, que acrescentou os arts. 543-A e 543-B ao Código de Processo Civil, e também é objeto de disciplina pelos arts. 321 a 329 do Regimento Interno do Supremo Tribunal Federal.

2.2. Competência do Supremo Tribunal Federal

O art. 989 do Projeto diz que "O Supremo Tribunal Federal, em decisão irrecorrível, não conhecerá do recurso extraordinário, quando a questão constitucional nele versada não oferecer repercussão geral, nos termos deste artigo". Não há nenhuma novidade entre o texto aprovado pelo Senado Federal e o proposto no Anteprojeto redigido pela Comissão de Juristas. Também não há de novo não quando a regra é contrastada com o *caput* do atual art. 543-A do Código de Processo Civil.

A interpretação mais adequada para o *caput* do art. 989, tal qual proposto, é no sentido de que a demonstração da repercussão geral será feita nos termos da disciplina que lhe dá o Código de Processo Civil. A previsão afina-se ao que está no § 3º do art. 102 da Constituição Federal.

A irrecorribilidade prevista no dispositivo, tal qual o vigente, justifica-se por razão diversa daquela eleita pela Comissão de Juristas e preservada no Senado Federal com relação às interlocutórias em geral (art. 929). Como, para a recusa da repercussão geral, o art. 102, § 3º, da Constituição Federal exige dois terços dos membros do Supremo Tribunal Federal (oito Ministros), não haveria como estabelecer um recurso para revisão do acerto ou desacerto da decisão respectiva. Trata-se, por definição, de decisão *colegiada*. Até porque o silêncio de algum Ministro do Supremo Tribunal Federal quanto à identificação da repercussão geral será considerada, nos termos do art. 324, § 1º, do Regimento Interno do Supremo Tribunal Federal, como favorável ao conhecimento do recurso extraordinário por esse fundamento.

2.3. Identificação da Repercussão Geral

O § 1º do art. 989 não apresenta nenhuma diferença se comparado com o texto do Anteprojeto elaborado pela Comissão de Juristas, tampouco com relação à regra em vigor no Código atual (art. 543-A, § 1º). É a seguinte a sua redação: "Para efeito da repercussão geral, será considerada a existência, ou não, de questões relevantes do ponto de vista econômico, político, social ou jurídico, que ultrapassem os interesses subjetivos da causa".

O parágrafo único do art. 322 do Regimento Interno do Supremo Tribunal Federal, por sua vez, refere-se à repercussão geral da seguinte forma: "Para efeito da repercussão geral, será considerada a existência, ou não, de questões que, relevantes do ponto de vista econômico, político, social ou jurídico, ultrapassem os interesses subjetivos das partes".

A exigência deve ser compreendida como o impacto significativo que a decisão recorrida (identificada nos termos do art. 102, III, da Constituição Federal) assume ou tem aptidão de assumir no cenário econômico, político, social ou jurídico, indo além, consequentemente, dos interesses e direitos subjetivados em um dado e específico caso concreto.

Diante dessas regras, o estabelecimento das situações que oferecem repercussão geral deve ser entendido como a elaboração de uma verdadeira *lista* de casos que, segundo dois terços dos Ministros do Supremo Tribunal Federal, criam significativo impacto no ambiente econômico, político, social ou jurídico, a merecer, destarte, análise derradeira por aquele Tribunal, que, manifestando-se sobre eles, dará a solução a seu respeito.

A identificação de tais casos depende da análise cuidadosa, pelos Ministros do Supremo Tribunal Federal, da *qualidade* e da *quantidade* de casos que lhe são enviados para julgamento em sede de recurso extraordinário à luz das exigências legais e regimentais. Importa, para tanto, que o recorrente apresente, minudentemente, as razões pelas quais entende que o caso oferece repercussão geral e que o recorrido, de seu turno, se manifeste em sentido contrário. Esta discussão, que se supõe *ampla* e *prévia*, é fundamental para estabelecer um verdadeiro diálogo cooperativo entre o jurisdicionado e os integrantes do Supremo Tribunal Federal, tanto mais importante porque é *irrecorrível* a decisão que rejeita o recurso à falta de repercussão geral (v. n. 2.2, *infra*).

Os arts. 322 a 329 do Regimento Interno do Supremo Tribunal Federal disciplinam o *procedimento* a ser observado pelos Ministros do Supremo Tribunal Federal na constatação da existência, ou não, da repercussão geral, que é dispensado nos casos em que a repercussão geral já foi reconhecida ou em que ela é presumida (art. 323, § 2º, do RISTF).

2.4. A demonstração da Repercussão Geral

O § 2º do art. 989, também idêntico ao quanto proposto pela Comissão de Juristas em seu Anteprojeto, evidencia ser a repercussão geral requisito de *admissibilidade* do Recurso Extraordinário. É ler a regra proposta: "O recorrente deverá demonstrar, para apreciação exclusiva do Supremo Tribunal Federal, a existência da repercussão geral.". A proposta segue o atual art. 543-A, § 2º, do Código de Processo Civil.

Também se evidencia, em consonância com o texto constitucional, que cabe ao Supremo Tribunal Federal e só a ele apreciar a existência, ou não, da repercussão geral.

De acordo com o *caput* do art. 323 do Regimento Interno do Supremo Tribunal Federal, "Quando não for caso de inadmissibilidade do recurso por outra razão, o(a) Relator(a) ou o Presidente submeterá, por meio eletrônico, aos demais ministros, cópia de sua manifestação sobre a existência, ou não, de repercussão geral.". A regra preceitua que o exame de admissibilidade dos outros pressupostos antecede a pesquisa em torno de haver, ou não, repercussão geral na decisão recorrida.

2.5. Presunção da Repercussão Geral

O § 3º do art. 989 do Projeto estabelece hipóteses em que a repercussão geral á presumida. São elas:

(a) quando o recurso impugnar decisão contrária a súmula ou jurisprudência dominante do Supremo Tribunal Federal;

(b) quando o acórdão contrariar tese fixada em julgamento de casos repetitivos; e

(c) quando o recurso questionar decisão que tenha declarado a inconstitucionalidade de tratado ou lei federal, nos termos do art. 97 da Constituição da República, isto é, decisão resultante do controle *incidental* da constitucionalidade no âmbito dos Tribunais. Essa terceira hipótese foi acrescentada na revisão do Anteprojeto pelo Senado Federal.

O dispositivo projetado é mais amplo que o atual, o art. 543-A, § 3º, que só presume a repercussão geral quando o "... recurso impugnar decisão contrária a súmula ou jurisprudência dominante do Tribunal". O § 2º do art. 323 do Regimento Interno do Supremo Tribunal Federal ocupa-se da hipótese nos mesmos termos da lei vigente dispensando também o *procedimento* relativo à repercussão geral "quando o recurso versar questão cuja repercussão já houver sido reconhecida pelo Tribunal.".

2.6. Negativa da Repercussão Geral

O § 4º do art. 989 não traz nenhuma novidade em relação à proposta da Comissão de Juristas que, por sua vez, apenas consolida o atual art. 543-A, § 5º, do Código vigente.

De acordo com o dispositivo, "Negada a repercussão geral, a decisão valerá para todos os recursos sobre matéria idêntica, que serão indeferidos liminarmente, salvo revisão da tese, tudo nos termos do Regimento Interno do Supremo Tribunal Federal.".

Trata-se, inequivocamente, de efeito vinculante do quanto decidido pelo Supremo Tribunal Federal em sede de repercussão geral o que, diante do "modelo constitucional do direito processual civil" merece uma reflexão mais detida. Sim porque o art. 102, § 2º, da Constituição Federal, na redação dada pela Emenda Constitucional n. 45/2004, limita o efeito vinculante às decisões proferidas por aquele Tribunal na ação direta de inconstitucionalidade, na ação declaratória de constitucionalidade e nas Súmulas expedidas com base no *procedimento* do art. 103-A.

Cabe sublinhar, mormente para quem discordar da ressalva feita pelo parágrafo anterior, a *necessidade* de *revisão* da tese para que a jurisprudência do Supremo Tribunal Federal possa se amoldar às modificações experimentadas na sociedade, nas leis, na própria Constituição ou, mais que isso, à própria forma de se interpretar tais fenômenos.

A ressalva feita pelo dispositivo legal, qual seja, "salvo a revisão da tese", deve ser prestigiada porque se afina à necessária *participação* da sociedade civil e do próprio Estado no *processo* de formação dos casos que oferecem repercussão geral. A circunstância de o caso não estar na "lista" dos que oferecem repercussão geral, consequentemente, não é, por si só, óbice intransponível à admissibilidade do recurso extraordinário. Pode acontecer de o(a) relator(a) do recurso convencer-se de que o caso, analisado à luz de novas razões então oferecidas, mereça ingressar na "lista", a qual, assim, deve ser alterada para passar a albergar aquela hipótese.

2.7. Oitiva do "amicus curiae"

O § 5º do art. 989, tanto quanto o que a Comissão de Juristas propunha, e repetindo o que dispõe o art. 543-A, § 6º, do Código vigente, aceita a oitiva de *amicus curiae* na identificação da repercussão geral. É lê-lo:

> § 5º O Relator poderá admitir, na análise da repercussão geral, a manifestação de terceiros, subscrita por procurador habilitado, nos termos do Regimento Interno do Supremo Tribunal Federal.

O dispositivo admite que, na análise da repercussão geral, isto é, na elaboração da "lista" a que se refere o n. 2.3, *supra*, *terceiros*, desde que representados por procuradores habilitados, manifestem-se para sustentar suas razões relativas ao caso oferecer (ou não) repercussão geral. A hipótese, a despeito do silêncio do dispositivo legal, é de *amicus curiae*, modalidade de intervenção de terceiros que se justifica quando a decisão a ser tomada em um dado caso tem o condão de influenciar, com maior ou menor intensidade, outros, como é o caso do reconhecimento (ou não) da repercussão geral (v. n. 2.6, *supra*).

O § 3º do art. 323 do Regimento Interno do Supremo Tribunal Federal trata da hipótese evidenciando que o relator pode admitir tais manifestações "de ofício" ou a "requerimento", isto é, "intervenção *provocada*" ou "intervenção *espontânea*", respectivamente.

A iniciativa deve ser incentivada, ademais, para viabilizar o mais *amplo* e *prévio* debate sobre a ocorrência, ou não, de repercussão geral, permitindo a participação de setores organizados da sociedade civil e do próprio Estado perante o Supremo Tribunal Federal. Trata-se de forma que inclusive tem o condão de reduzir o que vem sendo chamado de "déficit democrático" daquele Tribunal e de suas decisões.

Assim, sem prejuízo das razões trazidas pelas partes quanto à ocorrência, ou não, de repercussão geral nos casos em que interpõem o recurso extraordinário, *terceiros* poderão manifestar-se acerca da questão atuando em prol da construção de precedentes que sejam favoráveis aos seus próprios interesses ou, mais amplamente, em prol dos interesses que representam, seus "interesses *institucionais*".

2.8. A "súmula" da Repercussão Geral

O § 6º do art. 989 do Projeto não apresenta qualquer novidade quando confrontado com o que propôs a Comissão de Juristas e, tampouco, com o art. 543-A, § 7º, do Código vigente.

Segundo o dispositivo:

§ 6º A súmula da decisão sobre a repercussão geral constará de ata, que será publicada no diário oficial e valerá como acórdão.

A melhor interpretação para a regra projetada, tanto quanto para a que está em vigor é no sentido de que a "súmula da decisão sobre repercussão geral", para "valer como acórdão", isto é, para fazer as suas vezes, precisa ser necessariamente fundamentada. Nem poderia ser diferente à luz do que consta do art. 93, IX, da Constituição Federal. No direito brasileiro, graças ao "modelo constitucional do direito processual civil", não se pode pretender maior celeridade processual em detrimento de quaisquer garantias constitucionais processuais.

Ademais, as razões pelas quais o Supremo Tribunal Federal entendeu que uma dada questão atende à exigência do § 3º do art. 102 da Constituição Federal servirão como paradigma de reflexão e de debate para outras que não o tenham sido. Trata-se de iniciativa que, em última análise, assegura uma mais ampla (e inafastável) *participação* dos jurisdicionados no âmbito do *procedimento* relativo ao estabelecimento do que oferece e do que não oferece repercussão geral para fins de cabimento do recurso extraordinário.

De resto, o parágrafo único do art. 325 do Regimento Interno do Supremo Tribunal Federal determina que "o teor da decisão preliminar sobre a existência da repercussão geral, que deve integrar a decisão monocrática ou o acórdão, constará sempre das publicações dos julgamentos no *Diário Oficial*, com menção clara à matéria do recurso",

O art. 329 do Regimento Interno do Supremo Tribunal Federal, por seu turno, impõe à Presidência do Supremo Tribunal Federal "ampla e específica divulgação do teor das decisões sobre repercussão geral, bem como formação e atualização de banco eletrônico de dados a respeito".

2.9. Repercussão Geral e recurso extraordinário repetitivo

O § 7º do art. 989 é novidade introduzida pela Comissão de Juristas no Anteprojeto, não encontrando correspondente no direito atual. É a seguinte a sua redação:

§ 7º No caso do recurso extraordinário processado na forma da Seção III deste Capítulo, negada a existência de repercussão geral no recurso representativo da controvérsia, os recursos sobrestados considerar-se-ão automaticamente não admitidos.

Trata-se de regra que bem representa o atual estágio da jurisprudência do Supremo Tribunal Federal que, desde o início, soube conjugar a repercussão geral disciplinada pelo atual art. 543-A do Código de Processo Civil, com o disposto no atual art. 543-B do mesmo Código, que se ocupa com o processamento da repercussão geral a partir da "multiplicidade de recursos com fundamento em idêntica controvérsia". O não reconhecimento da repercussão geral de um recurso repetitivo tem, por si só, aptidão de afetar, em bloco, todos os demais, que tem tese jurídica idêntica.

Tanto é verdade que a remissão feita pelo § 7º, tal qual projetado, à "Seção III deste Capítulo" deve ser entendida como sendo ao processamento dos recursos extraordinários e especiais *repetitivos*. A ressalva é importante porque o Projeto, tal qual aprovado no Senado, parece conter um erro de remissão. O correto seria "Subseção II deste Capítulo", considerando que a Seção III versa sobre o "agravo de admissão", isto é, o agravo que, de acordo com o atual art. 544, na redação que lhe deu a Lei n. 12.322/2010, tem como objetivo o destrancamento de recursos extraordinários e especiais na origem.

Importante que o Anteprojeto e o Projeto que o acolheu tenham colmatado a lacuna, admitindo *expressamente* que *também* os recursos *extraordinários* possam ser *consolidados* para julgamento — não limitando aquela técnica de julgamento apenas à identificação da repercussão geral —, quando similares as suas teses jurídicas. Trata-se de escolha que bem disciplina um dos princípios vetores do Projeto pelo qual "Os tribunais velarão pela uniformização e pela estabilidade da jurisprudência" (art. 882, *caput*).

Na atualidade, a hipótese vem assim regulamentada no Regimento Interno do Supremo Tribunal Federal:

> Art. 328. Protocolado ou distribuído recurso cuja questão for suscetível de reproduzir-se em múltiplos feitos, a Presidência do Tribunal ou o(a) Relator(a), de ofício ou a requerimento da parte interessada, comunicará o fato aos tribunais ou turmas de juizado especial, a fim de que observem o disposto no art. 543-B do Código de Processo Civil, podendo pedir-lhes informações, que deverão ser prestadas em 5 (cinco) dias, e sobrestar todas as demais causas com questão idêntica.
>
> Parágrafo único. Quando se verificar subida ou distribuição de múltiplos recursos com fundamento em idêntica controvérsia, a Presidência do Tribunal ou o(a) Relator(a) selecionará um ou mais representativos da questão e determinará a devolução dos demais aos tribunais ou turmas de juizado especial de origem, para aplicação dos parágrafos do art. 543-B do Código de Processo Civil.

Art. 328-A. Nos casos previstos no art. 543-B, *caput*, do Código de Processo Civil, o Tribunal de origem não emitirá juízo de admissibilidade sobre os recursos extraordinários já sobrestados, nem sobre os que venham a ser interpostos, até que o *Supremo Tribunal Federal* decida os que tenham sido selecionados nos termos do § 1º daquele artigo.

§ 1º Nos casos anteriores, o Tribunal de origem sobrestará os agravos de instrumento contra decisões que não tenham admitido os recursos extraordinários, julgando-os prejudicados nas hipóteses do art. 543-B, § 2º, e, quando coincidente o teor dos julgamentos, § 3º.

§ 2º Julgado o mérito do recurso extraordinário em sentido contrário ao dos acórdãos recorridos, o Tribunal de origem remeterá ao *Supremo Tribunal Federal* os agravos em que não se retratar.

A Subseção II (e não Seção III) do Capítulo VI ("Dos recursos para o Supremo Tribunal Federal e para o Superior Tribunal de Justiça"), consoante a correta interpretação da remissão feita pelo art. 989, § 7º, do Projeto, contém as seguintes regras:

Subseção II

Do julgamento dos recursos extraordinário e especial repetitivos

Art. 990. Sempre que houver multiplicidade de recursos com fundamento em idêntica questão de direito, o recurso extraordinário ou o recurso especial será processado nos termos deste artigo, observado o disposto no regimento interno do Supremo Tribunal Federal e do Superior Tribunal de Justiça.

Art. 991. Caberá ao presidente do tribunal de origem selecionar um ou mais recursos representativos da controvérsia, os quais serão encaminhados ao Supremo Tribunal Federal ou ao Superior Tribunal de Justiça independentemente de juízo de admissibilidade, ficando suspensos os demais recursos até o pronunciamento definitivo do tribunal superior.

§ 1º Não adotada a providência descrita no *caput*, o relator, no tribunal superior, ao identificar que sobre a questão de direito já existe jurisprudência dominante ou que a matéria já está afeta ao colegiado, poderá determinar a suspensão dos recursos nos quais a controvérsia esteja estabelecida.

§ 2º Na decisão de afetação, o relator deverá identificar com precisão a matéria a ser levada a julgamento, ficando vedado, ao Tribunal, a extensão a outros temas não identificados na referida decisão.

§ 3º Os processos em que se discute idêntica controvérsia de direito e que estiverem em primeiro grau de jurisdição ficam suspensos por período não superior a doze meses, salvo decisão fundamentada do relator.

§ 4º Ficam também suspensos, no tribunal superior e nos de segundo grau de jurisdição, os recursos que versem sobre idêntica controvérsia, até a decisão do recurso representativo da controvérsia.

Art. 992. O Relator poderá requisitar informações aos tribunais inferiores a respeito da controvérsia; cumprida a diligência, se for o caso, intimará o Ministério Público para se manifestar.

§ 1º Os prazos respectivos são de quinze dias e os atos serão praticados, sempre que possível, por meio eletrônico.

§ 2º O relator, conforme dispuser o Regimento Interno, e considerando a relevância da matéria, poderá solicitar ou admitir manifestação de pessoas, órgãos ou entidades com interesse na controvérsia.

§ 3º Transcorrido o prazo para o Ministério Público e remetida cópia do relatório aos demais Ministros, o processo será incluído em pauta, devendo ser julgado com preferência sobre os demais feitos, ressalvados os que envolvam réu preso e os pedidos de *habeas corpus*.

Art. 993. Decidido o recurso representativo da controvérsia, os órgãos fracionários ou declararão prejudicados os demais recursos versando sobre idêntica controvérsia ou os decidirão aplicando a tese.

Art. 994. Publicado o acórdão paradigma:

I – os recursos sobrestados na origem não terão seguimento se o acórdão recorrido coincidir com a orientação da instância superior; ou

II – o tribunal de origem reapreciará o recurso julgado, observando-se a tese firmada, independentemente de juízo de admissibilidade do recurso especial ou extraordinário, na hipótese de o acórdão recorrido divergir da orientação da instância superior.

§ 1º Mantido o acórdão divergente pelo tribunal de origem, far-se-á o exame de admissibilidade do recurso especial ou extraordinário.

§ 2º Reformado o acórdão divergente, se for o caso, o tribunal de origem decidirá as demais questões antes não decididas e que o enfrentamento se torne necessário em decorrência da reforma.

Art. 995. Sobrevindo, durante a suspensão dos processos, decisão da instância superior a respeito do mérito da controvérsia, o juiz proferirá sentença e aplicará a tese firmada.

Parágrafo único. A parte poderá desistir da ação em curso no primeiro grau de jurisdição, se a questão nela discutida for idêntica à resolvida pelo recurso representativo da controvérsia. Se a desistência ocorrer antes de oferecida a contestação, a parte ficará isenta do pagamento de custas e de honorários de sucumbência.".

3. Outras regras relativas à Repercussão Geral no PL 8.604/2010

Não é apenas o art. 989 do Projeto que se ocupa com a Repercussão Geral. Há nele três outros dispositivos que fazem expressa referência ao instituto e que, por isso, merecem menção, ainda que breve, nesse ensaio.

O art. 940 traz outra hipótese em que se *presume* a existência da Repercussão Geral. Trata-se de regra que merece ser lida, por isso mesmo, ao lado do art. 989, § 3º, II (v. n. 2.5, *supra*). De acordo com o dispositivo, "O recurso especial ou extraordinário interposto por qualquer das partes, pelo Ministério Público ou por terceiro interessado será dotado de efeito suspensivo, presumindo-se a repercussão geral de questão constitucional eventualmente discutida.".

A regra é salutar considerando a magnitude e o alcance que será inexoravelmente alcançado pelo que "incidente de resolução de demandas repetitivas", uma das maiores novidades proposta pela Comissão de Juristas para a modificação do vigente Código de Processo Civil.

O parágrafo único do art. 952, por sua vez, propõe solução para problema que já surgiu perante o Superior Tribunal de Justiça no trato dos recursos especiais repetitivos: é possível que o recorrente desista do recurso extraordinário em que se reconheceu a repercussão geral? O interesse *público* subjacente ao instituto afastaria aquela possibilidade, sobrepondo-se ao interesse particular, circunscrito às partes do processo? O dispositivo proposto, cujo *caput*, aceita, a desistência do recurso já interposto, independentemente da concordância do recorrido ou de eventuais litisconsortes (reproduzindo, no particular, a regra contida no art. 501 do Código de Processo Civil vigente), traz, em seu parágrafo único, o seguinte comando, que soluciona aquele impasse: "No julgamento de recurso extraordinário cuja repercussão geral já tenha sido reconhecida e no julgamento de recursos repetitivos afetados, a questão ou as questões jurídicas objeto do recurso representativo de controvérsia de que se desistiu serão decididas pelo Superior Tribunal de Justiça ou pelo Supremo Tribunal Federal.".

A melhor interpretação para a regra, parece ser a de que a desistência do recurso produzirá efeitos *inter partes*, permitindo, contudo, que a questão *objetiva*, relativa à repercussão geral, seja decidida pelo Supremo Tribunal Federal.

Por fim, mas não menos importante, outro dispositivo do Projeto que merece ser destacado no presente ensaio é o art. 986, segundo o qual: "Se o relator, no Superior Tribunal de Justiça, entender que o recurso especial versa sobre questão constitucional, deverá conceder prazo de quinze dias para que o recorrente deduza as razões que revelem e existência de repercussão geral, remetendo, em seguida, os autos ao Supremo Tribunal Federal, que procederá à sua admissibilidade, ou o devolverá ao Superior Tribunal de Justiça, por decisão irrecorrível.".

A proposta quer permitir um melhor diálogo entre aqueles dois Tribunais Superiores, admitindo o que bem pode ser chamado de "fungibilidade" ou, mais propriamente, "adequação" recursal. Trata-se de importante conquista que, ao permitir ao recorrente demonstrar a existência de repercussão geral, enaltece o conteúdo do recurso (e, consequentemente, da causa) em detrimento de sua forma, apresentando solução objetiva para as não facilmente contornáveis (e inevitáveis) discussões sobre os limites da questão *constitucional* e da questão *infraconstitucional* para fins recursais extraordinários e especiais.

4. Considerações finais

É certo que o tema relativo à repercussão geral enfrenta uma série de outros ângulos de análise e põe uma série de dificuldades a serem enfrentadas com mais fôlego que o presente ensaio se predispôs. Inclusive no que diz respeito a um efetivo cotejo entre os efeitos que seu reconhecimento ou a falta dele sobre os demais processos e recursos e o "modelo constitucional do direito processual civil".

Ir além contrariaria o objetivo anunciado de início. Deixemos, pois, outros desdobramentos para homenagens futuras e sempre merecidas à Ministra Ellen Gracie. Oportunidades e razões não faltarão.

— III —

TEMAS DE REPERCUSSÃO GERAL

—7—
Estudo em homenagem à Ministra Ellen Gracie: repercussão geral

IVES GANDRA DA SILVA MARTINS

Professor Emérito das Universidades Mackenzie, UNIP, UNIFIEO, UNIFMU, do CIEE/O Estado de São Paulo, das Escolas de Comando e Estado-Maior do Exército – ECEME – e Superior de Guerra – ESG; Professor Honorário das Universidades Austral (Argentina), San Martin de Porres (Peru) e Vasili Goldis (Romênia); Doutor *Honoris Causa* da Universidade de Craiova (Romênia) e Catedrático da Universidade do Minho (Portugal); Presidente do Conselho Superior de Direito da FECOMERCIO – SP e da Câmara Arbitral da FECOMERCIO – SP; Fundador e Presidente Honorário do Centro de Extensão Universitária do IICS Instituto Internacional de Ciências Sociais. Membro das Academias Internacional de Cultura Portuguesa (Lisboa), Internacional de Direito e Economia, Brasileira de Letras Jurídicas, Brasileira de Filosofia, Paulista de Letras e Paulista de História.

Em livro que se destina a prestar uma justa homenagem à Ministra Ellen Gracie e que é dedicado ao tema repercussão geral, decidi traçar breves considerações sobre decisão tomada pelo Pretório Excelso, em questão que já fora objeto de ação direta de inconstitucionalidade e de Súmula editada pela Máxima Corte, cuja relatoria foi de sua lavra.[1]

Antes, porém, quero reiterar a satisfação de poder contribuir para esta obra que reúne estudos jurídicos de autores brasileiros admiradores da homenageada, e realçar o relevante desempenho da ínclita magistrada na Suprema Corte, coroando brilhante carreira principiada na advocacia, direção de órgãos da classe, magistério universitário, Ministério Público, TRF da 4ª. Região e, por fim, sua incorporação ao Pretório Excelso que, inclusive, já presidiu.

Tendo acompanhado sua notável carreira, não poderia deixar de, nesta introdução, render o necessário preito a sua cultura jurídica e a seu

---

[1] A Súmula a que me referi é a de nº 648, assim veiculada: "STF Súmula nº 648 – 24/09/2003 – DJ de 9/10/2003, p. 3; DJ de 10/10/2003, p. 3; DJ de 13/10/2003, p. 3. Limitação da Taxa de Juros Reais – Revogação – Aplicabilidade Anterior Condicionada à Edição de Lei Complementar – A norma do § 3º do art. 192 da Constituição, revogada pela Emenda Constitucional 40/2003, que limitava a taxa de juros reais a 12% ao ano, tinha sua aplicabilidade condicionada à edição de lei complementar".

bom-senso julgador, que são as marcas maiores, embora não as únicas, de sua coerente atuação como julgadora.²

A decisão que escolhi para examinar deu origem à Súmula vinculante nº 7, cuja dicção é a seguinte:

> A norma do § 3º do art. 192 da Constituição, revogada pela Emenda Constitucional 40/2003, que limitava a taxa de juros reais a 12% ao ano, tinha sua aplicabilidade condicionada à edição de Lei Complementar.

Os debates que antecederam, todavia, a sua edição – em que prevaleceu a interpretação da Ministra Ellen Gracie – estabeleceram-se por conta dos artigos 543-A, 543-B do CPC, versados nos termos que se seguem:

> Art. 543-A. O Supremo Tribunal Federal, em decisão irrecorrível, não conhecerá do recurso extraordinário, quando a questão constitucional nele versada não oferecer repercussão geral, nos termos deste artigo. (Incluído pela Lei nº 11.418, de 2006).
>
> § 1º Para efeito da repercussão geral, será considerada a existência, ou não, de questões relevantes do ponto de vista econômico, político, social ou jurídico, que ultrapassem os interesses subjetivos da causa. (Incluído pela Lei nº 11.418, de 2006).
>
> § 2º O recorrente deverá demonstrar, em preliminar do recurso, para apreciação exclusiva do Supremo Tribunal Federal, a existência da repercussão geral. (Incluído pela Lei nº 11.418, de 2006).
>
> § 3º *Haverá repercussão geral sempre que o recurso impugnar decisão contrária a súmula ou jurisprudência dominante do Tribunal.* (Incluído pela Lei nº 11.418, de 2006) (grifos meus).³

---

[2] Em 2005, o capítulo brasileiro do Instituto Ibero-Americano de Direito Público, homenageou-a com um número de sua Revista Ibero-Americana de Direito Público, n. XVIII, inteiramente voltada a estudos que lhe foram dedicados. Tivemos, na ocasião, Mauro Gomes de Mattos e eu, que somos coordenadores do periódico jurídico, a oportunidade de dizer: "A Ministra e acadêmica Ellen Gracie tem um particular estilo de decidir. Sua discrição, profundidade e inteligência, na elaboração dos votos que profere, são permanentemente louvadas pelos operadores do Direito. Acresce-se sua cordialidade fidalga, ao mesmo tempo, natural e sinalizadora do respeito que juízes e advogados devem manter nas relações profissionais. S.Exª trata a todos com a mesma dignidade e respeito que deles recebe, sem nunca impor tal tratamento nem jamais exigi-lo. Dizia Albert Schweitzer que 'o exemplo não é a melhor forma de educar – é a única' e São Josemaria Escrivá que 'Frei Exemplo é o melhor pregador' Sua eficiência, nos casos que lhe são levados, é outro de seus atributos".

[3] O sumário de Questão de Ordem em Recurso Extraordinário nº 582.650-3-Bahia, está assim redigido: "Questão de Ordem. Recurso extraordinário. Procedimentos de implantação do regime da repercussão geral. Questão constitucional objeto de jurisprudência dominante no Supremo Tribunal Federal. Plena. Aplicabilidade das regras previstas nos arts. 543-A e 543-b do Código de Processo Civil. Atribuição, pelo Plenário, dos efeitos da repercussão geral ás matérias já pacificadas na Corte. Conseqüente incidência, nas instâncias inferiores, das regras do novo regime, especialmente as previstas no art. 543-8, § 3º, Do CPC (declaração de prejudicialidade ou retratação da decisão impugnada) limitação da taxa de juros reais a 12% ao ano. Art. 192, § 3º, da Constituição Federal. Revogado pela EC nº 40/2003. Aplicabilidade condicionada à edição de lei complementar. Jurisprudência consolidada, inclusive com edição de enunciado da Súmula do Tribunal. Reconhecimento da repercussão geral do tema, dada a sua evidente relevância. Recursos extraordinários correspondentes com distribuição negada e devolvidos à origem, para a adoção dos procedimentos previstos no art. 543-B, § 3º, do CPC" (QO em RE 582.650-3-BA, STF, Coordenadoria de Análise de Jurisprudência, DJe n. 202, Divulgação 23/10/2008, Publicação 24/10/2008, Ementário n. 2338-10, 16/04/2008, Tribunal Pleno).

§ 4º Se a Turma decidir pela existência da repercussão geral por, no mínimo, 4 (quatro) votos, ficará dispensada a remessa do recurso ao Plenário. (Incluído pela Lei nº 11.418, de 2006).

§ 5º Negada a existência da repercussão geral, a decisão valerá para todos os recursos sobre matéria idêntica, que serão indeferidos liminarmente, salvo revisão da tese, tudo nos termos do Regimento Interno do Supremo Tribunal Federal. (Incluído pela Lei nº 11.418, de 2006).

§ 6º O Relator poderá admitir, na análise da repercussão geral, a manifestação de terceiros, subscrita por procurador habilitado, nos termos do Regimento Interno do Supremo Tribunal Federal. (Incluído pela Lei nº 11.418, de 2006).

§ 7º A Súmula da decisão sobre a repercussão geral constará de ata, que será publicada no Diário Oficial e valerá como acórdão. (Incluído pela Lei nº 11.418, de 2006).

Art. 543-B. Quando houver multiplicidade de recursos com fundamento em idêntica controvérsia, a análise da repercussão geral será processada nos termos do Regimento Interno do Supremo Tribunal Federal, observado o disposto neste artigo. (Incluído pela Lei nº 11.418, de 2006).[4]

§ 1º Caberá ao Tribunal de origem selecionar um ou mais recursos representativos da controvérsia e encaminhá-los ao Supremo Tribunal Federal, sobrestando os demais até o pronunciamento definitivo da Corte. (Incluído pela Lei nº 11.418, de 2006).

§ 2º Negada a existência de repercussão geral, os recursos sobrestados considerar-se-ão automaticamente não admitidos. (Incluído pela Lei nº 11.418, de 2006).

§ 3º Julgado o mérito do recurso extraordinário, os recursos sobrestados serão apreciados pelos Tribunais, Turmas de Uniformização ou Turmas Recursais, que poderão declará-los prejudicados ou retratar-se. (Incluído pela Lei nº 11.418, de 2006).

§ 4º Mantida a decisão e admitido o recurso, poderá o Supremo Tribunal Federal, nos termos do Regimento Interno, cassar ou reformar, liminarmente, o acórdão contrário à orientação firmada. (Incluído pela Lei nº 11.418, de 2006).

§ 5º O Regimento Interno do Supremo Tribunal Federal disporá sobre as atribuições dos Ministros, das Turmas e de outros órgãos, na análise da repercussão geral.(Incluído pela Lei nº 11.418, de 2006).

---

[4] Lê-se na explicitação da ementa redigida pela preclara Ministra Ellen Gracie: "1. Aplica-se, plenamente, o regime da repercussão geral às questões constitucionais já decididas pelo Supremo Tribunal Federal, cujos julgados sucessivos ensejaram a formação de súmula ou de jurisprudência dominante. 2. Há, nessas hipóteses, necessidade de pronunciamento expresso do Plenário desta Corte sobre a incidência dos efeitos da repercussão geral reconhecida para que, nas instâncias de origem, possam ser aplicadas as regras do novo regime, em especial, para fins de retratação ou declaração de prejudicialidade dos recursos sobre o mesmo tema (CPC, art. 543-B, § 3º). 3. Fica, nesse sentido, aprovada a proposta de adoção de procedimento específico que autorize a Presidência da Corte a trazer ao Plenário, antes da distribuição do RE, questão de ordem na qual poderá ser reconhecida a repercussão geral da matéria tratada, caso atendidos os pressupostos de relevância. Em seguida, o Tribunal poderá, quanto ao mérito, (a) manifestar-se pela subsistência do entendimento já consolidado ou (b) deliberar pela rediscussão do tema. Na primeira hipótese, fica a Presidência autorizada a negar distribuição e a devolver à origem todos os feitos idênticos que chegarem ao STF, para a adoção, pelos órgãos judiciários a quo, dos procedimentos previstos no art. 543-8, § 3º, do CPC. Na segunda situação, o feito deverá ser encaminhado à normal distribuição para que, futuramente, tenha o seu mérito submetido ao crivo do Plenário" (RE 582.650-3-BA).

Entendeu a Ministra Carmen Lúcia que a repercussão geral seria cabível apenas quando a questão estivesse impugnando decisão contrária a matéria já pacificada na Suprema Corte, e não, se a impugnação versasse sobre decisão favorável à orientação da Corte.[5]

Discutiu-se também, se, definida a repercussão geral, estariam abrangidos no julgamento da matéria recursos anteriores ao seu reconhecimento pela Suprema Corte. Restou vencido o Ministro Marco Aurélio de Mello, segundo o qual a decisão que estendesse a deliberação de exame futuro por repercussão geral a casos anteriores, feriria não só o texto expresso da lei e do regimento da Suprema Corte, como os princípios da irretroatividade da lei e do direito de defesa, assegurados na Carta Maior.[6]

Para efeitos deste trabalho, todavia, o ponto fulcral seria investigar se, contra a expressa disposição da lei processual, a Suprema Corte poderia considerar como de repercussão geral impugnação a decisão inferior rigorosamente de acordo com a jurisprudência dominante no Pretório Excelso.

No debate que se travou, o Tribunal houve por bem – e a meu ver, com toda a propriedade – admitir passível de repercussão geral impugnação a decisão conforme a orientação da Máxima Corte, objetivando torná-la vinculante em seus efeitos, quando reafirmada a orientação maior do Judiciário.

E tal conformação mais abrangente dos dispositivos infraconstitucionais deveu-se a provocação da Ministra Ellen Gracie, que saiu vence-

---

[5] "Ao contrário do que se ponderou, então, não pretendia a declaração de ausência de repercussão geral do tema constitucional suscitado naqueles recursos extraordinários. O que propus foi uma interpretação que me parecia consentânea com a norma, que não presume a repercussão geral em razão do tema, *mas, sim, de uma situação, qual seja, a decisão recorrida contrariar súmula ou jurisprudência do Supremo Tribunal Federal*" (grifos meus) (QO/RE 582.650-BA).

[6] "Não concebo – perdoe-me Vossa Excelência, penso que a matéria é importantíssima – *a aplicação retroativa do artigo 543 do Código de Processo Civil*. Não admito que se possa acionar o instituto da repercussão geral com esse extravagante ato de a própria Corte de origem rever a decisão que proferiu relativamente a recursos interpostos quando não estava ainda a viger, porque dependia de regulamentação. Confesso que não sou um pragmático, principalmente quando lido com o Direito. Para mim, Direito é ciência, possui institutos, expressões, vocábulos com sentido próprio. Direito é regência da vida em sociedade e representa, acima de tudo, segurança jurídica. Não podemos atuar como legisladores positivos, aditando o Código de Processo Civil! não podemos implementar a retroatividade da própria lei, a ponto de se dizer que esses processos, que tiveram recursos extraordinários interpostos antes da regulamentação da repercussão geral, serão regidos pela mesma repercussão, inclusive com o ato extravagante – para mim, extravagante, mas contemplado evidentemente pela ordem jurídica relação aos recursos interpostos posteriormente – de o próprio órgão de origem não julgar, porque ele não vai fazê-lo, mas adaptar a decisão que proferiu ao pronunciamento deste Tribunal, ou seja, só concebo a observância do instituto da repercussão geral quanto àqueles recursos interpostos quando já era ela acionável, isto é, após a regulamentação via Regimento. Fora isso, perdoem-me, é a Babel. É estar o Tribunal atuando como legislador positivo. E ainda bem que acima dele não há um outro tribunal para corrigir as respectivas decisões, porque senão haveria correção!" (grifos meus) (RE 582.650-QO/BA).

dora em sua exegese, da qual resultou a Súmula nº 7, que passo aqui a examinar.[7]

S. Exª. houve por bem considerar que não só a Súmula 648, como a ADIN nº 4 já tinham tratado da questão, lembrando-se, todavia, que, à época daquela decisão em controle concentrado, o Pretório Excelso principiava a desvendar os novos caminhos do controle concentrado, à falta de lei ordinária processual que o regesse, que só viria a ser editada 11 anos depois (9.868/99). O próprio efeito vinculante só mereceu tratamento constitucional definitivo com a E.C. nº 45/05, havendo juristas para os quais, à falta de expressa menção na lei suprema permitindo tal eficácia nas ações diretas de inconstitucionalidade, tal efeito inexistia.[8]

É bem verdade que a E.C. nº 3/93 permitiu à ação declaratória tal vinculação – fui autor de artigo que levou o Senador Roberto Campos e o então subchefe da Casa Civil da Presidência, Ministro Gilmar Mendes, a transformarem-no em projeto de emenda constitucional – tendo, pois, a emenda constitucional nº 45/05, definitivamente, encerrado o debate sobre a extensão vinculatória a todo o controle concentrado.[9]

---

[7] "Não estabelece a lei, entretanto, o procedimento a ser adotado nesta Corte e nos Tribunais e Turmas Recursais de origem, em casos tais, Também não define como deva ser tratado o recurso na situação inversa, ou seja, quando a decisão impugnada estiver de acordo com a jurisprudência desta Casa. *Impõe-se extrair do texto solução que valorize o regime jurídico, a efetividade, a objetividade e a finalidade do novo instituto, garantindo-se prestígio à jurisprudência aqui já consolidada*. Vale dizer, tornando desnecessário levar a novo julgamento cada uma das questões constitucionais já pacificadas pelo Supremo Tribunal Federal. A lei não afastou o regime da repercussão geral para tais situações, chegando a presumir a presença do pressuposto de admissibilidade quando existente jurisprudência dominante, de onde se extrai que o instituto não se aplica apenas às questões constitucionais ainda não julgadas pelo STF. Por isso, é necessário definir mecanismo que permita aos Tribunais e Turmas Recursais a adoção dos procedimentos relacionados à repercussão geral, como a retratação das decisões e a inadmissibilidade dos recursos extraordinários, sempre que as decisões contrariarem ou se pautarem pela jurisprudência desta casa e forem contrastadas por recursos extraordinários. Como ocorre nos casos que são levados ao Plenário Virtual, é importante indicar os assuntos sujeitos aos efeitos aqui examinados. *A existência ou não de repercussão geral é decorrência direta da relevância social, política, jurídica ou econômica da questão constitucional suscitada no recurso extraordinário. Não pode ser afastada pela circunstância de já haver sido – o assunto enfrentado em sucessivos julgados anteriores desta Corte, quer quando a decisão de origem em determinado processo seja contrária ao entendimento deste Tribunal – como já define o § 3º antes transcrito, quer quando seja consentânea*. A existência de julgados em outros processos, antes de afastar a repercussão geral, afirma-a, indicando que se trata de matéria que ultrapassa os interesses subjetivos da causa" (grifos meus) (Re 582.650-QO/BA).

[8] O atual § 2º do artigo 102 tem a seguinte dicção: "§ 2º As decisões definitivas de mérito, proferidas pelo Supremo Tribunal Federal, nas ações diretas de inconstitucionalidade e nas ações declaratórias de constitucionalidade *produzirão eficácia contra todos e efeito vinculante, relativamente aos demais órgãos do Poder Judiciário e à administração pública direta e indireta, nas esferas federal, estadual e municipal*. (grifos meus) (Redação dada pela Emenda Constitucional nº 45, de 2004)".

[9] Arnoldo Wald lembra: "Por outro lado, coube ao Prof. Ives Gandra Martins desenvolver a idéia de uma ação declaratória de constitucionalidade que obedecesse ao devido processo legal e refletisse a posição do Judiciário. Efetivamente, quando o governo Collor enviou ao Congresso Nacional projeto de Emenda Constitucional, coube ao ilustre tributarista encontrar uma fórmula "para evitar mal maior", de acordo com suas palavras. A proposta previa um amplo debate, permitindo que, no prazo regulamentar para que o Ministério Público falasse, todas as entidades com legitimidade ativa para

O certo é que, na ADIN 4/88, discutia-se o conceito de juro real, isto é, escoimado dos efeitos inflacionários, estando o § 3º do artigo 192 da CF assim redigido, à época:

> § 3º As taxas de juros reais, nelas incluídas comissões e quaisquer outras remunerações direta ou indiretamente referidas à concessão de crédito, não poderão ser superiores a doze por cento ao ano; a cobrança acima deste limite será conceituada como crime de usura, punido, em todas as suas modalidades, nos termos que a lei determinar.

O texto constitucional admitia a inclusão na conformação de juros reais de comissões ou outras remunerações vinculadas direta ou indiretamente à concessão de crédito, mas, à evidência, não esclarecia se tais juros deveriam estar expurgados dos efeitos inflacionários – no período, elevadíssimos –, e dos próprios tributos incidentes sobre a operação em si, a saber, os tributos circulatórios.

Em outras palavras, se os tributos fossem superiores a 12%, a remuneração seria negativa e se a inflação permanecesse num patamar elevado – chegou a 83% ao ano –, seria inviável a utilização do sistema financeiro.[10]

Por esta razão, os juristas especializados na matéria entenderam que somente a lei complementar poderia definir tal conceito, sobre dever ser esta lei complementar abrangente, ou seja, não só cuidar especificamente dos juros, mas de todo o sistema financeiro, visto que o *caput* do artigo 192 fazia *menção a uma única lei complementar*:

---

a ação direta de inconstitucionalidade pudessem ingressar no feito, contestando os fundamentos da ação, como assistentes. 15. Na ocasião, combatendo a avocatória e justificando o novo instrumento processual por ele concebido, afirmou o Prof. Ives Gandra Martins que: "Manifesto-me, hoje, contra a emenda constitucional que pretende reintroduzir a avocatória. Entendo, todavia, que o controle real da constitucionalidade não pode ficar apenas nas ações diretas de inconstitucionalidade por omissão, ou contra ato ou lei, maculados pelo vício maior no universo jurídico. Há necessidade de uma ação de contrapartida, isto é, uma ação "declaratória de constitucionalidade", cuja titularidade para proposição seria de todas as pessoas elencadas no art. 103 da C.F., que cuida das ações diretas de inconstitucionalidade" (Ação declaratória de constitucionalidade, coordenação de Ives Gandra Martins e Gilmar Ferreira Mendes, Ed. Saraiva, 1996, p. 19/22).

[10] Manoel Gonçalves Ferreira Filho, em parecer citado pelo Min. Sydney Sanches no voto que capitaneou a linha vencedora da ADIN 4/88, escreveu: "A leitura deste art. 192 aponta inequivocamente ser ele uma norma de estruturação. O 'caput', com efeito, prevê uma lei complementar que seja o sistema financeiro nacional como um todo, orientando-o no sentido de 'promover o desenvolvimento equilibrado do País e a servir aos interesses da coletividade'. Nos seus itens e parágrafos já enuncia bases e parâmetros que deverão guiar o legislador quando este estabelecer a prometida lei complementar. 12.4. Como 'norma de estruturação', o art. 192 se inclui tecnicamente entre as 'normas incompletas', condicionada que está a plena eficácia e consequentemente a imediata aplicabilidade de seu mandamento a urna normação, de nível inferior, subsequente. O art. 192 é, destarte, uma norma não exequível, na terminologia de Jorge Miranda, que adoto. Ou, se se preferir, 'non-self-executing', para Cooley, 'não auto executável', para Ruy Barbosa, 'não bastante em si', para Pontes de Miranda, 'de eficácia limitada', para José Afonso da Silva. 12.5. Sublinhe-se que a eficácia plena do art. 192 está condicionada a uma lei complementar" (Cadernos de Direito Tributário e Finanças Públicas, vol. 12, ano 3, jul/set/1995, Revista dos Tribunais, p. 292).

Art. 192. O sistema financeiro nacional, estruturado de forma a promover o desenvolvimento equilibrado do País e a servir aos interesses da coletividade, *será regulado em lei complementar*, que disporá, inclusive, sobre: (grifos meus)

E não diversas, como ocorre na nova dicção do artigo 192 da CF:

Art. 192. O sistema financeiro nacional, estruturado de forma a promover o desenvolvimento equilibrado do País e a servir aos interesses da coletividade, em todas as partes que o compõem, abrangendo as cooperativas de crédito, *será regulado por leis complementares* que disporão, inclusive, sobre a participação do capital estrangeiro nas instituições que o integram. (grifos meus) (Redação dada pela Emenda Constitucional nº 40, de 2003) (Vide Lei nº 8.392, de 1991) (grifos meus).

A insegurança gerada pelo dispositivo levou o Supremo Tribunal Federal, mal promulgada a lei suprema, a ter que se manifestar em ação proposta, visto que não se poderia deixar o sistema financeiro em situação de incerteza absoluta quanto à forma de aplicar o dispositivo, principalmente em face de os órgãos de defesa do consumidor entenderem que o dispositivo seria autoaplicável.[11]

E aqui cabe uma explicação, mas de ordem econômica, sobre o sistema financeiro. Galbraith, com o humor que sempre lhe foi peculiar, dizia que, se soubéssemos como funciona, ninguém aplicaria seus recursos nele; mas, como desconhecemos, o mundo evolui economicamente e todos os poupadores ganham dinheiro.[12]

É que as pessoas entendem que o sistema financeiro funciona com moeda, o que não procede. O sistema financeiro funciona exclusivamente com confiança. A moeda do sistema não é a "moeda", mas a confiança. Por esta razão, o que se denomina m1 (moeda em circulação, mais créditos à vista no sistema), nos momentos de grande estabilidade, chega a aproximadamente 20%, o restante sendo o dinheiro multiplicado em sua

---

[11] Saulo Ramos, então consultor geral da República, em parecer mencionado no voto do Min. Sydney Sanches lembra que: "14. Pode-se apontar, ainda, que o conceito de 'juro real' é dos que reclamam esclarecimento em legislação regulamentar. De fato, é ele de alcance impreciso e sujeito à controvérsia entre os próprios economistas. Ademais, num Pais de inflação crônica, hoje em estágio de enorme aceleração, é evidente que a atualização do valor da moeda, a correção monetária, não integra a remuneração do capital que é o juro. A determinação do 'juro real', assim, sempre importaria no desconto da 'correção monetária'. Ora, qual seria o critério de apuração da parcela correspondente à atualização do valor da moeda? Só a lei, no caso a lei complementar, poderia estabelecê-lo, dizê-lo, o que, por si só, demonstra a inexequibilidade imediata antes da imprescindível regulamentação, do preceito enunciado no art. 192, § 3º, CF. Isto ainda que fosse possível separá-lo do Lodo em que se infere, o que, como se viu, é juridicamente inviável. 15. Até a entrada em vigor da lei complementar que o art. 192 enuncia, aplicam-se à matéria as regras anteriormente editadas, que não sejam incompatíveis como o novo Texto. Ocorre a recepção do direito anterior. E isto independentemente da forma dos atos normativos que estabelecem essas normas, pois, como se sabe, quanto a esse aspecto prevalece a regra *tempus regit actum*. Por sua vez, a nova orientação, prometida eventualmente no art. 192. permanece inaplicável até a entrada em vigor da referida lei complementar. Ocorre uma 'vacatio constitutionis' ou 'vacatio legis constitutionis', análoga nos efeitos à 'vacatio legis'" (p. 292/293).

[12] "A era da incerteza", Ed. Pioneira, 1980.

velocidade de circulação pelas sucessivas operações que se fazem com a mesma moeda.

Irving Fischer, no seu famoso *Teoria do Juro*, definia, em subtítulo, a razão dos juros, que para ele era "determinada pela oportunidade de investir contra a impaciência de gastar".

Sua fórmula – por Galbraith entendida como tão estável quanto a fórmula R2 (área do círculo) – sobre a origem da inflação é "colombianamente" simples, ou seja:

$$P = \frac{MV}{T}^{13}$$

Em que P é o nível de preços, M a quantidade de moeda, V a velocidade de circulação e T o volume de transações. Sempre que o volume de transações permanecer estável com aumento da quantidade de moeda ou velocidade de circulação, o nível de preços tende a crescer, gerando inflação. À evidência, a fórmula desdobra-se em inúmeras subsoluções,

---

[13] Em palestra sobre a nova Constituição disse, em 1988: "Irwing Fischer criou fórmula a partir do exame de sacerdotes da Idade Média que estudaram o fenômeno da moeda. Sua fórmula é extremamente interessante. Dizia ele que a inflação decorre fundamentalmente de um descontrole da moeda e do crédito. Sua fórmula é: $P = \frac{MV+M1V1}{T}$

Aqui simplifico, também, a fórmula, porque se tivesse que cuidar dos diversos tipos de moeda e crédito (M1, M2, M3, M4), a explicação poderia ser mais complexa e demoraria mais. Na fórmula simplificada, M é a moeda emitida e M1 a moeda escritural. Na fórmula fischeriana a quantidade de moeda multiplicada pela sua velocidade de circulação (moeda emitida), mais a quantidade de moeda escritural (aquela de emissão dos Bancos) multiplicada pela sua velocidade de circulação, dividida pelo volume de transações, oferecem o nível de preço. Então. dizia ele, se por acaso o volume de transações ficar estável, mas houver um aumento da quantidade de moeda ou da velocidade de circulação ou da quantidade de moeda escritural ou da velocidade de sua circulação, haverá um aumento da quantidade de moeda e, automaticamente, haverá aumento do nível de preços. E o aumento do nível de preços gerará inflação. Vale dizer, se o volume de transações é o mesmo, se os produtos que se ofertam ao mercado são os mesmos, mas a quantidade de moeda aumenta ou aumenta sua velocidade de circulação, automaticamente o nível de preços aumentará e haverá inflação. O que hoje se discute na fórmula de Fischer é se existe ou não velocidade, de circulação multiplicadora. No passado nos entusiasmamos muito com a fórmula de Fischer. Galbraith dizia que ela é mais estável que a fórmula do πR2 (a área do círculo) porque demonstra que a inflação só é um problema monetário. Hoje tenho alguma dúvida. embora estejamos convencidos da essência dá fórmula de Fischer. Hayeck, por exemplo, tem contestado a idéia de que haja efeito multiplicador na velocidade de circulação, atribuindo-lhe efeitos de mera somatória, que se explicariam de forma muito simples. Se temos um copo e o emprestamos ao colega e este, como banqueiro, o empresta a outro colega e o outro colega à Dra. Maria Helena Cisne, e a outro colega, nosso copo se transforma em quatro ou em cinco copos, porque temos direito a receber o copo que está com o primeiro, só que ele já teve esse copo passado para 2º, para o 3º, para o 4º e para o 5º. E o mesmo copo, na verdade, passa a valer como se fossem cinco copos, cada um tendo direito a esse copo sobre o outro. A isto se chama. em linguagem econômica, de velocidade de circulação. Os matemáticos entendem, todavia, que somar cinco copos ou multiplicá-los por um, o resultado será o mesmo, com o que a fórmula de Fischer não seria atingida. Deixo a problemática para os senhores, a fim de poder ingressar no Capítulo das Finanças Públicas, antes que termine o prazo para a conferência" (A Constituição Brasileira 1988 Interpretações, Academia Internacional de Direito e Economia/Fundação D.Cabral, Forense Universitária, 2ª ed., Rio de Janeiro, 1990, p. 363/4).

como, por exemplo, a melhora de produtividade com redução dos preços das transações, que seria compensatória do aumento da quantidade de moeda ou da velocidade de circulação, ou ainda com redução tributária ou de encargos trabalhistas sobre os produtos, cujo efeito é semelhante. A fórmula, à evidência, admite outras compensações, como os impactos das denominadas inflações de custo ou de demanda, que podem alterar os componentes na equação. O que ela tem, todavia, de estável é ser a espinha dorsal de um mecanismo, que comporta, todavia, inúmeras variáveis.[14]

Ora, uma economia não pode ser desenvolvida sem o sistema financeiro.

Em recente debate gravado para o programa Arena Livre, da Assembleia Legislativa de São Paulo (24/02/2011), perguntava-me um dos brilhantes parlamentares daquela Casa, se não seria melhor o governo brasileiro investir em educação e saúde aquilo que paga em juros para – na expressão dele – os "especuladores" que vivem à custa do trabalho dos outros e têm até tratamento privilegiado, se compararmos o imposto de renda incidente (15 a 22,5%) contra 27,5% dos rendimentos do trabalho.

Respondi-lhe que, do ponto de vista teórico, considero uma injustiça que tal ocorra, mas se os governos assim não tratassem o capital em-

---

[14] Galbraith explica a inflação da fórmula: "A maior contribuição feita por Fisher foi no sentido de compreendermos o dinheiro. Demonstrou numa fórmula simples como é determinado o seu valor. Ninguém, por mais avesso à matemática, deve deixar-se desconcertar por ela: $\frac{MV + M1V1}{T}$

P significa preços, M é o montante de dinheiro em circulação, M' também é dinheiro, sendo a parcela maior representada pelos depósitos em banco. V e V-1 representam a cadência na qual esses dois tipos de dinheiro são gastos – sua rapidez ou velocidade de circulação. Há muitos séculos foi descoberta uma certa relação entre preços e o montante de dinheiro disponível. Foi por isso que os preços subiram quando da emissão das notas Continentais e das Greenbacks. A fórmula de Fisher refinou esse relacionamento, tornando-o mais claro. Os preços sobem à medida em que a disponibilidade de dinheiro, os Ms, aumenta. Mas dinheiro não é apenas papel-moeda que passa de mão em mão. Os depósitos bancários, sujeitos a ser gastos através de cheques – M –, devem ser acrescentados. E, se o dinheiro for rapidamente gasto, o efeito evidentemente será bem maior do que se ele ficar embaixo de um colchão ou se permanecer como depósito puramente sedentário num banco. Portanto, o montante em cada caso é multiplicado pelo índice de rotatividade – os respectivos Vs, ou velocidade de circulação. Um determinado aumento na disponibilidade de capital terá mais efeito sobre os preços se se concentrar numas poucas transações do que se se estender a muitas delas. Assim sendo, você divide pelo número de transações (o T na equação) para encontrar o volume transacionado. E só. Como descrição do que determina o valor do dinheiro, a equação de troca ou transação criada por Fisher – ainda é aceita. Como , π2, ela pode muito bem perdurar. Para Irving Fisher, no entanto, a equação não era apenas uma explicação de como as coisas funcionam; ele achava extremamente prática. Aumentando ou diminuindo a reserva de capital, poder-se-ia, concluiu ele, reduzir ou elevar os preços. Aumentando ou baixando os preços, pode-se evitar a euforia, contrabalançar a depressão e, assim, moderar o ciclo de especulação e desastre que há tanto tempo vinha sendo uma praga na vida econômica. (Fisher não foi o primeiro a ser arrebatado por esse pensamento.) Munido de sua fórmula, ele passou da palavra à ação. Formou uma associação para promover a regulamentação dos cumprimentos de capital e dessa forma estabilizar os preços" (A era da incerteza, Livraria Pioneira Ed., São Paulo, 1980, p. 192/193).

prestado e decidissem não pagar juros ao sistema, pura e simplesmente tais recursos sairiam do mercado brasileiro e iriam para outros mercados. Nesta hipótese, o governo não teria dinheiro para cuidar da saúde e da educação e até mesmo para administrar a máquina burocrática. É o sistema financeiro, como dizia Galbraith, o mal necessário para que o mundo progrida.[15]

É de se lembrar que a dívida da maior parte dos países é bem elevada: Islândia, Irlanda, Itália, Espanha ultrapassaram 100% do PIB, sendo superior a 70%, nos Estados Unidos, e aproximadamente neste patamar em grande parte do mundo.

E o interessante é que, sempre que os governos pretendem intervir com planos castradores de poupança, criam problemas sérios de governabilidade e entulham a Justiça, com processos em que se busca a reparação de recursos incinerados pela caneta do governante.[16]

É que o mercado reage. Um país que institua "calote" de parte da dívida, perde credibilidade internacional, não consegue novos empréstimos, passa a conviver com crise econômica interna e leva anos para se superar. O Plano Cruzado, que representou uma moratória internacional, abalou a credibilidade do Brasil no exterior, levando anos para ser restabelecida. O mesmo se diga da Argentina, ainda hoje sofrendo os impactos da falta de credibilidade decorrente de seu calote, do início do século.

Compreende-se, pois, o esforço dos governos, quando estourou a crise internacional de fins de 2008, em preservar o sistema financeiro,

---

[15] Galbraith perorava, com a sua permanente ironia que: "Keynes sempre achou que os homens que se confessavam possuidores de grandes conhecimentos financeiros eram maravilhosamente coerentes, em especial nos erros que cometiam. Ele não viveu o bastante para ver mais essa prova. A 21 de abril de 1946, ele morria, vítima de outro ataque cardíaco" (A era da incerteza, ob. cit. p. 224).

[16] Leia-se a decisão monocrática do Ministro Ricardo Lewandowsky na ADPF 165: "Por tal motivo, entendo ser conveniente evitar que um câmbio abrupto de rumos acarrete prejuízos aos jurisdicionados que pautaram suas ações pelo entendimento jurisprudencial até agora dominante. Também não está presente o "periculum in mora". Embora a arguente afirme existir risco de "efeito multiplicador" (fl. 90) de decisões judiciais contrárias aos bancos, não logrou demonstrar os reais prejuízos e danos irreparáveis a que estariam submetidas as instituições financeiras de todo o país. *O "periculum", na verdade, mostra-se inverso, uma vez que o atendimento à pretensão liminar da argüente significaria grave desrespeito ao princípio da segurança jurídica que, no dizer de Celso Antonio Bandeira de Mello, tem por escopo "evitar alterações surpreendentes que instabilizem a situação dos administrados", bem como "minorar os efeitos traumáticos que resultam de novas disposições jurídicas que alcançaram situações em curso"* (grifos meus), continuando: "Nesse sentido, cito também o que decidi na ADPF 155/DE, sob minha relatoria: "Inicialmente, assento que deferir a liminar, nos termos requeridos, implicaria a modificação, por decisão singular, de firme e remansosa jurisprudência do Tribunal Superior Eleitoral sobre o tema, e, por consequencia, a suspensão dos efeitos de um número indeterminado de decisões judiciais prolatadas por juízes e cortes eleitorais em todo País, bem como pelo próprio TSE, na esteira de orientação pretoriana consolidada, as quais definiram situações jurídicas concretas no âmbito das respectivas jurisdições. *Em outras palavras, o pedido liminar, caso deferido, afrontaria o princípio da segurança jurídica*" (grifos meus) (Plano Verão. Histórico da questão. Obrigação de ressarcimento. Em defesa dos prejudicados pelo Plano Verão, Ed. Del Rey, Belo Horizonte, 2009, p. 21/2)" (Revista Tributária e de Finanças Públicas 2010, RTRIB 90, p. 294).

apesar da absoluta leviandade com que o mesmo foi conduzido por seus administradores, nos anos que a antecederam, com operações no vazio, com derivativos sem lastros, com jogo nas bolsas de ações de companhias chinesas inexistentes, com renovações de títulos de devedores inadimplentes que nunca teriam condições de pagar, para mascararem uma inexistente estabilidade, enquanto dirigentes financeiros eram altamente remunerados por rendimentos existentes apenas no papel, a partir destas renovações deslastreadas. Foi isto que levou à insolvência do sistema.[17]

Em livro que escrevi com quatro economistas – um brasileiro (Paulo Rabello de Castro) e três portugueses, professores de Universidades lusitanas e inglesas (Fernando Alexandre, João Sousa Andrade e Pedro Bação), intitulado *A crise financeira internacional*, editado pela Universidade de Coimbra, em Portugal, e pela Lex Editora, no Brasil –, procuramos demonstrar a insensatez e a fraude do jogo financeiro internacional, que levou àquela crise detectada, em toda a sua extensão, após a quebra do Lehman Brothers, obrigando os governos a gastos monumentais, nos países civilizados, para salvar sua banca do colapso total.

O Brasil só não entrou na crise absoluta, pois, de um lado, o seu sistema bancário é lastreado, na sua maior parte, em títulos públicos, valendo o que vale o governo, e porque compensou a perda do mercado externo com a expansão do mercado interno. O mesmo aconteceu com outros países emergentes.[18] E, por fim, como o Brasil cresceu menos que os mercados emergentes no período anterior, também atrasou sua entrada no mercado financeiro global. Quando estava preparado para entrar, o mercado implodiu e o país terminou não atingido pela crise global.[19]

---

[17] Thomas Friedman, no livro "Quente, Plano e Lotado" (Ed. Objetiva, 2010), faz adequada análise dos desatinos que levaram à crise de 2008/9.

[18] Escrevemos: "Os emergentes desenvolvidos, de rigor, são os BRICs, acompanhados da Argentina e do México, que sofreram na medida do seu maior ou menor envolvimento com os países desenvolvidos. O Brasil, por exemplo, dependia do mercado exterior em 25%, enquanto o México dependia em mais de 50%. À evidência, o impacto negativo no México foi superior ao do Brasil. No Brasil, os estímulos ao mercado interno compensaram em parte a perda do mercado externo, que se deveu a três factores: falta de crédito, redução do preço das mercadorias e contracção do mercado exportador em resultado da crise internacional. A recuperação, todavia, já aparenta estar em curso em meados de 2009, ajudada por uma política de estímulos fiscais para sectores sensíveis da economia (automóveis, electrodomésticos e outros de grande impacto no consumo) capaz de manter um nível de produção elevado. Por exemplo, venderam-se mais automóveis no ano de 2009 que em 2008, no mercado interno" (A crise financeira internacional, Lex Editora, 2010, p. 98).

[19] Escrevi: "O mais curioso, todavia, é que, em 2002, último ano do governo Fernando Henrique, a participação do Brasil no PIB global era de 2,92%, vale dizer 0,2% a mais do que no último ano do governo Lula, segundo o FMI. Isto representa que apesar de o Brasil ter crescido, o mundo cresceu mais. De rigor, Fernando Henrique entregou o governo ao Presidente Lula com uma participação no PIB global maior do que Lula entregará a seu sucessor. É de lembrar-se que, em 2000, a China tinha uma participação no PIB global de 7%, a Índia de 4%. Os indianos pularão, em 2010, para 5% e a China para 13%, enquanto o Brasil regredirá para 2,90%. Em outras palavras, nada obstante o aumento do PIB per capita, o Brasil cresceu apenas pelo 'efeito maré' da economia mundial, a

O presidente Lula assemelhou-se à figura idealizada por Jorge Amado, do capitão de alto-mar, que, certa vez, numa viagem de navio, tendo dito ao capitão que sabia comandar sem ter maior experiência em navegação, dele recebeu o direito de conduzir a embarcação. E ele, muito solícito com os passageiros, sempre que os marujos perguntavam-lhe qual a manobra a fazer, dizia que isso era operação do imediato e que perguntassem a ele. Tendo os marinheiros desconfiado que talvez ele não conhecesse as regras de comando, quando chegaram ao porto de uma cidade, perguntaram-lhe o que fazer, posto que aquela manobra era para ser dirigida pelo comandante. Não sabendo o que dizer, o capitão mandou lançar as âncoras e, sob o risco de toda a tripulação, seus passageiros foram levados de botes até o porto, porque, na verdade, ele não sabia como atracar o navio.

Humilhado, o personagem amadiano dirigiu-se a um bar e passou a noite bebendo para esquecer sua frustração, sendo de manhã carregado em triunfo pela tripulação. Naquela noite, um temporal de dimensões fantásticas caíra sobre a cidade e as embarcações atracadas não resistiram ao choque contra a murada do porto, enquanto o seu navio, por estar em alto mar, suportou bem a tempestade.

De certa forma o Brasil, por ter atrasado sua entrada no mercado global, foi salvo da crise internacional.[20]

Todas estas considerações eu as faço para mostrar que o sistema financeiro é regulado pela confiança que o povo nele deposita e, por mais

---

qual, apesar da monumental crise de 2008 e 2009 e da crise europeia de 2010, se comportou melhor que a economia brasileira. Roberto Campos, ao prefaciar meu livro 'Desenvolvimento Econômico e Segurança Nacional – Teoria do limite crítico' disse que a melhor forma de 'evitar-se a fatalidade é conhecer os fatos'. Infelizmente, o mundo da fantasia raramente se coaduna com a realidade do mundo" (artigo sob o título "2,92% x 2,90% DO PIB MUNDIAL", publicado no jornal Folha de São Paulo, p. 3, 17/08/2010).

[20] Escrevemos, Fernando Alexandre, João Sousa Andrade, Pedro Bação, Paulo Rabello de Castro e eu que: "Acresce que o Brasil tem uma banca sólida, decorrente de dois factores. O primeiro é ter atrasado a sua entrada na euforia global de criação e investimento nos títulos que acabaram por estar na origem da crise financeira. Em segundo lugar, por mais de metade dos seus activos financeiros serem títulos públicos. E comum afirmar-se, no Brasil, que a banca brasileira vale o que vale o governo. A manutenção de juros elevados, por outro lado, não provocou a fuga de recursos que outros países emergentes conheceram, demonstrando que a economia brasileira é mais sólida que a da maior parte dos países emergentes. A Rússia, pela proximidade dos países desenvolvidos, sofreu de forma brutal o impacto da crise internacional. A Índia abrandou o seu ritmo de crescimento, mas recupera com bastante rapidez, o mesmo ocorrendo com a China. Talvez, o factor mais relevante, nesta recuperação dos três componentes não europeus dos BRICS, decorra dos seus respectivos mercados internos, ainda insuficientes e pequenos, se comparados com o dos países desenvolvidos. Quem, num país desenvolvido, pretendia comprar um carro, ante o medo da crise, da recessão e do desemprego, poderá atrasar a compra de 2 a 3 anos. Em países cujo mercado interno é composto de cidadãos que já possuem os principais bens representativos do conforto, o campo do consumo não comporta alargamento ou substituição, e decisões dessa natureza terminam por criar um círculo vicioso: menos vendas, mais desemprego, que geram menos vendas e mais desemprego" (A crise financeira internacional, Lex Editora, 2010, p. 98/99).

que se controle sua mecânica, é a confiança do mercado, que o dirige. Sem ela, desmorona.[21]

O mais importante banco do mundo é incapaz de resistir a uma corrida, se não houver suporte governamental.

É que todo o sistema atua com a multiplicação da moeda virtual, a que Fischer fazia menção (velocidade de circulação), e alavanca operações algumas vezes – se não muitas vezes – superiores a seu capital.

Dentro desta linha de raciocínio, seria muito difícil conseguir tornar autoaplicável o conceito de juros reais, que são aqueles juros escoimados da inflação e de outros fatores impactantes, como tributos, encargos trabalhistas, administrativos etc.[22]

---

[21] José Frederico Marques, citado pelo Ministro Sydney Sanches, na referida ADIN 4/88, lembra que: "O problema dos juros reais mormente na situação atual em que o País está sofrendo os efeitos de uma inflação galopante que a tudo subverte, constitui questão de alta indagação, que não se disciplina sic et simpliciter, mas exige difícil equacionamento de dados múltiplos e complexos a serem analisados com profundidade e percuciência. Todavia, tratando-se, como se trata, de matéria inserta no chamado sistema financeiro nacional, por força do que dispõe o contexto do mandamento constitucional, não é este quem a regulamenta, visto que a própria Constituição delegou essa regulamentação à legislação complementar. A regra do § 1°, do art. 192, será uma daquelas a serem obrigatoriamente contempladas na futura lei complementar, onde receberá o disciplinamento normativo adequado." 12.4. E afinal apresenta sua conclusão (p. 161): "a) – a regra do art. 192, § 3°, da Constituição em vigor, somente poderá ter aplicação depois de promulgada lei complementar regulando o sistema financeiro nacional" (Cadernos de Direito Tributário e Finanças Públicas n. 12, ob. cit. p. 291).

[22] Em parecer que elaborei, também citado pelo Ministro Sydney Sanches, na referida ADIN 4/88, escrevi: "Não há conceito jurídico de juros reais. A matéria deve ser investigada na Economia, que doutrinariamente também não oferta contexto definitivo sobre a matéria. Em 1982, fui relator nacional pelo Brasil, no XXXVI Congresso da IFA International Fiscal Association, em Montreal, no Canadá, tendo o meu trabalho, redigido com a colaboração de Henry Tilbery, sido apresentado ao lado daqueles dos demais relatores nacionais, a saber: Peter Laube (Alemanha), Carlos A.Prada (Argentina), Ian Langford-Brow/David F.Libling (Austrália), Kurt Neuner (Áustria), Paul Sibile (Bélgica), Brian A.Felesky/Marc Noel (Canadá), Carlos A.Ramirez Guerrero (Colômbia), Jaime Basanta de la Peña (Espanha), Jay M.Gonzáles/Gary Clyde Hufbauer/Jerome B.Libin (Estados Unidos), Edward Anderson (Finlândia), N. Mouillan-Hogberg (França), Panos Mantzouranis/Costas Mingas (Grécia), Patrick B.Paul (Hong-Kong), Josef Pick/Bem-Ami Zuckermann (Israel), Massino Alderighi (Itália), Susumu Hijikata (Japão), André Elvinger/Jean Kaufmann (Luxemburgo), Arnold Rorholt (Noruega), A.Valabh (Nova Zelândia), C.A.M. Rosenberg (Holanda), Eric J.Henbrey (Reino Unido), Hans-Georg Fomback/Lars Jaktling (Suécia) e Alfons R. Schmid (Suíça). O tema único para todos os autores poderia ser traduzido por "O tratamento fiscal dos juros nas relações econômicas internacionais". Foi relator-geral o Prof. E. Hohn, que pediu a todos os autores que conceituassem, de início, os juros, para que se discutisse a seguir seu tratamento legal (IFA 1938-1988 – International Fiscal Association, Resolutions Book, Ed. International Bureau of Fiscal Documentation, Amsterdam, 1988). O interessante a notar é que se dúvida inexistia a respeito de ser o juro rendimento de capital, cada relator apresentou variantes sobre a conformação final do seu conceito, inclusive, à falta de indicador absoluto para medir a inflação. Os trabalhos foram publicados em 4 línguas (francês, inglês, alemão e espanhol), nos Cahiers de Droit Fiscal International, vol. LXVII, editados simultaneamente em Boston, Antuérpia, Londres e Frankfurt, com 661 páginas. As conclusões finais do debate terminaram por espelhar a falta de um perfil definitivo sobre os juros, tendo em alguns dos tópicos tal aspecto sido realçado. A primeira proposta, inclusive, menciona o perfil conjuntural dos mesmos ao dizer: "Les interêts *conformes aux conditions du marche* que sont verses à des créanciers non residents devraient, em vertu du príncipe de non discrimination, être déductibles auprès du débiteur de la même façon que lês intérêts versés à des créanciers résidents" (IFA 1938/1988, International Fiscal Association,

O Ministro Sydney Sanches, portanto, ao relatar a ADIN nº 4/88, num dos mais longos votos da história da Casa, procurou estudar toda a mecânica dos juros, principalmente o seu fator regulatório do mercado, capaz de baixar ou elevar a inflação, na teoria do controle da impaciência de gastar pela oportunidade de investir.

Diversos foram os juristas, à época, chamados a opinar sobre a matéria, todos eles mostrando a inviabilidade da autoaplicação de um dispositivo que não falava em juros "nominais", mas "reais", sem ter definido o conceito do que seriam "juros reais".

Continuou, pois, o Banco Central a operar, precariamente, no sistema de controle do sistema financeiro anterior. Quando proposta a ADIN, tranquilizou-se, após o STF manifestar-se, no sentido de que sem lei complementar, seria impossível definir o conceito de juros reais, lei esta que deveria balizar as fronteiras para a definição desse instituto, não havendo porquê alterar a forma de atuação do BACEN, à época.

A própria lei complementar, se viesse a ser produzida, dificilmente encontraria fórmula capaz de definir juros reais, lembrando-se que, se viesse a ser aplicado o § 3º do artigo 192, o Brasil perderia o único instrumento que tinha e tem de controlar a inflação, na medida em que o engessamento da máquina burocrática, pela Constituição de 1988, não permite que, do lado das despesas de custeio, possa o governo adotar medidas regulatórias do mercado.

Como os juros exteriorizam a remuneração do capital que só permanece ou é retirado de uma determinada região ou país em face do interesse aplicacional, à evidência, o controle do mercado, a calibragem da sua taxa não pode ficar aprisionada a um balizamento legal de impossível adaptação à realidade econômica, em permanente mutação.[23]

Não sem razão, o Ministro Sydney Sanches, acompanhado pela maioria de seus pares, houve por bem entender não ser autoaplicável, o

---

Resolutions Book, cit. p. 303)" (grifos meus)" (Cadernos de Direito Tributário e Finanças Públicas n. 12, ob. cit. p.297).

[23] O parecer do Procurador-Geral da Fazenda Nacional, Dr. Cid Heráclito de Queiroz, também citado pelo Ministro Sydney Sanches, segue a mesma linha: "O preceito em tela não é bastante em si, porque não define o que sejam juros reais, nem, tampouco, o meio de se fixar, sem erro, taxa de inflação, consequentemente impossibilitando o enquadramento criminal dos infratores. 9) Também não define o que se deva entender por 'comissões e outras remunerações direta ou indiretamente referidas à concessão de crédito' e, em consequência, o que se possa admitir como excluído dessa cláusula, como despesas administrativas, deságios e tributos. 10) Se assim fosse, isto é, se o dispositivo em foco fosse autoaplicável, antes da organização do novo Sistema Financeiro Nacional, inviabilizar-se-iam, abruptamente, a política monetária do Governo: a colocação, no mercado, de títulos públicos; as operações de mútuo; o crédito direto ao consumidor; os cartões de crédito; os cheques especiais; o desconto de duplicatas; a emissão de títulos com correção prefixada; o repasse de recursos de origem externa, etc.'" (Cadernos de Direito Tributário e Finanças Públicas, ob. cit. p. 302).

dispositivo constitucional, que o bom-senso do constituinte veio a revogar definitivamente com a EC nº 40/03.[24]

Ora, a Ministra Ellen Gracie, cuja cultura transcende as fronteiras do Direito, versada também em economia e finanças, houve por bem suscitar a questão, obter a repercussão geral, assim como ver aprovada a edição da Súmula nº 7, já atrás referida, que, de uma vez por todas, afastou a aplicação pretérita de norma contendo irracional disposição, felizmente revogada em 2003, isto é, a regulamentação dos juros, não em face das necessidades da população e do mercado, mas por disposição constitucional!!!

A firmeza de sua posição em toda a condução do processo é que me levou a escrever sobre a matéria, homenageando-a não só pela relatoria em exame, mas por toda a sua vida dedicada ao direito.

---

[24] Consta da ementa da ADIN n. 4/88 o seguinte trecho: "Tendo a Constituição Federal, no único artigo em que trata do Sistema Financeiro Nacional (art. 192), estabelecido que este será regulado por lei complementar, com observância do que determinou no *caput*, nos seus incisos e parágrafos, não é de se admitir a eficácia imediata e isolada do disposto em seu § 3º, sobre taxa de juros reais (12% ao ano), até porque estes não foram conceituados. *Só o tratamento global do sistema financeiro nacional, na futura lei complementar, com a observância de todas as normas do 'caput', dos incisos e parágrafos do art. 192, é que permitirá a incidência da referida norma sobre juros reais e desde que estes também sejam conceituados em tal diploma.*

Em consequência, não são inconstitucionais os atos normativos em questão (parecer da Consultoria Geral da República, aprovado pela Presidência da República e circular do Banco Central), o primeiro considerando não autoaplicável a norma do § 3º sobre juros reais de 12% ao ano, e o segundo determinando a observância da legislação anterior à Constituição de 1988, até o advento da lei complementar reguladora do Sistema Financeiro Nacional.

Ação direta de inconstitucionalidade julgada improcedente, por maioria de votos" (grifos meus) (Cadernos de Direito Tributário e Finanças Públicas, ano 3, n. 12, Jul/Set. 1995, p. 243/244).

— 8 —

Repercussão geral, transporte aéreo e reparação tarifada

GUILHERME CALMON NOGUEIRA DA GAMA

Desembargador do Tribunal Regional Federal da 2ª Região (RJ-ES). Ex-juiz auxiliar do Supremo Tribunal Federal (no gabinete da Ministra Ellen Gracie Northfleet). Coordenador dos Juizados Especiais Federais da 2ª Região. Diretor-Geral do Gabinete de Conciliação do Tribunal Regional Federal da 2ª Região. Mestre e Doutor em Direito Civil pela UERJ. Professor Adjunto de Direito Civil da UERJ (Graduação e Pós-Graduação). Professor Permanente do Programa de Pós-Graduação da Universidade Gama Filho (RJ). Membro do IBDFAM (Instituto Brasileiro de Direito de Família) e da ABDC (Academia Brasileira de Direito Civil).

Sumário: 1. Introdução; 2. Transporte aéreo e a regulação jurídica; 3. Transporte aéreo no Direito Contratual; 4. Transporte aéreo no Direito de Danos; 5. Limitação do *quantum* da reparação nas Convenções Internacionais e na Lei n. 7.565/86; 6. Limitação do *quantum* e repercussão geral; 7. Conclusão; Referências.

1. Introdução

Antes de iniciar propriamente a abordagem acerca do tema jurídico objeto deste artigo de doutrina, é fundamental render justa homenagem à Ministra Ellen Gracie Northfleet, do Supremo Tribunal Federal, que, recentemente, completou dez anos de atividades judicantes e administrativas junto à Corte – mais precisamente em dezembro de 2010. Com a experiência de haver integrado o Ministério Público Federal e o Tribunal Regional Federal da 4ª Região – onde ocupou o cargo de Presidente –, a Ministra Ellen Gracie se tornou a primeira mulher a ocupar o cargo de Ministro da mais alta Corte na estrutura do Poder Judiciário brasileiro.

Além de exímia conhecedora e cultora do Direito, de notável cultura e inteligência, e de possuir elevado senso de objetividade na solução das controvérsias levadas ao seu conhecimento, a Ministra Ellen Gracie se notabiliza pela perfeita organização e planejamento das atividades que desempenha, inclusive e principalmente no âmbito da Suprema Corte. No período de sua gestão como Presidente do Supremo Tribunal Federal inúmeras foram as iniciativas e realizações, tais como o processo eletrônico, a convocação de magistrados auxiliares e a implantação do instituto da repercussão geral para fins de admissibilidade do recurso extraordinário.

Assim, sentindo-me honrado pelo irrecusável convite para participar desta obra coletiva em homenagem a Ministra Ellen Gracie, optei por cuidar de tema afeto ao transporte aéreo internacional e às Convenções Internacionais a ele relacionadas que, como será analisado, teve reconhecida a repercussão geral na parte referente à possibilidade de limitação da reparação de danos. Cuida-se da repercussão geral reconhecida no Agravo de Instrumento n. 762.184-RJ, tendo como Relator o Ministro Cezar Peluso.

O Supremo Tribunal Federal – mais alta Corte na hierarquia do Poder Judiciário brasileiro – tem a missão precípua de ser o guardião da Constituição da República Federativa do Brasil (CF, art. 102) e, desde a Emenda Constitucional n. 45, de 08.12.2004, somente será admitida a subida de recurso extraordinário quando houver o reconhecimento da repercussão geral das questões constitucionais discutidas no caso (CF, art. 102, § 3º), nos termos da Lei n. 11.418, de 19.09.2006.

Para fins de conhecimento do recurso extraordinário diante da repercussão geral, será considerada a existência de questões relevantes do ponto de vista econômico, político, social ou jurídico, que ultrapassem os interesses particulares da causa sob julgamento (CPC, art. 543-A, § 1º, na redação dada pela Lei n. 11.418/06). E, caso haja multiplicidade de recursos com fundamento na mesma questão, a análise da repercussão geral será feita com base em um ou mais recursos representativos da controvérsia, devendo os demais recursos ficarem suspensos até pronunciamento definitivo da Suprema Corte (CPC, art. 543-B, § 1º, na redação dada pela Lei n. 11.418/06).

Desse modo, o trabalho será dividido em partes de modo a apresentar inicialmente um panorama geral do transporte aéreo e, assim, permitir a identificação dos contornos e das razões do tratamento legislativo a respeito do tema. Em seguida, a abordagem consistirá nos aspectos do contrato e da responsabilidade civil envolvendo o transporte aéreo. Finalmente, buscar-se-á identificar os principais fundamentos para sustentar a continuidade da limitação quanto à reparação dos danos materiais e morais nos atos normativos internacionais, bem como os argumentos utilizados no sentido contrário, a saber, a ausência de limitação do *quantum* reparatório.

Como ocorre em outros setores do Direito, é fundamental o diálogo entre o Código de Defesa do Consumidor, o Código Civil de 2002, a Convenção de Montreal de 1999 e a Lei n. 7.565/86, de modo a permitir a correta interpretação e aplicação das normas referentes à reparação dos danos relacionados à atividade de transporte aéreo.

2. Transporte aéreo e a regulação jurídica

Neste item, serão analisados aspectos relacionados aos antecedentes e ao desenvolvimento da regulação jurídica no setor do transporte aéreo devido às inúmeras peculiaridades que se apresentam nesta atividade.

Após as primeiras experiências exitosas com base em inventos apresentados no início do século XX, no ano de 1929 foi editada a Convenção de Varsóvia. Assim, o início da atividade econômica e industrial vinculada à aeronavegação representou um dos antecedentes históricos da referida Convenção Internacional. Outro aspecto importante, em termos de influência na formulação de regras jurídicas a respeito do tema, consistiu no tipo de público destinatário da atividade de transporte aéreo (internacional). Naquela fase histórica, somente eram passageiros aqueles que eram titulares de condições consideradas privilegiadas, integrantes das classes sociais mais abastadas sob o ponto de vista econômico.

Diante do início da atividade econômica e industrial – aliado ao receio de o transportador ter que suportar pesados ônus (indenizações vultosas e insegurança empresarial) – e da verificação de que os passageiros tinham condição econômica privilegiada – e, assim, poderiam suportar parte dos riscos de acidente aéreo –, construiu-se uma teoria relacionada à natureza especial dos "riscos do ar". Em se tratando de meio de transporte novo à época e com potencial quase desconhecido, o transporte aéreo nos primórdios gerou a consciência acerca dos riscos que transportador e usuário tinham em razão de possíveis acidentes relacionados à atividade aérea.[1]

No Direito Aeronáutico, desse modo, surgiu a doutrina da divisão dos riscos que fundamentou a cláusula geral limitadora da reparação em caso de responsabilidade do transportador. Havia clara preocupação em não prejudicar o desenvolvimento do setor da atividade econômica e industrial e, simultaneamente, estimular mais investimentos que pudessem gerar o aperfeiçoamento dos inventos e da própria aviação empresarial.

---

[1] CARRÁ, Bruno Leonardo Câmara. *Da submissão do contrato de transporte aéreo às normas do Código de Defesa do Consumidor*. Fortaleza: ABC Editora e Associação Cearense do Ministério Público, 2002, p. 16.

No dia 12.10.1929, foi aprovada a Convenção para Unificação de Certas Regras relativas ao Transporte Aéreo Internacional, mais conhecida como a Convenção de Varsóvia, abrangendo não apenas o transporte de pessoas (com ou sem bagagem), mas também o transporte de coisas (carga ou mercadorias). Mais recentemente, em 28.05.1999, foi aprovada a Convenção de Montreal que substituiu a Convenção de Varsóvia, sendo internalizada no ordenamento jurídico brasileiro pelo Decreto n. 5.910, de 27.09.2006.

Três princípios passaram a nortear o sistema jurídico de Varsóvia em relação ao transporte aéreo internacional: a) a responsabilidade subjetiva; b) a presunção de culpa do transportador no caso de dano decorrente da atividade aeronáutica; c) a limitação da reparação do dano em decorrência da responsabilidade civil configurada.

No âmbito do Direito Interno, houve a edição da Lei n. 7.565, de 19.12.1986 – mais conhecida como Código Brasileiro de Aeronáutica –, que abrange o transporte aéreo nacional (ou doméstico), englobando aspectos da responsabilidade civil contratual e extracontratual. Na Europa, contudo, há o Regulamento n. 261/2004, mais conhecido como Regulamento do Direito dos Passageiros, aplicável às hipóteses de cancelamento de voo ou de atraso considerável.[2]

Em razão de transformações operadas na sociedade, no mundo, na economia, atualmente vivencia-se o fenômeno da mundialização das relações entre as pessoas, tendo ocorrido significativo aumento das atividades econômicas que envolvem o transporte aéreo, seja no desenvolvimento das relações empresariais entre as pessoas físicas e jurídicas, seja no segmento do incremento do turismo (nacional e internacional). Há posicionamento doutrinário no sentido de que as atividades relacionadas ao transporte aéreo são altamente lucrativas, concedidas ou autorizadas pela União, e se referem, na maior parte dos casos, à prestação de serviços considerados essenciais para a satisfação de necessidades sociais.[3]

Na contemporaneidade, constata-se razoável crescimento do número de conflitos entre as transportadoras aéreas e os passageiros e usuários dos serviços de transporte aéreo, o que obviamente se reflete na judicialização de questões de índole contratual e relativas ao Direito de Danos decorrentes da atividade de transporte aéreo.

---

[2] NORDMEIER, Carl Friedrich. Direito Internacional Privado: implicações em viagens aéreas internacionais e a situação jurídica dos passageiros. *Revista de Direito do Consumidor*. v. 73, 2010, p. 210.

[3] ROBOREDO, Alda Regina Revoredo. Responsabilidade civil e o "apagão aéreo". In: ALVIM, Angélica Arruda; CAMBLER, Everaldo Augusto (coords.). *Atualidades de Direito Civil*. v. II. Curitiba: Juruá, 2007, p. 262.

Dentro dos critérios existentes referentes à classificação do transporte aéreo, é importante a distinção entre transporte regular e transporte não regular. O primeiro é aquele em que estão previamente regulamentadas as rotas, horários de voos, preços das passagens aéreas, entre outros aspectos, sujeitando-se à concessão pela União Federal (CF, art. 21, XII, *a*). O segundo é o transporte não agendado, independente de horário ou rota previamente estabelecidos, sujeitando-se à autorização da União Federal (Lei n. 7.565/86, art. 180). Como exemplo de transporte não regular, pode-se citar os casos de serviço de táxi aéreo realizado por sociedade empresária autorizada pelo Poder Público para poder exercer suas atividades de transporte aéreo civil.

Na Constituição Federal de 1988, o art. 178, *caput*, estabelece que lei disporá sobre a ordenação dos transportes aéreo, aquático e terrestre, sendo obrigatória a observância dos acordos firmados pela União em relação ao transporte internacional. Relativamente à proteção e promoção dos interesses do consumidor, o art. 5º, XXIII, da Magna Carta brasileira, prevê a defesa do consumidor como direito e garantia fundamental, além de o art. 170, V, inseri-la também como um dos princípios da ordem econômica.

A Lei n. 8.078/90 – mais conhecida como o Código de Defesa do Consumidor – foi resultado de um processo cultural e social relacionado aos movimentos consumeristas que, no Brasil, se iniciaram na década de oitenta do século XX. Considera-se que o legislador de 1990 criou uma sobre-estrutura jurídica multidisciplinar, com normas de sobredireito aplicáveis em todos os ramos do Direito onde se verificam as relações de consumo.[4]

O Código Civil de 2002, em razão da busca da unificação do Direito das Obrigações, trata do contrato de transporte nos arts. 730 a 756, dividindo a matéria em três grandes áreas: a) Disposições Gerais (Seção I); b) Transporte de Pessoas (Seção II); e c) Transporte de Coisas (Seção III). Como registra José Gabriel Assis de Almeida, a intenção do legislador de 2002 foi no sentido de que o Código Civil seja considerado a norma geral relativamente ao contrato de transporte (inclusive aéreo), subordinando-se ao tratamento especial dado pelo Código Brasileiro de Aeronáutica e pelo Sistema de Varsóvia.[5]

É digno de registro que, mesmo antes do advento do Código Civil de 2002, o contrato de transporte já havia sido objeto de regulamentação em textos de leis especiais como por exemplo o Decreto n. 2.681/1912, o

---

[4] CAVALIERI, Sérgio. *Programa de Direito do Consumidor*. São Paulo: Atlas, 2008, p. 13.

[5] ALMEIDA, José Gabriel Assis de. Contrato de transporte aéreo no novo Código Civil brasileiro. *Revista da SBDA – Direito Aeronáutico e Direito Espacial*. n. 87. Fevereiro de 2004, p. 4.

Decreto-Lei n. 32/1966, o Decreto-Lei n. 116/1967, a Lei n. 6.453/1977, entre outros, que já mencionavam alguns tipos de transportes para fins de produção de efeitos jurídicos, como o transporte marítimo, ferroviário e aéreo. Relativamente às estradas de ferro, o Decreto n. 2.681/1912 já cuidava do tema da responsabilidade civil do transportador sob a perspectiva da culpa presumida logo no início da vigência do texto legal. Posteriormente, a jurisprudência passou a dispensar a discussão a respeito da culpa, razão pela qual a hipótese referida no Decreto n. 2.681/1912 é normalmente apontada como uma das primeiras manifestações legislativas no Direito brasileiro quanto à responsabilidade civil objetiva.

3. Transporte aéreo no Direito Contratual

O tema relativo ao transporte aéreo internacional deve ser analisado sob a perspectiva contratual de modo a ser possível a correta compreensão de aspectos relacionados à questão do tarifamento ou limitação do *quantum* da obrigação de reparação do dano (material e moral) causado ao passageiro, bagagem ou à mercadoria transportada.

Com base no contrato de transporte, alguém – denominado transportador – se obriga a transportar pessoa ou coisa de um local para outro, mediante remuneração. No Código Brasileiro de Aeronáutica, o art. 222 apresenta noção legal a respeito do contrato de transporte aéreo, conceituando-o como aquele contrato que obriga o empresário a transportar passageiro, bagagem, carga, encomenda ou mala postal, por meio de aeronave, mediante pagamento, podendo o transportador ser pessoa física ou jurídica, proprietário ou explorador da aeronave.

A disciplina do Código Civil de 2002 a respeito do contrato de transporte se baseou na ideia de buscar a unificação do Direito das Obrigações, sendo que o contrato é qualificado como bilateral, comutativo, oneroso e meramente consensual,[6] além de normalmente ser adotada a técnica da contratação por adesão.

O contrato de transporte é, em regra, um contrato de adesão, com a utilização das denominadas "condições contratuais" anexadas ao bilhete de passagem aérea. E, diante da prestação de serviços de transporte aéreo a destinatários que se caracterizam por alguma vulnerabilidade, também ele é comumente classificado como um contrato de consumo. As partes contratantes são o passageiro ou remetente (ou expedidor) da mercadoria e a transportadora (ou condutora), havendo reflexos no destinatário ou titular do bem em se tratando de transporte de coisa.

---

[6] SANCHES, José Alexandre Ferreira. Responsabilidade civil no transporte aéreo de bagagens. *Revista Magister de Direito Empresarial*. n. 22, ag./set. 2008, p. 68.

É importante proceder-se à análise do conteúdo dos efeitos contratuais relativos ao transporte. Com a contratação, surge para o transportador a obrigação de transportar a pessoa, ou a mercadoria, em conformidade com o roteiro (ou itinerário previsto), com zelo e diligência necessários. O transportador tem as obrigações de recepcionar, acomodar, entregar a pessoa ou a coisa, no seu destino, atendidas as normas de segurança e operacionalização compatíveis ao meio de transporte utilizado,[7] sem qualquer dano à sua integridade. Ainda que não se trate de contrato solene ou formal, há certos documentos (hoje inclusive sob o formato eletrônico também) que representam o vínculo jurídico constituído entre as partes: a) o bilhete de passagem aérea no caso de transporte de pessoas; b) a nota de bagagem referente à circunstância de haver sido despachada alguma bagagem do passageiro; c) conhecimento aéreo de transporte em se tratando de transporte de coisas.

Há, no contrato de transporte, cláusula de incolumidade já que o transportador assume a obrigação tácita de conduzir o passageiro – ou a mercadoria – são e salvo ao local de destino.[8] Entende-se, como regra, que a obrigação principal do contrato de transporte representa autêntica obrigação de resultado eis que haverá adimplemento do contrato com a entrega da pessoa ou coisa no seu destino, em perfeito estado, sob pena de configuração de responsabilidade civil.

Com base na cláusula geral da boa fé objetiva, os deveres anexos ao contrato de transporte compreendem o dever de informar sobre problemas técnicos, o de cooperar (ajudar) o máximo possível para a realização do desejo de o passageiro ser transportado, inclusive com a indicação de voos alternativos,[9] por exemplo.

Pelo contrato de transporte aéreo de bagagem, a transportadora se obriga a transportar do ponto de partida ao ponto de destino, conjuntamente com o passageiro, seus pertences e objetos pessoais, adequados para sua comodidade e uso durante o trajeto da viagem.[10] Há o caráter acessório deste em relação ao contrato de transporte de passageiro, eis que não há possibilidade de a bagagem encontrar-se desacompanhada da pessoa transportada.

---

[7] SANCHES, José Alexandre Ferreira. Responsabilidade civil no transporte aéreo de bagagens. *Revista Magister de Direito Empresarial*. n. 22, ago./set. 2008, p. 69.

[8] GONÇALVES, Carlos Roberto. *Direito Civil brasileiro*. V. 4. 5. ed. São Paulo: Saraiva, 2010, p. 220.

[9] NORDMEIER, Carl Friedrich. Direito Internacional Privado: implicações em viagens aéreas internacionais e a situação jurídica dos passageiros. *Revista de Direito do Consumidor*. v. 73, 2010, p. 219.

[10] SANCHES, José Alexandre Ferreira. Responsabilidade civil no transporte aéreo de bagagens. *Revista Magister de Direito Empresarial*. n. 22, ago./set. 2008, p. 70.

Contudo, não se pode confundir o contrato de transporte de bagagem – de índole acessória – com o contrato de transporte de cargas (ou de mercadorias), eis que este tem caráter autônomo e independente, não sendo considerado acessório a nenhum outro tipo contratual. Relativamente ao contrato de transporte aéreo de bagagens há disciplina no Sistema de Varsóvia, na Convenção de Montreal e nas Condições Gerais IATA (*Intercarrier Agreement on Passenger Liability*).

De acordo com a jurisprudência europeia, não há como haver confusão entre o contrato de organização de viagens (ou contratos de viagem turística) e o contrato de intermediação de viagem, sendo que a responsabilidade civil da agência de viagens somente é reconhecida na primeira hipótese.

A ANAC, no segmento das atribuições que lhe são impostas por lei, editou a Resolução n. 141, de 09 de março de 2010, buscando regular as condições gerais de transporte aéreo e as consequências aplicáveis nas hipóteses de atrasos e cancelamentos de voos, além das hipóteses de preterição de passageiros – mais conhecida pela expressão inglesa *overbooking*.

Com base na normativa da ANAC, há deveres de informação, de reacomodação e de reembolso ou conclusão do serviço de transporte aéreo por outra modalidade de transporte, além de dever de assistência material ao passageiro.

4. Transporte aéreo no Direito de Danos

No transporte aéreo nacional, bem como no transporte aéreo internacional, houve desde o início da regulamentação jurídica sobre o tema, a preocupação com a questão da responsabilidade civil em razão de danos causados por força da atividade aérea. Atualmente, como expressão quase sinônima de responsabilidade civil tem se utilizado o termo Direito de Danos para designar o segmento do universo jurídico que se ocupa em cuidar da obrigação de reparar danos causados e que se qualificam como danos injustos, passíveis de reparação.

Como adverte a doutrina, os desastres aéreos envolvendo passageiros têm sido considerados e apontados como situações emblemáticas de autênticos acidentes de consumo,[11] fazendo surgir a responsabilidade da sociedade empresária de transporte pela reparação do dano, independentemente de culpa. No Brasil, os episódios relacionados aos desastres en-

---

[11] GRASSI NETO, Roberto. Crise no setor de transporte aéreo e a responsabilidade por acidente de consumo. In: ALVIM, Angélica Arruda; CAMBLER, Everaldo Augusto (coords.). *Atualidades de Direito Civil.* v. II. Curitiba: Juruá, 2007, p. 155.

volvendo o Fokker 100 da TAM – com noventa e nove mortes –, o Boeing 737-800 da Gol – com cento e cinquenta e quatro mortes –, o Airbus A-320 da TAM – com cento e oitenta e sete mortes –, além do mais recente relacionado à aeronave da Air France – com mais de duzentos mortos –, representam os casos mais graves de responsabilidade civil do transportador aéreo devido à provocação da morte de passageiros transportados em tais voos.

De modo resumido, pode-se reconhecer os seguintes casos reconhecidos expressamente na legislação envolvendo o Direito de Danos e o transporte aéreo: a) destruição, perda ou avaria de bagagens despachadas; b) morte ou lesão corporal de passageiro; c) destruição, perda ou avaria de mercadoria; d) atraso no transporte aéreo de passageiro, bagagem ou mercadorias.

A hipótese de destruição, perda ou avaria de bagagens despachadas, encontra-se prevista no art. 17, alínea 2, da Convenção de Montreal (antigo art. 18 da Convenção de Varsóvia) – relativamente ao transporte aéreo internacional – e no art. 260 do Código Brasileiro de Aeronáutica – no que tange ao transporte aéreo doméstico. O transportador é obrigado a custodiar as bagagens desde a entrega até o momento da sua devolução no lugar de destino. De acordo com as normas jurídicas referidas, há a limitação do valor da reparação em Direitos Especiais de Saque (DES) no transporte internacional,[12] ou em OTN no transporte nacional. O DES substituiu o franco poincaré que era anteriormente previsto na Convenção de Varsóvia e, por isso, houve algumas mudanças importantes introduzidas pelo Protocolo (ou Convenção) de Montreal nesta matéria.

Os casos de morte e de lesão corporal de passageiros, para fins de caracterização da responsabilidade civil do transportador, são os que ocorrem a bordo da aeronave ou durante a operação de embarque ou desembarque. A limitação do *quantum* da reparação, no âmbito do transporte aéreo internacional de acordo com a norma atualmente em vigor (Convenção de Montreal) é de, no máximo, 100.000 (cem mil) DES.

As hipóteses de destruição, perda ou avaria de mercadoria também são contempladas na legislação, sendo necessário que o referido dano ocorra no curso do transporte aéreo (Convenção de Varsóvia, art. 18). O atraso no transporte aéreo de passageiro, bagagem ou mercadorias também recebeu tratamento expresso na legislação (Convenção de Varsóvia, art. 19).

---

[12] Na normativa existente no período anterior à Convenção de Montreal, o patamar de indenização, em danos relacionados à bagagem, era limitado a 250 (duzentos e cinquenta) francos-poincaré por quilo de bagagem. A bagagem de mão, acaso extraviada, destruída ou danificada de algum modo, poderia ensejar uma indenização no patamar máximo de 5.000 (cinco mil) francos-poincaré (art. 22, alínea 3).

Hoje em dia é consenso quanto à natureza da responsabilidade civil da transportadora aérea ser objetiva ou independente de culpa, mesmo que o elemento subjetivo se verifique no caso concreto. Carlos Roberto Gonçalves registra que a responsabilidade civil do transportador, atualmente, pode surgir relativamente aos seus empregados, aos terceiros e aos passageiros, sendo que relativamente aos terceiros o fundamento é o disposto no art. 37, § 6°, da Constituição Federal, ou seja, uma modalidade de risco administrativo devido à qualificação da transportadora como pessoa jurídica de direito privado prestadora de serviço público.[13]

Em todos os casos, há "indenização" tarifada tal como previsto anteriormente no Sistema da Convenção de Varsóvia e, mantido, com algumas alterações, no Sistema da Convenção de Montreal, além de previsão no Código Brasileiro de Aeronáutica. Uma das alterações feitas pela Convenção de Montreal foi a elevação dos valores máximos – limites – da responsabilidade do transportador aéreo. A discussão que surge é a seguinte: *é possível a subsistência dos limites do quantum de reparação do dano (moral e/ou moral) decorrente da atividade de transporte aéreo, seja em relação à Constituição Federal de 1988, seja no que se refere ao Código de Defesa do Consumidor?*

Sabe-se que, com fundamento no art. 21, XII, *c*, e art. 37, § 6°, ambos da Constituição Federal, a União tem competência para explorar, mediante concessão, autorização ou permissão, a navegação aérea, havendo responsabilidade civil objetiva das pessoas jurídicas de direito privada que venham a ser prestadoras de serviço público.

O Código Brasileiro de Aeronáutica prevê, ainda, as seguintes espécies de responsabilidade: a) a responsabilidade do construtor do produto aeronáutico, desde que brasileiro, em relação à culpa pelos danos decorrentes de defeito de fabricação (art. 280, I); b) a responsabilidade da administração dos aeroportos ou da Administração Pública, em serviços de infra-estrutura, por culpa de um de seus operadores, em acidentes (art. 280, II). O teto indenizatório é aplicável a tais situações, inclusive no que se refere à administração de aeroportos ou à Administração Pública em serviços de infraestrutura.[14] É interessante notar que, em matéria de transporte aéreo doméstico, a responsabilidade civil do transportador se estende aos passageiros que viajam gratuitamente (por cortesia, sem qualquer tipo de contraprestação por parte dele), aos tripulantes, diretores e empregados da sociedade transportadora que viajarem na aeronave acidentada (art. 256 do Código Brasileiro de Aeronáutica).

---

[13] GONÇALVES, Carlos Roberto. *Direito Civil brasileiro*. V. 4. 5. ed. São Paulo: Saraiva, 2010, p. 216.

[14] GRASSI NETO, Roberto. Crise no setor de transporte aéreo e a responsabilidade por acidente de consumo. In: ALVIM, Angélica Arruda; CAMBLER, Everaldo Augusto (coords.). *Atualidades de Direito Civil*. v. II. Curitiba: Juruá, 2007, p. 162.

A Convenção de Montreal dividiu dois níveis de responsabilidade civil do transportador aéreo internacional para os casos de morte ou lesão corporal de passageiro: a) o limite até 100.000 (cem mil) DES em se tratando de hipótese de responsabilidade civil objetiva; b) ausência de limite, quando se tratar de caso de responsabilidade civil subjetiva no âmbito da denominada culpa provada.[15] O mesmo tipo de distinção é feito pelo Código Brasileiro de Aeronáutica (art. 272) relativamente ao transporte aéreo nacional.

Deve-se atentar para o reconhecimento jurisprudencial corrente no sentido da possibilidade de cumulação do ressarcimento do dano material e da reparação do dano moral (STJ, Súmula 37), inclusive em caso de acidente decorrente de transporte aéreo.

No segmento da responsabilidade civil do transportador, o elemento referente ao nexo de causalidade se revela fundamental. Daí, em contrapartida, a preocupação com as hipóteses de excludentes da responsabilidade civil por ausência do nexo causal. Alguns exemplos são normalmente apresentados pela doutrina para os casos de ausência de responsabilidade como o atraso no voo por problemas técnicos na aeronave ou a greve dos funcionários da companhia aérea.

No Código Civil de 2002, os arts. 734 e 737 identificam o motivo de força maior para a exclusão da responsabilidade civil do transportador. Assim, o transportador de pessoas responde pelos danos a elas causados salvo motivo de força maior (art. 734), devendo cumprir os horários e itinerários previstos sob pena de responder civilmente, salvo motivo de força maior (art. 737). No Código Brasileiro de Aeronáutica (arts. 230 e 231), há alguns casos de exclusão do nexo de causalidade: a) expressa determinação da autoridade (aeronáutica, da Receita Federal, da Polícia Federal, por exemplo), caracterizando o fato do príncipe; b) força maior (ou fortuito externo); c) ocorrências políticas (como os atos de guerra e conflitos armados). Relativamente ao transporte de mercadoria, o art. 264, do Código Brasileiro de Aeronáutica, prevê, ainda, como excludentes de responsabilidade, os casos de dano decorrente da natureza ou vício próprio da mercadoria, de embalagem defeituosa não preparada pelo próprio transportador, além dos atos de guerra ou conflito armado, bem como ato de autoridade relativo à carga transportada.

O art. 14, § 3º, do Código de Defesa do Consumidor, identifica apenas o fato exclusivo da vítima como hipótese de exclusão do nexo causal,

---

[15] GRASSI NETO, Roberto. Crise no setor de transporte aéreo e a responsabilidade por acidente de consumo. In: ALVIM, Angélica Arruda; CAMBLER, Everaldo Augusto (coords.). *Atualidades de Direito Civil*. v. II. Curitiba: Juruá, 2007, p. 166.

mas obviamente também se inclui a força maior (fortuito externo) para o mesmo fim.

Há decisões que reconhecem a responsabilidade civil do transportador ainda que o atraso do voo se origine em razão de operação padrão dos controladores de voo, por rompimento do cabo de fibra ótica do Cindacta II ou em razão de fortes chuvas em São Paulo.[16]

A greve de funcionários da transportadora aérea não exclui o nexo causal, pois é fato inerente à atividade empresarial do transportador, configurando-se hipótese de fortuito interno. Da mesma forma, não se considera excludente de responsabilidade civil o atraso causado por problemas técnicos na aeronave no exercício da atividade empresarial, eis que defeitos nos equipamentos são reputados fortuito interno e, assim, não excluem o nexo causal para fins de imposição da obrigação de reparação do dano.[17]

Nos casos relacionados ao denominado "apagão aéreo", houve inadimplemento contratual por parte da transportadora aérea e, isso por si só, gerou o reconhecimento da responsabilidade civil objetiva da sociedade empresária. Alda Regina Roboredo sustentou que, no caso, a transportadora era responsável e, após o cumprimento da obrigação de reparar, teria direito de regresso contra o Estado.[18]

A culpa concorrente da vítima gera consequências jurídicas diferentes de acordo com o sistema que se aplique. No âmbito do Código de Defesa do Consumidor, a culpa concorrente não gera sequer redução do valor da indenização, tampouco acarreta a exclusão do nexo de causalidade. Por outro lado, o art. 738, parágrafo único, do Código Civil, leva em consideração tal culpa concorrente para que haja redução do valor em proporção ao grau de culpa da vítima.

5. Limitação do *quantum* da reparação nas Convenções Internacionais e na Lei n. 7.565/86

O tema objeto de repercussão geral no âmbito do transporte aéreo internacional consiste na limitação do valor a título de reparação do dano decorrente da atividade aérea.

---

[16] OLIVEIRA, Fernando de. Atrasos em vôos internacionais. *Revista Jurídica Consulex*. n. 326, agosto de 2010, p. 52.

[17] Idem, p. 51.

[18] ROBOREDO, Alda Regina Revoredo. Responsabilidade civil e o "apagão aéreo". In: ALVIM, Angélica Arruda; CAMBLER, Everaldo Augusto (coords.). *Atualidades de Direito Civil*. v. II. Curitiba: Juruá, 2007, p. 270.

No Brasil, a doutrina majoritária considera que não há como subsistir tal limitação, ainda que o tema não tenha sido pacificado no Supremo Tribunal Federal.

O principal fundamento da limitação do *quantum* é a regra contida no art. 178, da Constituição Federal, ao remeter à necessidade da obrigatoriedade do cumprimento das compromissos que a República brasileira assumiu perante a comunidade internacional através de Convenções e Tratados Internacionais, como é o caso da Convenção de Montreal. Em caso concreto levado ao conhecimento do Supremo Tribunal Federal, o Ministro Eros Grau defendeu a tese consoante a qual o Código de Defesa do Consumidor é norma geral, ao passo que a Convenção de Varsóvia (e a atual Convenção de Montreal) e o Código Brasileiro de Aeronáutica são normas especiais.[19]

Contudo, é possível identificar significativa parcela da doutrina no sentido da ausência de limitação do *quantum* da reparação. É importante o registro que a Convenção de Montreal, no seu art. 25, estabelece a possibilidade de o transportador estipular que o contrato de transporte se sujeitará a limites de reparação do dano mais elevados do que os previstos no texto convencional, ou que não se sujeitará a qualquer limite em termos de quantificação do dano a ser objeto de reparação.[20]

Fernando de Oliveira entende que as companhias aéreas se tornaram verdadeiras potências no segmento das atividades empresariais e a maioria dos usuários de seus serviços não têm condição econômica privilegiada, daí a indispensabilidade quanto à ausência de limitação de responsabilidade civil.[21]

José Alexandre Ferreira Sanches, por sua vez, defende a orientação de que eventual limitação do valor de reparação representaria violação à integral reparação dos prejuízos, contrariando o disposto nos arts. 6°, VI, 7° e 22, parágrafo único, todos do Código de Defesa do Consumidor.[22] Ademais, o mesmo autor sustenta que as normas da Lei n. 8.078/90 devem preponderar sobre as normas das Convenções Internacionais e do Código Brasileiro de Aeronáutica em razão do critério hierárquico, levando em consideração o fato de a defesa do consumidor ter *status* de

---

[19] Trata-se do voto proferido no Recurso Extraordinário n. 351.150-3- Rio de Janeiro, da 1ª Turma do Supremo Tribunal Federal, que mais adiante será comentado.

[20] GRASSI NETO, Roberto. Crise no setor de transporte aéreo e a responsabilidade por acidente de consumo. In: ALVIM, Angélica Arruda; CAMBLER, Everaldo Augusto (coords.). *Atualidades de Direito Civil*. v. II. Curitiba: Juruá, 2007, p. 167.

[21] OLIVEIRA, Fernando de. Atrasos em vôos internacionais. *Revista Jurídica Consulex*. N. 326, agosto de 2010, p. 53.

[22] SANCHES, José Alexandre Ferreira. Responsabilidade civil no transporte aéreo de bagagens. *Revista Magister de Direito Empresarial*. n. 22, ag./set. 2008, p. 71.

norma constitucional (CF, art. 5º, XXXII). O jurista reforça sua conclusão ao fazer expressa menção ao julgado no Recurso Especial n. 552.553-RJ, tendo como Relator o Ministro Fernando Gonçalves, do Superior Tribunal de Justiça.[23]

Marcelo Junqueira Calixto adota posicionamento semelhante aos anteriores, ao afirmar que o Código de Defesa do Consumidor tem prevalência relativamente ao Código Brasileiro de Aeronáutica e à Convenção de Varsóvia (mesmo com as alterações introduzidas pelos Protocolos de Haia e de Montreal).[24] No trabalho, o referido autor adverte para a circunstância de o tema haver sido considerado de repercussão geral.

No mesmo sentido é o posicionamento de Roberto Grassi Neto, para quem o art. 6º, VI, do Código de Defesa do Consumidor, encampou o princípio da reparação integral da vítima em razão do dano causado. Observa, também, que relativamente ao tema é importante que haja o diálogo das fontes, bem como a prevalência da norma que seja considerada mais favorável ao consumidor.[25] Contudo, em se tratando de relação contratual entre partes que não mantêm relação de consumo, devem prevalecer as normas internacionais que foram ratificadas e internalizadas pelo Brasil.

Alda Regina Roboredo aduz que as normas do Código de Defesa do Consumidor são de ordem pública e de interesse social (CDC, art. 1º) e, por isso, é imperioso que haja a reparação integral.[26]

A noção de que um dos princípios do CDC é o da reparação pelo sistema da responsabilidade civil objetiva é apresentada por Bruno Câmara Carrá e que, portanto, o Código de Defesa do Consumidor retirou a eficácia das normas que limitavam a indenização (CDC, art. 6º, VI).[27]

Carlos Roberto Gonçalves é peremptório ao reconhecer que no Direito brasileiro não se pode mais cogitar de qualquer modalidade de indenização tarifada, invocando o disposto nos arts. 21, XII, e 37, § 6º, ambos

---

[23] SANCHES, José Alexandre Ferreira. Responsabilidade civil no transporte aéreo de bagagens. *Revista Magister de Direito Empresarial*. n. 22, ago./set. 2008, p. 73.

[24] CALIXTO, Marcelo Junqueira. A responsabilidade civil do transportador na jurisprudência do Supremo Tribunal Federal. *Revisa de Direito do Consumidor*. , n. 76, 2010, p. 113.

[25] GRASSI NETO, Roberto. Crise no setor de transporte aéreo e a responsabilidade por acidente de consumo. In: ALVIM, Angélica Arruda; CAMBLER, Everaldo Augusto (coords.). *Atualidades de Direito Civil*. v. II. Curitiba: Juruá, 2007, p. 172-173.

[26] ROBOREDO, Alda Regina Revoredo. Responsabilidade civil e o "apagão aéreo". In: ALVIM, Angélica Arruda; CAMBLER, Everaldo Augusto (coords.). *Atualidades de Direito Civil*. v. II. Curitiba: Juruá, 2007, p. 270.

[27] CARRÁ, Bruno Leonardo Câmara. *Da submissão do contrato de transporte aéreo às normas do Código de Defesa do Consumidor*. Fortaleza: ABC Editora e Associação Cearense do Ministério Público, 2002, p. 56.

da Constituição Federal, para alcançar tal conclusão. E, complementa ao mencionar que a hipótese é de responsabilidade civil objetiva.[28]

O Professor Sérgio Cavalieri Filho, finalmente, esclarece que a proibição de limitação do *quantum*, contida no CDC, decorre se tratar de lei especial que disciplina todos os contratos que geram relações de consumo, aí incluídas as relativas ao transporte aéreo de passageiros.[29]

6. Limitação do *quantum* e repercussão geral

No julgamento do Recurso Extraordinário n. 351.750-3-RJ, da 1ª Turma do Supremo Tribunal Federal, considerou-se a impossibilidade de haver limitação do *quantum* da reparação do dano em decorrência da atividade aérea, em julgamento por maioria. Cuidava-se de caso concreto em que uma consumidora alegou ter sido vítima de danos morais em razão do atraso em voo internacional cujo transporte havia sido contratado com sociedade transportadora brasileira, julgado pela 1ª Turma Recursal dos Juizados Especiais Cíveis do Rio de Janeiro.[30]

O Ministro Carlos Britto, em seu voto, considerou que, em decorrência da proibição do retrocesso social, não seria possível admitir tal limitação. E, para tanto, invocou o disposto no art. 170, V, da Constituição Federal, relativamente ao princípio de defesa dos interesses do consumidor para concluir pela inadmissibilidade da limitação. Rematou o raciocínio ao mencionar que a norma constitucional não admite, expressa ou implicitamente, qualquer forma de restrição à reparação do dano. Em sequência, o Ministro Cezar Peluso acompanhou tal voto, acrescentando que o Código de Defesa do Consumidor tem primazia sobre os outros textos legislativos, porque protege certa categoria de direito, em especial diante da impossibilidade de se fazer qualquer restrição com fundamento no art. 5º, V, e X, da Constituição Federal.

A repercussão geral sobre o tema foi reconhecida, por maioria, no Agravo de Instrumento n. 762.184-Rio de Janeiro, em deliberação assim ementada:[31]

> RECURSO. Extraordinário. Extravio de bagagem. Limitação de danos materiais e morais. Convenção de Varsóvia. Código de Defesa do Consumidor. Princípio constitucional da in-

---

[28] GONÇALVES, Carlos Roberto. *Direito Civil brasileiro*. V. 4. 5. ed. São Paulo: Saraiva, 2010, p. 229.

[29] CAVALIERI FILHO, Sérgio. *Programa de Direito do Consumidor*. São Paulo: Atlas, 2008, p. 18.

[30] CALIXTO, Marcelo Junqueira. A responsabilidade civil do transportador na jurisprudência do Supremo Tribunal Federal. *Revisa de Direito do Consumidor*. , n. 76, 2010, p. 114.

[31] SUPREMO TRIBUNAL FEDERAL, Tribunal Pleno, Rel. Min. Cezar Peluso, Repercussão Geral em Agravo de Instrumento n. 762.184 – Rio de Janeiro. DJe n. 237, publicado em 18.12.2009.

denizabilidade irrestrita. Norma prevalecente. Relevância da questão. Repercussão geral reconhecida.

Apresenta repercussão geral o recurso extraordinário que verse sobre a possibilidade de limitação, com fundamento na Convenção de Varsóvia, das indenizações de danos morais e materiais, decorrentes de extravio de bagagem.

O caso concreto envolveu a apreciação de um agravo de instrumento interposto contra decisão que inadmitiu o processamento de recurso extraordinário apresentado contra acórdão do Tribunal de Justiça do Rio de Janeiro. Este, por sua vez, havia decidido que deve prevalecer o Código de Defesa do Consumidor sobre o Código Brasileiro de Aeronáutica (Lei n. 7.565/86) e sobre a Convenção para a Unificação de Certas Regras relativas ao Transporte Aéreo Internacional (Convenção de Varsóvia), com as modificações dos Protocolos de Haia e de Montreal (Decreto n. 5.910/06) e, assim condenou a transportadora aérea na obrigação de reparar os danos morais e materiais sofridos pelo consumidor em razão do extravio de bagagem.

A tese do recurso extraordinário interposto pela sociedade empresária transportadora foi a suposta violação ao art. 178, da Constituição Federal e, portanto, a necessidade da prevalência da Convenção de Varsóvia sobre o Código de Defesa do Consumidor, invocando precedente da Segunda Turma do Supremo Tribunal Federal no julgamento do Recurso Extraordinário n. 297.901, relatora Ministra Ellen Gracie, a seguir ementado:[32]

> PRAZO PRESCRICIONAL. CONVENÇÃO DE VARSÓVIA E CÓDIGO DE DEFESA DO CONSUMIDOR.
>
> 1. O art. 5º, § 2º, da Constituição Federal se refere a tratados internacionais relativos a direitos e garantias fundamentais, matéria não objeto da Convenção de Varsóvia, que trata da limitação da responsabilidade civil do transportador aéreo internacional (RE 214.349, rel. Min. Moreira Alves, DJ 11.6.99).
>
> 2. Embora válida a norma do Código de Defesa do Consumidor quanto aos consumidores em geral, no caso específico de contrato de transporte internacional aéreo, com base no art. 178 da Constituição Federal de 1988, prevalece a Convenção de Varsóvia, que determina prazo prescricional de dois anos.
>
> 3. Recurso provido.

No âmbito do Agravo de Instrumento, o Ministro Cezar Peluso considerou a presença de questão constitucional representada pela possível subsistência das normas do Código Brasileiro de Aeronáutica e da Convenção de Varsóvia – que limitam os valores para "indenizações" por dano material – diante da regra constitucional que prevê a indenizabi-

---

[32] SUPREMO TRIBUNAL FEDERAL, 2ª Turma, Rel. Min. Ellen Gracie, Recurso Extraordinário 297.901-5 – Rio Grande do Norte, julgado em 07.03.2006, publicado no DJ de 31.03.2006.

lidade irrestrita. O Ministro Peluso, ao analisar o tema, entendeu que a questão não tem sido apreciada de modo uniforme pelas instâncias inferiores do Poder Judiciário, em especial nos Juizados Especiais e, por isso, além de aspectos relacionados ao universo dos usuários da aviação civil, a não uniformização da interpretação judicial sobre o tema gera insegurança jurídica. Daí a conveniência do reconhecimento de que o tema é de repercussão geral, extrapolando os limites subjetivos da causa em julgamento.

Ainda no que tange à apreciação do tema da repercussão geral, o único voto divergente foi do Ministro Marco Aurélio que considerou o instituto constitucional e processual ser de qualidade de um único recurso no sistema processual brasileiro, a saber, o recurso extraordinário: "Assento a inadequação do instituto da repercussão geral".[33]

Conforme se observa da exposição acima feita, o tema será definido pelo Supremo Tribunal Federal. Logicamente, para tanto, será fundamental identificar as teses e argumentos apresentados em prol das possíveis soluções para a questão de direito.

A esse respeito, é importante fazer duas ponderações. A primeira diz respeito à natureza do vínculo existente entre o transportador e o usuário do serviço de transporte. Como regra, e na maior parte dos casos, a relação jurídica existente é de consumo e, por isso, realmente deve ser aplicada a regra constitucional de proteção ao consumidor que, no plano infraconstitucional, nesse particular, se dá pela reparação integral dos danos (materiais ou patrimoniais, morais ou extrapatrimoniais) sofridos pela vítima do evento. Caso se trate de relação civil (paritária) e, portanto, fora do âmbito de incidência do Código de Defesa do Consumidor, como no exemplo de transporte aéreo relacionado às sociedades empresárias importadoras ou industriais como contratantes com a transportadora, não há que se cogitar do princípio de reparação integral de danos ou prejuízos sofridos pelo usuário do transporte aéreo, aplicando-se integralmente as normas da Convenção de Montreal e do Código Brasileiro de Aeronáutica relativamente às limitações do valor de indenização.

Quanto a tal aspecto, é importante a identificação da presença do consumidor na relação contratual existente com o transportador. Consumidor será o passageiro ou o usuário do transporte em que o serviço é prestado em caráter final e através de remuneração e, por isso, não se encaixam em tal definição os casos de ausência de vulnerabilidade do transportado relativamente à contratação e aos efeitos dela decorrentes. A defesa do consumidor ganhou *status* de norma constitucional em 1988 e, consequentemente, sua efetivação deve ser feita, entre outras medidas,

---

[33] A manifestação do Ministro Marco Aurélio é datada de 7 de outubro de 2009.

através de tratamento diferenciado quanto às relações civis (ou paritárias). Assim, na linha dos argumentos apresentados pela doutrina majoritária, obviamente não se mostra constitucional e legítimo qualquer tipo de tarifamento no valor da reparação do dano causado em razão da atividade aérea ao consumidor do serviço prestado.

A circunstância de haver sido internalizado no Direito brasileiro o texto da Convenção de Montreal em 2006 que, a despeito de haver realizado algumas mudanças, mantém a limitação quanto aos valores máximos de reparação de dano causado ao passageiro ou remetente de mercadoria, não altera a conclusão acima. A proteção constitucional ao consumidor que, como visto tem *status* de norma de direito e garantia fundamental na Magna Carta brasileira, é o elemento que permite a continuidade da observância do princípio da reparação integral por danos sofridos pelos consumidores. Nem por isso a Convenção de Montreal deixa de ser aplicável, eis que ela incide sobre os contratos e relações jurídicas do transporte aéreo internacional que envolvam situações paritárias e, portanto, desprovidas das características e atributos de situações consumeristas.

O segundo ponto diz respeito aos contratos civis de transporte (e, portanto, não decorrentes de relação de consumo) e a possibilidade da constatação da presença do elemento subjetivo no episódio que gerou o dano. Havendo culpa (em sentido amplo), mesmo que a hipótese seja de responsabilidade civil objetiva, não há sentido em se cogitar da limitação do valor ou *quantum* da reparação do dano, eis que a demonstração da culpa no evento em concreto exclui tal restrição e, portanto, a hipótese será de reparação integral do dano. Tal hipótese é, inclusive, expressamente contemplada no art. 248, do Código Brasileiro de Aeronáutica, ao dispor que nos casos de dolo ou culpa grave do transportador ou de seus prepostos, a reparação civil do dano será integral, não havendo que se cogitar de limitação do *quantum*.

É interessante fazer o registro quanto a outro tema que também se relaciona à atividade de transporte (em sentido amplo, e não apenas o transporte aéreo), cuja repercussão geral também foi reconhecida pela Suprema Corte. Cuida-se do conceito de terceiro para fins de incidência da regra constitucional contida no art. 37, § 6°, da Constituição Federal. O caso concreto envolveu a morte de um ciclista em virtude de colisão com ônibus de titularidade de do transportador. A temática envolve a identificação (ou não) da vítima como terceiro para fins de incidência da regra constitucional. Questiona-se a respeito da possibilidade de verificação de responsabilidade civil objetiva do transportador ainda que não haja verdadeira prestação de serviço público, sendo suficiente que haja relação de consumo, daí a inclusão de todas as vítimas do evento. Cuidou-se da repercussão geral reconhecida no Recurso Extraordinário n. 591.874-2-MS.

7. Conclusão

Desde o início das atividades relacionadas ao transporte aéreo, considerou-se de fundamental importância a regulamentação de um sistema particular de responsabilidade civil no âmbito da atividade aeronáutica. Tal constatação decorreu da identificação de que o dano por ela gerado representa potencial lesivo maior do qualquer outro dano.[34]

Consoante orientação adotada pela Professora Cláudia Lima Marques, em qualquer tema relativo ao transporte aéreo, deve ser encontrada a solução interpretativa que seja mais favorável ao consumidor (usuário do transporte aéreo), desenvolvendo o denominado "diálogo das fontes".[35]

Tal como foi analisado durante o curso do trabalho, várias questões e fundamentos complexos se referem à temática da reparação integral dos danos decorrentes da atividade de transporte aéreo no segmento das relações de consumo, sendo bastante oportuno que o Supremo Tribunal Federal defina os rumos que a jurisprudência e, logicamente, a doutrina deverão trilhar a respeito do tema. Assim, é merecedor de reconhecimento por parte da comunidade jurídica que a questão tenha sido considerada de repercussão geral.

Assim, em tempos próximos, haverá condições de os litígios relacionados à temática dos danos decorrentes da atividade aérea civil possam ser melhor e mais rapidamente solucionados, tendo como norte referencial a decisão da mais alta Corte do país.

Referências

ALMEIDA, José Gabriel Assis de. Contrato de transporte aéreo no novo Código Civil brasileiro. *Revista da SBDA – Direito Aeronáutico e Direito Espacial*. n. 87. Fevereiro de 2004.

CALIXTO, Marcelo Junqueira. A responsabilidade civil do transportador na jurisprudência do Supremo Tribunal Federal. *Revisa de Direito do Consumidor*, n. 76, 2010.

CARRÁ, Bruno Leonardo Câmara. *Da submissão do contrato de transporte aéreo às normas do Código de Defesa do Consumidor*. Fortaleza: ABC Editora e Associação Cearense do Ministério Público, 2002.

CAVALIERI, Sérgio. *Programa de Direito do Consumidor*. São Paulo: Atlas, 2008.

GONÇALVES, Carlos Roberto. *Direito Civil brasileiro*. v. 4. 5. ed. São Paulo: Saraiva, 2010.

GRASSI NETO, Roberto. Crise no setor de transporte aéreo e a responsabilidade por acidente de consumo. In: ALVIM, Angélica Arruda; CAMBLER, Everaldo Augusto (coords.). *Atualidades de Direito Civil*. v. II. Curitiba: Juruá, 2007.

NORDMEIER, Carl Friedrich. Direito Internacional Privado: implicações em viagens aéreas internacionais e a situação jurídica dos passageiros. *Revista de Direito do Consumidor*. v. 73, 2010.

---

[34] CARRÁ, Bruno Leonardo Câmara. *Da submissão do contrato de transporte aéreo às normas do Código de Defesa do Consumidor*. Fortaleza: ABC Editora e Associação Cearense do Ministério Público, 2002, p. 14.

[35] MARQUES, Cláudia Lima. *Contratos no Código de Defesa do Consumidor*. 4. ed. São Paulo: RT, 2002, p. 824.

OLIVEIRA, Fernando de. Atrasos em vôos internacionais. *Revista Jurídica Consulex*. n. 326, agosto de 2010.

ROBOREDO, Alda Regina Revoredo. Responsabilidade civil e o "apagão aéreo". In: ALVIM, Angélica Arruda; CAMBLER, Everaldo Augusto (coords.). *Atualidades de Direito Civil*. v. II. Curitiba: Juruá, 2007.

SANCHES, José Alexandre Ferreira. Responsabilidade civil no transporte aéreo de bagagens. *Revista Magister de Direito Empresarial*. n. 22, ago./set. 2008.

SUPREMO TRIBUNAL FEDERAL, 2ª Turma, Rel. Min. Ellen Gracie, Recurso Extraordinário 297.901-5 – Rio Grande do Norte, julgado em 07.03.2006, publicado no DJ de 31.03.2006.

SUPREMO TRIBUNAL FEDERAL, Tribunal Pleno, Rel. Min. Cezar Peluso, Repercussão Geral em Agravo de Instrumento n. 762.184 – Rio de Janeiro, DJe n. 237, publicado em 18.12.2009.

—9—

A exclusão do ICMS da base de cálculo da COFINS

ROQUE ANTONIO CARRAZZA

Professor Titular da Cadeira de Direito Tributário da Faculdade de Direito da Pontifícia Universidade Católica de São Paulo – Advogado e Consultor Tributário – Mestre, Doutor e Livre-docente em Direito Tributário pela *PUC/SP* – Ex-Presidente da Academia Paulista de Direito.

Sumário: 1. Introdução; PRIMEIRA PARTE: Considerações gerais; 2. A tributação na Constituição Federal; 3. O perfil constitucional das contribuições sociais; 3.1. Generalidades; 3.2. Das contribuições para o custeio da seguridade social (contribuições sociais). A destinação constitucional do produto de sua arrecadação; 4. A base de cálculo possível das contribuições sociais. SEGUNDA PARTE: Assunto central; 5. Reequacionamento do problema e encaminhamento de sua solução jurídica; 6. Faturamento: base de cálculo possível da COFINS; 6.1. Observações gerais; 6.2. Apreciações adicionais acerca do parágrafo único do art. 2º da Lei Complementar nº 70/1991; 6.3. Ainda sobre a impossibilidade jurídica de o valor do ICMS figurar na base de cálculo da COFINS; 7. Anotações complementares; 8. Conclusões; 9. Referências Bibliográficas.

1. Introdução

É com viva satisfação que participamos desta merecida homenagem à eminente Ministra Ellen Gracie, jurista de altíssimos predicados, que, com seu decantado saber, sua seriedade no trato da coisa pública e sua proverbial fidalguia, está fazendo história no Supremo Tribunal Federal.

Atendendo à solicitação do editor, no sentido de que o trabalho deve girar em torno de temas com repercussão geral reconhecida e pendentes de julgamento, teceremos algumas considerações sobre a exclusão do *ICMS* da base de cálculo da *COFINS*.

Para tanto, dividiremos este estudo em duas partes.

Na primeira, discorremos sobre o fenômeno da tributação na Constituição Federal, dando ênfase ao perfil que ela traça das *contribuições sociais* e das suas bases de *cálculo possíveis*.

De seguida, com apoio nas premissas assentadas, voltaremos nossas atenções para a *contribuição para o financiamento da seguridade soc*ial *(CO-FINS)*, tratando de demonstrar nossa tese.

PRIMEIRA PARTE: Considerações gerais
2. A tributação na Constituição Federal

I – A tributação foi minuciosamente disciplinada na Constituição Federal. Este diploma não só apontou os fatos que podem ser alcançados pela ação estatal de exigir tributos, como estabeleceu os limites e condições para que ela possa ser validamente exercitada.[1]

Noutras palavras, o constituinte pátrio adotou a técnica de indicar, de modo exaustivo, as áreas dentro das quais as pessoas políticas estão autorizadas, em caráter privativo,[2] a levar a efeito a tributação. Forjou, portanto, um rígido esquema de delimitação e distribuição de competências tributárias.

Competência tributária – convém que se assinale – é a aptidão jurídica para instituir *in abstracto* tributos, descrevendo, legislativamente, suas *hipóteses de incidência*, seus *sujeitos ativos*, seus *sujeitos passivos*, suas *bases de cálculo* e suas *alíquotas* (*elementos estruturais* dos tributos).

A propósito, *competência tributária*, no Brasil, é tema exclusivamente constitucional. O assunto foi esgotado pelo próprio constituinte originário. Em vão, pois, buscaremos nas normas infraconstitucionais, diretrizes a seguir sobre a criação de tributos. Neste campo, elas, quando muito, explicitam o que, porventura, se encontra implícito na Constituição. Nada de substancialmente novo lhe podem agregar ou subtrair.

Enfim, as normas constitucionais autorizam as pessoas políticas a instituírem legislativamente certos tributos (*competência material*), obedecidos determinados procedimentos (*competência formal*).

II – Pois bem. A Constituição Federal demarcou as competências tributárias da União, dos Estados-Membros, dos Municípios e do Distrito Federal, retirando, do legislador de cada uma destas pessoas políticas, qualquer possibilidade de livremente vir a definir o alcance e o conteúdo

---

[1] A Constituição Federal ocupa, dentro do ordenamento jurídico, posição sobranceira, dando *fundamento de validade* aos atos emanados dos Poderes Legislativo, Executivo e Judiciário. Encimando a *pirâmide jurídica*, consagra grandes princípios, que interferem em todas as manifestações normativas estatais e, de modo especial, no significado, conteúdo e alcance das normas tributárias.

[2] Um dos traços característicos da competência tributária é a *privatividade*. Assim, as normas constitucionais que discriminam competências tributárias encerram duplo comando; a saber: *a)* habilitam a pessoa política contemplada – e somente ela – a criar o tributo; e, *b)* proíbem as demais de fazê-lo. Daí falarmos em *princípio da reserva das competências tributárias*.

das normas jurídicas que se ocupam com os já mencionados *elementos estruturais* dos tributos.

Em síntese, os entes políticos só podem atuar dentro do *campo competencial tributário* que lhes foi reservado pela Constituição Federal, consoante, de resto, já tivemos a oportunidade de deixar registrado:

> (...) o legislador de cada pessoa política (União, Estados, Municípios ou Distrito Federal), ao tributar, isto é, ao criar "in abstracto" tributos, vê-se a braços com o seguinte dilema: ou praticamente reproduz o que consta da Constituição – e, ao fazê-lo, apenas recria, num grau de concreção maior, o que nela já se encontra previsto – ou, na ânsia de ser original, acaba ultrapassando as barreiras que ela lhe levantou e resvala para o campo da inconstitucionalidade.[3]

Como vemos, ao mesmo tempo em que distribuiu competências tributárias, a Constituição indicou os padrões que o legislador ordinário de cada pessoa política deverá obedecer, enquanto institui tributos.

Dito de outro modo, a Constituição reduziu cada tributo a uma *regra-matriz*, que o legislador é obrigado a levar em conta, quando cria *in abstracto* a exação de competência de sua pessoa política.[4]

Salientamos que toda outorga de competência encerra, a um tempo, uma *autorização* e uma *limitação* (Ernest Forsthoff). *Autorização*, no caso, para tributar; *limitação*, para não ultrapassar as fronteiras além das quais o exercício da tributação torna-se indevido e, portanto, inconstitucional.

Em resumo, o âmbito de abrangência de cada figura exacional encontra-se no Diploma Supremo, de tal sorte que a pessoa política, ao instituí-la *in abstracto*, tem poucas alternativas, o que dá ao contribuinte a *previsibilidade* do que o aguarda, em termos de tributação, quando pratica determinados atos ou fatos.

Colocando a ideia sob outro prisma, a pessoa política, ao exercitar sua competência tributária, deve necessariamente observar os padrões e limites fixados na Carta Suprema, sob pena de atropelar direitos fundamentais do contribuinte e, assim, incidir em inconstitucionalidade.

Travejadas estas ideias, podemos voltar nossas atenções para as *contribuições sociais* e suas *bases de cálculo possíveis*.

3. O perfil constitucional das contribuições sociais

3.1. Generalidades

I – Com o advento da Constituição Federal de 1.988 desapareceram as dúvidas acerca da natureza tributária das *contribuições*.

---

[3] *Curso de Direito Constitucional Tributário*, 27ª ed., São Paulo: Malheiros, 2011, p. 418/419.

[4] De fato, a Constituição, ao discriminar, entre as pessoas políticas, as competências tributárias, traçou a *regra-matriz* de cada exação. Noutro falar, apontou, ainda que de maneira implícita, a *hipótese de incidência possível*, o *sujeito ativo possível*, o *sujeito passivo possível*, a *base de cálculo possível* e a *alíquota possível* das várias espécies e subespécies tributárias.

E nem poderia ser de outro modo, diante do que estipula o art. 149 da Constituição Federal:

> Art. 149. Compete exclusivamente à União instituir contribuições sociais, de intervenção no domínio econômico e de interesse das categorias profissionais ou econômicas, como instrumento de sua atuação nas respectivas áreas, observado o disposto nos arts. 146, III, e 150, I e III, e sem prejuízo do previsto no art. 195, § 6º, relativamente às contribuições a que alude o dispositivo.

Com a só leitura deste dispositivo (que faz expressa alusão aos *arts. 146, III, e 150, I e III*, da Constituição Federal), já se percebe que as *contribuições* devem obedecer ao *regime jurídico tributário*.

Portanto, as *contribuições* são, sem sombra de dúvida, tributos,[5] uma vez que devem necessariamente obedecer, seja quanto à instituição, seja quanto ao lançamento e ao modo de cobrança, aos princípios e regras que informam a tributação.

Nunca é demais lembrar que o que define uma entidade do mundo do Direito não é a denominação que recebe, mas o *regime jurídico* a que está submetida. Ora, na medida em que as *contribuições*, por determinação constitucional, devem obedecer ao *regime jurídico tributário*, segue-se incontendivelmente que são tributos. E tributos que – estamos convencidos – podem revestir a natureza jurídica de *imposto* ou *taxa*,[6] conforme as *hipóteses de incidência* e *bases de cálculo* que tiverem.

---

[5] Tal, diga-se de passagem, a jurisprudência do Pretório Excelso. A respeito, merece ser trazido à colação o entendimento manifestado pelo Ministro Moreira Alves, em seu voto no julgamento acerca da *contribuição social sobre o lucro*, do qual era Relator: "De feito, a par das três modalidades de tributos (os impostos, as taxas e as contribuições de melhoria), a que se refere o art. 145 para declarar que são competentes para instituí-los a União, os Estados, o Distrito Federal e os Municípios, os arts. 148 e 149 aludem a duas outras modalidades tributárias, para cuja instituição só a União é competente: o empréstimo compulsório e as contribuições sociais, inclusive as de intervenção no domínio econômico. "No tocante às contribuições sociais – que dessas duas modalidades tributárias é a que interessa para este julgamento –, não só as referidas no artigo 149 – que se subordina ao capítulo concernente ao sistema tributário nacional – têm natureza tributária, como resulta igualmente, da observância que devem ao disposto nos artigos 146, III, e 150, I e III, mas também as relativas à seguridade social previstas no artigo 195, em conformidade com o disposto no § 6º deste dispositivo, que, aliás, em seu § 4º, ao admitir a instituição de outras fontes destinadas a garantir a manutenção ou expansão da seguridade social, determina se obedeça ao disposto no art. 154, I, norma tributária, o que reforça o entendimento favorável à natureza tributária dessas contribuições sociais" (RE n.º 146.733-9 – Pleno, j. 29.06.92).

[6] A nosso sentir, no Brasil, o tributo é o gênero, do qual o imposto, a taxa e a contribuição de melhoria são as espécies. Para nós, os *empréstimos compulsórios* (art. 148, da C.F.) são *tributos restituíveis*, as *contribuições parafiscais*, tributos arrecadados por pessoa diversa daquela que os instituiu, os *impostos extraordinários* (art. 154, II, da CF), simples impostos que a União, na iminência ou no caso de guerra externa, poderá criar, sem observar o *princípio da reserva das competências impositivas* e, finalmente, as *contribuições* (art. 149, da C.F.), *tributos qualificados por sua finalidade*. Não ignoramos, porém, que doutrinadores da maior suposição sustentam que as *contribuições*, pela série de características que possuem, são uma nova categoria de tributos (ao lado dos impostos, das taxas, da contribuição de melhoria, dos empréstimos compulsórios etc.). Esta, por exemplo, é a opinião de Estevão Horvath (*Contribuições de Intervenção no Domínio Econômico*, São Paulo: Dialética, 2009, p. 18 e 19). Tais dis-

Com efeito, ao contrário do que fez com os demais tributos, a Constituição, ao tratar das *contribuições*, não declinou – não, pelo menos, de regra – nem suas *bases de cálculo possíveis* nem, por consequência, suas *hipóteses de incidência possíveis*.

Enfrentemos melhor a questão.

II – A Magna Carta, ao discriminar as competências legislativas tributárias entre as várias pessoas políticas, traçou a *regra-matriz* dos vários tributos que elas, querendo, podem criar.

No caso das *contribuições*, porém, limitou-se, salvo em alguns poucos casos, a indicar-lhes as *finalidades* a alcançar; a saber: *a*) a intervenção no domínio econômico; *b*) o interesse de categorias profissionais ou econômicas, como instrumento de atuação federal nas respectivas áreas; e, *c*) o custeio da seguridade social.

Valem, a respeito, as oportunas observações de Leandro Paulsen:

> Tem-se designado simplesmente por "contribuições" ou por "contribuições especiais" (...) a espécie tributária de que cuida o art. 149 da Constituição, enunciando as subespécies em atenção às finalidades que lhes dão sustentação, ou seja, que constituem seus critérios de validação constitucional.[7]

Notamos, pois, que as *contribuições* não foram qualificadas, em nível constitucional, por suas *regras-matrizes*, mas por suas *finalidades*. Daí que haverá este tipo de exação sempre que implementada uma das precitadas finalidades constitucionais.

Deste modo, dentro da nossa óptica, o legislador ordinário da União está autorizado, pelo Texto Magno, a instituir impostos ou taxas, para atender a uma das aludidas finalidades, desde que, obviamente, não invada a competência tributária dos Estados, dos Municípios ou do Distrito Federal, nem atropele os direitos fundamentais dos contribuintes.

---

crepâncias não nos causam maiores embaraços. É que as classificações – inclusive as jurídicas – têm um quê de arbitrário. Dependem do critério eleito pelo *agente classificador*, ao dividir um conjunto de seres (objetos, coisas) em categorias. Particularmente, analisando as normas constitucionais pertinentes (já que tínhamos em mira levar a efeito uma classificação jurídica dos tributos) e levando em conta apenas o *critério material* da hipótese de incidência das exações, chegamos à conclusão de que há, no País, apenas três espécies tributárias: os *impostos*, as *taxas* e a *contribuição de melhoria*. E que as *contribuições* podem enquadrar-se nas duas primeiras categorias, dependendo da hipótese de incidência (confirmada pela base de cálculo) que tiverem: ou na categoria *imposto* ou na categoria *taxa*. Nada impede, porém, que outros estudiosos, elegendo critérios classificatórios diversos, subdividam os tributos em quatro, cinco, sete, ou, mesmo, dez outras modalidades. O que importa considerar é que, tanto na classificação dos tributos por nós proposta (impostos, taxas e contribuição de melhoria), quanto na levada a efeito por outros pesquisadores (impostos, taxas, contribuição de melhoria, empréstimos compulsórios, contribuições etc.), as *contribuições* do art. 149, da *CF*, são tributos, devendo, pois, respeitar os princípios e normas constitucionais que regulam a ação tributária do Estado.

[7] *Direito Tributário: Constituição e Código Tributário à luz da doutrina e da jurisprudência*, Porto Alegre: Livraria do Advogado – ESMALFE, 6ªed., 2004, p. 139.

III – Dando fecho a este assunto, damo-nos pressa em esclarecer que, em relação a algumas *contribuições*, o constituinte (originário ou derivado), ao apontar-lhes as *bases de cálculo possíveis* (o que fez, por exemplo, com as *contribuições interventivas*, quando suas alíquotas forem *ad valorem*), retirou do legislador federal a possibilidade de livremente dispor sobre o assunto. Pelo contrário, obrigou-o a eleger, em relação a tais *contribuições*, não só determinadas *bases de cálculo*, como as respectivas *hipóteses de incidência*, dada a necessária e inafastável vinculação existente entre estes dois *elementos essenciais* da norma jurídica tributária.

3.2. Das contribuições para o custeio da seguridade social (contribuições sociais). A destinação constitucional do produto de sua arrecadação

I – Como já afirmamos, a União, nos termos do art. 149 da Constituição Federal, pode instituir *contribuições sociais para a seguridade social*, que – permitimo-nos reafirmar – são verdadeiros tributos (impostos ou taxas).

O caráter tributário das *contribuições sociais* vem reforçado pelo § 6º do art. 195 da Constituição Federal, que as submete – ainda que de modo mitigado – ao *princípio da anterioridade*, inserido na seção que trata *"das limitações do poder de tributar"*.[8]

A Carta Magna trata mais detalhadamente destas figuras exacionais em seu art. 195, I a IV, e §§ 4º, 9º, 12 e 13; *verbis*:

Art. 195. A seguridade social será financiada por toda a sociedade, de forma direta e indireta, nos termos da lei, mediante recursos provenientes dos orçamentos da União, dos Estados, do Distrito Federal e dos Municípios, e das seguintes contribuições sociais:

I – do empregador, da empresa e da entidade a ela equiparada na forma da lei, incidentes sobre:

a) a folha de salários e demais rendimentos do trabalho pagos ou creditados, a qualquer título, à pessoa física que lhe preste serviço, mesmo sem vínculo empregatício;

b) a receita ou o faturamento;

c) o lucro;

II – do trabalhador e dos demais segurados da previdência social, não incidindo contribuição sobre aposentadoria e pensão concedidas pelo regime geral de previdência social de que trata o art. 201;

II – sobre a receita de concursos de prognósticos;

IV – do importador de bens ou serviços do exterior, ou de quem a lei a ele equiparar. (...)

---

[8] Constituição Federal – *"Art. 195 ('omissis') – § 6º. As contribuições sociais de que trata este artigo só poderão ser exigidas após decorridos noventa dias da data da publicação da lei que as houver instituído ou modificado, não se lhes aplicando o disposto no art. 150, III, 'b'"*.

§ 4º A lei poderá instituir outras fontes destinadas a garantir a manutenção ou expansão da seguridade social, obedecido o disposto no art. 154, I. (...)

§ 9º As contribuições sociais previstas no inciso I do "caput" deste artigo poderão ter alíquotas ou bases de cálculo diferenciadas, em razão da atividade econômica, da utilização intensiva de mão de obra, do porte da empresa ou da condição estrutural do mercado de trabalho.[9] (...)

§ 12. A lei definirá os setores de atividade econômica para os quais as contribuições incidentes na forma dos incisos I, "b"; e IV do "caput", serão não-cumulativas.

§ 13. Aplica-se o disposto no § 12 inclusive na hipótese de substituição gradual, total ou parcial, da contribuição incidente na forma do inciso I, "a", pela incidente sobre a receita ou o faturamento.[10]

II – Salientamos que, por meio das *contribuições sociais*, vai sendo paulatinamente transferido à sociedade o custeio do sistema de Seguridade Social, que, a partir da Carta de 1988, protege, pelo menos no plano formal, a todas as pessoas que se encontram no território nacional (art. 194, parágrafo único, da CF).[11]

Pois bem. As contribuições patronais para o custeio da seguridade social são impostos (embora qualificados pela finalidade do custeio da seguridade social). Com efeito, o art. 195, I, da Lei Maior, aponta suas *bases de cálculo possíveis*: o lucro, a folha de salários, o faturamento etc. Ora, como se sabe, a base de cálculo *mede* a hipótese de incidência do tributo, estando com ela intimamente relacionada. Assim, sendo estes indicativos constitucionais *próprios de impostos*, está sinalizada, no próprio Texto Supremo, a natureza específica das exações em foco.[12] Em suma, nessas contribuições sociais, a *hipótese de incidência* é sempre um fato qualquer,

---

[9] Redação dada pela EC n.º 47/2005, com efeitos retroativos à data de vigência da EC n.º 41/2003.

[10] Os incisos I e II, do art. 195, da Constituição Federal, tiveram esta redação dada pela Emenda Constitucional n.º 20, de 15.12.98, que *ampliou* a regra-matriz das contribuições sociais para a seguridade social, o que, *venia concessa*, nos parece inconstitucional, conforme tivemos a oportunidade de escrever, em outro contexto, que não vem para aqui (*Curso...*, p. 650 a 654).

[11] Constituição Federal – *"Art. 194 ('omissis') – Parágrafo único. Compete ao Poder Público, nos termos da lei, organizar a seguridade social, com base nos seguintes objetivos: I- universalidade da cobertura e do atendimento; II- uniformidade e equivalência dos benefícios e serviços às populações urbanas e rurais; III- seletividade e distributividade na prestação dos benefícios e serviços; IV- irredutibilidade do valor dos benefícios; V- equidade na forma de participação no custeio; VI- diversidade da base de financiamento; VII- caráter democrático e descentralizado da administração, mediante gestão quadripartite, com participação dos trabalhadores, dos empregadores, dos aposentados e do Governo nos órgãos colegiados".*

[12] Tomemos como exemplo a *contribuição social sobre o lucro* (*CSLL*). Examinando a materialidade de sua hipótese de incidência concluímos sem maior esforço que estamos diante de mero adicional do imposto sobre a renda, com a só diferença de que o produto de sua arrecadação é vinculado ao custeio da Seguridade Social. Também a contribuição previdenciária para o empregador (enquanto representante da empresa) é um imposto, cuja hipótese de incidência assim pode ser sintetizada: remunerar pessoa ligada à Previdência Social (na verdade, qualquer pessoa, já que a proteção da seguridade social, é, tornamos a dizer, universal). A argumentação vale, *mutatis mutandis*, para as demais contribuições patronais para a seguridade social.

não consistente numa atuação estatal, o que nos reconduz à ideia de que revestem a natureza jurídica de *imposto*.

Já, para o empregado, a contribuição social é uma *taxa de serviço*, exigível porque lhe são postos à disposição (vale dizer, lhe são direta e imediatamente referidos) os serviços previdenciários (incontendivelmente *serviços públicos*), para os casos de doença, velhice, invalidez e morte, seguro-desemprego, seguro contra acidentes do trabalho e proteção da maternidade.[13]

Num caso ou noutro, porém, a Constituição Federal exige – implicitamente, mas com inafastável força cogente – que o produto da arrecadação do tributo se destine à mantença da seguridade social.

III – Convém acentuar, sempre a propósito, que as contribuições sociais, embora hoje venham arrecadadas pela Receita Federal do Brasil, devem ter seu produto totalmente destinado à manutenção da seguridade social. É a forma, inclusive, de se garantir que todos os que se encontram em situação de necessidade (crianças, idosos, deficientes, desempregados etc.), tenham acesso à saúde e à assistência social, ainda que não paguem nenhum tributo específico.

Nesse sentido, as contribuições sociais são *tributos funcionais*, expressão que deve ser tomada no sentido de que o produto de sua arrecadação está vinculado à consecução de fins indicados já na Constituição Federal e, bem por isso, *fora* da discricionariedade do legislador, quanto mais do administrador.

A competência recebida pela União, para criar *contribuições sociais para a seguridade social*, para ser validamente exercitada, precisa, da edição da lei à efetiva cobrança, respeitar a vinculação do produto da arrecadação.

Vai daí que a União, ao criar *contribuições sociais para a seguridade social*, não pode escolher a destinação que dará aos recursos daí provenientes, bastando, para tanto, que cumpra a lei orçamentária que editar. Pelo contrário, deverá, em obediência à Constituição, afetar o produto arrecadado ao atingimento de um fim concreto: o custeio da seguridade social.

Esta ideia vem reforçada pelo art. 165, § 5º, I a III, da Constituição Federal, que estatui:

> Art. 165. As leis de iniciativa do Poder Executivo estabelecerão: (...)
> § 5º A lei orçamentária anual compreenderá:
> I – o orçamento fiscal referente aos Poderes da União, seus fundos, órgãos e entidades da administração direta e indireta, inclusive fundações instituídas e mantidas pelo Poder Público;

---

[13] Cf. Wagner Balera, *A Seguridade Social na Constituição de 1988* (São Paulo: RT, 1989, p. 47 a 72).

II – o orçamento de investimento das empresas em que a União, direta ou indiretamente, detenha a maioria do capital social com direito a voto;

III – o orçamento da seguridade social, abrangendo todas as entidades e órgãos a ela vinculados, da administração direta ou indireta, bem como os fundos e fundações instituídos e mantidos pelo Poder Público.

Como se vê, o *orçamento da seguridade social* está excluído tanto do *orçamento fiscal*, quanto do *orçamento de investimento*. Daí a incomunicabilidade absoluta entre eles.

Logo, não é dado, nem à lei, nem à Administração Fazendária, desviar o produto da arrecadação das contribuições sociais, para o custeio de outras finalidades, que não o atendimento da seguridade social.

Não basta, pois, que a contribuição social seja corretamente instituída; é preciso, ainda, que o produto de sua arrecadação tenha destinação apta a atingir a finalidade que motivou sua criação.

De fato, como observa Pontes de Miranda, "a decretação do imposto (tributo) pode ser acorde com a Constituição, e não no ser a sua destinação; ou vice-versa".[14]

Em suma, a ausência de destinação direta do produto arrecadado, torna inconstitucional a exigência de contribuições sociais para a seguridade social.

Vejamos, agora, qual é a *base de cálculo possível* destas exações.

4. A base de cálculo possível das contribuições sociais

I– Base de cálculo é a *unidade de medida*, apontada em lei, que traduz, numa *expressão numérica*, a hipótese de incidência tributária. É justamente sobre essa *expressão numérica* que será aplicada a alíquota, o que permitirá apurar o exato montante de tributo a recolher (*quantum debeatur*).[15]

Abrimos um ligeiro parêntese para elucidar que estamos a tratar da base de cálculo *in abstracto* (apontada na lei), que não se confunde com a base de cálculo *in concreto* (ou *base tributável* ou *base calculada*), apurada ao ensejo do lançamento.

Melhor dizendo, do mesmo modo pelo qual não se superpõem a *hipótese de incidência* (o *tipo tributário*) e o *fato imponível* (o *fato típico do tributo*), não coincidem a base de cálculo *in abstracto* (a *descrição normativa* do

---

[14] *Comentários à Constituição de 1967*, Tomo II, 2ª ed. São Paulo: RT, 1973, p. 367 (esclarecemos no parêntese).

[15] No mesmo sentido é a lição de Geraldo Ataliba; *verbis*: "(base de cálculo é a) *perspectiva dimensível do aspecto material da hipótese de incidência que a lei qualifica, com a finalidade de fixar critério para a determinação, em cada obrigação tributária concreta, do 'quantum debeatur'*" (Hipótese de Incidência Tributária, S. Paulo, Malheiros, 5ª ed. 3ª tir., 1992, p. 97 – esclarecemos no parêntese).

valor econômico a considerar) e a base de cálculo *in concreto* (a *real apuração* do valor econômico apontado na lei).

Podemos, pois, estabelecer a seguinte *relação de proporcionalidade*: a base de cálculo *in abstracto* está para a *hipótese de incidência*, assim como a base de cálculo *in concreto* está para o *fato imponível*.

Em apertada síntese, ao Legislativo compete definir a base de cálculo *in abstracto* dos tributos; ao Executivo, apurar-lhes a base de cálculo *in concreto*.

Mas, o assunto é rico e abre espaço a várias considerações, que passamos a fazer.

II – As pessoas políticas, como adiantado, não têm total liberdade na escolha da base de cálculo dos tributos que criam legislativamente, já que ela tem seus paradigmas prefigurados na Constituição. Logo, ao tratarem do assunto, devem necessariamente levar em conta a *base de cálculo possível* da exação.

Afinal, a natureza do tributo é obtida, não apenas pelas normas que traçam sua *hipótese de incidência*, mas, também, por aquelas que apontam sua *base de cálculo*. Se houver conflito entre ambas, o tributo deixa de ser o previsto na lei tributária, como bem o percebeu José Juan Ferreiro Lapatza; *verbis*: "*uma mudança nas normas que regulam a base supõe, necessariamente, uma variação no fato tipificado pela lei como fato imponível*".[16]

III – A base de cálculo dá critérios para a mensuração correta do aspecto material da *hipótese de incidência* tributária. Serve não só para medir a *matéria tributável*, como para determinar – tanto quanto a *hipótese de incidência* – a modalidade do tributo que será exigido do contribuinte.

Sendo a base de cálculo a expressão econômica da materialidade do tributo, deve prestar-se a mensurar, de modo adequado, o fato descrito na hipótese de incidência, em ordem a possibilitar a correta quantificação do dever tributário, a cargo do contribuinte.

Diretamente relacionada com a *hipótese de incidência*, a base de cálculo fornece, pois, critérios para, quando conjugada com a alíquota, mensurar o *fato imponível*. É, nesse sentido, o ponto de partida das operações matemáticas a serem realizadas pelo fisco, tendo em vista a apuração do *quantum debeatur*.

Não é por outra razão que a hipótese de incidência e a base de cálculo do tributo devem *interatuar*. Uma, há de encontrar respaldo e confirmação na outra, como, de resto, assinala Misabel Derzi, *verbis*:

---

[16] *Direito Tributário – Teoria Geral do Tributo*, trad. de Roberto Barbosa Alves, Marcial Pons – Barueri: Manole, 2007, p. 257

Quando um tributo está posto em lei, tecnicamente correta, a base de cálculo determina o retorno ao fato descrito na hipótese de incidência. Portanto, o fato medido na base de cálculo deverá se o mesmo posto na hipótese.[17]

Incumbe, pois, à base de cálculo, especificar, em termos matemáticos, a *hipótese de incidência* do tributo.[18] Tudo o que fugir disso não estará medindo de modo adequado o *fato imponível* e, no momento da apuração do *quantum debeatur*, fará com que o contribuinte pague além da conta, circunstância que lhe vulnerará o *direito de propriedade*.[19]

IV – Por outro lado, uma base de cálculo imprópria, é dizer, em descompasso com a hipótese de incidência, põe por terra o rígido esquema de repartição de competências tributárias, já que transforma o tributo em entidade difusa, desajustada de seu arquétipo constitucional. E, pior: com a apuração incorreta do montante a pagar, o contribuinte vê ruir a garantia, que a Lei Maior lhe deu, de somente se submeter a encargos tributários que lhe dizem respeito.

V – Parece-nos bem acrescentar que, na composição da base de cálculo de qualquer tributo, devem ser tomados valores exprimíveis em moeda, conforme, de resto, vem estatuído no art. 3º do Código Tributário Nacional. Mas, não apenas isso: é imprescindível que tais valores derivem da própria natureza do tributo que se pretende dimensionar (preço do serviço de comunicação prestado, no caso do *ICMS-comunicação*; valor venal do veículo automotor do qual se é proprietário, no caso do *IPVA*; valor do produto importado, no caso do imposto sobre a importação; valor do faturamento, no caso da *COFINS*; e assim por diante).

Portanto, é inconstitucional incluir na *base de cálculo* do tributo – pouco importando por meio de que artifício, ficção ou presunção – valores que extrapolem sua materialidade, descaracterizando-o.

VI – Disso tudo ressai que a base de cálculo, como adiantamos, tem duas funções: *a) quantificar* a prestação do sujeito passivo, devida desde o momento em que nasce o tributo, com a ocorrência, no *mundo fenomênico*

---

[17] Notas de atualização ao livro *Direito Tributário Brasileiro*, de Aliomar Baleeiro (11ª ed. Rio de Janeiro: Forense, 2002), p. 65.

[18] Assim, por exemplo, se a *hipótese de incidência* do tributo for *"prestar serviços"*, sua base de cálculo somente poderá ser o *"preço do serviço prestado"*.

[19] A ação de tributar de algum modo lanha a propriedade privada, que se encontra protegida nos arts. 5º, XXII, e 170, II, ambos da Constituição Federal. Assim, a tributação somente será válida se, também ela, encontrar apoio no Texto Supremo. Isto explica, pelo menos em parte, a razão pela qual ele disciplinou, de modo tão rígido, o mecanismo de funcionamento da tributação, ao mesmo tempo em que amparou os contribuintes com grande plexo de direitos e garantias contra eventuais excessos tributários.

(mundo em que vivemos), do *fato imponível*; e, *b) afirmar* (ou *confirmar*) a natureza jurídica do tributo.[20]

Realmente, a base de cálculo, é fundamental à identificação jurídica dos tributos. Por isso mesmo, precisa ser congruente com a *hipótese de incidência tributária*.

Esta peculiaridade vem ressaltada por Juan Ramallo Massanet; *verbis*:

> (...) deve-se entender por "congruência", que a base, em relação à hipótese de incidência, deve estar "estreitamente entrocada" (Sáinz de Bujanda, Ferreiro, Araújo Falcão), deve guardar "pertinência" ou "inerência" (Araújo Falcão) e "adequação" (Cortés), deve estar vinculada "diretamente".[21]

Sempre mais se patenteia, pois, que a base de cálculo deve guardar uma *correlação lógica* (uma *conexão*, uma *relação de inerência*) com a hipótese de incidência do tributo.

Seguindo esta linha de pensamento, podemos dizer que a *materialidade de cada tributo* já permite que se infira sua *base de cálculo possível*.

A ideia nos traz de volta à tese de que, para total garantia do contribuinte, de que está sendo tributado nos termos da Constituição, o Legislativo deve estabelecer uma *perfeita adequação* entre a base de cálculo e a hipótese de incidência dos tributos que cria *in abstracto*.

VII – Com tais colocações, queremos reafirmar que o legislador, ao definir a *base de cálculo* do tributo, tem o dever inafastável de *apenas manejar* grandezas ínsitas ao aspecto material de sua *hipótese de incidência*. Em outras palavras, deve imprimir uma *conexão*, uma *relação de causa e efeito*, entre a *hipótese de incidência tributária* e a *base de cálculo in abstracto* do tributo, que permitirá apurar *quanto exatamente* o contribuinte deverá recolher (*quantum debeatur*) aos cofres públicos, a título de tributo, após a ocorrência do *fato imponível*.[22]

VIII – No caso das contribuições sociais a cargo dos empregadores, temos que, embora a Constituição Federal não tenha explicitamente

---

[20] No mesmo sentido, Paulo de Barros Carvalho escreveu: "*Temos para nós que a base de cálculo é a grandeza instituída na conseqüência da regra-matriz tributária, e que se destina, primordialmente, a dimensionar a intensidade do comportamento inserto no núcleo do fato jurídico, para que, combinando-se à alíquota, seja determinado o valor da prestação pecuniária. Paralelamente, tem a virtude de confirmar, infirmar ou afirmar o critério material expresso na composição do suposto* normativo" (*Curso de Direito Tributário*, 19ªed. São Paulo: Saraiva, 2007, p. 360/361).

[21] "*Hecho Imponible y Cuantificación de la Prestación Tributaria*" in RDT 11/12:31 (tradução livre nossa). No original consta: "*...lo que debe entenderse por congruencia se habla de que la base, respecto del hecho imponible, debe estar 'estrechamente entroncada' (Sáinz de Bujanda, Ferreiro, Araújo Falcão), que debe guardar 'pertinencia' o 'inherencia' (Araújo Falcão) y 'adecuación' (Cortes), que debe estar vinculada 'directamente' (Blumenstein, Jarach)*".

[22] Cf. Matias Cortés Domíngues, *Ordenamiento Tributário Español*. Madrid: Tecnos, 1968, p. 444 e ss.

apontado suas *bases de cálculo possíveis*, deu diretrizes acerca do assunto, que nem o legislador nem o intérprete podem ignorar. De fato, ao estatuir que, em seu art. 195, I, que tais tributos incidirão sobre *"a) a folha de salários e demais rendimentos do trabalho pagos ou creditados, a qualquer título, à pessoa física que lhe preste serviço, mesmo sem vínculo empregatício; b) a receita ou o faturamento;* e, *c) o lucro"*, ela lhes apontou as *bases de cálculo possíveis*.

Dito de outro modo, a Constituição Federal implicitamente determina que tudo o que não for *folha de salários, rendimentos do trabalho, receita, faturamento* ou *lucro*, não pode ser tomado como base de cálculo das contribuições patronais para o custeio da seguridade social (a menos, é claro, que venham obedecidos os requisitos do precitado art. 195, § 4º, da CF). Dito de outro modo, o legislador infraconstitucional está proibido, neste caso, de estabelecer, para tais exações, bases de cálculo diversas ou mais abrangentes.

Pois bem. Uma das *bases de cálculo possíveis* das contribuições patronais para o custeio da seguridade social é justamente o *faturamento* da empresa, que foi eleito, pelo legislador federal, como sendo a base de cálculo da *COFINS*.

Assim agremiados, podemos começar a tratar do nosso assunto central.

SEGUNDA PARTE: Assunto central

5. Reequacionamento do problema e encaminhamento de sua solução jurídica

I – Como já adiantamos, a *COFINS* é uma contribuição patronal para o custeio da seguridade social. Foi instituída pela Lei Complementar n.º 70, de 30 de dezembro de 1991, em substituição à chamada contribuição para o *FINSOCIAL*.[23]

Dispõe o art. 2º da aludida lei complementar que a COFINS "incidirá sobre o faturamento mensal, assim considerado a receita bruta das vendas de mercadorias, de mercadorias e de serviço de qualquer natureza".

---

[23] Estabelece o art. 1º, da Lei Complementar 70/91: *"Sem prejuízo da cobrança das contribuições para o Programa de Integração Social – PIS e para o Programa de Formação do Patrimônio do Servidor Público – PASEP, fica instituída a contribuição social para o financiamento da seguridade social, nos termos do inciso I do artigo 195, da Constituição Federal, devida pelas pessoas jurídicas, inclusive as a ela equiparadas pela legislação do imposto de renda, destinadas exclusivamente às despesas com atividades-fins das áreas de saúde, previdência e assistência social".*

Como facilmente se percebe, a *hipótese de incidência* (*fato gerador "in abstracto"*) deste tributo é "pessoa jurídica obter faturamento, ao longo do mês". Isso veio reiterado no art. 1º, *caput*, e seu § 1º, da Lei nº 10.833/2003; *verbis*:

> Art. 1º A Contribuição Para o Financiamento da Seguridade Social – COFINS, com incidência não-cumulativa, tem como fato gerador o faturamento mensal, assim entendido o total das receitas auferidas pela pessoa jurídica, independentemente de sua denominação ou classificação contábil.
> § 1º Para efeito do disposto neste artigo, o total das receitas compreende a receita bruta de venda de bens e serviços nas operações em conta própria ou alheia e todas as demais receitas auferidas pela pessoa jurídica.

Portanto, a base de cálculo da *COFINS* é o faturamento mensalmente obtido pela pessoa jurídica.

Destaque-se que andou bem a legislação de regência ao assim dispor, porquanto, como já vimos,[24] a base de cálculo deve necessariamente traduzir, numa expressão numérica, a hipótese de incidência do tributo.

Ora, na medida em que a hipótese de incidência da figura exacional ora em análise é *"obter faturamento ao longo do mês"*, sua base de cálculo somente poderia, mesmo, ser o faturamento efetivamente obtido, pelo contribuinte, entre dois marcos temporais (no caso, a cada mês).

II – Muito bem. Reduzindo o nosso problema à dimensão mais simples,[25] tudo está em se saber se o *ICMS* pode integrar a base de cálculo da *COFINS*.

O mesmo é propor a questão, que lhe dar resposta negativa.

Todavia, para não ficarmos no plano das simples alegações, vamos tratar de demonstrar a assertiva, o que faremos com base nos fundamentos lançados na primeira parte deste estudo.

6. Faturamento: base de cálculo possível da COFINS

6.1. Observações gerais

I – Rememoramos que a Carta Magna traçou a regra-matriz (a norma padrão de incidência, o arquétipo genérico) de todas as exações, apontando-lhes, direta ou indiretamente, as hipóteses de incidência possível, os

---

[24] *Supra*, item 4.

[25] Assim procedendo, estamos a adotar o *método da redução da simplicidade*, que, sem perda de substância, procura simplificar conceitos, institutos e sistemas. Era exatamente isto que Descartes pretendia significar quando apregoava que uma das regras do *Método* consiste em *"dividir cada uma das dificuldades em tantas parcelas quanto for possível e requerido para melhor as resolver"* (*Discurso do Método e as Paixões da Alma*, Lisboa: Sá da Costa, 1984, p. 16).

sujeitos ativos possíveis, os sujeitos passivos possíveis, as bases de cálculo possíveis e, num certo sentido, até as alíquotas possíveis.[26]

A assertiva aplica-se, evidentemente, também à *COFINS*, tributo que encontra *fundamento de validade* no art. 195, I, *b*, da Constituição Federal, que, aliás, faz expressão menção ao *faturamento "do empregador, da empresa e da entidade a ela equiparada nos termos da lei"*.

Indo diretamente ao ponto, vamos então verificar o que significa *faturamento*, no contexto do art. 195, I, *b*, da Constituição Federal.

II – Começamos por escrever que *faturamento* não é mero *rótulo* ou, se preferirmos, *caixa vazia*, dentro da qual o legislador, o intérprete ou o aplicador podem colocar o que bem lhes aprouver.

Pelo contrário, *faturamento tem uma acepção técnica precisa*, da qual o Direito Tributário não pode se afastar.

Se não, vejamos.

Desde as clássicas lições de Gian Antonio Micheli,[27] que foi catedrático da Universidade de Roma, entende-se que o Direito Tributário é um *direito de superposição*, na medida em que encampa conceitos e assimila institutos, tais como lhe são fornecidos pelo Direito Privado (é o que, diga-se de passagem, estabelece o art. 110, do Código Tributário Nacional).[28]

Destarte, quando a Constituição, em matéria de *contribuições sociais para a seguridade social*, alude a *faturamento*, é preciso buscar esta noção, no Direito Comercial (Direito Privado).

III – Pois bem. *Faturamento*, nas hostes do Direito Comercial, nada mais é do que a expressão econômica de operações mercantis ou similares. Corresponde, em última análise, ao somatório do valor das operações negociais realizadas pelo contribuinte.

Faturar, em apertada síntese, é obter receita bruta, proveniente da venda de mercadorias ou, em alguns casos, da prestação de serviços.

---

[26] Embora a Constituição Federal não tenha precisado a *alíquota possível* das várias exações, não resta dúvida de que deu indicativos suficientes para sua fixação, já que determinou que *(i)* nenhum tributo pode ter efeitos confiscatórios, *(ii)* as exações devem atender ao primado da razoabilidade, *(iii)* os impostos devem respeitar o *princípio da capacidade contributiva*, *(iv)* o imposto sobre a renda deve ser informado pelo critério da progressividade, *(v)* o *ICMS* deve ser seletivo em função da essencialidade das mercadorias ou dos serviços, *(vi)* o IPI deve ser seletivo em função da essencialidade dos produtos industrializados, e assim por diante. Da conjugação destes e de outros ditames constitucionais acaba vindo a lume a *alíquota possível* (*possível*, nos termos da Constituição) de todos os tributos.

[27] *Corso di Diritto Tributario*, UTET, Turim, 1972, p. 26 e ss.

[28] CTN – *"Art. 110. A lei tributária não pode alterar a definição, o conteúdo e o alcance de institutos, conceitos e forma de direito privado, utilizados, expressa ou implicitamente, pela Constituição Federal, pelas Constituições dos Estados, ou pelas Leis Orgânicas do Distrito Federal ou dos Municípios, para definir ou limitar competências tributárias"*.

O assunto é bastante simples, e se tornou ainda mais tranquilo porque a Suprema Corte já pacificou e reafirmou, no julgamento dos Recursos Extraordinários n[os.] 346.084, 358.273, 357.950 e 390.840, a distinção entre *faturamento* e *receita*. Deixou claro que *faturamento* é espécie de *receita*, podendo ser conceituado como o *produto da venda de mercadorias e/ou da prestação de serviços*.

Esta ideia, diga-se de passagem, ajusta-se à perfeição ao disposto no art. 187, I, *in fine*, da *Lei das S/A*,[29] *verbis*:

> Art. 187. A demonstração do resultado do exercício discriminará:
>
> I – a receita bruta das vendas e serviços, as deduções das vendas, os abatimentos e *os impostos*.[30]

Em suma, *faturamento* é – permitimo-nos remarcar – a contrapartida econômica, auferida como riqueza própria, pela empresa, em consequência do desempenho de suas atividades típicas, como bem frisou o eminente Ministro Cezar Peluso, no julgamento do *STF*, relativo à Lei nº 9.718/1998. Embora nesta contrapartida possa existir um componente que corresponde ao *ICMS* eventualmente devido, ele não integra, nem adere, ao conceito de que ora estamos a cuidar.

IV – Não vai nestas assertivas nenhuma novidade, porquanto, já na década de 1980, os saudosos mestres Geraldo Ataliba e Cléber Giardino, debruçando-se sobre questão análoga (concernente ao *PIS*), deixaram consignado:

> Quando a lei do ICMS manda que se inclua o próprio valor do tributo na sua base... introduz-se especial mecânica que só pode produzir eficácia no âmbito estritamente compreendido nos fins da lei tributária, isto é, no plano específico e restrito da base de cálculo do ICM. Desdobrar ilações a partir desta disposição, projetando-as para outros campos, portanto, implicará alargamento do regime nitidamente excepcional, facultando a irradiação dos efeitos deste "anormal" comando, em esferas não visadas pelo seu sentido específico. (...)
>
> Em conseqüência, o ICM não integra o valor da operação, a não ser para os específicos efeitos de cálculo dele próprio. (...)
>
> Isto tudo conduz a conclusão que parece inexorável: o nível do "faturamento das empresas" não pode ser afetado – isto é, reconhecer-se manipulado, subvertido – por efeito desta mecânica exclusivamente fiscal, cujos conteúdo e finalidades se esgotam só na distensão, até mesmo inconstitucional, da base de cálculo do ICM e do IPI. (...)
>
> O conceito de "faturamento" não pode submeter-se a este tipo de manipulação, ou artificialismo. Portanto, quando a Lei Complementar nº 7 referiu-se a "faturamento" ignorou – e isto é certo – as contingenciais distorções deste conceito, provocadas por injunção da legislação especial do ICM. Este efeito não está contido na Lei Complementar; "faturamento" para os efeitos do PIS, não pode deixar de ser, objetivamente considerado, senão a soma do

---

[29] Lei nº 6.404, de 15 de dezembro de 1976.

[30] Grifamos.

límpido e singelo valor das operações negociais realizadas, excluído o "quantum" de ICM que nelas se reputa integrado, em virtude de expressa determinação da lei fiscal, só para efeito de cálculo de IPI e de ICM.[31]

Sem embargo de opinião pessoal, manifestada em outro contexto,[32] no sentido de que nem mesmo o *ICMS* pode ser incluído em sua própria base de cálculo, o fato é que, as colocações acima guardam, *mutatis mutandis*, total pertinência às objeto deste estudo.

V – Inacolhível, assim, o entendimento de que os contribuintes *"faturam ICMS"*.

De fato, como logicamente as empresas não faturam impostos, segue-se que a base de cálculo da *COFINS* não pode incluir o valor de exação (no caso, o *ICMS*) que é apenas arrecadada de terceiros.

Acentuamos que o *ICMS* não se incorpora ao patrimônio do contribuinte e nem representa ingresso de valor próprio, justamente porque tem passagem transitória por sua contabilidade.

Em suma, os contribuintes da *COFINS* não faturam *ICMS*. Este, apenas *circula* por suas contabilidades, rumo aos cofres públicos estaduais. Noutros falares, não tipifica *riqueza própria* da empresa (riqueza que se incorpora ao seu patrimônio), mas simplesmente *ingresso de caixa*.

VI – Para melhor demonstrar a proposição *supra*, mister se faz estabelecer um paralelismo com os clássicos ensinamentos de Aliomar Baleeiro, acerca das *"entradas"* e *"ingressos"*. Assim se manifestou o inolvidável jurista:

> As quantias recebidas pelos cofres públicos são genericamente designadas como "entradas" ou "ingressos". Nem todos estes ingressos, porém, constituem receitas públicas, pois alguns deles não passam de "movimento de fundo", sem qualquer incremento do patrimônio governamental, desde que estão condicionadas à restituição posterior ou representam mera recuperação de valores emprestados ou cedidos pelo governo. (...)
>
> Receita pública é a entrada que, integrando-se no patrimônio público sem quaisquer reservas, condições ou correspondência no passivo, vem acrescer o seu vulto, como elemento novo e positivo.[33]

Embora estas lições tenham sido dadas, olhos fitos na arrecadação pública, podem perfeitamente vir adaptadas ao assunto em tela. De fato, fenômeno similar ocorre no âmbito das empresas privadas, quando valores monetários transitam em seu patrimônio, sem, no entanto, a ele se incorporarem, por terem destinação predeterminada. É o caso dos valores correspondentes ao *ICMS* (tanto quanto os correspondentes ao *IPI*), que,

---

[31] *"PIS – Exclusão do ICM de sua base de cálculo"*, in Revista de Direito Tributário, vol. 35, p. 159 e 160.

[32] *ICMS*, 14ª ed. São Paulo: Malheiros, 2009, p. 306 a 354.

[33] *Uma Introdução à Ciência das Finanças*, 13ª ed. Rio de Janeiro: Forense, 1981, p. 116 – grifou-se.

por injunção constitucional, as empresas devem encaminhar aos cofres públicos. Parafraseando Baleeiro, tais valores não se integram ao patrimônio das empresas, *"sem quaisquer reservas, condições ou correspondência no passivo"* e, assim, *não "vêm acrescer o seu vulto, como elemento novo e positivo"*.

Portanto, a integração, na base de cálculo da COFINS, do valor do ICMS, traz, como inaceitável consequência, que contribuintes passem a calcular a exação, sobre receita que não lhes pertence (mero ingresso), mas ao Estado-Membro (ou ao Distrito Federal) onde se deu a operação mercantil e que tem competência para instituí-lo (*cf.* art. 155, II, da CF).

VII – A parcela correspondente ao ICMS pago não tem, pois, natureza de *faturamento* (e, nem mesmo, de *receita*), mas de mero *ingresso* (na acepção *supra*), não podendo, em razão disso, compor a base de cálculo da *COFINS*.[34]

E nem se diga que a lei pode dispor de outro modo.

A respeito, caem como uma luva as seguintes ponderações do Ministro Luiz Gallotti, contidas no voto que proferiu no Recurso Extraordinário n° 71.758:

> Se a lei pudesse chamar de compra o que não é compra, de importação o que não é importação, de exportação o que não é exportação, de renda o que não é renda, ruiria todo o sistema tributário inscrito na Constituição.[35]

Seguindo na esteira do douto Ministro: se a lei pudesse chamar de *faturamento* o que *faturamento* não é (e, a toda evidência, empresas não faturam *ICMS*), também *"ruiria todo o sistema tributário inscrito na Constituição"*. E, por muito maior razão ruiria, se fosse dado ao aplicador considerar *faturamento* o que nem mesmo a lei assim considera: o valor do *ICMS* devido pela empresa.

Realmente, nos termos da Constituição, a *COFINS* só pode incidir sobre o *faturamento*, que, conforme vimos, é o somatório dos valores das operações negociais realizadas. *A contrario sensu*, qualquer valor diverso, absolutamente não pode ser inserido na base de cálculo da *COFINS*.

VIII – Enfatize-se que, caso o legislador (ordinário ou complementar) pudesse redefinir as palavras constitucionais que delimitam os *campos tributários* das várias pessoas políticas, ele, na verdade, acabaria guindado à posição de constituinte, o que, por óbvio, não é juridicamente possível.

---

[34] Esta *parcela* não se incorpora ao patrimônio do contribuinte, mas, por assim dizer, nele apenas *"transita provisoriamente"*.

[35] *RTJ* 66:165.

Foi o que fez o parágrafo único do art. 2º da Lei Complementar nº 70/1991, ao não contemplar a possibilidade de exclusão do *ICMS*, da base de cálculo da *COFINS*.[36] E a perplexidade que a omissão causa é tanto maior se atentarmos para o fato de o aludido dispositivo haver (corretamente) determinado a exclusão do *IPI*.

Com efeito, inexiste justificativa lógico-jurídica para este tratamento diferençado, já que ambos os impostos têm estrutura semelhante (são *"tributos indiretos"*), não integrando o *faturamento*, tampouco a receita, das empresas.

Definitivamente, a Constituição Federal não admite que, na composição da base de cálculo da *COFINS*, se leve em conta, também, o *ICMS* pago pela empresa.[37]

6.2. Apreciações adicionais acerca do parágrafo único do art. 2º da Lei Complementar nº 70/1991

O parágrafo único do art. 2º da Lei Complementar nº 70/1991, deve ser interpretado *conforme a Constituição*, não se podendo admitir que o rol de exclusões nele previsto (valor do *IPI* e das vendas canceladas, devolvidas e dos descontos concedidos incondicionalmente) seja taxativo, sob pena de afronta manifesta *(i)* ao *caput* do mesmo dispositivo, e, pior, *(ii)* à noção do constitucional de *faturamento* (art. 195, I, *b*, da *CF*).

A nosso sentir, a única interpretação possível para o parágrafo único em foco é a de que ele contém uma *relação exemplificativa*, de tal sorte que a ausência de previsão específica para a exclusão do *ICMS* da base de cálculo da *COFINS*, não pode ser havida como admissão, *a contrario sensu*, de que o imposto estadual deve ser incluído na apuração do *faturamento* da empresa.

Caso prevalecesse este ponto de vista, todos e quaisquer elementos, além dos expressamente excluídos pela lei de regência, poderiam compor a base de cálculo da contribuição em tela, o que, por óbvio, não é correto.

---

[36] Lei Complementar nº 70/1991 – *"Art. 2º ("omissis") – Parágrafo único. Não integra a receita de que trata este artigo, para efeito de determinação da base de cálculo da contribuição, o valor: a) do imposto sobre produtos industrializados, quando destacado em separado no documento fiscal; b) das vendas canceladas, das devolvidas e dos descontos a qualquer título concedidos incondicionalmente".*

[37] Vem ao encontro de nossa tese, o art. 3º, § 2º, I, da Lei n.º 9.718/1998, que, nos casos de *substituição tributária*, manda excluir o *ICMS* da base de cálculo da *COFINS*. Como se vê, a legislação começou a trilhar os caminhos constitucionais. Tenha-se presente, porém, que a Lei n.º 9.718/1998 não criou nenhuma nova isenção para a *COFINS*, mas simplesmente *declarou* uma situação de não incidência tributária, que deflui da própria Constituição Federal. Esta, de fato, inadmite que a base de cálculo da *COFINS* leve em consideração elementos espúrios, como o *ICMS* pago pelas empresas, em quaisquer circunstâncias (e não somente nos casos de *substituição tributária*).

Na verdade, o entendimento fazendário parte do pressuposto de que a lei não contém palavras inúteis. Ora, a Ciência Jurídica de há muito demonstrou que se há algo que as leis têm em abundância são palavras inúteis. Palavras inúteis, que só a interpretação sistemática consegue afastar.

Depois, como vimos e revimos, a base de cálculo de todo e qualquer tributo deve confirmar sua hipótese de incidência. Assim, se a *COFINS* incide sobre o faturamento da empresa, sua base de cálculo não pode ir além deste conceito, de modo a alcançar valores que não o compõem, como o *ICMS* devido pela empresa.

Note-se, em reforço da nossa tese, que nenhuma lei declara não integrarem a base de cálculo da *COFINS* o patrimônio líquido da empresa, os salários que ela paga, o custo dos serviços públicos específicos e divisíveis que lhe são prestados etc., e, nem por isso, se sustenta que estes valores devem ser computados para fins de quantificação do tributo.

Irrelevante, em suma, que o parágrafo único, do art. 2º, da Lei Complementar nº 70/1991, não tenha expressamente determinado a exclusão do *ICMS* da base de cálculo da *COFINS*.

6.3. Ainda sobre a impossibilidade jurídica de o valor do ICMS figurar na base de cálculo da COFINS

I – Retrilhando caminhos, a base de cálculo da *COFINS* é o *faturamento* do contribuinte, não sendo dado, nem ao legislador, nem ao intérprete, nele introduzir elementos estranhos (*v.g.*, o valor do *ICMS*), sob pena de restar malferida a *regra-matriz* constitucional do tributo.

Em boa verdade científica, não é possível, sem atropelar a Constituição Federal, inserir, na base de cálculo da *COFINS*, algo que *faturamento* não é. Fazê-lo, enseja a cobrança de novo tributo, que refoge à competência tributária federal.

Torna-se a dizer que a inclusão do *ICMS* na base de cálculo da *COFINS* desvirtua o arquétipo constitucional desta *contribuição*, originando, destarte, um adicional de outro tributo, diferente daquele cuja competência a Carta Suprema, em seu art. 195, I, *b*, reservou à União.

Ademais, tal expediente desconsidera, a todas as luzes, direito subjetivo fundamental dos contribuintes, qual seja, o de só serem tributados na *forma* e nos *limites* permitidos pelo Texto Magno.

Em suma, a inclusão, na base de cálculo da *COFINS*, do valor corresponde ao *ICMS* devido pelo contribuinte, abre espaço a que a União se locuplete com uma *exação híbrida e teratológica*, desajustada dos *tipos tributários* que a Constituição Federal, expressa ou implicitamente, lhe outorgou.

II – Eis por que estamos sempre mais convencidos de que o *ICMS* devido pela empresa não pode integrar a base de cálculo da *COFINS*. Do contrário, a base de cálculo deste tributo passa a ser o *faturamento mais* o montante devido, a título de *ICMS*. Haveria, aí, nítido aumento da contribuição social, pela indevida majoração – porque sem respaldo na Lei Maior – de sua base de cálculo.

A agregação deste elemento espúrio (o valor do *ICMS*), à base de cálculo da *COFINS*, acaba por criar – insista-se – uma figura canhestra, absolutamente inconstitucional. Ou, se preferirmos, um *minotauro tributário*: parte *COFINS*, parte *ICMS*.

Portanto, a menos que a base de cálculo do tributo venha reposta nos trilhos constitucionais, não se estará diante de uma juridicamente hígida *contribuição para o financiamento da Seguridade Social*.

7. Anotações complementares

I – De uns tempos a esta parte, autoridades fazendárias têm alardeado, inclusive pelos meios de comunicação, que, a predominar a tese já sufragada pela maioria da Corte Suprema, no julgamento, ainda em curso, do RE 240.785-2/MG, o Erário federal teria que suportar um *"rombo"* de 12 bilhões de reais por ano, isso sem falar nas repetições e compensações, que, somadas, causariam um impacto econômico, nas contas públicas, da ordem de 60 bilhões de reais.

Em outras circunstâncias, este argumento *ad terrorem*, que positivamente não é jurídico, não mereceria sequer ser considerado, a menos que se pretendesse fazer um estéril exercício de requinte intelectual.

Todavia, o fenômeno da tributação tem a particularidade de sempre acarretar consequências econômicas. Por essa razão, dele se ocupam não só os juristas, como os sociólogos, os filósofos e os macro e microeconomistas, todos cooperando, cada um com sua Ciência, para que se alcance o tão almejado bem comum.

Ademais, pelo alto nível dos Ministros integrantes do Supremo Tribunal Federal, os raciocínios por eles desenvolvidos são escrupulosamente exaurientes, imprimindo inelutável autoridade intrínseca às suas decisões, que, bem por isso, tendem a ser respeitadas e seguidas pelas instâncias inferiores.

Mais um motivo, pois, para enfrentarmos a questão econômica, que, com o devido acatamento, parece ser a *ultima ratio regis* da Fazenda Nacional.[38]

Ia – O argumento fazendário, impressionante embora, não resiste a uma análise mais serena.

De fato, como o próprio Governo Federal não se cansa de apregoar, o ingresso de recursos nos cofres públicos não cessa de crescer, pelo que a seguridade social não será afetada, nem com a alegada (mas, não provada) perda de arrecadação (que, diga-se de passagem, representaria menos de 1% da receita líquida global da União, prevista para 2011), nem, muito menos, pelas devoluções dos indébitos tributários, que, como é de comum sabença, é feita paulatinamente, de acordo com a ordem cronológica de apresentação dos precatórios (cf. art. 100 da *CF*). Quanto às compensações, estas dependem, nos processos em curso, do trânsito em julgado (cf. art. 170-A do *CTN*) e, para os contribuintes que ainda não bateram às portas do Poder Judiciário, também da verificação, pelo fisco, dos valores a considerar, circunstância que igualmente sinaliza demora, que, evidentemente, reduzirá o temido *"impacto"* nas contas públicas.

Assim, com ser catastrofista, é errôneo o entendimento de que a Fazenda Nacional sofrerá assinalados prejuízos financeiros, caso a decisão da Corte Constitucional lhe for desfavorável.

Ib – Mas, deixando de lado estes números cabalísticos, sempre invocados quando o Poder Judiciário está para corrigir inconstitucionalidades tributárias cometidas pela União, o fato é que o argumento – ainda que os valores monetários acenados fossem verdadeiros (o que só se admite *ad argumentandum tantum*) – não pode prevalecer, quando está em jogo, como no caso presente, a supremacia da Constituição Federal.

Sempre que a mais alta Corte Judiciária do País decide que uma dada exigência tributária é inconstitucional, isto significa apenas que tudo o que, a tal título, está para ser ou foi arrecadado, é *indevido*, de modo a ensejar, respectivamente, *(i)* a cessação da cobrança, e *(ii)* a restituição do que foi pago. Isso se dá, única e exclusivamente, para que venha restabelecido o primado da Carta Magna.

II – Improcede, por igual modo, a recentíssima tese fazendária – muito divulgada pelos meios de comunicação – de que o *ICMS* não deve ser expungido da base de cálculo da *COFINS*, porque, sendo um *"imposto indireto"*, seu montante é *"recuperado"* pela empresa, que o repassa ao preço final da mercadoria.

---

[38] O argumento foi largamente esgrimido, pela Advocacia Geral da União, na ADC nº 18, na tentativa de comprovar o *periculum in mora* e ver concedida a medida cautelar pleiteada.

A prevalecer este *"muito a propósito"* entendimento, nenhuma empresa poderia insurgir-se contra as injuridicidades tributárias que a afligissem.

De fato, como é de compreensão intuitiva, as empresas, ao fixarem o preço de suas mercadorias, costumam levar em conta toda a carga tributária que suportam, *inclusive* a proveniente dos chamados *"tributos diretos"* (*IR*, *IPVA*, *IPTU* etc.).

Noutros termos, também a carga econômica dos *"tributos diretos"* que as empresas recolhem é suportada pelos consumidores finais das mercadorias. E nem por isso, algum doutrinador até hoje sustentou que, mesmo quando indevidos, os *"tributos diretos"* devem ser suportados pelas pessoas jurídicas, já que seu montante acaba *"acrescido"* ao preço final das mercadorias.

Depois, é de todo em todo irrazoável pretender que o Pretório Excelso, guardião supremo da constitucionalidade dos atos normativos, passe ao largo do Direito, para internar-se em searas puramente econômicas.

Além de tudo, o novel argumento da Fazenda Nacional navega ao sabor da álea, já que a inclusão, ou não, do valor do *ICMS*, no preço final da mercadoria, depende mais de circunstâncias de mercado, do que jurídicas. Deveras, frequentes vezes acontece de o comerciante – para fazer frente à concorrência, para alavancar os negócios ou, até, para aumentar o capital de giro da empresa – vender a mercadoria com lucro incipiente, pelo preço de custo ou, até, com prejuízo, hipóteses em que, por óbvio, não haverá a *"recuperação"* candidamente acenada pelo fisco, em mais esta tentativa de ofuscar a manifesta inconstitucionalidade de que aqui se cogita.

Logo, a eventual circunstância de o *ICMS ser "recuperado"* pela empresa, no momento da venda mercantil, absolutamente não ilide a inconstitucionalidade da inclusão de seu montante, na base de cálculo da *COFINS*.

IIa – Aprofundando, ainda mais, este específico assunto, a Procuradoria da Fazenda Nacional alega não compreender porque somente o *ICMS* deveria ser excluído da base de cálculo da *COFINS*, quando é certo que nela se integram os demais *custos* da empresa (salários de empregados, *FGTS*, tarifas de luz, de água, de gás etc.), sem que isso provoque qualquer inconformismo, da parte dos contribuintes.

O argumento, sedutor ao primeiro súbito de vista, é na verdade falso.

Realmente, também os demais custos suportados pela empresa deveriam ser excluídos da base de cálculo da *COFINS*, caso o regime jurídico-constitucional a eles aplicável fosse idêntico ao do *ICMS*.

A inexistência de tal identidade é a singela razão pela qual os contribuintes questionam a inclusão, na base de cálculo da COFINS, do valor do ICMS, e não dos demais *custos* da empresa.

Todavia, para que a ideia não fique solta, impende averiguar, ainda que de modo sumário, qual o regime jurídico-constitucional do ICMS, com o que, *venia concessa*, poderemos por terra mais esse argumento da Fazenda Nacional.

IIb – A Constituição Federal, em seu art. 155, § 2º, I, submete o ICMS ao princípio da não cumulatividade, que se operacionaliza por meio do instituto da compensação ("compensando-se o que for devido em cada operação relativa à circulação de mercadorias ou prestação de serviços com o montante cobrado nas anteriores pelo mesmo ou outro Estado ou pelo Distrito Federal").

Como se nota, este regime jurídico faz do contribuinte de ICMS (*tributo indireto*) mero *agente arrecadador*.

Noutros signos, ele simplesmente transfere aos cofres públicos o montante de tributo que, ao cabo do processo de circulação, será suportado pelo consumidor final (contribuinte *de fato*).[39]

Ora, como as empresas não faturam impostos, a base de cálculo da COFINS não pode incluir o valor de exação, que é apenas arrecadada de terceiros.

IIc – Sobremais, a preponderar a tese fazendária, restaria ferido o *princípio da não confiscatoriedade*, consagrado no art. 150, IV, da Constituição Federal, aplicável, sem sombra de dúvida, também às contribuições patronais, destinadas ao custeio da seguridade social (caso da COFINS).

Com efeito, um dos requisitos da *não confiscatoriedade* é sua efetividade, ou seja, ela deve ser real, concreta e, não, meramente presumida ou fictícia.

Daí por que a inclusão, na base de cálculo da COFINS, de elemento (o valor do ICMS) que não reflete receita própria do sujeito passivo, distorce sua efetiva aptidão para contribuir, e acarreta aumento indevido – e, pior, inconstitucional – da carga tributária.

Em suma, conforme acima exposto, nenhuma injuridicidade haveria na exclusão, da base de cálculo da COFINS, dos custos suportados pela empresa, a título de salários, FGTS, tarifas de luz, de água etc., *caso* o regime jurídico-constitucional, aplicável a tais valores, fosse idêntico ao do ICMS. Como não é, o argumento fazendário alui.

---

[39] Não é por outra razão que se aplica, aos casos de repetição de indébito de ICMS, o art. 166, do CTN, que seguiu na trilha da Súmula nº 546 do STF.

Esta, portanto, a razão pela qual não deve causar nenhuma estranheza a irresignação dos contribuintes circunscrever-se à inclusão do *ICMS* na base de cálculo da *COFINS*.

Dito de outro modo, é simplesmente o peculiar regime jurídico-constitucional do *ICMS*, que respalda a tese aqui sustentada, que a Fazenda Nacional tenta desqualificar com argumentos, *s.m.j.*, sofismáticos.

8. Conclusões

Posto isso, podemos sumular as seguintes conclusões:[40]

I – A tributação foi minuciosamente disciplinada na Constituição Federal, que não só apontou os fatos alcançáveis pela ação estatal de exigir tributos, como estabeleceu os limites e condições para seu exercício.

II – As *contribuições* (art. 149, da *CF*) são tributos, uma vez que devem necessariamente obedecer, seja quanto à instituição, seja quanto ao lançamento e ao modo de cobrança, aos princípios e regras que informam a tributação.

III – A União está constitucionalmente credenciada a instituir *contribuições sociais para a seguridade social*, que, dependendo da materialidade de suas *hipóteses de incidência*, podem revestir a natureza jurídica de *imposto* ou de *taxa*.

IV – As contribuições patronais para o custeio da seguridade social são impostos (embora qualificados pela finalidade que devem atingir, vale dizer, o custeio da seguridade social).

IVa – Embora a Constituição Federal não tenha explicitamente apontado suas *bases de cálculo possíveis*, deu diretrizes acerca do assunto, que nem o legislador, nem o intérprete, podem ignorar.

IVb – Ao estatuir, em seu art. 195, I, que tais tributos incidirão sobre "a) a folha de salários e demais rendimentos do trabalho pagos ou creditados, a qualquer título, à pessoa física que lhe preste serviço, mesmo sem vínculo empregatício; b) a receita ou o faturamento; e, c) o lucro", a Constituição Federal apontou-lhes as bases de cálculo possíveis.

IVc – Uma das *bases de cálculo possíveis* das contribuições patronais para o custeio da seguridade social é justamente o *faturamento* da empresa.

V – A *COFINS* é uma contribuição patronal para o custeio da seguridade social. Instituída pela Lei Complementar nº 70, de 30 de dezembro de 1991, em substituição à chamada contribuição para o *FINSOCIAL*, tem

---
[40] Evidentemente, a fundamentação das conclusões é encontrável no corpo do presente artigo.

por *base de cálculo* o faturamento obtido, mês a mês, pela empresa (cf. art. 1º, da LC 70/1991).

VI – *Faturamento* não é mera *caixa vazia* dentro da qual o legislador, o intérprete ou o aplicador podem colocar o que bem lhes aprouver. Pelo contrário, tem uma acepção técnica precisa, que o Direito Tributário deve buscar no Direito Comercial.

VIa – *Faturamento*, nas hostes do Direito Comercial, nada mais é do que a expressão econômica de operações mercantis ou similares. Corresponde ao somatório do valor das operações negociais realizadas pelo contribuinte.

VIb – *Faturar* é obter receita bruta, proveniente da venda de mercadorias ou, em alguns casos, da prestação de serviços.

VIc – Em suma, *faturamento* é a contrapartida econômica, auferida como riqueza própria, pela empresa, em consequência do desempenho de suas atividades típicas.

VII – Como logicamente as empresas não faturam impostos, segue-se que a base de cálculo da *COFINS* não pode incluir o valor de exação (no caso, o *ICMS*) que é apenas arrecadada de terceiros.

VIIa – O *ICMS* não se incorpora ao patrimônio do contribuinte e nem representa ingresso de valor próprio, justamente porque tem passagem transitória por sua contabilidade.

VIIb – Os contribuintes da *COFINS* não faturam *ICMS*. Este, apenas *circula* por suas contabilidades, rumo aos cofres públicos estaduais. Noutros falares, o tributo estadual não representa riqueza própria da empresa (que se incorpora ao seu patrimônio), mas simples *ingresso de caixa*.

VIII – A integração, na base de cálculo da *COFINS*, do valor do *ICMS*, traz, como inaceitável consequência, que contribuintes passem a calcular a exação, sobre receita que não lhes pertence (mero ingresso), mas ao Estado-Membro (ou ao Distrito Federal) onde se deu a operação mercantil e que tem competência para instituí-lo (cf. art. 155, II, da *CF*).

VIIIa – A parcela correspondente ao *ICMS* pago não tem natureza de *faturamento* (e, nem mesmo, de *receita*), mas de mero *ingresso* (na acepção *supra*), não podendo, em razão disso, compor a base de cálculo da *COFINS*.

IX – O parágrafo único do art. 2º da Lei Complementar nº 70/1991 deve ser interpretado *conforme a Constituição*, não se podendo admitir que o rol de exclusões nele previsto (valor do *IPI* e das vendas canceladas, devolvidas e dos descontos conceitos incondicionalmente) seja *taxativo*, sob pena de afronta manifesta ao próprio *caput* do mesmo dispositivo, bem como ao conceito constitucional de *faturamento* (art. 195, I, *b*, da *CF*).

IXa – A melhor interpretação, para o parágrafo único em foco, é a de que ele contém uma *relação exemplificativa*, de sorte que a ausência de previsão específica, no tocante à exclusão do *ICMS* da base de cálculo da *COFINS*, não pode ser havida como admissão, *a contrario sensu*, de que o imposto estadual deve ser incluído na apuração do *faturamento* da empresa.

IXb – Irrelevante, em suma, que o parágrafo único do art. 2º da Lei Complementar nº 70/1991 não tenha se referido expressamente ao *ICMS*, como passível de exclusão da base de cálculo da *COFINS*.

X – Em remate, a inclusão, na base de cálculo da *COFINS*, do valor corresponde ao *ICMS* pago pelo contribuinte, abre espaço a que a União Federal se locuplete com uma *exação híbrida e teratológica*, desajustada dos *arquétipos tributários* que a Constituição, expressa ou implicitamente, lhe outorgou.

9. Referências Bibliográficas

ATALIBA, Geraldo. *Hipótese de Incidência Tributária*. 5ª ed., 9ª tir. São Paulo: Malheiros, 2008.

——; GIARDINO, Cléber. *"PIS – Exclusão do ICM de sua base de cálculo"*. Revista de Direito Tributário 35/ 150 e ss. São Paulo:. Revista dos Tribunais.

BALEEIRO, Aliomar. *Direito Tributário Brasileiro*. 11ª ed. (atualização de Misabel Derzi). Rio de Janeiro: Forense, 1999.

BALERA, Wagner. *A Seguridade Social na Constituição de 1988*. São Paulo: Revista dos Tribunais, 1989.

CARRAZZA, Roque Antonio. *Curso de Direito Constitucional Tributário*. 27ª ed. São Paulo: Malheiros, 2011.

——. *ICMS*. 14ª ed. São Paulo: Malheiros, 2009.

CARVALHO, Paulo de Barros. *Curso de Direito Tributário*. 19ª ed. São Paulo: Saraiva, 2007.

CORTÉS DOMINGUES, Matias. *Ordenamiento Tributario Español*. Madri: Tecnos, 1968.

DESCARTES, René. *Discurso do Método e as Paixões da Alma*. Lisboa: Sá da Costa, 1984.

FERREIRO LAPATZA, José Juan. *Teoria Geral do Tributo*. trad. de Roberto Barbosa Alves. Barueri: Marcial Pons – Manole, 2007.

HORVATH, Estevão. Contribuições de Intervenção no Domínio Econômico. São Paulo: Dialética, 2009.

MICHELI, Gian Antonio. *Corso di Diritto Tributario*. Turim: UTET, 1972.

PAULSEN, Leandro. *Direito Tributário: Constituição e Código Tributário à Luz da Doutrina e da Jurisprudência*. 6ª ed., Porto Alegre: Livraria do Advogado – ESMALFE, 2004.

PONTES DE MIRANDA, Francisco Cavalcante. *Comentários à Constituição de 1967 (com a Emenda n. 1 de 1969)*. 2ª ed, 2ª tir., São Paulo: Revista dos Tribunais, 1973, t. II.

RAMALHO MASSANET, Juan. "Hecho Imponible y Cuantificación de la Prestación Tributaria". In: *Revista de Direito Tributário*, vols. 11/12. São Paulo, Ed. Revista dos Tribunais.

— 10 —

Limites, ponderações de direitos fundamentais. Liberdade de expressão e direito à honra/dignidade da pessoa humana

SALISE MONTEIRO SANCHOTENE

Juíza Federal, Especialista em Direito Penal pela UnB, Doutoranda em Direito Penal pela Universidad Autónoma de Madrid

Sumário: 1. Identificação e classificação dos direitos fundamentais na Constituição espanhola; 1.1. Conceitos de honra e de liberdade de expressão; 2. O Tribunal Constitucional espanhol e os limites dos direitos fundamentais; 3. Orientação do Tribunal Europeu dos Direitos Humanos; 4. Regras para estabelecer a ponderação entre o direito à honra e o direito à liberdade de expressão; 5. Abordagem do tema na evolução jurisprudencial do Supremo Tribunal Federal; 6. Conclusão; Referências bibliográficas.

O exercício da liberdade de expressão e o consequente respeito ao direito à honra/dignidade da pessoa humana estão tutelados no âmbito penal e civil, mas este artigo irá examinar a questão a partir do ponto de vista constitucional, que é a seara na qual ocorrem os conflitos de direitos fundamentais e que ao fim, acabam sendo solucionados pelo Poder Judiciário. Analisaremos a evolução do tema sob a ótica do Tribunal Constitucional Espanhol e do Tribunal Europeu de Direitos Humanos, a fim de estudar o posicionamento da doutrina atual na Espanha. Pretendemos enumerar alguns elementos que as construções pretorianas na Espanha destacam como essenciais para afirmar quando deve preponderar o direito à honra ou à liberdade de expressão, sempre que houver conflito. Ao fim, traçaremos um breve comparativo com a abordagem dada ao tema pelo Supremo Tribunal Federal no Brasil, ao qual compete precipuamente a construção da hermenêutica constitucional.

1. Identificacão e classificação dos direitos fundamentais na Constituição espanhola

Os direitos e liberdades percorreram um longo caminho até chegar às posições que ocupam nos atuais textos constitucionais.[1]

Os direitos fundamentais devem ser contemplados como *"condição própria da democracia"*[2] e, portanto, é necessário que sejam analisados em conexão com a participação do Estado no seu âmbito de existência. Assim, são categorias que requerem a intervenção estatal através de seus operadores jurídicos como único modo de assegurar sua existência.[3]

Questão complexa é a de saber delimitar materialmente quais são os direitos fundamentais, porque nem todos desfrutam de tal *status* e certamente nem aqueles que são direitos fundamentais o são no mesmo grau.[4]

Para alguns doutrinadores são considerados direitos fundamentais aqueles que integram o Capítulo II do Título I da Constituição espanhola, sem distinção entre seções. O Tribunal Constitucional em certas ocasiões restringe em sua jurisprudência os direitos fundamentais à seção primeira,[5] e em outras os amplia fazendo que coincidam com todo o Capítulo II.[6]

Se considerarmos que todos os direitos do Capítulo II são fundamentais, teremos que analisar por que o constituinte os reconheceu com diferentes níveis de proteção, coincidentes com as diferentes seções.[7] Certamente o legislador assim o fez para atribuir-lhes consequências jurídicas. Os direitos podem ser agrupados, segundo parte da doutrina, em individuais, políticos e sociais,[8] embora a Constituição não siga este

---

[1] De acordo com a Sentença do Tribunal Constitucional Espanhol (STC) 56/1982, com a constitucionalização dos direitos é possível obter, "no la mera enunciación formal de un principio hasta ahora no explicitado sino la plena positivización de un derecho al rango de derecho fundamental de conformidad con el cual deben ser interpretadas todas las normas que componen nuestro ordenamiento".

[2] Juan J. SOLOZÁBAL ECHAVARRÍA. "Algunas cuestiones básicas de la Teoría de los Derechos Fundamentales" em *Estudios de Derecho Público en Homenaje a Ignacio De Otto*, 1993, p. 88. (tradução nossa).

[3] Ana ABA CATOIRA. *La limitación de los derechos en la jurisprudencia del Tribunal Constitucional Español*, Tirant Monografías, 113, Valencia, 1999, p. 33.

[4] Ana ABA CATOIRA. Op. cit., p. 35.

[5] Así, ejemplificando, las SSTC 62/1983, 160/1987, 105/1994.

[6] En este sentido, las SSTC 25/1981, 58/1983, 247/1993.

[7] Javier PÉREZ ROYO: *Curso de Derecho Constitucional*, Marcial Pons, Madrid, 1994, p.240.

[8] Gregório PECES-BARRA: "Reflexiones sobre la teoría general de los Derechos fundamentales en la Constitución", em *Revista de la Facultad de Derecho de la Universidad Complutense*, n° 2, 1979, p. 42.

critério, uma vez que os direitos estão mesclados ao longo do Título I. Por isso, para Prieto Sanchís[9] os direitos fundamentais devem ser agrupados primeiramente, de acordo ao maior grau de resistência, que integram o Capítulo II da Constituição Espanhola (C.E.) – de modo geral vinculam aos poderes públicos, hão de ser regulados por lei e ficam tutelados pelo recurso de inconstitucionalidade (art. 53.1°); em segundo lugar, os direitos reunidos no Capítulo I; e por fim, os princípios reitores do Capítulo III.

1.1. Conceitos de honra e de liberdade de expressão

Tendo por escopo a análise do conflito estabelecido entre o direito à honra e o direito à liberdade de expressão, ambos reconhecidos, seja pela doutrina ou pela jurisprudência, como direitos fundamentais, faz-se necessário definir os conceitos de um e de outro. O art. 18.1 da C.E. consagra o direito fundamental à honra, mas não o define. Segundo o Dicionário da Real Academia Espanhola, "honra" pode ser traduzida como "*a estima e o respeito da própria dignidade*", ao que se acrescentaria um segundo elemento externo, traduzido pelo reconhecimento que os demais fazem da nossa dignidade. A Lei Orgânica 1/1982, de 5 de maio,[10] regulamentou a proteção civil do Direito à Honra, à Intimidade Pessoal e Familiar e à Própria Imagem e ao fazê-lo estabeleceu uma proteção *formal* da honra, sem "*reparar na autêntica realidade da própria estima, nem nas circunstâncias pelas quais a pessoa conseguiu uma reputação*".[11]

O Tribunal Constitucional pronunciou-se repetidas vezes sobre o direito à honra e chegou à conclusão de que não é possível encontrar uma definição jurídica da honra, pois é um "*conceito dependente das normas e ideias sociais vigentes em cada momento*".[12]

O direito à liberdade de expressão, de igual modo, está estreitamente relacionado com os princípios da *dignidade e da liberdade da pessoa humana*, sob o ponto de vista individual, pois privar a um homem de comunicar-se fere fortemente sua dignidade.[13] Em outro plano, a liberdade de ex-

---

[9] Luís PRIETO SANCHÍS: *Estúdios sobre los Derechos Fundamentales*, Editorial Debate, Madrid, 1990, p. 103-109.

[10] No último páragrafo do art. 7, se considera agressão ao direito à honra "*a divulgação de expressões ou fatos relativos a uma pessoa, quando a difame ou a faça desmerecer em consideração alheia*".

[11] José Luis CONCEPCIÓN RODRÍGUEZ. *Honor, intimidad e imagen*, Bosch Editorial, Barcelona, 1996, p. 31. (tradução nossa)

[12] STC 185/89.

[13] J. J. SOLOZÁBAL ECHAVARRÍA. "Liberted de expresión y Derecho a la Información", em *Revista Española de Derecho Constitucional*, n. 23, mayo-agosto 1988, Madrid, p. 140.

pressão é, além disso, uma *exigência* do *sistema político democrático*,[14] na sua dimensão *institucional*.

O direito à honra – garantido no art. 18 da C.E. – é o limite estabelecido pelo legislador constituinte ao exercício das liberdades proclamadas pelo art. 20 da C.E.,[15] entre as quais, a liberdade de expressão (art. 20.1 *a*) – e por isso, tendo por base uma interpretação literal da norma, para alguns doutrinadores, o direito à honra tem prevalência sobre a liberdade de expressão.[16]

A liberdade de expressão é uma liberdade frente ao Estado. Por ela se exterioriza o próprio pensamento e se possibilita tanto a crítica política e social, como o desenvolvimento da personalidade.[17] A liberdade de expressão evoluiu desde um prisma individualista até um conteúdo social. Modernamente, pode ser caracterizada como o meio pelo qual se garante ao indivíduo o exercício do direito fundamental à *liberdade ideológica*, assegurada no artigo 16.1 da mesma Constituição espanhola. Essa, de sua parte, importa um juízo independente da ideologia oficial (que pode ser imposta por um regime oficial ou simplesmente dominante); é o direito ao anticonformismo e ao cabo, é um ideal democrático, porquanto a livre circulação da ideia representa a expressão da democracia de um povo.[18]

O Tribunal Constitucional Espanhol reconheceu que a liberdade de expressão de pensamentos, ideias e opiniões, assim como a difusão dessas e das notícias relativas aos assuntos públicos são premissas necessárias para a formação da opinião pública.[19]

2. O Tribunal Constitucional espanhol e os limites dos direitos fundamentais

Uma das questões mais difíceis de resolver no âmbito dos direitos fundamentais é estabelecer como e com que fundamentos se executa a sua ação limitadora. Ou seja, os direitos em um Estado Constitucional

---

[14] J. J. SOLOZÁBAL ECHAVARRÍA. "La Libertad de expresión desde la Teoría de los Derechos Fundamentales", em *Revista Española de Derecho Constitucional*, n. 32, mayo-agosto 1991, Madrid, p. 78.

[15] Cuando establece el art. 20.4.:"Estas libertades tienen *su límite* en el respeto a los derechos reconocidos en este Título, en los preceptos de las leyes que lo desarrollen y, *especialmente, en el derecho al honor*, a la intimidad, a la propia imagen y a la protección de la juventud y de la infancia" (destacamos).

[16] Carlos ROGEL VIDE. "El Derecho al honor, a la intimidad personal y familiar y a la propia imagen y las libertades de expresión e información en la jurisprudencia del Tribunal Supremo y en la del Tribunal Constitucional", em *Poder Judicial* – nº 22, junio/1991, p. 82.

[17] Ignacio BERDUGO GOMEZ DE LA TORRE. Honor y liberdade de expressão. Las causas de justificación en los delitos contra el honor, Ed. Tecnos, 1987, p. 64. (tradução nossa)

[18] Cfr. GRISOLIA. Op. cit., p. 46.

[19] STC 31-III-82, BJC n. 22, p, 278.

Democrático só existem como categorias jurídicas limitadas, limitáveis e limitadoras;[20] não há direitos absolutos, segundo a doutrina científica majoritária, mesmo quando o constituinte reconheceu alguns deles com expressões que parecem afirmar sua ilimitabilidade, como nos casos do direito à vida, à integridade ou à liberdade ideológica.

O Tribunal Constitucional Espanhol tem sido categórico quanto à possibilidade de limitar direitos e liberdades, além de afirmar que não existem direitos fundamentais ilimitados.[21]

Assim, quando a delimitação ao exercício do direito fundamental não vem expressa na Constituição Espanhola, nem é tarefa do legislador o desenvolvimento de tal empreitada, caberá ao Tribunal Constitucional demarcar seu conteúdo constitucionalmente protegido.[22]

A Constituição, segundo o Tribunal Constitucional Espanhol, é concebida como "una totalidad normativa garantizadora de un orden de convivencia integrado por un conjunto de derechos y valores, que el legislador tiene el deber de armonizar mediante fórmulas que permitan la adecuada protección de cada uno de ellos a través de limitaciones coordinadas y razonables, evitando el desequilibrio del orden constitucional que ocasione la prevalencia absoluta e ilimitada de uno sobre los demás, los cuales resultarían desconocidos y sacrificados con grave quebranto de los mandatos constitucionales que imponen a todos los poderes públicos el deber de protegerlos y hacerlos efectivos en coexistencia con todos aquellos otros con los que concurran".[23] Desse modo, salvo indicação contrária da Constituição, todos os direitos ocupam um plano de igualdade ou de equivalência. Ainda que alguns direitos fundamentais ocupem posições preferenciais frente a outros, não há hierarquia entre eles. Assim, no que diz respeito à solução dos conflitos entre bens jurídicos fundamentais, não se dá sempre a preferência a um sobre os demais, para não admitir a existência de hierarquia de uns sobre os outros.

Segundo a doutrina, o conflito não se resolve aceitando de antemão a superioridade de um dos direitos sobre outros e isso porque "*a relação lógica ou sistemática entre os bens jurídicos protegidos pelos direitos não se pode reduzir a esquemas de supraordenação ou hierarquia*".[24] Pelo contrário, a solução do conflito há de estabelecer-se *em cada caso* de acordo com a pon-

---

[20] Ana ABA CATOIRA. Op. cit., p. 71.

[21] SSTC 11/1981, 105/1990 y 181/1990.

[22] Ana ABA CATOIRA. Op. cit., p. 133.

[23] STC 196/1987.

[24] Juan J. SOLOZÁBAL ECHAVARRÍA. "Algunas cuestiones básicas de la teoría de los Derechos fundamentales...", Op.cit., p. 98-99.

deração que indicará a prevalência de um direito sobre outro, num dado contexto.

Seja como for, não se deve esquecer que a ponderação a ser feita não deve assinalar qual dos direitos em conflito é o mais importante, e sim deve indicar qual das normas resulta mais necessária ou tem mais peso no conflito exposto. O Tribunal Constitucional, nesse sentido, quando analisou o conflito entre as liberdades do art. 20 da C.E. e o direito à honra, afirmou que quando se produz uma colisão entre direitos "nos encontramos diante de um conflito de direitos, ambos de ordem fundamental, o que significa que não necessariamente e em todo caso tal afetação do direito à honra há de prevalecer em relação ao exercício que se fez daquelas liberdades, nem tampouco sempre hajam de serem estas consideradas como prevalentes, senão que se impõe uma necessária e casuística ponderação entre um e outras...".[25] Isto é assim porque se em um caso concreto um direito se qualifica como preferencial em relação ao outro com o que colide, sob outras circunstâncias ambientais diferentes a solução pode ser distinta.[26]

Como consequência, o Tribunal Constitucional, ao estabelecer os parâmetros de sua doutrina, assevera que "la libertad general de expresión por una parte y la libertad de prensa, por otra, como con acierto ha puesto de relieve la doctrina científica, no son círculos exactamente concéntricos de diferentes posiciones sino más bien círculos que se cruzan en los que, como acaba de hacerse, es imprescindible examinar cuidadosamente todos los elementos que en ellos inciden para señalar caso por caso el límite o línea diferencial de lo permitido y lo prohibido".[27]

3. Orientação do tribunal europeu dos direitos humanos

O art. 10.2º da Constituição espanhola contém um reenvio ao Direito Internacional, ou seja, aos Tratados dos quais a Espanha é parte, relativos aos direitos e liberdades. Assim, os textos e acordos internacionais são ou constituem uma fonte de interpretação da Constituição que possibilitam o estabelecimento do conteúdo dos direitos. Não se quer dizer com isso que o conteúdo desses textos corresponda ao conteúdo constitucionalmente declarado dos direitos e liberdades, mas sem dúvida constituirão uma fonte valiosa ao intérprete da Constituição. É verdade que o Tribunal Constitucional alertou para o fato de que "la interpretación a que alude el citado art. 10.2º del texto constitucional no convierte a tales tratados

---

[25] STC 104/1986.
[26] STC 105/1983.
[27] STC 137/1995.

y acuerdos internacionales en canon autónomo de validez de las normas y actos de los poderes públicos desde la perspectiva de los derechos fundamentales".[28] Mas sem dúvida, os aludidos tratados e acordos podem e devem servir, em razão do art. 10.2º da C.E., como fonte interpretativa para delimitar seu conteúdo constitucionalmente protegido.[29]

Esses Tratados, em que pese a seu caráter garantista, contemplam a possibilidade de limitação de direitos, desde que constituam providência necessária em uma sociedade democrática.[30]

Na jurisprudência do Tribunal Europeu de Direitos Humanos (TEDH) – que é a mais alta instância jurisdicional europeia –, encontraremos alguns critérios de auxílio à definição sobre o direito prevalente, se o da liberdade de expressão ou da honra. Como regra, na tentativa de harmonização dos direitos em conflito em cada caso concreto, o TEDH tem proferido muitas decisões em que deixa antever uma preponderância do direito à liberdade de expressão, considerado por aquela Corte como um dos *fundamentos essenciais das sociedades democráticas*.[31] É exemplo disso o caso Handyside, pelo qual Richard Handyside processou o Reino Unido ante o TEDH por embargo e confisco da publicação do livro vermelho do colégio, destinado à educação sexual das crianças. O TEDH, em seus fundamentos, decidiu que *a moral*, como expressa a Convenção Europeia dos Direitos do Homem e das Liberdades Fundamentais, é um dos limites ao direito à liberdade de expressão, mas que no caso em exame não

---

[28] STC 64/1991.

[29] Ana ABA CATOIRA. Op. cit., p. 144.

[30] O art. 29, § 2º, da Declaração Universal dos Direitos Humanos estabelece que "No exercício de seus direitos e no desfrute de suas liberdades, toda pessoa estará sujeita somente às limitações estabelecidas pela lei com o único fim de assegurar o reconhecimento e o respeito dos direitos e liberdades dos demais, e de satisfazer as justas exigências da moral, da ordem pública e do bem-estar geral em uma sociedade democrática". Da mesma forma, o art. 10.2º do Convênio de Roma (Convenção Europeia de Direitos do Homem e das Liberdades Fundamentais, aprovado em Roma em 4 de novembro de 1950) assinala, quando se refere às liberdades de expressão, que "O exercício desta liberdade, porquanto implica deveres e responsabilidades, pode ser submetido a certas formalidades, condições, restrições ou sanções, previstas pela lei, que constituam providências necessárias, numa sociedade democrática, para a *segurança nacional*, a *integridade territorial* ou a *segurança pública*, a *defesa da ordem* e a *prevenção do crime*, a *proteção da saúde ou da moral*, a *proteção da honra* ou dos *direitos de outrem*, para *impedir a divulgação de informações confidenciais*, ou para *garantir a autoridade e a imparcialidade do poder judicial*." (destaque nosso).

[31] Decisão proferida no caso do jornalista Vicente Jorge Silva, de Portugal, na Sentença do TEDH de 28/09/2000. Na ocasião, o TEDH concluiu pela violação do artigo 10º da Convenção pelas autoridades portuguesas considerando que: "O homem político expõe-se inevitavelmente e conscientemente a um controle atento dos seus dizeres e gestos, tanto pelos jornalistas como pela massa dos cidadãos e deve mostrar uma maior tolerância, sobretudo quando faz declarações públicas que se prestam à crítica. Certamente tem direito a ver protegida a sua reputação, mesmo fora do quadro da sua vida privada, mas os imperativos desta proteção devem ser ponderados com o interesse da livre discussão das questões políticas, e as exceções à liberdade de expressão convidam a uma interpretação estreita".

ficara comprovada qualquer violação à Convenção Europeia dos Direitos Humanos.[32] Essa sentença destaca que o conceito de moral é variável e relativo conforme as diferentes épocas e países e essa ideia influirá diretamente na jurisprudência do Tribunal Constitucional Espanhol.[33]

Outra máxima que afetará as decisões do Tribunal Constitucional Espanhol é a de que o direito à liberdade de expressão tem um *peso específico* em uma sociedade democrática. E assim foi notabilizado em um dos trechos da sentença Handsyde:

> Su función supervisora impone al Tribunal prestar una atención extrema a los principios propios de una "sociedad democrática". La libertad de expresión constituye uno de los fundamentos esenciales de tal sociedad, una de las condiciones primordiales para su progreso y para el desarrollo de los hombres. Al amparo del artículo 10.2 es válido no sólo para las informaciones o ideas que son favorablemente recibidas o consideradas como inofensivas o indiferentes, sino también para aquellas que chocan, inquietan u ofenden al Estado o a una fracción cualquiera de la población. Tales son las demandas del *pluralismo*, la tolerancia y el espíritu de apertura, sin las cuales no existe una "sociedad democrática". Lo que significa especialmente que toda formalidad, condición, restricción o sanción impuesta en la materia debe ser proporcionada al fin legítimo que se persigue.

O Tribunal Constitucional espanhol acolhe esta interpretação em suas sentenças, de que são exemplo as STCs 51/1989 e 104/1986.

A jurisprudência do TEDH estabelece a necessidade de se fazer uma ponderação entre os direitos em conflito, mas é evidente que, na prática, tende a valorizar preferencialmente o direito à liberdade de expressão pelo seu *peso específico em uma sociedade democrática*, como já se disse anteriormente.[34] E aí também a Corte Espanhola plasmou princípios, porquanto vem decidindo na mesma direção.

Os limites que devem ser observados à liberdade de expressão vêm estabelecidos na própria Convenção Europeia de Direitos do Homem e das Liberdades Fundamentais e são três, a saber: a) as restrições à liberdade de expressão hão de estar *previstas em lei*; b) devem ser *necessárias* em uma sociedade democrática (entendido pelo TEDH como sinônimo

---

[32] Caso Handyside, Sentença do TEDH, de 07/12/1976, cujo trecho mais eloquente é o que enaltece a prevalência da liberdade de expressão: "A liberdade de expressão constitui um dos cimentos essenciais dessa sociedade, uma das condições básicas para seu progresso e para o desenvolvimento de todos os homens. Sujeita a restrições legítimas é aplicável não somente à "informação" ou as "ideias" que são recebidas favoravelmente ou consideradas inofensivas ou indiferentes, mas também àquelas que ofendem, chocam ou perturbam o estado ou algum segmento da população. Essas são as exigências do pluralismo, da tolerância, da abertura mental, sem as quais não existe uma "sociedade democrática". Isto significa, entre outras coisas, que toda "formalidade", "condição", "restrição" ou "sanção" imposta nesta esfera deve ter proporcionalidade em relação ao objetivo legítimo que se busca".

[33] STC 62/1982.

[34] David ORTEGA GUTIÉRREZ. *Derecho a la información versus Derecho al honor*, p. 83.

de *razoável*, *útil* ou *oportuno*); c) as ingerências devem ser proporcionais ao *fim legítimo* perseguido.[35]

O TEDH vem mantendo um critério progressista quando se manifesta sobre a liberdade de expressão em matéria de imprensa e o caso mais importante no qual essa doutrina foi debatida é o do jornalista LINGENS, da revista Profil, ambos austríacos, em julho de 1986. O jornalista havia sido condenado na Áustria por difamar servidores públicos, porque publicou um artigo em que criticava a benevolência aos antigos nazis que atuavam na vida do país, classificando como "imoral e indigno" o apoio oferecido a essas pessoas, entre os quais, o chanceler federal e chefe do partido socialista, Bruno Kreisky. O TEDH declarou que se violou o artigo 10 da Convenção Europeia de Direitos do Homem e das Liberdades Fundamentais, que protege a liberdade de informação e condenou a República da Áustria ao pagamento da quantidade que fixou ao jornalista, em conceito de "justa indenização". Como já se destacou alhures, a Convenção Europeia de Direitos do Homem e das Liberdades Fundamentais admite restrições à liberdade de expressão que sejam *"medidas necessárias em uma sociedade democrática"*. O TEDH, a respeito, reclama para si a competência para dizer o que é *necessário*, bem como a interpretação do que sejam motivos *pertinentes* e *suficientes*. Nesse sentido, aquela Corte considerou que estava em jogo o direito de o jornalista opinar livremente e dar a conhecer suas ideias e por isso, a ingerência no juízo da liberdade de expressão do Sr. Lingens não era *necessária em uma sociedade democrática*.

Os critérios desse precedente do TEDH foram citados expressamente pelo Tribunal Constitucional Espanhol em várias sentenças, como na STC 76/1995, que destaca primordialmente o critério de relevância pública da informação.

4. Regras para estabelecer a ponderação entre o direito à honra e o direito à liberdade de expressão

A doutrina divide em duas etapas bem definidas o momento em que o Tribunal Constitucional deixou de considerar com primazia o direito à honra frente à liberdade de expressão, para estabelecer uma posição preferente das liberdades do artigo 20 da Constituição Espanhola sobre os direitos do artigo 18.1, com alguns matizes.[36] O marco para isto foi a

---

[35] O artigo 10.2 da Convenção contempla a proteção dos seguintes bens jurídicos: "a segurança nacional, a integridade territorial, a segurança pública, a defesa da ordem, a prevenção do delito, a saúde, a moral, a reputação ou os direitos alheios, informações confidenciais e a autoridade e imparcialidade do poder judiciário".

[36] Rafael SARAZA JIMENA. *Libertad de Expresión e Información Frente a Honor, Intimidad y Propia Imagen*. Op. cit., p. 209.

sentença 104/1986 (caso do jornal Soria Semanal: o jornalista havia sido condenado por falta de respeito e consideração à autoridade, por ter publicado um artigo no qual criticava em tom sarcástico e humorístico a gestão urbanística do prefeito de Soria). Antes dessa sentença os precedentes da Corte Espanhola estavam impregnados da visão penal, que investigava o *animus* do autor e hoje se sabe que esse *animus injuriandi* pode entrar em conflito com o *animus criticandi*, manifestação da liberdade de expressão.[37] A partir de então a jurisprudência se separou da interpretação excessivamente gramatical do art. 20.4 da C.E., passando a exigir dos órgãos judiciais uma ponderação entre os direitos em conflito, sendo de destacar que na STC 104/1986, ao outorgar o amparo solicitado, o Tribunal Constitucional faz doutrina a respeito da função do direito à liberdade de expressão como garantia institucional da formação de uma opinião pública livre, essencial em um Estado democrático.[38]

Esta posição preferente, segundo a doutrina,[39] foi qualificada por aquele Tribunal algumas vezes como "hierarquia institucional" (SSTC 104/1986, 159/1986, 171/1990), outras como "valor superior ou de eficácia irradiante" (STC 121/1989) e outras como "posição prevalente, que não hierárquica" (SSTC 240/1992, 336/1993).

É possível tirar algumas conclusões das diversas decisões que examinamos, quanto a certos requisitos básicos que devem ser superados para definir o conteúdo constitucional dos direitos de expressão, dentro de cujos limites o exercício de tais liberdades seria sempre prevalente, podendo assim delimitá-los: a) se o titular da honra é um personagem de projeção pública, a esfera de proteção de sua honra é menor, pois a Corte Espanhola tem entendido que a opinião pública tem direito a conhecer

---

[37] Segundo J. L. CONCEPCIÓN RODRÍGUEZ. Op. cit., p. 216, foi a partir de então que se começou a considerar que *"o propósito de crítica (seja liberdade de expressão ou de informação) exclui a injúria se é exercida corretamente, e embora contenha expressões ácidas, ásperas ou malsonantes"*.

[38] Assim posicionou-se a Corte: "El derecho al honor no es sólo un límite a las libertades del artículo 20.1.*a* y *d*, citado como tal de modo expreso en el párrafo cuarto del mismo artículo de la Constitución, sino que, según el artículo 18.1 de la Constitución es, en sí mismo, un derecho fundamental. Por consiguiente, cuando del ejercicio de la libertad de opinión (art. 20.1.*a* y/o del de la libertad de comunicar información por cualquier medio de difusión (art. 20.1.*d*), resulte afectado el derecho al honor de alguien, nos encontraremos ante un conflicto de derechos, ambos de rango fundamental, lo que significa que no necesariamente u en todo caso tal afectación del derecho al honor haya de prevalecer respecto al ejercicio que se haya hecho de aquellas libertades, ni tampoco, que hayan de ser éstas consideradas como prevalentes, sino que se impone una necesaria y casuística ponderación entre uno y otras. Es cierto que el derecho al honor es considerado en el artículo 20.4 como límite expreso de las libertades del 20.1 de la Constitución y no a la inversa, lo que podría interpretarse a favor de aquél. Pero también lo es que las libertades del artículo 20, como ha dicho este Tribunal, no sólo son derechos fundamentales de cada ciudadano, sino que significan el reconocimiento y la garantía de una institución política fundamental, que es la opinión pública libre. Esta dimensión de garantía no se da en el derecho al honor... y otorga a las libertades del artículo 20 una valoración que trasciende a la que es común y propia de todos los derechos fundamentales".

[39] SARAZA JIMENA. Op. cit., p. 209.

os dados relativos a essas pessoas, com base no direito à informação que preconiza o art. 20 da CE;[40] b) os *usos sociais* são apontados pela jurisprudência do Tribunal Supremo como "chaves para determinar em um lugar e em um momento concreto, se houve ou não intromissão ilegítima na intimidade pessoal ou familiar, ou se a honra de uma pessoa foi atacada";[41] c) se a liberdade de expressão se exercita vinculada a assunto de interesse geral, pela matéria a que se refere, e contribui para a formação da opinião pública, justifica-se com preponderância diante do direito à honra, pois o exercício das liberdades de expressão e informação se vincula com o direito a participar na formação da vontade política da comunidade;[42] d) a emissão de expressões ou qualificativos vexatórios, que não guardem relação com a formação da opinião pública livre não se legitima diante do direito à honra;[43] e) as opiniões, crenças ou juízos de valor, "não podem ser objeto de prova da verdade; seu único limite é não expressar afirmações injuriosas que careçam de interesse público...",[44] entretanto, a crítica a estes fatos não admite insultos ou desqualificações pessoais, de modo a caracterizar expressões injuriosas;[45] f) o direito à honra não é aplicável às instituições públicas ou classes determinadas do Estado. Quanto a estas, o mais correto é empregar os termos de dignidade, prestígio e autoridade moral, distintos da honra.[46]

Na STC de 12 de novembro de 1990 encontram-se os fundamentos para justificar como valor preferente a legitimidade das intromissões na honra e intimidade, e para tanto se requer: "1. veracidade; 2. interesse geral e 3. ausência de expressões insultantes". A STC 11-2000 estabeleceu as circunstâncias que devem ser levadas em conta para fixar o grau de proteção constitucional da liberdade de expressão.[47]

---

[40] Na STC 165/87 afirmou o Tribunal Constitucional que as personalidades públicas "al haber optado libremente por tal condición deben soportar un cierto riesgo de una lesión de sus derechos de la personalidad". Na mesma linha, o Tribunal Europeu de Direitos Humanos, no caso Oberschlick contra Áustria (23 de maio de 1991), asseverou que "los límites de la crítica admisible son más amplios cuando se trata de un hombre político, que actúa en su calidad de personaje público...Un hombre político tiene ciertamente derecho a que su reputación sea protegida, incluso fuera del ámbito de su vida privada, pero los imperativos de esta protección deben ponderarse con los intereses de la libre discusión de cuestiones políticas".

[41] STS Sala 1ª de 4-11-1986. (tradução nossa)

[42] SSTC 104/86, 159/86 y 20/90.

[43] STC 121/89.

[44] J. L. CONCEPCIÓN RODRÍGUEZ. Op. cit. p. 220.

[45] Luis LÓPEZ GUERRA. "La libertad de información y el derecho al honor", em *Revista Poder Judicial*, nº Especial VI. mar./1989, p. 290.

[46] STC 107/1988.

[47] Segundo a STC 11-2000, tais circunstâncias são: "el juicio sobre la relevancia pública del asunto (SSTC 6/1988, 121/1989, 171/1990, 197/1991, 178/1993), el carácter de personaje público del sujeto sobre el que se emite la crítica u opinión (STC 76/1995) y especialmente si son titulares de cargos pú-

Assim, o primeiro que se conclui é que se estabelece como condição necessária para que a liberdade de expressão tenha um caráter preeminente sobre o direito à honra o fato de que seu exercício tenha por objeto a participação na formação de opinião pública em assuntos de interesse da coletividade geral.[48]

Em segundo lugar, é possível afirmar que o TEDH construiu entendimento ao longo dos anos no sentido de que a liberdade de expressão deve ter por limite qualquer discurso que incite ao ódio ou à violência.[49]

Tanto o TEDH quanto o Tribunal Constitucional Espanhol seguem uma *linha liberal* quanto à concepção dos direitos fundamentais e no que diz respeito à colisão entre os direitos já analisados, ambos seguem uma *tendência expansiva* a favor da liberdade de expressão. E nisso estamos de acordo, na medida em que não se pode privar uma sociedade livre do conhecimento de uma opinião ou ideia. Por certo que a regra admite matizes, os quais devem ser considerados pelo intérprete da norma, à hora de aplicar os critérios de ponderação já mencionados. Assim se dá na hipótese de texto ou discurso de caráter xenófobo ou que incite ao ódio ou à violência.

---

blicos, cualquiera que fuere la institución a la cual sirvan, ya que, como consecuencia de la función que cumplen las libertades de expresión y de información en un sistema democrático, sus titulares han de soportar las críticas o las revelaciones auque "duelan, choquen o inquieten" (STC 76/1995) o sean especialmente molestas o hirientes (STC 192/ 1999). Igualmente importa para el enjuiciamiento constitucional el contexto en que se producen (STC 107/1998), como una entrevista o intervención oral (STC 3/1997). Y, por encima de todo, si en efecto contribuyen a la formación de la opinión pública libre (SSTC 107/1998, 105/1990, 171/1990, 15/1993 entre otras)".

[48] Manuel JAÉN VALLEJO. *Libertad de expresión y delitos contra el honor*, Editorial COLEX, Madrid, 1992, p. 49.

[49] É o caso do processo *Otto E.F.A Remer vs. Alemanha*, de 6/09/1995, em que Otto Remer foi condenado por publicar textos em que promovia discurso negacionista da política de extermínio nazi contra os judeus, ao negar a própria existência do holocausto e das câmaras de gás. Nesse julgamento o TEDH entendeu que os escritos eram contrários a uma das ideias básicas constantes do preâmbulo da Convenção: a justiça e a paz. Além disso, a Corte considerou que os textos promoviam discriminação racial e religiosa, motivo pelo qual a condenação do demandante era '*necessária em uma sociedade democrática*'. Também no julgamento do processo *Rufi Osmani e outros vs. Ex-República Jugoslava da Macedônia*, de 11/10/2001, a Corte entendeu pela improcedência do recurso do demandante, prefeito de um povoado da Macedônia, de maioria albanesa que, depois de ganhar as eleições, ordenou que se hasteasse no município as bandeiras turca e albanesa ao lado da macedônica, e, conclamando o povo a defender com a vida a bandeira e os costumes albaneses, chamou ao sacrifício os cidadãos e organizou grupos armados para custodiar a bandeira albanesa. O prefeito imputou ao Governo atos de violência contra a minoria albanesa e advertiu que estava disposto a lutar e impedir que a bandeira albanesa fosse retirada. Dois dias depois desse discurso ocorreram violentos distúrbios na região, associados pelo TEDH ao discurso proferido. Segundo o TEDH, o discurso do demandante "causou ódio, intolerância e tensões", além de um "sentimento de insegurança no restou da população que reviveu a dolorosa memória da Segunda Guerra Mundial".

5. Abordagem do tema na evolução jurisprudencial do Supremo Tribunal Federal

O Supremo Tribunal Federal, ao julgar a ADPF 130/DF, declarou não recepcionado pela Constituição Federal o conjunto de dispositivos da Lei n° 5.250/67 (lei de imprensa), dando ênfase à fundamentação na democracia como base do Estado brasileiro, ao fazer prevalecer a liberdade de expressão.[50] Ficou assente no item 3 da ementa do julgado que "Os direitos que dão conteúdo à liberdade de imprensa são bens de personalidade que se qualificam como *sobredireitos*. Daí que, no limite, as relações de imprensa e as relações de intimidade, vida privada, imagem e honra são de mútua excludência, no sentido de que as primeiras se antecipam, no tempo, às segundas; ou seja, antes de tudo prevalecem as relações de imprensa como *superiores bens jurídicos* e natural forma de controle social sobre o poder do Estado, sobrevindo as demais relações como eventual responsabilização ou consequência do pleno gozo das primeiras". Contudo, não parece ser esse o pensamento da maioria dos membros da Corte. Senão, vejamos.

Anteriormente ao paradigmático julgamento da ADPF 130/DF, alguns precedentes do STF demonstraram certa tendência em tutelar de forma ampliativa a proteção do direito à personalidade, frente à liberdade de expressão. Podem ser elencados, à guiza de exemplo, os seguintes arestos: RE 215.984, 2ª Turma, rel. Min Carlos Velloso, publicado em 08/06/2002; HC 82.424-2, STF, Tribunal Pleno, rel. Min Moreira Alves, rel. para acórdão Min Maurício Corrêa, publicado em 19/03/2004.[51]

Nesse diapasão, cumpre referir que a Constituição Federal, em seu artigo 1°, fornece uma indicação de valores considerados mais *intensos*, e assim, situa a dignidade da pessoa humana como um dos fundamentos da República, logo, é possível afirmar que a dignidade da pessoa humana "consiste em pressuposto essencial à fruição dos demais direitos fundamentais".[52]

Com efeito, ao julgar a Rcl. 9.428/DF, o Supremo Tribunal Federal (Tribunal Pleno, por maioria, julgado em 10/12/2009) por meio do voto condutor, proferido pelo Min. Cezar Peluso, entendeu que a Reclama-

---

[50] ADPF n° 130/DF, STF, Tribunal Pleno, publicado em 30-04-2009, Rel. Min Carlos Ayres Brito.

[51] Esse também foi um julgamento paradigmático, pelo qual o Supremo Tribunal Federal teve de definir no caso concreto qual o direito preponderante, tendo de um lado a liberdade de expressão do paciente do *habeas corpus*, que publicara livros antisemitas, e de outro, a proteção da dignidade da pessoa humana, no que diz respeito ao grupo étnico dos judeus. A Corte entendeu, na esteira das decisões do TEDH e aplicando o princípio da proporcionalidade, que é legítima, na hipótese, a restrição à liberdade de expressão, porquanto a conduta praticada pelo paciente caracteriza crime de racismo.

[52] MIGUEL REALE Jr. "Limites à Liberdade de Expressão", em *Revista Brasileira de Ciências Criminais*, n° 81, p. 73.

ção não se configurava meio idôneo para ensejar manifestação de mérito quanto ao caso concreto, considerando que a decisão impugnada não afrontou a ADPF 130/DF. A razão seria de que no julgamento daquela Reclamação a Corte sequer apreciou a questão de considerar a intervenção judicial como censura prévia à liberdade de imprensa. Segundo Sua Exa., o Min. Cezar Peluso, "não se extraem do acórdão da *ADPF n° 130* motivos determinantes, cuja unidade, harmonia e força sejam capazes de transcender as fronteiras de meras opiniões pessoais isoladas, para, convertendo-se em *rationes decidendi* determinantes atribuíveis ao pensamento da Corte, obrigar, desde logo, de maneira perene e peremptória, toda e qualquer decisão judicial acerca dos casos recorrentes de conflito entre direitos da personalidade e liberdade de expressão ou informação. E, muito menos, nos exatos termos em que está posta, na decisão impugnada, a complexa questão de concordância *prática*, i.é., nos contornos do caso concreto, entre as garantias constitucionais da inviolabilidade dos direitos à intimidade e à honra (art. 5°, inc. X), o alcance da liberdade de imprensa (art. 220, *caput*) e a inviolabilidade do sigilo das comunicações telefônicas, imposto por decisão judicial (art. 5°, inc. XII) sob cominação da prática de crime (arts. 8° e 10° da Lei n° 9.296, de 1996, e art. 153, § 1°-A, do Código Penal). Daquele acórdão nada consta a respeito desse conflito. Salvo as ementas, que ao propósito refletem a opinião pessoal do eminente Min. Relator, não a opinião majoritária da Corte, o conteúdo semântico geral do acórdão traduz, na inteligência sistemática dos votos, o mero juízo comum de ser a lei de imprensa incompatível com a nova ordem constitucional, não chegando sequer a propor uma interpretação uníssona da cláusula do art. 220, §1°, da Constituição da República, quanto à extensão da literal ressalva a legislação restritiva, que alguns votos tomaram como reserva legal qualificada. Basta recordas as decisivas manifestações que relevaram a necessidade de ponderação, tendentes a conduzi-los a uma concordância prática nas particularidades de cada caso onde se lhes revele contraste teórico, entre liberdade de imprensa e direitos da personalidade, como intimidade, honra e imagem, *para logo por em evidência o desacordo externado sobre a tese da absoluta prevalência hierárquica da liberdade de expressão frente aos demais direitos fundamentais.*(...) É, em suma, patente que ao acórdão da ADPF n° 130 não se lhe pode inferir, sequer a título de motivo determinante, uma posição vigorosa e unívoca da Corte que implique, em algum sentido, juízo decisório de impossibilidade absoluta de proteção de direitos ds personalidade –tais como intimidade, honra e imagem – por parte do Poder Judiciário, em caso de contraste teórico com a liberdade de imprensa. (...) Pretende apenas sublinhar que se não descobre, à leitura atenta de todos os votos componentes daquele acórdão, assim no *iudicium*, como nas *rationes decidendi, nenhuma pronúncia coletiva de vedação absoluta à tutela jurisdicional de direitos da personalidade segundo as circunstâncias de casos concretos*, como supõe a tese o reclamante, e que, como tal, seria a única hipótese idônea para autorizar o conhecimento do mérito desta reclamação"[53] (destacamos).

No mesmo sentido, e ainda por ocasião dos debates havidos na Rcl. 9.428/DF, no voto proferido pelo Min. Gilmar Mendes ficou expressa a preocupação em esclarecer que no julgamento da ADPF 130/DF a Corte não afirmou a "total e absoluta prevalência do direito de imprensa sobre qualquer outro valor constitucional, e nem também afirmamos a ideia de que primeiro se publica e, depois, se busca a proteção, até porque – também já tive a oportunidade de me manifestar sobre isso – é o próprio texto constitucional que diz que esses valores são invioláveis, e o que é inviolável é para não ser violado". Na ocasião, Sua Exa., Min Gilmar Mendes, destacou que a *proteção judicial efetiva*[54] é também uma cláusula definidora do Estado de Direito. No mesmo sentido, deram-se as manifestações dos Ministros Eros Grau,[55] Ellen Gracie[56] e Dias Tófolli.

E não poderia ser de outro modo, sob pena de incorrer-se no que segmento importante da doutrina nacional qualifica como uma possível "tirania do valor", que é o estabelecimento em abstrato de uma hierarquia, analisada fora do caso concreto.[57] Assim, tal qual ocorre no Direito Espanhol, e com os julgados do Tribunal Europeu de Direitos Humaos, o Supremo Tribunal Federal deve exercer sua *tarefa criadora* de direitos e liberdades e, somente diante do caso concreto, *precisar o significado e alcance das normas que os reconhecem e o daquelas que os limitam*.[58] Mediante essa ação interpretativa e integrativa é que se possibilita a manutenção do equilíbrio da ordem constitucional vigente.

6. Conclusão

A solução para o conflito existente entre a liberdade de expressão e os direitos da intimidade, todos tutelados pela Constituição Federal, há

---

[53] Excerto de voto proferido como Relator da Rcl. 9.428/DF.

[54] Artigo 5º, inciso XXXV da Constituição Federal Brasileira: "a lei não excluirá da apreciação do Poder Judiciário lesão ou ameaça a direito"

[55] Extraímos do voto proferido a seguinte passagem que bem ilustra o posicionamento adotado: "De qualquer modo, é também necessário dizer que a liberdade de imprensa coexiste com a proteção da intimidade. Nenhuma é superior a outra, não há nenhuma absoluta e ao juiz incumbe, caso a caso, limitado pela lei, decidir a situação. Por isso, cada caso há de ser examinado individualizadamente."

[56] Ao destacar: "Neste caso o que eu verifico é uma contradição que se coloca entre a liberdade de imprensa e os poderes da jurisdição e a abrangência dos seus ditames. De modo que se trata de matéria que, seguramente, não foi objeto de discussão nem de deliberação na ADPF nº 130".

[57] MIGUEL REALE Jr. Op. cit., p. 72.

[58] Ana ABA CATOIRA. Op. cit., p. 181.

que ser dada diante do caso concreto, mediante a utilização do princípio da proporcionalidade, porque não há, em nosso ordenamento jurídico, sobredireitos ou direitos absolutos.

Como é possível perceber, em relação ao movimento em curso nas Cortes europeias, inobstante a riqueza e profundidade dos debates travados nos casos analisados, ainda são poucos os precedentes do Supremo Tribunal Federal no Brasil no que tange à matéria em exame. De todo modo, identifica-se um movimento da Corte brasileira no sentido de assegurar posição de destaque à liberdade de expressão, cujo ponto culminante pode ser definido com a declaração de não recepção, pela Constituição Federal, do conjunto de dispositivos da Lei n° 5.250/67. A justificativa para essa opção não é difícil de entender. O Brasil passou por regime ditatorial em um passado próximo, que deixou marcas profundas no povo no que se refere ao livre exercício da expressão artística, cultural e política. A ausência de uma imprensa livre nos anos de repressão significou obstáculo ao acesso do povo à informação fidedigna, necessária para a construção de uma consciência nacional legitimadora da vontade popular.

Da análise dos precedentes do Supremo Tribunal Federal, antes citados, verifica-se que a Corte, a exemplo dos Tribunais europeus, tem adotado o princípio da proporcionalidade para definir o peso dos bens em conflito, em cada caso concreto.

É possível extrair, ainda, algumas máximas observadas pela Corte para a resolução do conflito em exame, mediante a utilização de ponderações no caso concreto, a saber: a) a proteção constitucional à liberdade de expressão do pensamento não abarca as manifestações que caracterizam ilícito penal;[59] b) a tutela à liberdade de expressão não deve incentivar a intolerância racial e a violência, que comprometem o princípio da igualdade de todos perante a lei, objetivo fundamental previsto no artigo 3°, inciso IV, da Constituição Federal;[60] c) a reprodução não consentida da imagem de seu titular, ainda que sem propósito depreciativo, caracteriza dano à honra, que deve prevalecer frente ao direito à liberdade de expressão;[61] d) a declaração do STF de não recepção, pela Constituição Federal, do conjunto de dispositivos da Lei n° 5.250/67 (lei de imprensa), não afirmou a total prevalência do direito de imprensa sobre quaisquer outros direitos constitucionais; d) a *proteção judicial efetiva* também é um valor básico do Estado de Direito e, por conseguinte, não pode ser subtraída do Poder Judiciário a oportunidade de exame, no caso concreto, da solução a

---

[59] Conforme foi deliberado, por maioria, no julgamento do HC 82.424/STF.

[60] HC 82.424/STF.

[61] RE 215.984.

ser dada ao conflito existente entre a liberdade de imprensa e a proteção da intimidade.[62]

A jurisdição constitucional cumpre, desse modo, importante papel, qual seja o de harmonizar os valores garantidos pela Constituição Federal, emprestando-lhes a interpretação em um dado contexto histórico, político e social, de forma a assegurar o pleno exercício da democracia, sem descuidar dos direitos humanos que o Brasil se comprometeu internacionalmente em tutelar e defender.

Referências bibliográficas

ABA CATOIRA, Ana. *La Limitación de los Derechos en la Jurisprudencia del Tribunal Constitucional Español*, Valencia, 1999.

BARROSO, Porfirio; LÓPEZ TALAVERA, María del Mar. *La Libertad de Expresión y sus Limitaciones Constitucionales*, Madrid, 1998.

BERDUGO GOMEZ DE LA TORRE, Ignácio. *Honor y libertad de expresión. Las causas de justificación en los delitos contra el honor*. Ed. Tecnos, 1987.

CANOTILHO, José Joaquim G. *Direito Constitucional,* Coimbra, 1992.

COLOMER VIADEL, Antonio; LÓPEZ GONZÁLEZ, José Luiz. *Practicas de Derecho Constitucional,* Valencia, 1992.

CONCEPCIÓN RODRÍGUEZ, José Luis. *Honor, intimidad e imagen*, Bosch Casa Editorial, Barcelona, 1996.

COSSIO, Manuel de. *Derecho al honor. Técnicas de protección y límites*, Tirant lo Blanch, Valencia, 1993, p. 109.

GRISOLIA, Giovanni. *Libertá di Manifestazione del Pensiero e Tutela Penale dell'onore e della Riservatezza*, Milani, 1994.

JAÉN VALLEJO, Manuel. *Libertad de expresión y delitos contra el honor*, Editorial COLEX, Madrid, 1992.

LOPEZ GUERRA, Luis. *Derecho Constitucional,* Valencia, 1994, Vol. I.

———. "La libertad de información y el derecho al honor", em *Poder Judicial* – nª especial, marzo/1989, p. 285/296.

LUQUE, Luís Aguilar de. "Los limites a los derechos fundamentales", em Revista del Centro de Estudios Constitucionales n. 14 enero-abril del 1996.

MIGUEL REALE Jr. "Limites à Liberdade de Expressão", em Revista Brasileira de Ciências Criminais, n° 81.

ORTEGA GUTIÉRREZ, David. Derecho a la Información versus Derecho al honor, em *Cuadernos y debates* no. 84, Centro de Estudios Políticos y Constitucionales, Madrid, 1999.

PÉREZ ROYO, Javier. *Curso de Derecho Constitucional*, Marcial Pons, Madrid, 1994.

PECES-BARBA, Gregório. "Reflexiones sobre la teoría general de los Derechos fundamentales en la Constitución", em *Revista de la Facultad de Derecho de la Universidad Complutense*, n° 2, 1979.

PRIETO SANCHÍS, Luís. *Estudios sobre los Derechos Fundamentales*, Editorial Debate, Madrid, 1990.

ROGEL VIDE, Carlos. "El Derecho al honor, a la intimidad personal y familiar y a la propia imagen y las libertades de expresión e información en la jurisprudencia del Tribunal Supremo y en la del Tribunal Constitucional", em Poder Judicial – n° 22, junio/1991, p. 81/112.

RUIZ MIGUEL, Carlos. *El derecho a la protección de la vida privada en la jurisprudencia del Tribunal Europeo de Derechos Humanos*. Editorial Civitas, Madrid, 1994.

SARAZA JIMENA, Rafael. *Libertad de Expresión e Información Frente a Honor, Intimidad y Propia Imagen*, Aranzadi Editorial, Pamplona, 1995.

---

[62] Rcl. 9.428/DF.

SOLOZÁBAL ECHAVARRÍA, J. J. "Aspectos constitucionales de la libertad de expresión y el derecho a la información", em *Revista Española de Derecho Constitucional*, n. 23, mayo-agosto 1988, Madrid.

——. "Libertad de expresión, información y relaciones laborales", en *Revista Española de Derecho Constitucional*, n. 26, mayo-agosto 1989, Madrid.

——. "La Libertad de expresión desde la Teoría de los Derechos Fundamentales", em *Revista Española de Derecho Constitucional*, n. 32, mayo-agosto 1991, Madrid.

——. "Aspectos constitucionales de la libertad de expresión y el derecho a la información", em Revista Jurídica de Castilla la Mancha, nº 3-4, abr.-ago./1988.

——. "Algunas cuestiones básicas de la Teoría de los Derechos Fundamentales", em *Revista de Estudios Políticos* nº 71, 1993.

SORIA, Carlos. *Derecho a la información y derecho a la honra*, Ed. A.T.E., Barcelona, 1981.

— IV —

PROCESSO PENAL

— 11 —

A prescrição da pretensão executória penal em face do que decidido pelo STF no HC nº 84.078-MG

DOUGLAS FISCHER
Procurador Regional da República na 4ª Região,
Mestre em Instituições de Direito e do Estado pela PUCRS.
Lattes. CNPq.br/5240252425788419

Sumário: 1. Introdução e identificação da origem do problema; 2. Alguns precedentes jurisprudenciais *posteriores* ao HC nº 84.078-MG tratando da prescrição executória; 3. Críticas a estes julgados; 4. Compreensão do que seja uma Constituição (integralmente) Garantista; 5. Uma (re)leitura obrigatória da prescrição da pretensão executória em face do que decidido no HC nº 84.078-MG; 6. Conclusões; Obras consultadas.

1. Introdução e identificação da origem do problema

Nada obstante o que dispõem o art. 637 do CPP, o art. 27, § 2º, da Lei nº 8.038/90 e a Súmula 267/STJ, no julgamento proferido nos autos do *Habeas Corpus* nº 84.078-MG (decisão publicada no DJ em 26.02.2010), por maioria de votos (7 x 4, vencidos os senhores Ministros Ellen Gracie, Joaquim Barbosa, Cármen Lúcia e Menezes Direito), o Plenário do Supremo Tribunal Federal entendeu inviável a execução de pena antes de exauridas todas as instâncias, inclusive extraordinárias, salvo se houver necessidade de prisão de índole cautelar.

Eis como está resumido na ementa o que foi decidido pelo Plenário da Corte no *leading case*:

> HABEAS CORPUS. INCONSTITUCIONALIDADE DA CHAMADA "EXECUÇÃO ANTECIPADA DA PENA". ART. 5º, LVII, DA CONSTITUIÇÃO DO BRASIL. DIGNIDADE DA PESSOA HUMANA. ART. 1º, III, DA CONSTITUIÇÃO DO BRASIL.
>
> 1. O art. 637 do CPP estabelece que "[o] recurso extraordinário n.o tem efeito suspensivo, e uma vez arrazoados pelo recorrido os autos do traslado, os originais baixarão à primeira instância para a execução da sentença". A Lei de Execução Penal condicionou a execução

da pena privativa de liberdade ao trânsito em julgado da sentença condenatória. A Constituição do Brasil de 1988 definiu, em seu art. 5º, inciso LVII, que "ninguém será considerado culpado até o trânsito em julgado de sentença penal condenatória".

2. Daí que os preceitos veiculados pela Lei nº 7.210/84, além de adequados à ordem constitucional vigente, sobrepõem-se, temporal e materialmente, ao disposto no art. 637 do CPP.

3. A prisão antes do trânsito em julgado da condenação somente pode ser decretada a título cautelar.

4. A ampla defesa, não se a pode visualizar de modo restrito. Engloba todas as fases processuais, inclusive as recursais de natureza extraordinária. Por isso a execução da sentença após o julgamento do recurso de apelação significa, também, restrição do direito de defesa, caracterizando desequilíbrio entre a pretensão estatal de aplicar a pena e o direito, do acusado, de elidir essa pretensão.

5. Prisão temporária, restrição dos efeitos da interposição de recursos em matéria penal e punição exemplar, sem qualquer contemplação, nos "crimes hediondos" exprimem muito bem o sentimento que EVANDRO LINS sintetizou na seguinte assertiva: "Na realidade, quem está desejando punir demais, no fundo, no fundo, está querendo fazer o mal, se equipara um pouco ao próprio delinquente".

6. A antecipação da execução penal, ademais de incompatível com o texto da Constituição, apenas poderia ser justificada em nome da conveniência dos magistrados – não do processo penal. A prestigiar-se o princípio constitucional, dizem, os tribunais [leia-se STJ e STF] serão inundados por recursos especiais e extraordinários e subseqüentes agravos e embargos, além do que "ninguém mais será preso". Eis o que poderia ser apontado como incitação à "jurisprudência defensiva", que, no extremo, reduz a amplitude ou mesmo amputa garantias constitucionais. A comodidade, a melhor operacionalidade de funcionamento do STF não pode ser lograda a esse preço.

7. No RE 482.006, relator o Ministro Lewandowski, quando foi debatida a constitucionalidade de preceito de lei estadual mineira que impõe a redução de vencimentos de servidores públicos afastados de suas funções por responderem a processo penal em razão da suposta prática de crime funcional [art. 2º da Lei nº 2.364/61, que deu nova redação à Lei nº 869/52], o STF afirmou, por unanimidade, que o preceito implica flagrante violação do disposto no inciso LVII do art. 5º da Constituição do Brasil. Isso porque – disse o relator – "a se admitir a redução da remuneração dos servidores em tais hipóteses, estar-se-ia validando verdadeira antecipação de pena, sem que esta tenha sido precedida do devido processo legal, e antes mesmo de qualquer condenação, nada importando que haja previsão de devolução das diferenças, em caso de absolvição". Daí porque a Corte decidiu, por unanimidade, sonoramente, no sentido do não recebimento do preceito da lei estadual pela Constituição de 1.988, afirmando de modo unânime a impossibilidade de antecipação de qualquer efeito afeto à propriedade anteriormente ao seu trânsito em julgado. A Corte que vigorosamente prestigia o disposto no preceito constitucional em nome da garantia da propriedade n.o a deve negar quando se trate da garantia da liberdade, mesmo porque a propriedade tem mais a ver com as elites; a ameaça às liberdades alcança de modo efetivo as classes subalternas.

8. Nas democracias mesmo os criminosos são sujeitos de direitos. Não perdem essa qualidade, para se transformarem em objetos processuais. São pessoas, inseridas entre aquelas beneficiadas pela afirmação constitucional da sua dignidade (art. 1º, III, da Constituição

do Brasil). É inadmissível a sua exclusão social, sem que sejam consideradas, em quaisquer circunstâncias, as singularidades de cada infração penal, o que somente se pode apurar plenamente quando transitada em julgado a condenação de cada qual Ordem concedida. *(HC nº 84.078-MG, Relator Ministro Eros Grau, Plenário, STF, por maioria, julgado em 05.02.2009, publicado no DJ em 26.02.2010)*

Sem desconsiderar a excelência dos demais votos vencidos (e também dos preponderantes), temos por absolutamente pertinentes as considerações da Ministra Ellen Gracie no julgamento do HC nº 84.078-MG perante o Plenário do STF, que fez o (melhor) equilíbrio na interpretação jurídica do instituto em tela (ao analisar sob o correto espectro da produção da *prova)* quando ponderou que:

> Dava à presunção de inocência ou, mais corretamente, à presunção de não-culpabilidade uma extensão diversa daquela sustentada pelo impetrante. Com efeito, entendo que a presunção posta no inciso LVII do art. 5º da Constituição Federal – e que não corresponde à inovação trazida ou inaugurada pelo texto constitucional de 88, pois já figurava nas redações dos textos constitucionais anteriores – é garantia, apenas, de que os acusados sejam tidos e havidos por inocentes durante toda a instrução criminal, sendo-lhes garantido o devido processo legal, em que à acusação incumbe todo o *ônus da prova*. De fato, esse princípio de direito processual penal traduziu-se na regra, há muito observada, de *caber à parte acusadora a prova da responsabilidade pena*l do acusado. Todavia, a sentença condenatória que seja mantida pelo tribunal após o devido contraditório e a ampla defesa *não deixa a salvo tal presunção*. Porque presunção é a mera predeterminação do sujeito a aceitar uma hipótese enquanto ela *não seja invalidada por provas*. Por isso mesmo, mera presunção não se sobrepõe a juízo, porque o juízo é formado após a dilação probatória, na qual precisa estribar-se para alcançar uma conclusão condenatória. Logo, a presunção de inocência é substituída, a partir da sentença confirmada, por um juízo de culpabilidade, embora não definitivo, já que sujeito à revisão. [...] Segundo entendo, a prática da doutrina da presunção de inocência há de corresponder a um compromisso entre (1) o direito de defesa da sociedade contra os comportamentos desviantes criminalmente sancionados e (2) a salvaguarda dos cidadãos contra o todo poderoso Estado (acusador e juiz). Longe estamos, felizmente, da fórmula inversa em que ao acusado incumbia demonstrar sua inocência, fazendo prova negativa das faltas que lhe eram imputadas. Naquele tempo, nem tão distante, mas felizmente superado, o recolhimento à prisão era a regra. A simples suspeita levantada contra alguém podia levá-lo à prisão por tempo indefinido. Foi este o uso, por exemplo, na França pré-revolucionária, onde o encarceramento, mais que uma política de controle da criminalidade, servia como hábil método de coerção sobre a vontade de devedores relapsos e até mesmo de filhos rebeldes. A rica literatura da época nos oferece excelentes relatos a esse respeito. [...] Entendo que o domínio mais expressivo de *incidência do princípio da culpabilidade é o da disciplina jurídica da prova* (CF, art. 5º, LKV). O acusado deve, necessariamente, ser considerado inocente durante a instrução criminal – mesmo que seja réu confesso de delito praticado perante as câmeras de TV e presenciado por todo o país. Por isso mesmo, o ônus da prova recai integralmente sobre a acusação. Não se exige do suspeito que colabore minimamente para a comprovação da veracidade das acusações que lhe são imputadas. Pode calar para ocultar fatos que lhe sejam desfavoráveis. Pode utilizar-se de todos os meios postos à sua disposição pela legislação para *contrastar os elementos de prova produzidos* pela promotoria e mesmo para impedir o seu

aproveitamento quando não sejam obtidos por meio absolutamente ortodoxos. O Ministério Público é que deverá se encarregar de *fazer a prova* mais completa de materialidade, autoria e imputabilidade. Nessas circunstâncias, o país pode orgulhar-se de contar com uma legislação das mais garantidoras da liberdade e de uma prática jurisprudencial que lhe está à altura. [...] *É equivocado afirmar que o inciso LVII do art. 5º da Constituição Federal exige o esgotamento de toda a extensa gama recursal*, para que, só então, se dê consequência à sentença condenatória. Essa extensa gama recursal já foi designada em outra oportunidade pelo Ministro Francisco Rezek como extravagâncias barrocas do processo penal brasileiro. O inciso LVII do art. 5º da Constituição Federal deve ser lido em harmonia com o que dispõem os incisos LIV e LXVI do mesmo dispositivo, os quais autorizam a privação de liberdade desde que obedecido o devido processo legal e quando a legislação não admita a liberdade provisória, com ou sem fiança. *Esta é, aliás, a prática internacional.* Mesmo em países em que a legislação não é tão generosa em permitir a recorribilidade procrastinatória como acontece no Brasil, mas cuja tradição democrática é reconhecida (como é o caso do Reino Unido), a regra é a de que o réu se recolha à prisão, a partir da sentença condenatória de primeira instância. Aguardar, como se pretende, que a prisão só ocorra depois do trânsito em julgado é algo inconcebível. [...] (grifos e destaques nossos)

De fato, encontra-se plasmado na Constituição da República que "ninguém será considerado culpado até o trânsito em julgado de sentença penal condenatória" (art. 5º, LVII) e que "aos litigantes, em processo judicial ou administrativo, e aos acusados em geral são assegurados o contraditório e ampla defesa, com os meios e recursos a ela inerentes" (art. 5º, LV).

Em nossa compreensão – e já o dissemos alhures em inúmeras oportunidades –, com a *maxima venia,* a Corte Suprema deu uma interpretação ao comando constitucional da *presunção de inocência* (para outros, da não culpabilidade) de forma *isolada* (tópica e não tópico-sistemática) e sem ater para *todas* as consequências daí advindas. Uma delas relaciona-se diretamente com a questão da prescrição da pretensão executória.

Estamos plenamente de acordo, na lítera da ementa do julgado, que em democracias mesmo os criminosos são sujeitos de direitos. Entretanto, compreendemos que seus direitos não podem ser lidos de *forma isolada* em face dos demais presentes *também* na Carta Constitucional.

Justificando nosso entendimento sobre o tema (inclusive acolhido em parte pelo saudoso Ministro Menezes Direito no *leading case* em foco – vide fls. 9 e 10 do seu voto), defendemos que, em decorrência de uma *interpretação sistêmica,* considerando-se todos os instrumentos jurídicos previstos para evitar a indevida restrição à liberdade dos cidadãos, o recolhimento do réu-condenado antes do trânsito em julgado na pendência dos recursos de natureza extraordinária *não viola* o comando constitucional supradescrito, nem qualquer outro que estipule proteção a garantias fundamentais, pois há mecanismos eficazes (entende-se que até muito mais eficazes que os próprios recursos – especialmente o *habeas corpus* ou então a excepcional concessão de efeito suspensivo aos recursos) em sede constitucional para evitar *eventual* ilegalidade e recolhimento indevido com violação da presunção de inocência (que, insistimos, na senda das excelentes ponderações da Ministra Ellen Gracie, está relacionada à questão da *prova*).

Desta feita, nossas conclusões são no sentido diametralmente oposto ao que firmado pela maioria da Corte Suprema, podendo serem assim sintetizadas:[1]

a) a análise *isolada* do contexto geral da Constituição do conteúdo do preceito insculpido no art. 5º, LVII, CF (*"ninguém será considerado culpado até o trânsito em julgado de sentença penal condenatória"*), leva à conclusão (teórica, jurídica e fática) de que se revelaria impossível a execução da pena enquanto não exauridas todas as instâncias recursais, inclusive as extraordinárias;

b) a análise *sistêmica* do ordenamento constitucional leva à conclusão que *não há violação* do referido preceito em se permitir a execução da pena privativa de liberdade se pendentes (exclusivamente) os recursos extraordinários e/ou especiais (*ou então agravos de instrumento contra a denegação de seus processamentos*), notadamente porque há meio constitucional (*habeas corpus*) muito mais amplo e apto (eficaz) a proteger de forma absolutamente mais objetiva e na máxima medida possível os direitos fundamentais dos réus-condenados, não havendo, em decorrência, qualquer possibilidade de frustração da aplicação das sanções a quem foi devidamente condenado mediante a observância do devido processo legal;

c) concatenando-se as previsões constitucionais, não há lugar para os excessos (em detrimento do cidadão processado), nem para a inoperância/deficiência da prestação do serviço estatal (em detrimento dos interesses coletivos, relacionada diretamente com a eficiência e garantia da segurança social e pública), encontrando-se, nesse equilíbrio, verdadeira sistematização de preceitos que se revelam obedientes aos limites do Princípio da Proporcionalidade.

2. Alguns precedentes jurisprudenciais *posteriores* ao HC nº 84.078-MG tratando da prescrição executória

Em sua redação *originária* (ainda vigente, mas para nós, como adiante se demonstrará, doravante *inválida*), dispõe o art. 112, I, do Código Pe-

---

[1] FISCHER, Douglas. Execução de pena na pendência de recursos extraordinário e especial em face da interpretação sistêmica da Constituição. Uma análise do princípio da proporcionalidade: entre a proibição de excesso e a proibição de proteção deficiente. Revista de Direito Público, vol. 1, n. 25 (2009). Também em FISCHER, Douglas. OLIVEIRA, Eugênio Pacelli de. Comentários ao Código de Processo Penal e sua jurisprudência. 2 ed. Rio de Janeiro: Lumen Juris, 2011, p. 1414-1430.

nal, que a prescrição começa a correr *"do dia em que transita em julgado a sentença condenatória, para a acusação"*. Em decorrência do que decidido no referido *leading case*, novos precedentes jurisprudenciais (notadamente no âmbito do STJ) passaram a (re)interpretar o *literal* comando do art. 112, I, CP, para assentar que a prescrição somente poderá correr a partir do trânsito em julgado para *ambas as partes*. Confira-se:

> HABEAS CORPUS. ROUBO CIRCUNSTANCIADO. PRESCRIÇÃO DA PRETENSÃO EXECUTÓRIA. TERMO INICIAL. TRÂNSITO EM JULGADO PARA AMBAS AS PARTES. LAPSO PRESCRICIONAL NÃO TRANSCORRIDO ATÉ O PRESENTE MOMENTO. ORDEM DENEGADA.
> 1. O termo inicial da contagem do prazo prescricional da pretensão executória é o trânsito em julgado para ambas as partes, porquanto somente neste momento é que surge o título penal passível de ser executado pelo Estado. Desta forma, não há como se falar em início da prescrição a partir do trânsito em julgado para a acusação, tendo em vista a impossibilidade de se dar início à execução da pena, já que ainda não haveria uma condenação definitiva, em respeito ao disposto no artigo 5º, inciso LVII, da Constituição Federal. [...]
> 3. Ordem denegada. (Habeas Corpus nº 127.062 – RO, 5ª Turma, unânime, Relator Ministro Jorge Mussi, julgado em 25.11.2010, publicado no DJ em 14.02.2011).
>
> HABEAS CORPUS. ART. 1º, P. ÚNICO, C/C ART. 11, AMBOS DA LEI Nº 8.137/90. PENA RESTRITIVA DE DIREITOS. PRESCRIÇÃO DA PRETENSÃO EXECUTÓRIA. MARCO INTERRUPTIVO. EFETIVO INÍCIO DO CUMPRIMENTO DA PENA. TERMO INICIAL. TRÂNSITO EM JULGADO PARA *AMBAS* AS PARTES. [...]
> 4. O termo inicial da contagem do prazo prescricional da pretensão *executória é o trânsito em julgado para ambas as partes*, porquanto somente neste momento é que surge o título penal passível de ser executado pelo Estado. Desta forma, não há como se falar em início da prescrição a partir do trânsito em julgado para a acusação, tendo em vista a impossibilidade de se dar início à execução da pena, já que ainda não haveria uma condenação definitiva, em respeito ao disposto no artigo 5º, inciso LVII, da Constituição Federal.
> [...] *(Habeas Corpus nº 127.266/SP, 5ª Turma, Relator Ministro Jorge Mussi, julgado em 26.10.2010, publicado no DJ em 13.12.2010)*

No voto-condutor do primeiro precedente, disse o Ministro-Relator que se deveria "destacar que o termo inicial do prazo prescricional da pretensão executória deve ser considerado a data em que ocorre o trânsito em julgado para ambas as partes, porquanto somente neste momento é que surge o título penal passível de ser executado pelo Estado, em respeito ao princípio contido no artigo 5º, inciso LVII, da Constituição Federal, sendo forçosa a adequação hermenêutica do disposto no artigo 112, inciso I, do Código Penal, cuja redação foi dada pela Lei n. 7.209/84, ou seja, é anterior ao atual ordenamento constitucional. Isto porque não haveria como se falar em início do prazo prescricional a partir do trânsito em julgado apenas para a acusação em razão da impossibilidade do Estado dar início à execução da pena, já que ainda não haveria uma condenação definitiva, condicionada à resignação do acusado com a prestação jurisdicional".

Também no âmbito do TRF da 4ª Região a matéria foi submetida à análise de constitucionalidade perante o órgão competente:

PROCESSO PENAL. PRESCRIÇÃO. PRETENSÃO EXECUTÓRIA. TERMO INICIAL. INCONSTITUCIONALIDADE. ADMISSÃO DO INCIDENTE.
Sendo proposta interpretação que afasta literal disposição de lei quanto ao termo inicial de prescrição da pretensão executória (art. 112, I do CP: dia em que transita em julgado a sentença condenatória, para a acusação) pela ausência de mora estatal, ante o impedimento à execução provisória decorrente da constitucional presunção de inocência, é admitido para o exame da questão incidente de inconstitucionalidade, de competência da colenda Corte Especial deste Tribunal. (Habeas Corpus nº 0025643-59.2010.404.0000/SC, 4ª Seção, Rel. Des. Federal Tadaaqui Hirose, julgado em 17.02.2011, publicado no DJ em 25.02.2011).

Igualmente no TRF da 1ª Região, ainda exemplificativamente:

PENAL. PROCESSUAL PENAL. ART. 168, § 1º, III, DO CÓDIGO PENAL. EXTINÇÃO DA PUNIBILIDADE. PRESCRIÇÃO DA PRETENSÃO EXECUTÓRIA. TERMO INICIAL DA CONTAGEM. COISA JULGADA. RECURSO PROVIDO.
1. O fato de ter ocorrido o trânsito em julgado da sentença condenatória apenas para a acusação, uma vez pendente de apreciação recurso interposto pela defesa, não possibilita o início do prazo para execução da pena, por força do disposto nos art. 105, da Lei de Execução Penal.
2. Somente se apresenta possível o início da execução da pena após o definitivo trânsito em julgado da sentença condenatória. Precedente jurisprudencial do egrégio Supremo Tribunal Federal.
3. O fenômeno processual da coisa julgada exige o esgotamento da discussão levada a efeito na esfera jurisdicional. Portanto, enquanto pendente recurso contra sentença penal condenatória não se consuma a preclusão para qualquer das partes, pois ilógico o transcurso de dois lapsos prescricionais simultâneos, não se podendo, inclusive, ignorar a profunda incoerência sistêmica de se iniciar a contagem da prescrição da pretensão executória sem título formado.
4. O marco inicial da prescrição executória não é a data do trânsito em julgado para a acusação, mas, sim, a data do trânsito em julgado definitivo da condenação. Precedente jurisprudencial da Quarta Turma deste Tribunal Regional Federal.
5. Não se vislumbra a ocorrência, na espécie, da extinção da punibilidade pela prescrição da pretensão executória do Estado.
6. *Decisum* tornado insubsistente.
7. *Recurso provido.* (Recurso em Sentido Estrito nº 2000.43.00.000141-8-TO, TRF 1ª Região, 4ª T., Rel. Des. Federal Ítalo Fioravanti Mendes, publicado em 31.07.2009)

3. Críticas a estes julgados

Não tardariam críticas sobre o novel posicionamento jurisprudencial. Uma das primeiras e mais veementes foram da lavra dos professores Lenio Streck e Wálber Carneiro.[2]

---

[2] http://www.conjur.com.br/2011-jan-24/stj-nao-mudar-contagem-prazo-prescricao-pena, acesso em 14.mar.2011.

Assentando que a hipótese dos julgados seriam situações de *decisionismos*, deixaram bem claro no texto que o Superior Tribunal de Justiça não poderia mudar prazos prescricionais tal como feito. Ponderaram que:

> Para o Superior Tribunal de Justiça, o Código Penal teria materializado essa relação lógico-conceitual, de modo que no conceito legal geral de prescrição devem caber todos os tipos de prescrição, razão pela qual concluiu que somente uma interpretação era cabível: considerar como termo a quo para a prescrição da pretensão punitiva o trânsito em julgado "para as partes". Entretanto, abre mão dessa coerência lógico-conceitual, ao admitir que o parágrafo 1º do artigo 110 foge à regra e ao ignorar o inciso I do artigo 112. Neste caso, se para o caput do artigo 110 há, tão somente, uma interpretação possível, por que surge uma segunda interpretação no parágrafo 1º? Por que essa interpretação estaria limitada a um caso específico, se todos os conceitos particulares devem caber nos conceitos mais gerais? Haveria, no mínimo, uma contradição performática". Prosseguem assentando que "o Superior Tribunal de Justiça ignorou os limites semânticos que a pragmática jurisprudencial e doutrinária construiu em torno do texto do Código Penal. Ou seja, fez soçobrar a "legalidade", sem qualquer recurso à constitucionalidade. Ora, não se constrói um sistema jurídico coerente com mixagens teóricas e "pragmaticismos". Ponderam ainda que "não nos pareceu que o Superior Tribunal de Justiça tenha feito alusão, em algum momento, de que o artigo 112, I, seria inconstitucional (na modalidade de não recepção, é claro) ou haveria colisão com outra regra ou com algum princípio...! Nada disso foi feito. O que ocorreu é o que vem ocorrendo em terrae brasilis: as decisões dos Tribunais são proferidas de acordo com a visão pessoal de cada componente, soçobrando, com isso, a legislação e, o que é pior, a Constituição.

Inviável negar que as críticas são fortes. E fundamentadas.

Entretanto, pode-se até divergir dos *fundamentos* dos arestos do Superior Tribunal de Justiça, mas, como adiante será exposto, concluímos (como já o fizemos antes mesmo de serem prolatados) nesta mesma linha, porém por fundamentos um pouco diversos.

Aliás, e em complemento, não se pode deixar de referir que nenhuma crítica (ao menos do que se conhece formalizado) foi feita até hoje a decisões do próprio Supremo Tribunal Federal que, mesmo diante (à época) de *falta de regra expressa*,[3][4] dizia que, enquanto não concedida licença para processamento criminal de parlamentares, o curso da prescrição ficaria *suspenso* (contado da data do despacho do Ministro Relator que solicitasse a autorização – *v.g Inquérito nº 457, Plenário, publicado no DJ em 06.08.1993*). Deixamos bem claro: estamos de acordo com a (melhor) interpretação que a Corte Suprema conferiu àquelas situações exatamente

---

[3] [...] Na questão similar do impedimento temporário à persecução penal do Congressista, quando não concedida a licença para o processo, o STF já extraíra, *antes que a Constituição o tornasse expresso*, a suspensão do curso da prescrição, até a extinção do mandato parlamentar: [...] *(Habeas Corpus nº 83.154-1-SP, Plenário, publicado no DJ em 21.11.2003)* – grifos nossos.

[4] Hoje existente: vide os §§ 2º e 5º do art. 53 da CF na redação conferida pela EC nº 35/2001.

para evitar a impunidade. De outro lado, estamos de acordo, também, que o Supremo Tribunal Federal, ao apreciar a matéria que ora se expõe, de forma coerente e harmônica com o que já decidido com relação ao instituto da prescrição penal, faça-o da mesma maneira sistêmica que exerceu quanto dos referidos julgamentos.

4. Compreensão do que seja uma Constituição (integralmente) Garantista

Somos insistentes no tema, especialmente no Brasil em que há *propagação* de certos *conceitos* difundidos sem muito racionalismo: o que significa uma Constituição (integralmente) *garantista?*

Deixamos bem claro: defendemos abertamente que a interpretação constitucional (notadamente em matéria penal) seja *garantista*, mas não na compreensão que está sendo sedimentada e difundida especialmente no Brasil (para nós, de forma reduzida e apenas parcial do que prega *integralmente* Ferrajoli).

O *garantismo* precisa ser muito bem contextualizado, inclusive não esquecendo da advertência de Perfecto Andrés Ibáñez, para quem se deve analisar a existência *atualmente* de um *"garantismo dinámico, que es el que trasciende el marco de o proceso penal y tambíen el de la mera garantía individual de carácter reactivo para ampliarse al asegurarmiento de otros derechos e de los correspondientes espacios hábiles para su ejercicio".* Mais: o respeito das regras constitucionais do jogo em matéria penal e processual penal deve se ater para um regime de garantias para a *totalidade dos direitos fundamentais* como um modo de sedimentar a democracia.[5]

Com efeito, do pensamento de Ferrajoli extrai-se que a pedra de toque de sua teoria constitucional está em que, rigidamente, sejam observados os direitos fundamentais *dos cidadãos,* dando-se a máxima eficácia aos princípios maiores fixados na Constituição da República. Noutras palavras, na senda do que se tem como derivativo da teoria garantista, o intérprete deve-se ater a uma interpretação vertical – da Constituição para as leis, de cima para baixo, estas respeitando aquela[6] – no momento em que se verificar uma tensão no complexo universo normativo.

Repetimos: todos os direitos fundamentais equivalem a vínculos de substância, que, por sua vez, condicionam a validez da essência das normas produzidas, expressando, ao mesmo tempo, os fins aos quais está

---

[5] ANDRÉS IBÁÑEZ, Perfecto. Garantismo: uma teoria Crítica de La jurisdicción. In: Carbonell, Miguel y Salazar, Pedro, *Garantismo – Estúdios sobre el pensamiento jurídico de Luigi Ferrajoli.* Madrid: Editorial Trota, 2005, p.60.

[6] FERRAJOLI, Luigi. *Derechos y Garantias, La ley Del más débil.* 4. ed. Madrid: Trotta, 2004, p. 13.

orientado o denominado Estado Constitucional de Direito.⁷ Mas a verdadeira força normativa da Constituição – portanto, mais eficaz – depende da adequada interpretação que se dá às normas, como adverte Konrad Hesse.

Na construção da tese de Ferrajoli, a dimensão substancial do Estado de Direito se traduz em uma dimensão (também substancial) da própria democracia, em que as garantias são verdadeiras técnicas insertas no ordenamento que têm por finalidade *reduzir a distância estrutural entre a normatividade e a efetividade*, possibilitando-se, assim, uma máxima eficácia dos *direitos e demais preceitos fundamentais*, na sua compreensão mais ampla possível, mas sem qualquer desvirtuamento, segundo determinado pela Constituição.⁸

Compreende-se que, *por intermédio de todos meios constitucionais existentes*, a Teoria do Garantismo se consubstancia em irrestrita tutela daqueles valores ou direitos fundamentais, cuja satisfação, mesmo contra os interesses da maioria, constitui o objetivo justificante (quando for o caso) do Direito Penal.

Numa frase: quer-se garantir a imunidade dos cidadãos contra a arbitrariedade das proibições e das punições, a defesa dos fracos mediante regras do jogo iguais para todos, a dignidade da pessoa do imputado, e, consequentemente, a garantia da sua liberdade, inclusive por meio do respeito à verdade.⁹ Mas não se pode afastar destas premissas outros interesses envolvidos e garantidos também constitucionalmente, notadamente os coletivos.

Há quem diga que os juízos e tribunais devam ser *garantistas*, não se admitindo um "estado policialesco". *Maxima venia*, verdadeira frase pronta, despida de qualquer conteúdo axiológico, pois, à evidência, não se pode admitir a violação de direitos fundamentais de qualquer cidadão (o "problema" está *como são vistos e interpretados* estes – quais e *de quem* – direitos). Outros, ainda, dizem que a proposta que desenvolvemos faz algum tempo de valoração de um *garantismo penal integral*¹⁰ seria uma forma travestida de valorizar o punitivismo estatal. Nada disso !

---

⁷ "*El modelo garantista del Estado constitucional de derecho como sistema jerarquizado de normas que condiciona la validez de las normas inferiores por la coherencia con normas superiores, y con principios axiológicos establecidos en ellas, tiene valor para cualquier clase de ordenamiento*". FERRAJOLI, Luigi. *Derechos y Garantias, La ley Del más débil*. 4. ed. Madrid: Trotta, 2004, p. 152.

⁸ FERRAJOLI, Luigi. *Derechos y Garantias, La ley Del más débil*. 4. ed. Madrid: Trotta, 2004, p. 25.

⁹ FERRAJOLI, Luigi.*Derecho y razón.Teoria Del garantismo penal*. 4. ed. Madrid: Trotta, 2000, p. 271.

¹⁰ FISCHER, Douglas. *O que é garantismo penal integral ?* In: CALABRICH, Bruno; FISCHER, Douglas; PELELLA, Eduardo. *Garantismo Penal Integral – Questões penais e processuais, criminalidade moderna e a aplicação do modelo garantista no Brasil*. Salvador: Jus Podivm, 2010, p. 25-48.

Cremos que tais conclusões podem decorrer de algumas falhas principiológicas, quiçá na não leitura dos originais de Ferrajoli, ou então em *não querer* aceitar que existem possibilidades diversas de pensamento ou ainda porque *não convém* aceitar argumentações contra teses que são (parcialmente) desenvolvidas – e propaladas – sem a devida e racional fundamentação.

Não queremos e nem defendemos a violação pelo Estado de direitos fundamentais sem a devida necessidade (*übermassverbot*), aí compreendidos *todos os* direitos (não só os individuais, mas coletivos, na medida em que há muito já foram superadas as compreensões dos direitos fundamentais *apenas* de *primeira geração*). Mas, igualmente (e na mesma proporção), defendemos que desproteção de direitos fundamentais (*untermassverbot*) precisa estar na mira constante dos Tribunais, notadamente da Corte Suprema. Aliás, com sua objetividade e perspicácia, no mesmo voto exarado no julgamento do HC n° 84.078-MG, a Ministra Ellen Gracie assentou que:

> O princípio da proporcionalidade é uma via de mão dupla. Ao mesmo tempo em que proíbe o excesso, proíbe, também, a insuficiência. De fato, a noção de proporcionalidade, na seara penal, não se esgota na categoria da proibição de excesso, já que vinculada igualmente a um dever de proteção, por parte do Estado, em relação às agressões a bens jurídicos praticados por terceiros. Ou seja, de um lado a proibição de excesso, de outro, a proibição de insuficiência.

O que disse a Corte Suprema no julgamento do *leading case* foi, numa síntese, que, frente aos novos comandos constitucionais vigentes a partir de 1988, não se poderia admitir a execução de pena enquanto não esgotadas todas as instâncias recursais, pena de malferimento ao princípio constitucional da inocência (ou não culpabilidade). Noutras palavras, admitir-se a execução antes deste momento seria um *excesso injustificável* (salvo nas hipóteses de prisões cautelares). Ora, o que se fez aqui, em verdade e com a *maxima venia*, foi conceder verdadeiro caráter absoluto a um direito fundamental (a presunção de inocência ou de não culpabilidade) quando, é cediço, há muito a própria Corte Suprema insiste que não há direitos fundamentais absolutos.

Prosseguindo, imperioso assentar que não se pode perder de vista – e uma vez mais a Ministra Ellen Gracie foi precisa em suas ponderações – que a proporcionalidade precisa ser vista não só como excessos, como também na sua perspectiva da proibição de proteção insuficiente (*untermassverbot*).[11]

---

[11] Calha referir que há precedente do STJ (*Embargos de Declaração no Habeas Corpus n° 170.092-SP, 6ª Turma, publicado no DJ em 21.02.2011*) entendendo que não se deve adotar a vertente da proibição de insuficiência em matéria penal, malgrado não diga – dogmática e justificadamente – as razões jurídicas por não aceitar tal concepção: apenas não aceita ! De fato, e *maxima venia*, outro caso (ao menos para nós) de "decisionismo".

Uma incursão nos precisos ensinamentos de Carlos Bernal Pulido nos revela que:[12]

> [...] La segunda variante del principio de proporcionalidad, que también se aplica para controlar la constitucionalidad de la legislación penal, pero desde el punto de vista de la satisfacción e las exigencias impuestas por los derechos de protección, es la prohibición de protección deficiente.
>
> En esta variante, el principio de proporcionalidad supone también interpretar los derechos fundamentales de protección como principios y aceptar que de ellos se deriva la pretensión *prima facie* de que el legislador los garantice en la mayor medida posible, habida cuenta de las posibilidades jurídicas y fácticas. Esto quiere decir que estos derechos imponen *prima facie* al legislador el desarrollo de todas las acciones (no redundantes) que favorezcan la protección de su objeto normativo, y que no impliquen la vulneraciónd e otros derechos e principios que juegen en sentido contrario. El carácter *prima facie* de estos derechos implica que las intervenciones del legislador de las que sean objeto sólo puedan ser constitucionalmente admisibles y válidas de manera definitiva se observan las exigencias del principio de proporcionalidad.
>
> La versión del principio de proporcionalidad que se aplica frente a los derechos de protección se llama prohibición de protección deficiente (el untermassverbot) de la doctrina alemana. Este principio se aplica para determinar si las omisiones legislativas, que no ofrecen un máximo nivel de aseguramiento de los derechos de protección, constituyen violaciones de estos derechos. Cuando se interpretan como principios, los derechos de protección implican que el legislador les otorgue *prima facie* la máxima protección. Si éste no es el caso, y, por el contrario, el legislador protege un derecho sólo de manera parcial o elude brindarle toda protección, la falta de protección óptima deve enjuiciarse entonces desde el punto de vista constitucional mediante la prohibición de protección deficiente. Esta prohibición se compne de los siguientes subprincipios.
>
> Una abstención legislativa o *una norma legal*[13] *que no proteja un derecho fundamental de manera óptima vulnera las exigencias de principio de idoneidad* cuando no favorece la realización de un fin legislativo que sea constitucionalmente legítimo. [...]
>
> Una abstención legislativa o *una norma legal que no proteja un derecho fundamental de manera óptima*, vulnera las exigencias del principio de necesidad cuando existe otra abstención y otra medida legal alternativa que favorezca la realización del fin del Congreso por lo menos com la misma intensidad, y a la vez favorezca más la realización del derecho fundamental de protección. [...]
>
> Una abstención legislativa o una norma legal que no proteja un derecho fundamental de manera óptima, vulnera las exigencias del principio de proporcionalidad en sentido estricto cuando el grado de favorecimiento del fin legislativo (la no-intervención de la libertad) es inferior al grado en que no se realiza el derecho fundamental de protección. Si se adopta la escala triádica expuesta com ocasión de la interdicción del exceso, se concluirá entonces que, según la prohibición de protección deficiente, está prohibido que la intensidad en que no se garantiza un derecho de protección seja intensa y que la magnitud de la no-interven-

---

[12] *El Derecho de los Derechos*. Bogotá: Universidad Externado de Colombia, 2005, p. 126, 139/140.

[13] Já se adianta posicionamento, embora em seguida se traga a fundamentação: há se aplicar referida variante tanto na elaboração quanto na interpretação/aplicação das normas, legais e constitucionais.

ción en la libertad o en outro derecho de defensa sea leve o media, o que la intensidad de la no-protección sea media y la no-interrvencioón sea leve. [...] (grifos e destaques nossos)

É imperioso referir que o Princípio da Proibição de Proteção Deficiente não deve ser invocado *apenas* diante da análise da compatibilização vertical da Constituição e a norma criada (ou não criada: omissão) pelo legislador, mas também *na própria interpretação/aplicação* da norma pelo Poder Judiciário.[14] Como defende Hesse, "quanto mais conteúdo de uma Constituição lograr corresponder à natureza singular do presente [incorporando o estado espiritual de seu tempo, tarefa da qual é incumbido o seu intérprete], tanto mais seguro há de ser o desenvolvimento de sua *força normativa*".[15] Assim, essencial compreender e sedimentar que a verdadeira força da Constituição dependerá de uma adequada interpretação de seu conteúdo material.

Tecendo importantes considerações acerca do denominado Princípio da Proibição de Proteção Deficiente, o Ministro Gilmar Mendes, no julgamento do Recurso Extraordinário n. 418.376-MS,[16] [17] assentou que:

> Se estaria a blindar, por meio de norma penal benéfica, situação fática indiscutivelmente repugnada pela sociedade, *caracterizando-se típica hipótese de proteção deficiente por parte do Estado*, num plano mais geral, *e do Judiciário, num plano mais específico. Quanto à proibição de proteção deficiente, a doutrina vem apontando para uma espécie de garantismo positivo*, ao contrário do garantismo negativo (que se consubstancia na proteção contra os excessos do Estado) já consagrado pelo princípio da proporcionalidade. *A proibição de proteção deficiente adquire importância na aplicação dos direitos fundamentais de proteção, ou seja, na perspectiva do dever de proteção, que se consubstancia naqueles casos em que o Estado não pode abrir mão da proteção do direito penal para garantir a proteção de um direito fundamental.* Nesse sentido, ensina o Professor Lênio Streck: "Trata-se de entender, assim, que a proporcionalidade possui uma dupla face: de proteção positiva e de proteção de omissões estatais. Ou seja, a inconstitucionalidade pode ser decorrente de excesso do Estado, caso em que determinado ato é desarrazoado, resultando

---

[14] Crê-se que esta também é a linha seguida por Canaris, ao analisar o art. 1º, nº 3 da Lei Fundamental Alemã (1. A dignidade da pessoa humana é inviolável. Todas as autoridades públicas tem o dever de a respeitar e de a proteger. [...] 3. *Os direitos fundamentais que se seguem vinculam a legislação, o poder executivo e a jurisdição como direito imediatamente vigente*).

[15] HESSE, Konrad. A Força Normativa da Constituição. Porto Alegre: SAFE, 1991, p. 20.

[16] Tratando de recurso extraordinário interposto por réu condenado pelo delito de estupro com menor absolutamente incapaz, no qual se pugnava a extinção da punibilidade em razão do casamento do autor com a vítima, o Tribunal, por maioria, em sua composição plenária, conheceu e negou provimento ao recurso, vencidos os Ministros Marco Aurélio (relator), Celso de Mello e Sepúlveda Pertence, que davam provimento ao recurso. Relator para o acórdão o Ministro Joaquim Barbosa. Decisão proferida em 09.02.2006.

[17] Equivocadamente o precedente do STJ nos Embargos de Declaração no *Habeas Corpus* nº 170.092-SP (6ª Turma, publicado no DJ em 21.02.2011), antes mencionado, diz que o STF *teria rejeitado* a tese da adoção da proibição de insuficiência em matéria penal. Com efeito, basta uma leitura *um pouco mais atenta* para ver que o tema não foi rechaçado, mas apenas a solução foi dada pela maioria *com base em fundamentos diversos* daqueles adotados pelo Ministro Gilmar Mendes.

desproporcional o resultado do sopesamento (Abwägung) entre fins e meios; de outro, a *inconstitucionalidade pode advir de proteção insuficiente de um direito fundamental-social*, como ocorre quando o Estado abre mão do uso de determinadas sanções penais ou administrativas para proteger determinados bens jurídicos. *Este duplo viés do princípio da proporcionalidade decorre da necessária vinculação de todos os atos estatais à materialidade da Constituição*, e que tem como conseqüência a sensível diminuição da discricionariedade (liberdade de conformação) do legislador." (Streck, Lenio Luiz. A dupla face do princípio da proporcionalidade: da proibição de excesso (Übermassverbot) à proibição de proteção deficiente (Untermassverbot) ou de como não há blindagem contra normas penais inconstitucionais. Revista da Ajuris, Ano XXXII, nº 97, março/2005, p.180) No mesmo sentido, o Professor Ingo Sarlet: *A noção de proporcionalidade não se esgota na categoria da proibição de excesso*, já que abrange, (...), um dever de proteção por parte do Estado, inclusive quanto a agressões contra direitos fundamentais provenientes de terceiros, de tal sorte que se está diante de dimensões que reclamam maior densificação, notadamente no que diz com os desdobramentos da assim chamada proibição de insuficiência no campo jurídico-penal e, por conseguinte, na esfera da política criminal, onde encontramos um elenco significativo de exemplos a serem explorados. (Sarlet, Ingo Wolfgang. Constituição e proporcionalidade: o direito penal e os direitos fundamentais entre a proibição de excesso e de insuficiência. Revista da Ajuris, ano XXXII, nº 98, junho/2005, p. 107.) E continua o Professor Ingo Sarlet: *A violação da proibição de insuficiência, portanto, encontra-se habitualmente representada por uma omissão (ainda que parcial) do poder público*, no que diz com o cumprimento de um imperativo constitucional, no caso, um imperativo de tutela ou dever de proteção, mas não se esgota nesta dimensão (o que bem demonstra o exemplo da descriminalização de condutas já tipificadas pela legislação penal e onde não se trata, propriamente, duma omissão no sentido pelo menos habitual do termo)." (Sarlet, Ingo Wolfgang. Constituição e proporcionalidade: o direito penal e os direitos fundamentais entre a proibição de excesso e de insuficiência. Revista da Ajuris, ano XXXII, nº 98, junho/2005, p. 132.) (grifos e destaques nossos)

Nunca é demais relembrar que, em momento anterior a esse voto perante a Corte Suprema, o Ministro *Gilmar Mendes também já se manifestara* de forma abstrata acerca dos *direitos fundamentais* e dos *deveres de proteção*,[18] asseverando que:

> A concepção que identifica os direitos fundamentais como princípios objetivos legitima a idéia de que o Estado se obriga não apenas a observar os direitos de qualquer indivíduo em face das investidas do Poder Público (direito fundamental enquanto direito de proteção ou de defesa – Abwehrrecht), mas também a garantir os direitos fundamentais contra agressão propiciada por terceiros (Schutzpflicht des Staats). A forma como esse dever será satisfeito constitui tarefa dos órgãos estatais, que dispõem de ampla liberdade de conformação. A jurisprudência da Corte Constitucional alemã acabou por consolidar entendimento no sentido de que do significado objetivo dos direitos fundamentais resulta o *dever do Estado não apenas de se abster de intervir no âmbito de proteção desses direitos, mas também de proteger esses direitos contra a agressão ensejada por atos de terceiros.* Essa

---

[18] MENDES, Gilmar Ferreira. Os Direitos Fundamentais e seus múltiplos significados na ordem constitucional. Brasília: Revista Jurídica Virtual, vol. 2, n. 13, junho/1999. Também em Anuario Iberoamericano de Justicia Constitucional, Núm. 8, 2004, p. 131-142.

> interpretação do *Bundesverfassungsgericht* empresta, sem dúvida, *uma nova dimensão aos direitos fundamentais, fazendo com que o Estado evolua da posição de "adversário" (Gegner) para uma função de guardião desses direitos (Grundrechtsfreund oder Grundrechtsgarant)*. É fácil ver que a idéia de um dever genérico de proteção fundado nos direitos fundamentais relativiza sobremaneira a separação entre a ordem constitucional e a ordem legal, permitindo que se reconheça uma irradiação dos efeitos desses direitos (*Austrahlungswirkung*) sobre toda a ordem jurídica. Assim, ainda que se não reconheça, em todos os casos, uma pretensão subjetiva contra o *Estado, tem-se, inequivocamente, a identificação de um dever deste de tomar todas as providências necessárias para a realização ou concretização dos direitos fundamentais. Os direitos fundamentais não contêm apenas uma proibição de intervenção (Eingriffsverbote), expressando também um postulado de proteção (Schutzgebote). Haveria, assim, para utilizar uma expressão de Canaris, não apenas uma proibição do excesso (Übermassverbot), mas também uma proibição de omissão (Untermassverbot)*. Nos termos da doutrina e com base na jurisprudência da Corte Constitucional alemã, *pode-se estabelecer a seguinte classificação do dever de proteção*: a) Dever de proibição (*Verbotspflicht*), consistente no dever de se proibir uma determinada conduta; (b) Dever de segurança (*Sicherheitspflicht*), que impõe ao Estado o dever de proteger o indivíduo contra ataques de terceiros mediante adoção de medidas diversas; (c) Dever de evitar riscos (*Risikopflicht*), que autoriza o Estado a atuar com o objetivo de evitar riscos para o cidadão em geral, mediante a adoção de medidas de proteção ou de prevenção, especialmente em relação ao desenvolvimento técnico ou tecnológico. Discutiu-se intensamente se haveria um direito subjetivo à observância do dever de proteção ou, em outros termos, se haveria um direito fundamental à proteção. *A Corte Constitucional acabou por reconhecer esse direito, enfatizando que a não observância de um dever proteção corresponde a uma lesão do direito fundamental previsto no art. 2, II, da Lei Fundamental.* [...] (grifos e destaques nossos)

Novamente acorrendo a Canaris (que, salvo melhor juízo, foi quem primeiro utilizou a expressão *proibição de insuficiência*), [19] cumpre referir que o doutrinador tedesco defende que:

> Segundo a correta jurisprudência do Tribunal Constitucional Federal, o legislador ordinário dispõe, em princípio, na realização da função dos direitos fundamentais como imperativos de tutela, de uma ampla margem de conformação. Esta, por sua vez, também não é de tal modo reduzida a partir do outro lado – isto é, pela *proibição de excesso* – que as exigências deste último coincidam com as da *proibição de insuficiência*.[20]

Em seguida complementa que:

> A proibição de insuficiência não é aplicável apenas no (explícito) controlo jurídico-constitucional de uma omissão legislativa, mas antes, igualmente, nos correspondentes problemas no quadro da aplicação e do desenvolvimento judiciais do direito. Pois, uma vez que a função de imperativo de tutela de direitos fundamentais não tem, de forma alguma, alcance mais amplo no caso de uma realização pela jurisprudência do que pelo legislador, o juiz apenas está autorizado a cumprir esta tarefa porque, e na medida em que, a não o fazer, se

---

[19] CANARIS, Claus-Wilhelm. *Direitos Fundamentais e Direito Privado*, p. 60.
[20] Op. cit., p. 119.

verificaria um inconstitucional défice de protecção, e, portanto, uma violação da proibição de insuficiência.[21]

Como salientado, entendemos que tais premissas também deve(ria)m ser utilizadas pela Suprema Corte na *interpretação* das normas insertas na Constituição. É dizer: na análise e explicitação do significado e extensão das normas (inclusive as constitucionais), deve o intérprete não só afastar conclusões que impliquem excessos em detrimentos dos direitos fundamentais dos cidadãos, mas também deve zelar para que estas interpretações não gerem uma inoperância do sistema que, em face disso, acabe acarretando desproteção dos interesses sociais-gerais *igualmente* garantidos constitucionalmente.

Se foi decidido que não pode haver a execução da pena antes de esgotadas todas as instâncias extraordinárias (porque haveria um – suposto – excesso injustificável), há se fazer o devido contrabalançamento desta *nova* situação jurídica *interpretativa* frente às demais normas existentes, notadamente aquela que trata da prescrição da pretensão executória. É que o Estado-Judiciário também deve levar em conta que na aplicação dos direitos fundamentais (todos, individuais e sociais), deve levar em consideração a necessidade de garantir também ao cidadão a eficiência e segurança, evitando-se a impunidade.

Como já destacamos noutra oportunidade,[22] sendo a Constituição complexa e plural, demandando uma interpretação sistêmica e mediante uma compreensão circular, há de se atentar para a advertência de Laurence Tribe e Michael Dorf,[23] que destacam que o intérprete não pode incidir em duas falácias argumentativas fundamentais (*two interpretive fallacies*): a *dis-integration* e a *hyperintegration*. Incide-se na falácia da *dis-integration* quando se analisa a Constituição como sendo um feixe desconectado de princípios, valores e regras. A *hyperintegration* se verifica quando o intérprete tem uma visão limitada da amplitude do conjunto da obra constitucional, restringindo-se a compreendê-la como uma rede, porém sem qualquer costura, decorrente de nítida postura reducionista.

---

[21] Op. cit., p. 124.

[22] Fischer, Douglas. *Delinquência Econômica e Estado Social e Democrático de Direito*. Porto Alegre: Verbo Jurídico, 2006, p. 42.

[23] "In effect, we want to offer some negative observations about ways *not* to read the Constitution, before turning in the remaining chapters to the more affirmative project or reading the Constitution, against the backdrop of several actual as well as hypothetical cases. We have already rejected originalism as one way not to read the Constitution. Two adicional ways not to read the Constitution are readily apparent; we wil call them reading by *dis-integration* and reading by *hyper-integration*" Excerto do capítulo *How not to read the Constitution*. TRIBE, Laurence, e DORF, Michael. *On reading the Constitution*. Cambridge: Harvard University Press, 1991, p. 20.

Deflui dessas considerações que uma interpretação constitucional mais consentânea deve considerar *todas as normas integradas entre si, não isoladas nem dispersas*, compreendendo-se que todos os comandos nela insertos (unidade) estão costurados por fios seguros, e por isso suficientemente fortes para sustentar as tensões dialéticas que naturalmente dela defluem (pluralidade).

Verifica-se, portanto, que, com outra roupagem, afloram novamente questões antes abordadas atinentes à *Constituição Garantista*: paralelamente à chamada Proibição de Excesso, um *"garantismo negativo"*, do texto constitucional derivam obrigações (inclusive ao intérprete constitucional) de que também as suas decisões não gerem uma desproteção dos bens jurídicos e interesses gerais e sociais, caracterizando-se, noutro bordo, a situação da *Proibição de Proteção Deficiente, verdadeiro "garantismo positivo"*.[24] É dentro deste espectro que merece ser compatibilizado o problema, agora, da prescrição da pretensão executória em face do que dito pelo STF no julgamento do HC nº 84.078-MG.

5. Uma (re)leitura obrigatória da prescrição da pretensão executória em face do que decidido no HC nº 84.078-MG

Já destacamos noutras oportunidade (e ora insistimos),[25] partindo-se das premissas assentadas pela Corte Suprema, imperioso que se dê nova roupagem à compreensão da questão do modo de cálculo da prescrição, especificamente da executória.

Atualmente tem-se visto manifestações (sobretudo defensivas) no sentido do acolhimento da prescrição sob o fundamento de que o prazo prescricional deveria ser apurado entre a data da sentença (ou acórdão) condenatória e a do trânsito em julgado (apenas para acusação, na lítera do disposto no art. 112, I, CP).

Não temos dúvidas em assentar que o acolhimento de tais *postulações* seria o *sepultamento* de toda efetiva (até então) persecução penal.

Com efeito, a partir do julgamento do referido *leading case*, deve-se fazer – inevitavelmente – uma *nova* leitura *também* do modo de contagem da prescrição. Neste sentido, procede (e apenas em parte) as críticas tecidas pela doutrina, na medida em que se deveria considerar não recebido pelo atual ordenamento constitucional o texto do art. 112, I, CP.

---

[24] Nesse sentido, inclusive, em *nossa interpretação*, seria o pensamento do próprio Ferrajoli em sua obra *Garantismo*, Madrid: Editorial Trotta, 2006, p. 42-43.

[25] OLIVEIRA, Eugênio Pacelli de; FISCHER, Douglas. *Comentários ao Código de Processo Penal e sua jurisprudência*. 2 ed. Rio de Janeiro: Lumen Juris, 2011, p. 1430-1432.

Repisamos que a interpretação *não* pode ser *unilateral* ou *isolada*. Como alerta prudentemente Canaris, os pensamentos tópico e sistemático não se isolam um frente ao outro, mas se interpenetram mutuamente.[26] De certa forma, é o mesmo recomendado por Edgar Morin ao referir que "hoje em dia admite-se cada vez mais que [...] o conhecimento das partes depende do conhecimento do todo, como o conhecimento do todo depende do conhecimento das partes. Por isso, em várias frentes do conhecimento, nasce uma concepção sistêmica, onde o todo não é redutível às partes".[27] Também Eros Grau já falava *em doutrina* que "a interpretação do direito é interpretação *do direito*, no seu todo, não de textos isolados, desprendidos do direito. *Não se interpreta o direito em tiras*, aos pedaços".[28]

Portanto, é preciso se ver na *íntegra* quais os efeitos que foram irradiados inclusive sobre a legislação infraconstitucional diante da *nova* leitura conferida pela Corte Suprema à questão da (im)possibilidade da execução de pena na pendência dos recursos de natureza extraordinária.

Pede-se destaque para uma circunstância fundamental na compreensão (também histórica) do problema ora enfrentado. Nosso Código Penal, em vigência contemporânea com o CPP de 1941, somente se referiu ao prazo prescricional no âmbito da jurisdição ordinária, não contemplando, *ao seu tempo*, sequer a interrupção da prescrição pelo acórdão condenatório. A razão é (era) muito simples: a legislação em vigor determinava a execução provisória da condenação (até) em primeiro grau, somente admitindo a liberdade em circunstâncias especiais (antiga e originária redação do art. 594, CPP, hoje revogado expressamente pela Lei nº 11.719/2008, mas de induvidosa inconstitucionalidade após 1988).

Por isto, não se pode é dar interpretação conforme (a Constituição) *unicamente* em relação ao estatuto processual penal, olvidando-se por inteiro as determinações do Código Penal, originárias e umbilicalmente conectadas e dependentes daquelas cujo sentido se modificou.

6. Conclusões

Concluindo, reiteramos que nossa posição é de defesa intransigente de que o Estado não pode agir com excessos injustificados em detrimento dos cidadãos. De outro lado, ponderamos, e *na mesma medida*, que esse

---

[26] CANARIS Claus-Wilhelm. *Pensamento Sistemático e Conceito de Sistema na Ciência do Direito*. 3 ed. Lisboa: Fundação Calouste Gulbenkian, 2002, p. 273.

[27] MORIN, Edgar. *A Cabeça Bem-Feita*. 9. ed. Rio de Janeiro: Bertrand Brasil, 2004, p. 88.

[28] GRAU, Eros Roberto. *Ensaio sobre a Interpretação/Aplicação do Direito*. 3. ed. São Paulo: Malheiros, 2005, p.40.

mesmo Estado não pode permitir uma total desproteção sistêmica em face do ordenamento jurídico vigente e de sua interpretação.

Se restou decidido (para nós, com a *maxima venia*, equivocadamente) que a presunção de inocência impede a execução de pena enquanto não exauridas todas as instâncias recursais (salvo hipótese de prisões cautelares), em se tratando de prescrição *executória* a leitura do art. 112, I, CP, inarredavelmente necessita ser harmonizada com a *novel* compreensão sobre a execução das penas não definitivas em graus recursais extraordinários.

Em arremate: a questão *não* gira em torno de se buscar uma interpretação que seria *mais* ou *menos* favorável a esta ou àquela pretensão no processo (acusação e defesa). Não se cuida, ainda, de leitura *menos* ou *mais favorável*, na linha do *in dubio pro reo*.

Muito ao contrário, cuida-se de harmonizar as disposições legais (e suas interpretações) do Código Penal que *determinaram as escolhas do processo penal*, o que exige a contextualização histórica dos aludidos Códigos. Não se está *criando* nova causa de suspensão da prescrição, e sim conferindo (também) uma (nova) interpretação da expressão trânsito em julgado da sentença condenatória "para a acusação" constante do artigo 112, inciso I, do Código Penal.

Daí que relembramos Perelman,[29] quando, ao falar da lógica e da argumentação, adverte que o Juiz, em sua decisão, "deve levar em conta não só o caso particular que lhe é submetido, mas todos os casos da mesma espécie; isso porque sua decisão pode tornar-se um precedente no qual se inspirarão outros juízes em seu desejo de observar a *regra de justiça*, que lhes prescreve tratar da mesma forma casos essencialmente semelhantes".

E as ponderações de García de Enterría são de todo pertinentes[30] ao discorrer que o juiz constitucional não pode perder de vista, em nenhum momento, as consequências práticas e jurídicas (todas!) da decisão que tomar, e que certas sentenças têm efeitos vinculantes gerais ou com força de lei. Essas sentenças, diz ele, podem ocasionar catástrofes não apenas para o caso concreto, mas para outros inúmeros casos, e, quando tais sentenças são politicamente inexatas ou falsas (no sentido de que arruínam as tarefas políticas legítimas de administração do Estado), a lesão pode alcançar toda a comunidade. Encerra com assertiva incisiva, porém correta: *"el Tribunal Constitucional no puede ser ciego a las consecuencias políticas de sus decisiones"*.

---

[29] PERELMAN, Chaïm. Ética e Direito. São Paulo: Martins Fontes, 2002, p. 514.

[30] GARCÍA DE ENTERRIA, Eduardo. *La Constitución como Norma y El Tribunal Constitucional*. 3. ed. Madrid: Civitas, 2001, p. 179, 180 e 183.

Em síntese, a questão não deixa de ser decorrente da *lógica* da melhor compreensão sistêmica vigente: se a execução somente pode ser feita após o julgamento de todos os recursos (porque antes não há *nada* que possa ser executado) – e isto foi o que disse o STF no precedente invocado –, a prescrição executória, inexoravelmente, somente começará a correr do trânsito em julgado para *ambas as partes*. Do contrário, teríamos a situação (esdrúxula, para dizer o menos) de prazo prescricional fluindo de título que sequer seja exequível.

Obras consultadas

ALEXY, Robert. *Teoria de los Derechos Fundamentales*. Traduzido por Ernesto Garzón Valdés. Madrid: Centro de Estudios Políticos y Constitucionales, 2002.

ÁVILA, Humberto. *Teoria dos Princípios*. São Paulo: Malheiros, 2003.

BERNAL PULIDO, Carlos. *El Derecho de los Derechos*. Bogotá: Universidad Externado de Colombia, 2005, p. 126, 139/140

BONAVIDES, Paulo. *A Constituição Aberta*. 3 ed. São Paulo: Malheiros, 2004.

BOROWSKI, Martin. *La Estructura de los derechos fundamentales*. Traduzido por Carlos Bernal Pulido. Colombia: Universidad Externado de Colombia, 2003

CANARIS, Claus-Wilhelm. *Pensamento Sistemático e Conceito de Sistema na Ciência do Direito*. 3 ed. Lisboa: Fundação Calouste Gulbenkian, 2002.

——. *Direitos Fundamentais e Direito Privado*. Coimbra: Almedina, 2003.

FERRAJOLI, Luigi. *Derecho y razón. Teoria Del garantismo penal*. 4. ed. Madrid: Trotta, 2000.

——. *Derechos y Garantias, La ley Del más débil*. 4. ed. Madrid: Trotta, 2004.

FISCHER, Douglas. *Delinquência Econômica e Estado Social e Democrático de Direito*. Porto Alegre: Verbo Jurídico, 2006, p. 42.

FISCHER, Douglas. Execução de pena na pendência de recursos extraordinário e especial em face da interpretação sistêmica da Constituição. Uma análise do princípio da proporcionalidade: entre a proibição de excesso e a proibição de proteção deficiente. *Revista de Direito Público*, vol. 1, n. 25 (2009).

FREITAS, Juarez. *A Interpretação Sistemática do Direito*. 4 ed., rev. e aum. São Paulo: Malheiros, 2004.

GARCÍA DE ENTERRIA, Eduardo. *La Constitución como Norma y El Tribunal Constitucional*. 3. ed. Madrid: Civitas, 2001.

GRAU, Eros Roberto. *Ensaio sobre a Interpretação/Aplicação do Direito*. 3. ed. São Paulo: Malheiros, 2005.

HÄBERLE, Peter. *Hermenêutica Constitucional*. Porto Alegre: SAFE, 2002.

HESSE, Konrad. *A Força Normativa da Constituição*. Traduzido por Gilmar Ferreira Mendes. Porto Alegre: SAFE, 1991.

MENDES, Gilmar Ferreira. *Jurisdição Constitucional*. 4. ed. São Paulo: Saraiva, 2004.

——. Os Direitos Fundamentais e seus múltiplos significados na ordem constitucional. Brasília: Revista Jurídica Virtual, vol. 2, n. 13, junho/1999. Também em *Anuario Iberoamericano de Justicia Constitucional*, n. 8, 2004, p. 131-142.

——. O Princípio da Proporcionalidade na Jurisprudência do Supremo Tribunal Federal: Novas Leituras. *Revista Diálogo Jurídico*, Ano 1, v. 1, n. 5, ago.2001.

——. *A Proporcionalidade na Jurisprudência do Supremo Tribunal Federal*. Repertório IOB de Jurisprudência, São Paulo, 1ª quinzena dez.1994, p. 475-69.

OLIVEIRA, Eugênio Pacelli de. *Curso de Processo Penal*. 14 ed. Rio de Janeiro: Lumen Juris, 2011.

——. *Processo e Hermenêutica na Tutela Penal dos Direitos Fundamentais*. Belo Horizonte: Del Rey, 2010.

_____; FISCHER, Douglas. *Comentários ao Código de Processo Penal e sua jurisprudência*. 2 ed. Rio de Janeiro: Lumen Juris, 2011.

PERELMAN, Chaïm. *Ética e Direito*. São Paulo: Martins Fontes, 2002.

SARLET, Ingo. *A Eficácia dos Direitos Fundamentais*. 2. ed., rev. e aum. Porto Alegre: Livraria do Advogado, 2001.

_____. *Constituição e Proporcionalidade. O Direito Penal e os Direitos Fundamentais entre a Proibição de Excesso e de Insuficiência*. Revista de Estudos Criminais, Porto Alegre, v. 3, n. 12, 2003. Publicado também na Revista da Associação dos Juízes do Estado do Rio Grande do Sul, ano XXXII, nº 98, junho/2005.

STRECK, Lenio. *Jurisdição Constitucional e Hermenêutica*. Uma nova crítica do Direito. 2. ed. rev. e aum. Rio de Janeiro: Forense, 2004.

_____. *Verdade e Consenso* – Constituição, Hermenêutica e Teorias Discursivas. Rio de Janeiro: Lumen Júris, 2006.

_____. Da proibição de excesso (übermassverbot) à proibição de proteção deficiente (untermassverbot): de como não há blindagem contra normas penais inconstitucionais, Porto Alegre, *Revista do Instituto de Hermenêutica Jurídica*, n. 2, p. 243-84, 2004.

TRIBE, Laurence, e DORF, Michael. *On reading the Constitution*. Cambridge: Harvard University Press, 1991, p. 20.

— 12 —

O projeto do novo Código de Processo Penal. Breves notas. Agilidade no trâmite das ações penais originárias, inquéritos e extradições no âmbito do Supremo Tribunal Federal. Magistrado Instrutor

ALEXANDRE BERZOSA SALIBA

Juiz Federal do TRF/3ª Região. Magistrado Instrutor do STF

Sumário: 1. Considerações preliminares; 2. Considerações sobre o Projeto de Lei do Senado Federal 156/2009, o qual reforma o atual Código de Processo Penal; 2.1. Do juiz das garantias; 2.2. Da interceptação das comunicações telefônicas; 2.3. Do procedimento na ação penal originária; 2.4. Do agravo; 2.5. O arquivamento do inquérito policial a cargo exclusivamente do Ministério Público; 2.6. A possibilidade de acordo entre a acusação e a defesa; 2.7. Dos direitos da vítima; 2.8. Do prazo da prisão preventiva; 3. Do magistrado instrutor.

1. Considerações preliminares

Durante boa parte do século passado, era fato incontroverso a primazia de tratamento que o processo civil gozava em relação ao processo penal. O reflexo nítido dessa assertiva foi a constatação de que a grande maioria das reformas processuais deu-se no campo do processo civil, não obstante a publicação de várias obras e artigos doutrinários de grandes processualistas penais pátrios, os quais já alertavam para a necessidade de se dispensar maior atenção legislativa ao processo penal. Assim sendo, o processo penal, até então esquecido e colocado em segundo plano na comparação com os estudos do processo civil, experimentou uma verdadeira revolução há cerca de dezesseis anos.

Com efeito, depreende-se que o ano de 1995 foi especialmente importante para o implemento do necessário prestígio aos estudos da ciência processual penal. Como corolário normativo dessa verdadeira revolução, tanto o direito penal como o processo penal foram contemplados com a promulgação da Lei 9.099/95, em que foram introduzidos quatro institutos despenalizadores extremamentes importantes, a saber: (i)-representação do ofendido nos crimes culposos e lesão corporal leve; (ii)-transação penal; (iii)-composição civil dos danos; e (iv)-suspensão condicional do processo. O interessante é que tais medidas foram e são aplicadas aos delitos etiquetados no Código Penal, bem como aqueles previstos em lei penal especial, desde que não expressamente proibidos, como por exemplo na Lei 11.340/2006 (Lei Maria da Penha).

Na legislação penal e processual extravagante, avanços também foram sentidos, *verbi gratia*, a lei que disciplinou o tema relativo ao combate ao crime organizado, também no ano de 1995; o diploma legal disciplinador da interceptação telefônica para fins de investigação criminal em 1996; a legislação de entorpecentes de 2002, alterada posteriormente pela Lei 11.343/2006, em que foi prevista a figura do *under cover agent*, possibilitando a inserção de policiais nas organizações criminosas, entre outras tantas medidas inovadoras.

O Código de Processo Penal, de 1940, foi também objeto de algumas mudanças, ainda que pontuais. As mais recentes, veiculadas por meio das Leis 11.689, 11.690 e 11.719, todas promulgadas em junho de 2008, tiveram grande importância no cenário processual penal, porquanto seu escopo foi aproximar, ainda que parcialmente, as práticas do processo penal ao pensamento jurisprudencial haurido da interpretação harmônica dos preceitos constitucionais, notadamente o prestígio à ampla defesa, contraditório, celeridade processual, tudo de modo a propiciar um devido processo legal consentâneo com os ditames maiores previstos na Carta Constitucional de 1988.

Diante de tanta produtividade legislativa, bastante positiva para o incremento da jurisdição penal, o fato é que ainda era preciso equacionar o maior dos problemas, vale dizer, enfrentar a necessária e árdua tarefa de substituir o ultrapassado Código de Processo Penal, legislação com mais de 70 anos de existência, por outro diploma legal mais moderno, enxuto, fulcrado nos postulados constitucionais supramencionados e com especial enfoque na duração razoável do processo, na busca de resultados práticos, na eliminação ou mitigação das formalidades típicas do Estado Novo (época em que o velho Código foi elaborado), enfim, um arcabouço normativo que não estivesse alheio à realidade do dinamismo social, humano e globalizado, características marcantes deste início de século XXI.

2. Considerações sobre o Projeto de Lei do Senado Federal 156/2009, o qual reforma o atual Código de Processo Penal

O referido PLS 156 foi aprovado em primeira votação em 9/11/2010, pelo Senado Federal, mas ainda aguarda uma votação suplementar também no Senado (o que nos causa certa perplexidade, por se tratar de lei ordinária) antes de ser remetido para a análise da Câmara dos Deputados. Em sendo assim, registro que as presentes reflexões foram feitas sobre um texto que ainda pende de aprovação (*de lege ferenda*), mas isso não retira a importância do que acreditamos ser um marco importante da legislação processual penal, com grandes acertos e outras tantas preocupações, as quais apenas o tempo se incumbirá de confirmar ou não.

De início, registro tratar-se de brevíssimas considerações, sem o intuito de esgotar o tema, ao contrário, pois, uma vez aprovado o projeto do Código de Processo Penal, certamente haverá inúmeros congressos jurídicos, simpósios, doutrinas, ficando a análise dos casos concretos sujeita à apreciação do Poder Judiciário, o qual então exercerá sua função de intérprete da lei, nascendo daí a jurisprudência.

É certo que a busca de um processo penal de resultados eficazes e menos burocrático foi a pedra de toque de toda a reforma processual penal. A preocupação com a vítima, a rapidez no julgamento, o espaço de consenso permitido em determinadas circunstâncias, enfim toda uma gama de preocupações que vinham sendo observadas ao longo de décadas foram finalmente inseridas neste novel contexto de normas.

2.1. Do juiz das garantias

Talvez essa seja uma das grandes novidades do PLS 156. A ideia é boa, pois o raciocínio é o seguinte: o juiz que atua na fase inquisitorial, decretando medidas cautelares de prisão, afastamento de sigilos bancários e fiscais, interceptação telefônica, admissão e consequente infiltração de agentes policiais em quadrilhas, tenderá, cedo ou tarde, a assumir a perspectiva dos órgãos de persecução criminal, o que poderá acarretar a quebra da sua imparcialidade.

Dessa forma, o juiz do processo penal de conhecimento seria outro diverso daquele que atuou na fase pré-processual, adquirindo maior isenção e distância dos fatos, uma vez que analisaria o mérito da demanda penal desprovido de qualquer paixão.

Ocorre que o juiz das garantias encontrará sérias dificuldades nas localidades em que houver juízo ou vara única. Talvez o melhor fosse constar que a referida previsão legal fosse aplicada sempre que houvesse duas ou mais varas com competência criminal na comarca ou subseção.

Haveria, assim, uma exceção legal a possibilitar a acumulação das funções de juiz das garantias e juiz do processo sempre que na comarca, subseção ou circunscrição judiciária houvesse apenas uma vara com competência criminal.

A manutenção do texto como proposto, dada a experiência cotidiana quanto à jurisdição criminal no País, causará enormes dificuldades para a perfeita aplicação do instituto, podendo incrementar a morosidade na persecução penal.

Segundo dados recentes da Corregedoria-Geral do CNJ, na Justiça Estadual brasileira, 38% dos órgãos judiciários são compostos por varas ou juízos únicos. Outro problema esbarra também no fato de que a grande parte dos servidores que atuam nos Fóruns pelos rincões do nosso país são cedidos pela Prefeitura, ou seja, muitos Tribunais de Justiça sequer possuem orçamento financeiro (duodécimo) para o recrutamento de servidores do próprio quadro, o que se dirá então em se selecionar número maior de juízes para suprir a lacuna do juiz das garantias?

É oportuno consignar que modelo similiar já vinha sendo adotado há alguns anos na capital de São Paulo, por meio da Divisão de Inquéritos Policiais (DIPO), com resultados satisfatórios, de modo que é bem-vinda a criação deste novo sujeito processual, mas deve ser introduzido com cautelas em nosso ordenamento, levando-se em conta as dimensões continentais do Brasil, as quais não podem e não devem ser desprezadas.

Existe, é certo, a previsão no projeto de lei quanto à necessidade de concessão de prazo razoável para a efetiva implementação do juiz de garantias, vale dizer, a *vacatio legis* é medida imperativa à luz das inevitáveis dificuldades de implementação que essa medida representará. Dessa forma, apesar da provável dificuldade na concretização e lentidão que poderá causar, a possibilidade de decisões apaixonadas e por vezes abusiva poderá ser mitigada em prol da imparcialidade do juiz sentenciante.

2.2. Da interceptação das comunicações telefônicas

A Lei 9.296/96 trata, atualmente, do tema referente aos chamados "grampos" telefônicos, como é popularmente conhecido. Trata-se, nos últimos tempos, de importante meio de prova para o convencimento do magistrado, valendo-se a sociedade da tecnologia posta à disposição do Estado para o combate à criminalidade.

Tal técnica de investigação, aliada àquelas previstas na Lei 11.343/06, art. 53, incisos I (infiltração do agente em organizações criminosas) e II (flagrante esperado) constitui medida especial de investigação criminal, já previstas em normas de direito internacional público, notadamente na Convenção da ONU que disciplina medidas contra o Crime Organizado Transnacional, de 2004 sendo o Estado brasileiro dela signatário.

Logo, penso que seria mais interessante a glosa em um único diploma legal da previsão de todas essas medidas investigativas, explicitando-as à exaustão, retirando assim do novo CPP o regramento genérico que ora se impõe. Haveríamos de ter uma lei detalhada que disciplinaria essas técnicas especiais de investigação, podendo-se ampliar o rol das medidas que com o tempo e a evolução surgiriam, sistematizando a legislação e, ao mesmo tempo, começando a descortinar o grande cipoal de leis penais e processuais existentes no Brasil.

No concernente ao tempo máximo de duração da interceptação (pelo projeto serão 360 dias), tal providência muitas vezes é necessária para o devido esquadrinhamento do *modus operandi* de uma determinada organização criminosa. Como efeito negativo de um prazo de tão longa duração na esfera da intimidade do cidadão, poderíamos dizer que isso potencializa o desvirtuamento da investigação para outros fins que não os estritamente ligados ao crime em apuração; mas, detectados os abusos, devem os responsáveis ser punidos.

2.3. Do procedimento na ação penal originária

O art. 305 do projeto prevê que, recebida a peça acusatória, o relator determinará a expedição de carta de ordem para a instrução do processo, que obedecerá, no que couber, ao previsto para o procedimento ordinário.

Vejo com entusiasmo a adoção do procedimento ordinário, principalmente com o ato de interrogatório do acusado ao final da oitiva das testemunhas de acusação e defesa. Sabe-se que, nos casos de acusado com foro por prerrogativa de função neste Supremo Tribunal Federal, o interrogatório é o primeiro ato processual e acontece tão logo recebida a denúncia, nos termos do art. 7º da Lei 8.038/90.

Interessante registrar um debate na Suprema Corte, ocorrido no último dia 7/10/10, nos autos da AP 470, que trata do famoso caso do "mensalão", quando se discutiu acerca da aplicabilidade da norma já existente no atual Código de Processo Penal, art. 400, o qual prevê o interrogatório como último ato da instrução.

Naquela assentada, decidiu-se que, como os réus já tinham sido interrogados por ocasião do advento da Lei 11.719/08 (que reformou o CPP quanto a suspensão do processo, *emendatio e mutatio libelli* e procedimentos) não havia nenhuma mácula, de modo que despicienda a designação de data para novos interrogatórios dos 40 acusados, como pleiteava a defesa.

Entretanto, ficou a dúvida quanto aos processos ulteriores, ou seja, depois de junho de 2008. A questão é a seguinte: em se tratando de competência originária, aplica-se o disposto no art. 400 do CPP ou seria caso de se observar o rito previsto na Lei 8.038/90?

O tema é deveras instigante e certamente a Suprema Corte voltará a examinar tal situação. Não se deve perder de vista que o interrogatório é meio de defesa, sempre.

No entanto, é oportuno ressaltar que o art. 394, § 2º, do Código de Processo Penal dispõe expressamente que: "aplica-se a todos os processos o procedimento comum, salvo disposições em contrário deste Código ou de lei especial".

Vale dizer: viabiliza-se o entendimento de que a Lei 8.038/90, por ser lei especial, derrogaria o preceito legal acima mencionado? Tenho para mim que a resposta é negativa, havendo inclusive diversos pronunciamentos da Procuradoria-Geral da República pela aplicação do interrogatório ao final da instrução para ações penais propostas contra parlamentares que ora se iniciam.

Quanto ao procedimento das ações penais originárias nos Tribunais de Justiça e Tribunais Regionais Federais, segue-se o mesmo rito previsto pela Lei 8.038/90, conforme expressa disposição da Lei 8.658/93, que assim o determina.

Tenho que para o exame sistemático das ações penais originárias, deve o projeto de novo Código aglutinar todas essas situações, inclusive explicitando ser o interrogatório o último ato da instrução.

Em verdade, do modo que o procedimento criminal judicial está posto atualmente, não seria desarrazoado afirmar que o sujeito que detém prerrogativa de foro para seu julgamento está em nítida situação de desvantagem.

Sabe-se que, uma vez condenado em instância originária e única no STF, por exemplo, inexistem recursos para reexame, exceto embargos de declaração, com raras chances de concessão de efeitos infringentes, sem contar com o prejuízo no interrogatório como ato primeiro da instrução, o que poderá lhe acarretar desvantagem tática no decorrer do processo.

2.4. Do agravo

O agravo de instrumento, na redação do projeto, será interposto perante o juiz recorrido, com indicação da peças a serem trasladadas e, a seguir, remetido ao Tribunal.

Desse modo, reproduziu-se novamente o vetusto procedimento previsto na redação originária do CPC. Todavia, é relevante lembrar que tal sistemática já foi extinta, no âmbito do processo civil, pela Lei 9.139/95.

Atualmente, o agravo é formado pelo próprio recorrente e interposto diretamente perante o tribunal competente. Para manter a coerência, penso que deveria haver a adequação do projeto de CPP ao modelo atualmente existente no processo civil.

Em suma, a regra seria o agravo retido sempre, reservando-se a formação do instrumento no caso análogo ao previsto no art. 522 do CPC, ou seja, quando se tratar de decisão suscetível de causar à parte lesão grave e de difícil reparação.

Desta forma, o projeto teria que disciplinar o cabimento do agravo retido quanto às decisões interlocutória, podendo ser excepcionalmente processado por instrumento nos casos semelhantes ao art.522, como já referido acima, conferindo-se o efeito suspensivo, sempre à critério do juiz ou tribunal, desde que haja relevância do pedido e que a falta desse efeito possa resultar em lesão grave ou de difícil reparação.

Nesse casos, repita-se, o agravo seria formado pelo próprio recorrente, sem que a secretaria trasladasse as peças, o que seria um notório retrocesso.

2.5. O arquivamento do inquérito policial à cargo exclusivamente do Ministério Público

Pelo texto do novo código, fica extinto o controle judicial quanto ao arquivamento das peças de informação, inquérito ou notícia crime. Tal prerrogativa caberia apenas ao titular da ação penal e destinatário da investigação, o órgão do Ministério Público.

Através de despacho fundamentado, estaria legitimado o *Parquet* a determinar desde logo o arquivamento, sem intervenção do Poder Judiciário.

Acaso a vítima não concorde com o arquivamento, poderá ela interpor recurso no prazo de 30 dias, o qual será endereçado à instância superior do Ministério Público.

2.6. A possibilidade de acordo entre a acusação e a defesa.

Trata-se de medida inovadora e sem precedentes no ordenamento brasileiro, mas que já vem sendo aplicada há muito nos Estados Unidos e Canadá. É a chamada *Guilty Plea*.

O instituto é previsto no capítulo que trata do procedimento sumário e tem a seguinte redação:

> Art. 278. Até o início da instrução e da audiência a que se refere o art. 271, cumpridas as disposições do rito ordinário, o Ministério Público e o acusado, por seu defensor, poderão

requerer a aplicação imediata de pena os crimes cuja sanção máxima cominada não ultrapasse 8 (oito) anos.

É certo que existirão certos requisitos (notadamente a confissão dos fatos imputados) para que se formalize esse "acordo", mas o certo é que muito poder será concedido ao *Parquet* nessa nova e importante função.

O que se teve em mente foi imprimir celeridade e reduzir os custos da resposta estatal, vislumbrando o acusado ser apenado com a reprimenda mínima o mais rápido possível, livrando-o do inerente desgaste emocional, financeiro. É certo que a Justiça Penal terá muito mais tempo para se dedicar às questões de grande importância, mas por outro lado poderá criar distorções quanto à efetividade do princípio constitucional da isonomia, pois o acusado de maior poder aquisitivo poderá ter melhores condições de negociar sua culpa do que o mais modesto.

Caberá às Defensorias Públicas e aos advogados uma grande parcela de poder, parcimônia e equilíbrio, não se olvidando do importante papel que o magistrado terá ao apreciar os termos da barganha.

Por fim, caso o acordo seja homologado pelo juízo, considerar-se-á prolatada uma sentença condenatória. Em caso contrário, o processo segue normalmente.

2.7. *Dos direitos da vítima*

Pelo projeto, dedicou-se o Título V do Livro I inteiramente à vítima ou ofendido. O objetivo é, de uma vez por todas, albergar e valorizar a vítima no decorrer do processo penal. A gama de direitos previstos no art. 89 do projeto vão ao encontro dessa nova maneira de encarar.

Algumas novidades, tais como: (i)-comunicação da soltura do suposto autor do crime; (ii)-obtenção de cópias de peças do inquérito e do processo; (iii)-a vítima ser ouvida antes de outras testemunhas; (iv)-peticionamento sobre o andamento e deslinde da investigação ou do processo, representam a preocupação do legislador com a posição da vítima dentro do processo penal, em nítido avanço humanístico que há muito se fazia necessário.

2.8. *Do prazo da prisão preventiva*

Os arts. 556 e seguintes do projeto representam uma verdadeira revolução nos prazos de duração dessa importante espécie de prisão cautelar. A comissão encarregada da reforma do Código de Processo Penal adotou as escalas de prazo conforme a gravidade do delito, elegendo como parâmetro a pena corporal de 12 (doze) anos.

Em apertada síntese, a situação seria a seguinte: (i)-nos crimes com pena máxima igual ou inferior a 12 anos, a prisão preventiva durará 180 (cento e oitenta) dias, contando-se da instrução até o momento da sentença condenatória recorrível, mas o prazo será de 240 (duzentos e quarenta) dias se o crime tiver pena superior a 12 anos; (ii)-havendo recurso de apelação na hipótese de crime inferior a 12 anos acrescentam-se mais 360 (trezentos e sessenta) dias e mais 420 (quatrocentos) dias se superior a 12 anos e (iii)-a interposição de recurso especial para o Superior Tribunal de Justiça ou de recurso extraordinário para o Supremo Tribunal Federal fará com que se somem mais 180 (cento e oitenta) dias para crimes inferiores a 12 anos e 240 (duzentos e quarenta) dias para crimes superiores a 12 anos.

Noutro giro verbal, teríamos uma prisão preventiva com duração de 2 (dois) anos para crimes inferiores a 12 anos, aumentando para 2 (dois) anos e 6 (seis) meses o prazo de prisão preventiva para os crimes com pena máxima cominada superior a 12 anos.

É certo que o tempo de prisão cautelar, em espécie distinta da preventiva, também seria considerada no cômputo do prazo global. Também ficaria fulminada a jurisprudência dos 81 (oitenta e um) dias para a conclusão da instrução criminal, o que na prática já perdeu muito do seu significado.

A partir da entrada em vigor do novo código, uma vez decretada a prisão preventiva, será acionado uma espécie de cronômetro processual penal que balizará a atuação dos órgãos do Poder Judiciário.

Não obstante tal medida inovadora, saliente-se que a jurisprudência também ocupará lugar de extremo destaque na análise e estruturação desses prazos.

Com efeito, o Supremo Tribunal Federal provavelmente se debruçará no debate em torno da possibilidade do recolhimento do acusado ao cárcere após a decisão condenatória confirmada em segunda instância, quer pelo argumento de que não haverá mais presunção de não culpabilidade, quer pela circunstância de inexistir discussão de matéria fática ou pela necessidade de se adequar aos prazos estabelecidos nos arts. 556 e seguintes. O *leading case* contido no HC 84.078/MG, julgado em fevereiro de 2009, poderá ser revisto, restabelecendo assim a jurisprudência que a Corte Suprema vinha adotando anteriormente.

3. Do magistrado instrutor

Apesar de não constar no projeto do novo código, tal previsão foi um grande acerto do legislador ao preceituar, no âmbito da Lei 12.019/2009, o acréscimo do inciso III ao art. 3º da Lei 8.038/90, inovando assim no sistema processual penal, o qual há quase dois anos conta com a figura do magistrado instrutor.

A criação desse cargo na estrutura tanto do Supremo Tribunal Federal como do Superior Tribunal de Justiça é um dos meios de se atender à garantia insculpida no art. 5º, inciso LXXVIII, da CF/88, ou seja, a razoável duração do processo, mormente o processo penal, o qual encerra nítida angústia do acusado em ver resolvido, no menor tempo possível, sua situação.

Isso porque a instauração de uma ação penal representa um verdadeiro calvário ao acusado, com os inúmeros constrangimentos inerentes, desgaste físico, emocional e político, devendo, pois, ser abreviada, e nisso andou bem o legislador ao prever tal possibilidade.

Fala-se em magistrado instrutor porque a própria Lei 12.019/2009 assim o faz, mas a verdade é que tanto pode ser convocado um desembargador como um juiz, sejam eles da esfera estadual ou federal. A única exigência legal é que tenham competência criminal.

Os expressivos ganhos de rapidez na instrução das ações penais originárias, inquéritos e extradição, apesar de esta última não constar expressamente na Lei, mas admitida pelo caráter nitidamente de direito penal que a envolve, já podem ser notados facilmente. As ações penais, inquéritos e extradições estão tramitando, circulando com maior frequência. A expectativa é uma redução da ordem de mais de 50% do tempo na tramitação deste tipo de ações.

No tocante às extradições que demoravam, em média, dois anos ou mais para sua conclusão, o tempo de tramitação será reduzido em menos de 1 ano, porquanto o magistrado instrutor vai até o local, interroga o preso, retorna com os autos, a defesa já sai intimada para apresentação de resposta escrita em 10 dias, ouve-se o MPF e o processo de extradição vai a julgamento.

Não há que se falar em quebra do princípio do juiz natural, como alguns poderiam pensar, pois no sistema antigo expediam-se cartas de ordem que muitas vezes demoravam vários meses para seu cumprimento, sendo que outros juízes (também de primeira instância) colhiam toda a prova requisitada.

Através da participação do magistrado instrutor (que vai até o local em que as testemunhas residem, em que o acusado reside, colhendo assim toda a prova por um único juiz que repassará todas as informações ao Ministro quando do julgamento do mérito) o trâmite da ação é mais rápido do que o normal. Essa proximidade é salutar e permite, sem dúvida, uma análise bem mais pormenorizada dos fatos reconstruídos pela instrução processual, haurindo do princípio da identidade física do magistrado sua maior inspiração, além de propiciar uma oportunidade profissional ímpar ao juiz ou desembargador convocado, também proporciona ao Ministro relator um contato muito mais próximo com a prova no processo penal.

Também é certo que a atividade do magistrado instrutor não está livre de fiscalização pelas partes, porquanto a Emenda Regimental nº 36 do Supremo Tribunal Federal, prevê a garantia das partes, em até 5 (cinco) dias após o ato praticado, de dirigir petição ao Ministro-Relator para veicular qualquer espécie de reclamação.

A iniciativa é muito boa e o prognóstico é positivo porque o instituto tende a se aperfeiçoar, melhorando ainda mais a prestação jurisdicional com enfoque constitucional nos inúmeros princípios de direito penal e processual penal, notadamente a duração razoável do processo penal.

— V —
COOPERAÇÃO INTERNACIONAL

— 13 —

Questões sobre a extradição sob a ótica da jurisprudência do Supremo Tribunal Federal – efeitos da concessão de asilo e refúgio ao extraditando e da decisão de deferimento do pedido extradicional

ALFREDO JARA MOURA
Juiz Federal da Seção Judiciária do Rio de Janeiro

Sumário: I) Introdução; II) A extradição; 1. Conceito; 2. Breve Histórico da extradição; 3. Base normativa da extradição; 4. Inextraditabilidade de nacionais; 5. Fundamento do pedido extradicional; III) Julgamento do pedido de extradição; 1. Competência; 2. Inextraditabilidade por crime político; 3. Efeitos da concessão de asilo ao extraditando; 4. Efeitos da concessão de refúgio ao extraditando; 5. A defesa do extraditando; 6. A prisão do extraditando; IV) Conclusão do julgamento do pedido extradicional; 1. Efeitos da decisão do STF; V) Referências bibliográficas.

I) INTRODUÇÃO

A extradição é o principal instrumento de cooperação internacional em matéria penal e tem por escopo evitar que as fronteiras entre os países sirvam de escudo a impedir a punição de criminosos. O instituto da extradição visa, portanto, a combater a impunidade, resguardando a própria noção de justiça.

Conhecida desde a Antiguidade, a extradição tem se mostrado um importante mecanismo de cooperação internacional em tempos de globalização e diante da facilidade de deslocamento dos indivíduos entre os países, nos dias atuais.

Apesar da importância do instituto no cenário mundial, há, no direito brasileiro, pouco material doutrinário específico sobre o tema, como observa Artur de Brito Gueiros Souza. Em razão disso, grande parte do material científico sobre extradição é produto dos julgamentos dos pedidos extradicionais pelo Supremo Tribunal Federal.[1]

Desse modo, a jurisprudência do Supremo Tribunal se mostra de suma importância para o estudo do direito extradicional. Com efeito, ao longo dos anos, o Pretório Excelsior vem se defrontando com diversas questões relacionadas à aplicação do instituto da extradição, nos julgamentos das chamadas extradições passivas, trazendo relevantes contribuições para a matéria.

Dentre várias questões abordadas nos julgamentos de pedidos extradicionais, três delas, relacionadas ao asilo, ao refúgio e ao efeito da decisão de deferimento da extradição pelo STF, causaram intensos e interessantíssimos debates no Plenário da Corte.

Em julgamentos recentes, o Supremo Tribunal decidiu sobre os efeitos da concessão de asilo e de refúgio ao estrangeiro que responde a pedido de extradição, bem como sobre o efeito da decisão da Corte que defere o pedido extradicional.

O que se pretende aqui, não é uma análise profunda da extradição, do asilo e do refúgio, mas verificar como a jurisprudência do Supremo Tribunal tem se posicionado sobre determinados aspectos desses institutos.

II) A EXTRADIÇÃO

1. Conceito

Segundo a lição de Francisco Rezek, "extradição é a entrega, por um Estado a outro, e a pedido deste, de indivíduo que em seu território deva responder a processo penal ou cumprir pena".[2] Na definição de Hildebrando Accioly, "extradição é o ato pelo qual um Estado entrega um indivíduo acusado de fato delituoso ou já condenado como criminoso, à justiça de outro Estado, competente para julgá-lo e puni-lo".[3]

O instituto da extradição existe desde a Antiguidade, mantendo-se até os dias atuais como um importante instrumento de cooperação internacional no combate à impunidade, calcando-se no caráter universal da justiça. Existe um dever moral de assistência mútua e de solidariedade entre os Estados na repressão à criminalidade.[4] A extradição, portanto,

---

[1] SOUZA, Artur de Brito Gueiros, *As Novas Tendências do Direito Extradicional*, 1998, p. 2.

[2] V. *Direito Internacional Público*, 7ª ed. Saraiva, p. 197.

[3] V. *Manual de Direito Internacional Público*, 11ª ed., p. 89.

[4] MELLO, Celso D. de Albuquerque. *Curso de direito internacional público*. 8. ed. rev. e aum., 1986, p. 649.

visa impedir que indivíduos acusados ou já condenados em um país escapem à aplicação da lei penal ao se refugiarem em outro país.

2. Breve Histórico da extradição

A mais antiga manifestação escrita sobre extradição dataria de 1291 a.C., de uma cláusula sobre extradição de refugiados políticos, constante de um tratado celebrado entre egípcios e hititas, sendo que o tratado mais antigo a admitir a extradição de presos comuns surgiu em 1376, entre o Rei Carlos V da França e o Conde de Savóia.[5] De acordo com Florisbal Del'Olmo, o primeiro tratado multilateral sobre extradição – Tratado de Paz de Amiens –, celebrado entre França, Inglaterra e Espanha em 1802, teve como importante marco o fato de não cogitar de extradição de criminosos políticos. A lei belga de 1º de outubro de 1833 confirmou essa orientação, impedindo a extradição de criminosos políticos.

No Brasil, durante o período do Império, a extradição era um "sistema administrativo", pois seu pedido não passava pela apreciação do Poder Judiciário.[6] Nesse período, o primeiro ato que regulamentou o processo extradicional foi a *Circular do Ministério dos Negócios Estrangeiros*, expedida pelo Barão de Cairu, em 4 de fevereiro de 1847. Entretanto, a primeira lei sobre extradição promulgada no Brasil foi a 2.416, de 28 de junho de 1911. Com esse diploma legal ficou estabelecida a necessidade de apreciação dos pedidos extradicionais pelo Poder Judiciário.[7]

3. Base normativa da extradição

Atualmente, o instituto da extradição está regulamentado nos arts. 76 a 94 da Lei nº 6.815, de 19 de agosto de 1980, denominada de Estatuto do Estrangeiro. A Constituição Federal trata da extradição nos arts. 5º, incisos LI e LII, 22, inciso XV, e 102, inciso I, alínea *g*. Além disso, o processo extradicional também está regulado no Regimento Interno do Supremo Tribunal Federal, nos arts. 207 a 214.

4. Inextraditabilidade de nacionais

Inicialmente, vale destacar que o Brasil não extradita seus nacionais, com exceção do brasileiro naturalizado que tenha praticado crime comum antes da naturalização ou que tenha comprovado envolvimento

---

[5] DEL'OLMO, Florisbal de Souza. *A extradição no alvorecer do século XXI*, p. 16/17.

[6] V. Celso D. de Albuquerque de Mello, ob. cit. p. 648.

[7] RUSSONANO, Gilda Maciel Correa Meyer. *A extradição no direito internacional e brasileiro*, 1973, p. 141-145.

com o tráfico ilícito de entorpecentes (art. 5º, LI, da Constituição Federal). Essa vedação também consta do art. 77, inciso I, da Lei nº 6.815/80.

A inextraditabilidade do brasileiro nato não leva à sua impunidade no caso de cometimento de crime em território estrangeiro, já que, nos termos do art. 7º, II, b, do Código Penal, poderá ser julgado no Brasil pela prática do delito. Trata-se, nesse caso, da aplicação do princípio *aut dedere aut judiciare*, segundo o qual se o Estado não puder extraditar um indivíduo acusado de crime, por imposição de sua legislação interna, deverá assumir a obrigação de julgá-lo em seu território.[8]

5. Fundamento do pedido extradicional

O pedido de extradição deve estar fundamentado em um tratado celebrado entre os países envolvidos (Estado requerente e Estado requerido), ou, na falta de tratado, na promessa de reciprocidade do Estado requerente no caso de futuros pedidos extradicionais formulados pelo Brasil.

O pedido extradicional fundado na promessa de reciprocidade pode ser acolhido ou rejeitado sumariamente pelo governo brasileiro, pois a simples aceitação da *promessa* não gera obrigação para o Estado requerido. Nesse sentido foi o entendimento do Supremo Tribunal Federal, no famoso julgamento da Extradição 272 (caso *Stangl*), quando destacou o então relator Ministro Victor Nunes Leal que:

> (...) a simples aceitação da oferta de reciprocidade não cria obrigação para o Brasil, não dependendo essa aceitação de *referendum* do Congresso. Da promessa de reciprocidade resulta obrigação para o Estado requerente, não para o Estado requerido.

Já o pedido de extradição calcado em tratado não admite recusa sumária e impõe ao Estado requerido um compromisso que deve ser honrado, sob pena de ver questionada sua responsabilidade internacional (Rezek, 1998, p. 199).

Não existe no sistema brasileiro extradição de ofício, havendo sempre a necessidade de um pedido prévio do Estado interessado, pedido esse que deve estar fundamentado, como já mencionado, em tratado ou na promessa de reciprocidade, como dispõe o art. 76 do Estatuto do Estrangeiro.

Atualmente o Brasil é signatário de tratados internacionais sobre extradição com os seguintes países: Argentina, Austrália, Bélgica, Bolívia, Chile, Colômbia, Coreia do Sul, Equador, Espanha, Estados Unidos da América, França, Itália, Lituânia, México, Paraguai, Peru, Portugal, Rei-

---

[8] V. Artur de Brito Gueiros, ob. cit., p. 124-125.

no Unido e Irlanda do Norte, República Dominicana, Romênia, Rússia, Suíça, Ucrânia e Venezuela (fonte: sítio eletrônico do Supremo Tribunal Federal).

III) JULGAMENTO DO PEDIDO DE EXTRADIÇÃO

1. Competência

Caso aceite o pedido de extradição, deve o governo brasileiro submetê-lo ao Supremo Tribunal Federal, para que este examine a legalidade da demanda, nos termos da legislação pátria e do tratado eventualmente existente.

Cabe exclusivamente ao Supremo Tribunal processar e julgar os pedidos de extradição formulados por Estados estrangeiros, nos termos do disposto no art. 102, I, *g* da Constituição Federal. Nenhuma extradição poderá ser concedida sem o prévio pronunciamento da Suprema Corte sobre a sua legalidade e procedência, como expressamente determina o art. 83 da Lei nº 6.815/80 (Estatuto do Estrangeiro).

O pedido de extradição, geralmente, é apresentado por um Estado estrangeiro, por via diplomática, ao Ministério das Relações Exteriores, que o encaminha ao Ministério da Justiça, que, por sua vez, o remete ao Supremo Tribunal Federal, onde será apreciada sua legalidade. Caso, entretanto, não exista representação diplomática do Estado estrangeiro interessado na extradição em território brasileiro, o pedido extradicional pode ser formulado diretamente entre os dois governos.

Segundo a lição de Mirtô Fraga, o procedimento de extradição possui três fases, duas administrativas, ou governamentais, e uma judiciária. A primeira fase administrativa tem início com o recebimento do pedido extradicional formulado pelo Estado interessado e termina como o seu encaminhamento ao Supremo Tribunal Federal. A segunda fase é a judiciária, na qual o Supremo Tribunal examina o pedido de extradição quanto à sua legalidade e procedência. Na terceira e última fase, o Governo procede à entrega do extraditando ou, se o pedido foi indeferido pelo Supremo Tribunal Federal, comunica o fato ao Estado requerente.[9]

Para Gilda Russomano a legislação brasileira adotou o sistema misto para a efetivação da extradição, já que o processo extradicional tramita tanto na esfera administrativa, como na esfera judiciária.[10] Já para Hildebrando Accioly, o Brasil adotou o sistema judiciário, limitando-se a auto-

---

[9] V. FRAGA, Mirtô. *O novo estatuto do estrangeiro comentado*, 1985, p. 292.

[10] Ob. cit., p. 21-22.

ridade judiciária ao exame da legalidade, procedência ou regularidade do pedido de extradição.[11]

De qualquer modo, no sistema adotado pelo ordenamento jurídico brasileiro, o controle jurisdicional fica limitado à verificação dos pressupostos e condições legais previstos na legislação interna e nos tratados, ficando o Poder Judiciário impedido de analisar o mérito da acusação penal ou da condenação criminal proferidas pelo Estado requerente. É o que se denomina de sistema de contenciosidade limitada, no qual a atuação do Supremo Tribunal se limita a verificar a regularidade extrínseca do pedido extradicional.

Apesar de exercer uma competência meramente delibatória, por força do sistema extradicional adotado pelo ordenamento jurídico brasileiro, o Supremo Tribunal Federal pode, excepcionalmente, analisar aspectos relacionados à substância da imputação, quando estritamente necessário para solucionar questões como as relacionadas à prescrição penal, à dupla tipicidade ou ao caráter político do delito imputado ao extraditando. Porém, mesmo nessas hipóteses excepcionais, a análise efetuada pelo Supremo Tribunal Federal deverá considerar a versão dos fatos constantes da denúncia ou da decisão proferidas pelo Estado requerente (Ext. 541, Rel. p/ Acórdão Min. Sepúlveda Pertence).

Assim, não cabe ao Supremo Tribunal Federal atuar como instância revisora da acusação ou da condenação proferidas no Estado requerente e que pesam contra o extraditando.

2. Inextraditabilidade por crime político

Uma das situações excepcionais que levam o Supremo Tribunal a verificar aspectos relacionados à substância da acusação que recai sobre o extraditando é a relacionada à eventual prática de crime político.

O art. 5º, LII, da Constituição Federal veda expressamente a extradição de estrangeiro por crime político. Tal proibição também consta do art. 77, VII, do Estatuto do Estrangeiro.

Não há no nosso ordenamento jurídico uma definição do que seja crime político. Segundo Celso de Albuquerque Mello a doutrina adota dois critérios para a definição de crime político: a) um objetivista, que define o crime político como sendo aquele perpetrado contra a ordem política estatal; atingindo um bem jurídico de natureza política; e b) um subjetivista, que considera crime político o que foi cometido com a fina-

---

[11] Ob. cit., p. 99-100.

lidade política.[12] Para Hildebrando Accioly, há quem pretenda que crime político seja aquele praticado contra a segurança interna do Estado, com a finalidade de modificar a forma de seu governo ou a sua constituição política. Muitos autores, destaca Accioly, compreendem também na definição de crime político aquele dirigido contra a segurança externa do Estado, contra sua independência, contra a integridade de seu território e as boas relações com os outros Estados.[13]

Na jurisprudência do Supremo Tribunal Federal, o Ministro Djaci Falcão, apreciando a questão, destacou que:

> Em nosso direito positivo não há uma definição de crime político. Aliás, o conceito de crime político é controvertido e variável, porquanto não é fácil dizer do seu conteúdo e limites, no tempo e no espaço. Não resta dúvida, porém, que no seu conceito são incluídos os delitos que atingem a estrutura política do Estado, as suas instituições públicas, a sua independência, a sua soberania.[14]

Independentemente da definição adotada, cabe ao Estado que recebe o pedido de extradição qualificar o extraditando como criminoso político ou não.[15]

Com efeito, em razão da dificuldade de se estabelecer um conceito preciso do que seja crime político, a doutrina e os tratados internacionais têm deixado a cargo do Estado requerido a competência para determinar o caráter da infração imputada ao extraditando.[16]

No caso do Brasil, cabe, exclusivamente, ao Supremo Tribunal Federal apreciar o caráter do crime imputado ao extraditando, na dicção do art. 77, § 2°, da Lei n° 6.815/80. Em outras palavras, cabe somente ao Supremo Tribunal dizer se o delito é comum ou político.

A jurisprudência do Supremo Tribunal Federal é pacífica no sentido de que, "não havendo a Constituição definido crime político, ao Supremo cabe, em face da conceituação da legislação ordinária vigente, dizer se os delitos pelos quais se pede a extradição constituem ou não crime político".[17]

Em relação ao caráter político ou não do delito imputado ao extraditando, a jurisprudência do Supremo Tribunal tem ressaltado a necessidade de uma análise das circunstâncias que envolvem o caso concreto.

---

[12] Ob. cit., p. 653.

[13] Ob. cit., p. 95.

[14] Extradição n° 347, Rel. Min. Djaci Falcão, DJ 09-06-1978, p. 86.

[15] V. Celso de Albuquerque Mello, ob. cit., p. 653.

[16] V. Yussef Sahid Cahali, ob. cit., p. 347.

[17] Extradição n° 615, Rel. Min. Paulo Brossard, j. 19.10.94, DJ 05.12.1994, p.33480.

Na esteira desse entendimento, o Plenário da Suprema Corte já assentou que "a prerrogativa de definir o elemento preponderante, nos crimes em que, havendo motivação política, o fato delituoso constitui, em tese, crime comum, é do Supremo Tribunal Federal. E ele a exerce, caso a caso".[18]

De fato, até mesmo em razão da ausência de uma definição legal de crime político, nossa Suprema Corte tem exercido sua competência para apreciar o caráter da infração verificando a situação concreta de cada pedido de extradição, ponderando todas as circunstâncias envolvidas.

Para Yussef Said Cahali, "o poder discricionário que o art. 77, § 2º, do Estatuto concede ao Supremo Tribunal Federal para apreciar, com exclusividade, o caráter da infração, não sofre qualquer limitação", tanto que, eventual concessão de asilo diplomático ou territorial ao extraditando não impede, só por si, a sua extradição (Cahali, 1983, p. 347).

3. Efeitos da concessão de asilo ao extraditando

O Supremo Tribunal tem, de forma reiterada, afirmado que somente a condição de asilado político do extraditando não impede a concessão de sua extradição, pois a sua procedência deve ser apreciada pela Corte, e não pelo Governo.[19] Desse modo, o Supremo Tribunal Federal não fica vinculado à decisão do Poder Executivo que conceder o benefício de asilo político ao estrangeiro cuja extradição se requer.

No julgamento da Extradição 1085, a Ministra Ellen Gracie ressaltou que:

> Na hipótese de concessão de asilo pelo Poder Executivo, tendo como fundamento a prática de crime político pelo asilado, o Supremo Tribunal Federal não fica vinculado à decisão administrativa, pois tem competência exclusiva para processar e julgar a extradição solicitada por Estado estrangeiro (art. 102, I, g, da CF) e para apreciar o caráter da infração imputada ao extraditando (art. 77, § 2º, da Lei nº 6.815/80).
>
> Assim, a concessão do asilo estribada na prática de crime político pelo asilado somente importará na sua inextraditabilidade quando o caráter político da infração for reafirmado pelo Supremo Tribunal Federal (Ext nº 232/CUBA e nº 524/Paraguai).

Portanto, para o Supremo Tribunal Federal a concessão de asilo político ao extraditando somente terá o condão de impedir sua extradição, caso a Corte, no uso de sua competência exclusiva, reconheça a natureza política do crime objeto do pedido extradicional. Assim, caso o Supremo Tribunal afaste o caráter político do delito imputado ao extraditando pelo

---

[18] Extradição nº 446, Rel. Min. Célio Borja, J. 17.12.1986, DJ 07.08.1987, p. 865.
[19] Extradição nº 232, Rel. Min. Victor Nunes, j. 09.10.1961, DJ 17.12.1962, p.01.

Estado requerente, a concessão de asilo político pelo Poder Executivo não obstará o deferimento da extradição, desde que reconhecidas, pela Corte, a legalidade e procedência do pedido.

4. Efeitos da concessão de refúgio ao extraditando

Situação diversa se apresenta quando o Poder Executivo concede ao extraditando o *status* de refugiado. Com efeito, por expressa determinação do art. 33 da Lei nº 9.474/97, "o reconhecimento da condição de refugiado obstará o seguimento de qualquer pedido de extradição baseado nos fatos que fundamentaram a concessão do refúgio".

A constitucionalidade do referido dispositivo legal foi reconhecida pelo Supremo Tribunal Federal no julgamento do caso Oliverio Medina (Extradição nº 1008).[20] A decisão da Corte ficou assim ementada:

> Extradição: Colômbia: crimes relacionados à participação do extraditando – então sacerdote da Igreja Católica – em ação militar das Forças Armadas Revolucionárias da Colômbia (FARC). Questão de ordem. Reconhecimento do status de refugiado do extraditando, por decisão do comitê nacional para refugiados – CONARE: pertinência temática entre a motivação do deferimento do refúgio e o objeto do pedido de extradição: aplicação da Lei 9.474/97, art. 33 (Estatuto do Refugiado), cuja constitucionalidade é reconhecida: ausência de violação do princípio constitucional da separação dos poderes. 1. De acordo com o art. 33 da L. 9.474/97, o reconhecimento administrativo da condição de refugiado, enquanto dure, é elisiva, por definição, da extradição que tenha implicações com os motivos do seu deferimento. 2. É válida a lei que reserva ao Poder Executivo – a quem incumbe, por atribuição constitucional, a competência para tomar decisões que tenham reflexos no plano das relações internacionais do Estado – o poder privativo de conceder asilo ou refúgio. 3. A circunstância de o prejuízo do processo advir de ato de um outro Poder – desde que compreendido na esfera de sua competência – não significa invasão da área do Poder Judiciário. 4. Pedido de extradição não conhecido, extinto o processo, sem julgamento do mérito e determinada a soltura do extraditando. 5. Caso em que de qualquer sorte, incidiria a proibição constitucional da extradição por crime político, na qual se compreende a prática de eventuais crimes contra a pessoa ou contra o patrimônio no contexto de um fato de rebelião de motivação política (Ext. 493).

Nesse julgamento, o Supremo Tribunal Federal precisou analisar as consequências da concessão de refúgio pelo Poder Executivo a um extraditando, no curso do processo de extradição.

O Ministro Gilmar Mendes, relator da mencionada Extradição nº 1008, votou no sentido de que a interpretação do art. 33 da Lei nº 9.474/97 deve ser feita em consonância com os precedentes firmados na Ext 232 e na Ext 524, ou seja, não é possível separar a questão do prosseguimento do pedido extradicional da análise, por parte do Supremo Tribunal, da

---

[20] Rel. p/acórdão Min. Sepúlveda Pertence, j. 21.03.2007, DJ 17.08.2007, p.24.

ocorrência ou não de delitos de natureza política no caso concreto. Para o Ministro Gilmar Mendes não há diferenças substancias entre os institutos do asilo e do refúgio a justificar uma interpretação distinta daquela firmada nos precedentes mencionados, concluindo:

> (...) no sentido de se conferir ao art. 33 da Lei nº 9.474/1997 interpretação conforme a Constituição Federal (CF, art. 5º, LII, e art. 102, I, g), para que a extradição somente seja obstada nos casos em que se impute ao extraditando "crime político ou de opinião ou ainda quando as circunstâncias subjacentes à ação do estado requerente demonstrarem a configuração de inaceitável extradição política disfarçada"

A respeito da semelhança entre o asilo e o refúgio, a Ministra Ellen Gracie, por ocasião do julgamento da Extradição 1085, ressaltou que:

> O asilo e o refúgio são institutos assemelhados, visto que ambos possuem como escopo a proteção do ser humano que está sendo perseguido, havendo, inclusive, quem não faça distinção entre os institutos" Assim, "sendo os dois institutos – asilo e refúgio – semelhantes na essência, não há razão para tratamento jurídico diverso quando se está diante de pedido de extradição, no sentido de que se concedidos sob o fundamento de perseguição política ou prática de crime político, não podem obstar a apreciação do pedido extradicional pelo Supremo Tribunal Federal, que possui competência exclusiva para apreciação do caráter dos delitos imputados ao extraditando.[21]

Para Flavia Piovesan, embora o asilo e o refúgio sejam institutos diferentes, ambos buscam a proteção da pessoa humana, verificando-se, assim, uma complementariedade entre os dois institutos.[22]

Entretanto, no julgamento da Extradição nº 1008, prevaleceu o entendimento do Ministro Sepúlveda Pertence, que abriu divergência com o Ministro Relator, para defender a constitucionalidade do art. 33 da Lei dos Refugiados. Para o Ministro Pertence, a concessão de refúgio é questão de competência política do Poder Executivo, como condutor das relações internacionais do País. Não há, assim, violação ao princípio da separação dos poderes. Portanto, havendo uma relação de pertinência entre a motivação do deferimento do refúgio e o objeto da extradição, deve ser aplicado o art. 33 da Lei nº 9.474/97, extinguindo-se o processo extradicional.

A questão veio novamente à tona quando do julgamento do caso Battisti (Extradição nº 1085). Nessa ocasião o Ministro Cezar Peluso, relator do pedido de extradição formulado pela República Italiana, salientou que, inobstante o caráter político-administrativo da decisão de concessão do refúgio, tal ato não fica imune ao controle de legalidade pelo Poder

---

[21] Rel. Min. Cezar Peluso, j. 16.12.2009, DJU 16.04.2010.

[22] PIOVESAN, Flavia. O direito de asilo e proteção internacional. In: ARAÚJO, Nádia de; ALMEIDA, Guilherme de Assis de (Coord.). *O Direito Internacional dos Refugiados: uma perspectiva brasileira*. Rio de Janeiro: Renovar, 2001, p.57.

Judiciário (*judicial review*), pois se trata de ato vinculado aos expressos requisitos da Lei nº 9.474/97. Para o Ministro Relator tal controle se faz necessário a fim de se evitar que a autoridade administrativa, no intuito de conceder o refúgio, acabe invadindo, indevidamente, competência constitucional reservada de forma exclusiva ao Supremo Tribunal Federal para conhecer e julgar os pedidos de extradição, em todos os seus aspectos. Somente o ato administrativo reconhecido como legal de concessão de refúgio pode produzir o efeito de obstar o prosseguimento do pedido extradicional. De acordo com o Relator, um dos motivos mais relevantes desse controle judicial é o de verificar se o refúgio foi concedido sob a motivação de que os fatos tidos como crimes comuns no processo de extradição, configurariam, na verdade, crimes políticos. Tal classificação por parte da autoridade administrativa configuraria evidente invasão da competência do Supremo Tribunal.

Desse modo, em síntese, para o Ministro Relator, o ato administrativo concessivo de refúgio somente obstará o processo de extradição quando revestido de legalidade, ou seja, se atender aos requisitos previstos na Lei nº 9.474/97 e não invadir a competência exclusiva do Supremo Tribunal Federal quanto à verificação do caráter político ou não dos crimes imputados ao extraditando, prevista no art. 77, § 2º, da Lei nº 6.815/80 c/c art. 102, I, *g*, da Constituição Federal.

Acompanharam o relator os Ministros Ricardo Lewandowski, Carlos Britto, Ellen Gracie e Gilmar Mendes.

Para o Ministro Ricardo Lewandowski, o reconhecimento da condição de refugiado pela autoridade administrativa não pode obstar, automaticamente, o prosseguimento do pedido extradicional, sob pena de supressão da competência constitucional do Supremo Tribunal para pronunciar-se sobre extradições, bem como para analisar a natureza do crime atribuído ao extraditando.

Em seu voto, a Ministra Ellen Gracie destacou que:

> Atribuir à decisão administrativa que concede o status de refugiado ao extraditando, tendo como pressuposto a prática de crime político, o efeito automático e absoluto de obstar o pedido extradicional, implica em suprimir competência exclusiva do Supremo Tribunal Federal.

Além disso, também asseverou a Ministra Ellen Gracie que o reconhecimento da constitucionalidade do art. 33 da Lei dos Refugiados pelo Supremo Tribunal não impede a verificação, por parte da Corte, da legalidade do ato administrativo concessivo do refúgio ao extraditando.

De outro lado, os Ministros Joaquim Barbosa, Cármem Lúcia, Eros Grau e Marco Aurélio votaram no sentido de que a concessão do refúgio impede o conhecimento ou prosseguimento do pedido de extradição, por força do disposto no art. 33 da Lei nº 9.474/97.

Para o Ministro Joaquim Barbosa, a concessão do refúgio é questão de competência política do Poder Executivo, que a exerce nos termos do art. 84, VII, da Constituição Federal, não cabendo, portanto, a intervenção do Poder Judiciário sobre esse ato administrativo. Desse modo, concedido o refúgio ao extraditando, resta inviabilizada a análise do pedido de extradição contra ele formulado.

Na mesma linha caminhou o voto da Ministra Cármem Lúcia, pontuando que o reconhecimento da condição de refugiado impede o seguimento de pedido de extradição calcado nos mesmos fatos que fundamentaram a concessão do refúgio, por força do art. 33 da Lei nº 9.474/97, que, segundo seu entendimento, não afronta a competência do Supremo Tribunal Federal para processar e julgar extradições.

Ao final do julgamento, por apertada maioria (cinco votos a quatro), o Plenário do Supremo Tribunal Federal concluiu que a validade e eficácia do ato administrativo que concede o refúgio devem ser analisadas pela Corte como preliminar à cognição do mérito do processo de extradição.

Portanto, de acordo com esse recente entendimento firmado pelo Supremo Tribunal, o art. 33 da Lei nº 9.474/97 somente obstará o seguimento do pedido de extradição quando o ato administrativo de concessão do refúgio ao extraditando for considerado válido e eficaz pela Corte. Dito de outro modo, caso a Suprema Corte entenda pela ilegalidade do ato que concedeu o refúgio, este não será capaz de impedir o seguimento e julgamento do pedido extradicional.

Conclui-se, então, da análise da jurisprudência do Supremo Tribunal Federal, que a decisão do Poder Executivo que concede asilo com fundamento na prática de crime político por parte do extraditando não tem o condão, só por si, de obstar o processamento e julgamento da extradição, já que cabe à Corte, com exclusividade, verificar o caráter da infração imputada no pedido extradicional. Desse modo, a concessão do asilo político ao extraditando não gera um efeito automático e imediato no processo de extradição, que seguirá seu curso até a decisão final do Supremo Tribunal Federal quanto ao deferimento ou indeferimento do pedido.

Em relação à decisão concessiva de refúgio em favor do extraditando, depreende-se dos recentes julgados do STF, que aquela somente produzirá o efeito de obstar o seguimento do pedido extradicional, nos termos do art. 33 da Lei nº 9.474/97, quando a Corte reconhecer a sua legalidade.

Em apertada síntese, as decisões administrativas de concessão de asilo e refúgio não produzem, de forma automática e absoluta, o efeito de impedir a apreciação do pedido de extradição por parte do Supremo Tribunal Federal.

5. A defesa do extraditando

No tocante à defesa do extraditando, esta fica restrita apenas à sua identidade, à instrução do pedido extradicional e à legalidade da extradição, de acordo com a legislação brasileira ou o tratado aplicável ao caso (art. 85, § 1º, da Lei nº 6.815/80). As demais alegações defensivas que versarem sobre outras questões não serão consideradas pelo Supremo Tribunal.

Para o Supremo Tribunal Federal:

> O processo extradicional não comporta instrução probatória, nem enfrenta argumentos acerca da realidade dos fatos imputados ao paciente. A defesa resulta impertinente em tudo que não diga respeito a identidade da pessoa reclamada, defeito de forma dos documentos apresentados ou ilegalidade da extradição.[23]

Essa limitação imposta pelo § 1º do art. 85 do Estatuto do Estrangeiro não fere o princípio constitucional da ampla defesa.

Com efeito, de acordo com inúmeros precedentes da nossa Suprema Corte:

> As restrições de ordem temática, estabelecidas no Estatuto do Estrangeiro (art. 85, § 1º) – cuja incidência delimita, nas ações de extradição passiva, o âmbito material do exercício do direito de defesa –, não são inconstitucionais, nem ofendem a garantia da plenitude de defesa, em face da natureza mesma de que se reveste o processo extradicional no direito brasileiro e, ainda, em decorrência do próprio modelo de contenciosidade limitada adotado pelo ordenamento positivo nacional.[24]

Apesar de limitada a defesa do extraditando é garantida por meio do seu interrogatório e pela atuação de seu advogado constituído ou daquele que lhe for nomeado pelo Ministro Relator do pedido de extradição, caso não o tenha, consoante previsto no art. 85, *caput* do Estatuto do Estrangeiro e no § 1º do RISTF.

Vale mencionar, que a expressa concordância do extraditando com o pedido extradicional não dispensa a verificação da legalidade e procedência do pedido pelo Supremo Tribunal Federal, pois:

> O desejo de ser extraditado, ainda que manifestado, de modo inequívoco, pelo súdito estrangeiro, não basta, só por si, para dispensar as formalidades inerentes ao processo

---

[23] Extradição nº 634, Rel. Min. Francisco Rezek, DJ 15.09.95, p. 29506.

[24] Extradição nº 1171, Rel. Min. Celso de Mello, j. 19.11.2009, DJe-116, PUBLIC 25.06.2010, p. 41.

extradicional, posto que este representa garantia indisponível instituída em favor do extraditando.[25]

A concordância do extraditando com o pedido pode levar apenas à "dispensa do ato do seu interrogatório, com a finalidade de abreviar seu tempo de permanência na prisão".[26]

6. A prisão do extraditando

Cabe ressaltar, que para o andamento do pedido de extradição é necessário que o extraditando seja preso e colocado à disposição do Supremo Tribunal Federal (arts. 81 e 84 da Lei n° 6.815/80 e art. 208 do RISTF).

De acordo com a reiterada jurisprudência da nossa Suprema Corte, "nenhum pedido de extradição terá andamento sem que o extraditando seja preso e colocado à disposição do STF". Essa prisão de natureza cautelar destina-se, em sua precípua função instrumental, a assegurar a execução de eventual ordem de extradição.[27]

Desse modo, a prisão de natureza cautelar do súdito estrangeiro funciona como verdadeira condição de procedibilidade para o processo de extradição (HC 95.433-RJ, Relator Min. Menezes Direito, DJ 15.05.2009).

Por força do princípio do devido processo legal insculpido no art. 5°, LXI, da Constituição Federal, segundo o qual "ninguém será preso senão em flagrante delito ou por ordem escrita e fundamentada de autoridade judiciária competente", não subsiste mais a atribuição do Ministro da Justiça para decretar a prisão do extraditando prevista no art. 81 da Lei n° 6.815/80.

Com efeito, com o advento da Constituição de 1988 a competência para a decretação da prisão do extraditando passou a ser do Ministro do Supremo Tribunal Federal para o qual foi distribuído o pedido, mediante sorteio.

Por expressa determinação do parágrafo único do art. 84 do Estatuto do Estrangeiro, a prisão do extraditando "perdurará até o julgamento final do Supremo Tribunal, não sendo admitidas a liberdade vigiada, a prisão domiciliar, nem a prisão-albergue".

Não obstante, em situações excepcionais, o Supremo Tribunal Federal já admitiu a convolação da prisão preventiva em prisão domiciliar (AC 70 QO, Relator Ministro Sepúlveda Pertence).

---

[25] Extradição n° 909, Rel. Min. Celso de Mello, j. 16.12.2004, DJ 22.04.2005 p. 8.
[26] Extradição n° 1144, Rel. Min. Ellen Gracie, j. 19.12.2008, DJU 20.02.2009, p. 20.
[27] Extradição n° 579 QO, Rel. Min. Celso de Mello, j. 01.07.1993, DJ 10.09.1993 p. 18375.

Ressalte-se que o tempo que o extraditando ficou preso cautelarmente no Brasil, por força do processo de extradição, deverá ser descontado do tempo de pena que deverá cumprir no Estado estrangeiro, caso deferido o pedido extradicional. Assim, para que seja efetivada a entrega do extraditando, o Estado requerente deve assumir o compromisso de aplicar a detração penal, por expressa determinação do art. 91, II, da Lei nº 6.815/80.

Além disso, o Estado requerente também deve se comprometer no sentido de que a pena de prisão a ser cumprida pelo extraditando não ultrapasse os trinta anos de reclusão, visto ser este o limite máximo previsto na legislação brasileira para cumprimento de pena privativa de liberdade (art. 75 do Código Penal). Outrossim, eventual pena corporal ou de morte aplicada pelo Estado requerente deverá ser comutada em pena privativa de liberdade (art. 91, III, do Estatuto do Estrangeiro).

IV) CONCLUSÃO DO JULGAMENTO DO PEDIDO EXTRADICIONAL

1. Efeitos da decisão do Supremo Tribunal Federal

Ao final do julgamento do processo de extradição, caso o pedido seja indeferido pelo Supremo Tribunal Federal, o extraditando deve ser colocado em liberdade e comunicada a decisão ao Estado requerente. Nesse caso, o Poder Executivo fica vinculado à decisão da Corte e não pode efetuar a entrega do extraditando. Portanto, quando o Supremo Tribunal nega a procedência ou a legalidade do pedido o Poder Executivo fica impedido de efetivar a extradição, cabendo-lhe, apenas, comunicar a decisão ao Estado requerente. Vale ressaltar que, negada a extradição, não será admitido novo pedido calcado no mesmo fato (art. 88 da Lei nº 6.815/80).

Questão interessante se coloca quando o Supremo Tribunal Federal defere o pedido extradicional formulado pelo Estado estrangeiro interessado.

Há na doutrina quem defenda que a decisão do Supremo Tribunal Federal que defere o pedido de extradição, após analisar sua legalidade e procedência, obriga o Governo a entregar o extraditando ao Estado estrangeiro requerente. Essa é a posição externada por Francisco Rezek ao comentar sobre a possibilidade de recusa pelo governo brasileiro de pedido de extradição:

> É de se perguntar se a faculdade da recusa, quando presente, deve ser exercitada pelo governo antes ou depois do pronunciamento do tribunal. A propósito, cabe assinalar que o processo de extradição no Supremo Tribunal Federal reclama, ao longo de seu curso,

o encarceramento do extraditando, e nesse particular não admite exceções. Talvez fosse isso o bastante para que, cogitando do indeferimento, o pode Executivo não fizesse esperar sua palavra final. Existe, além do mais, uma impressão generalizada, e a todos os títulos defensável, que a transmissão do pedido ao tribunal traduz aquiescência da parte do governo. O Estado requerente, sobretudo, tende a ver nesse ato a aceitação de sua garantia de reciprocidade, passando a crer que a partir de então somente o juízo negativo da corte sobre a legalidade da demanda lhe poderá vir a frustrar o intento. Nasceu, como era de se esperar que nascesse, por força de tais fatores, no Supremo Tribunal Federal, o costume de se manifestar sobre o pedido extradicional em termos definitivos. Julgando-o legal e procedente, o tribunal defere a extradição. Não se limita, assim, a declará-la viável, qual se entendesse que depois de seu pronunciamento o regime jurídico do instituto autoriza ao governo uma decisão discricionária (Rezek, ob. cit., os. 200-201).

No mesmo diapasão é a lição de Mirtô Fraga, segundo o qual a "Corte Suprema não tem se limitado a julgar legal ou ilegal, procedente ou improcedente a extradição; seu pronunciamento se faz em termos definitivos, deferindo ou denegando o pedido".[28]

Já para Celso de Albuquerque Mello, "cabe ao Poder Executivo decidir da extradição ou não de um indivíduo", podendo recusá-la "mesmo quando o STF tenha declarado a legalidade e procedência do pedido".[29]

Adotam a mesma linha Carmen Tibúrcio e Luís Roberto Barroso ao defenderem que:

> Uma vez autorizada a extradição, compete ao Executivo decidir sobre a sua conveniência. Portanto, é possível que o Supremo autorize a extradição e esta não venha a ser efetivada, por não ser conveniente ao Executivo.[30]

Entretanto, ressaltam os referidos autores que existindo tratado de extradição entre o Brasil e o Estado requerente "fica o Presidente da República obrigado a conceder a extradição, uma vez autorizada pelo Supremo, sob pena de violar obrigação assumida perante o direito internacional".[31]

Tal questão foi recentemente debatida no Plenário do Supremo Tribunal Federal, por ocasião do rumoroso caso Battisti (Ext. 1085). Ao final do julgamento, depois de acirrados debates, o Supremo Tribunal ficou dividido quanto à eficácia do acórdão que defere o pedido extradicional.

Naquela ocasião, dos nove Ministros que participaram do julgamento, quatro entenderam pela discricionariedade do ato do Presidente da República e quatro pela obrigatoriedade da entrega do extraditando ao

---

[28] Ob. cit., p. 336.

[29] Ob. cit., p. 661.

[30] V. *Algumas Questões sobre a Extradição no Direito Brasileiro*, Revista Ibero-Americana de Direito Público, p. 34.

[31] Ob. cit., p. 34.

Estado requerente, sendo que um Ministro votou no sentido da não vinculação da decisão da Corte, entendendo, por outro lado, que não há discricionariedade por parte do Chefe do Executivo, que deve respeitar os termos do tratado de extradição firmado com o Estado estrangeiro.

No ponto, a decisão ficou assim ementada:

> Extradição. Passiva. Executória. Deferimento do pedido. Execução. Entrega do extraditando ao Estado requerente. Submissão absoluta ou discricionariedade do Presidente da República quanto à eficácia do acórdão do Supremo Tribunal Federal. Não reconhecimento. Obrigação apenas de agir nos termos do Tratado celebrado com o Estado requerente. Resultado proclamado à vista de quatro votos que declaravam obrigatória a entrega do extraditando e de um voto que se limitava a exigir observância do Tratado. Quatro votos vencidos que davam pelo caráter discricionário do ato do Presidente da República. Decretada a extradição pelo Supremo Tribunal Federal, deve o Presidente da República observar os termos do Tratado celebrado com o Estado requerente, quanto à entrega do extraditando.

Nesse julgamento, os Ministros Cármem Lúcia, Joaquim Barbosa, Carlos Britto e Marco Aurélio votaram pela discricionariedade do Presidente da República quanto à entrega do extraditando, mesmo após a extradição ter sido deferida pelo Supremo Tribunal Federal. Para esses Ministros, a decisão de entregar ou não o extraditando é política e situa-se no âmbito decisório exclusivo e discricionário do Chefe de Estado (voto Min. Joaquim Barbosa).

Em seu voto, a Ministra Cármem Lúcia pontuou que o poder discricionário do Presidente da República para efetuar ou não a entrega do extraditando, após a extradição ter sido deferida pelo Supremo Tribunal Federal, tem fundamento no art. 84, VII, da Constituição Federal.

Já os Ministros Cezar Peluso, Ellen Gracie, Gilmar Mendes e Ricardo Lewandowski entenderam pela obrigatoriedade da entrega do extraditando ao Estado requerente quando o pedido extradicional for deferido pelo Supremo Tribunal Federal.

Sobre a questão, o Ministro Relator Cezar Peluso destacou o seguinte em seu voto: "Observe-se que o Estatuto do Estrangeiro, na hipótese de deferimento do pedido de extradição pela Corte, não confere ao Presidente da República discricionariedade para efetivá-la, ou não. Essa conclusão é confirmada pela regra excepcional prevista no art. 89, *caput*, e parágrafo único, da Lei nº 6.815/80, que apenas atribui ao Presidente da República a faculdade de adiar a execução da extradição em certos caso, mas nunca deixar de efetivá-la".

Nos termos do art. 89 do Estatuto do Estrangeiro, se o extraditando estiver sendo processado, ou tiver sido condenado, no Brasil, por crime punível com pena privativa de liberdade, a extradição será executada somente depois da conclusão do processo ou do cumprimento da pena, ressalvada a hipótese de expulsão por conveniência do interesse nacional prevista no art. 67 do mesmo diploma legal. É o que a doutrina denomina de *extradição temporânea*, visto que esta será executada somente depois de ultimado o processo criminal movido em face do extraditando, ou, em caso de condenação, depois de cumprida a pena (Cahali, 1983, p. 384).

Além disso, a entrega do extraditando também será adiada se a efetivação da medida puser em risco a sua vida por causa de enfermidade grave comprovada por laudo médico oficial (parágrafo único do art. 89).

Portanto, para o Ministro Cezar Peluso, a decisão da Corte deferindo o pedido extradicional vincula o Presidente da República, que deverá proceder à entrega do extraditando ao Estado requerente.

Em seu voto, o Ministro Ricardo Lewandowski afirmou que a obrigação do Chefe do Poder Executivo de efetivar a extradição decorre não só do pronunciamento do Supremo Tribunal Federal no julgamento do pedido extradicional, mas, também, das disposições contidas no tratado celebrado com o Estado requerente, pois, "o descumprimento de um tratado ratificado pelo Parlamento, configura, simultaneamente, um ilícito internacional e uma ofensa ao ordenamento jurídico interno".

A Ministra Ellen Gracie, em aditamento ao seu voto, ressaltou que o Supremo Tribunal não faz manifestações graciosas e que há consequências decorrentes das decisões da Corte, sendo restritas as hipóteses de postergação ou de recusa na entrega do extraditando. Destacou ainda a eminente Ministra a necessidade de se respeitar os termos do tratado celebrado.

Para o Ministro Eros Grau, a decisão do Supremo Tribunal não vincula o Presidente da República, mas, por outro lado, este não pode atuar de forma discricionária, mas sim em observância aos limites impostos no tratado de extradição.

A questão despertou grande debate na Corte, que, após longa discussão, por maioria, entendeu pela não discricionariedade do Presidente da República quanto à efetivação da extradição deferida, ficando este obrigado a agir de acordo com os termos do tratado celebrado com o Estado requerente.

Assim, de acordo com esse recente pronunciamento do Supremo Tribunal Federal, a decisão da Corte deferindo a extradição de estrangeiro não obriga o Presidente da República a efetivar a sua entrega ao Estado requerente. Entretanto, o Presidente da República não pode agir de forma discricionária, pois fica vinculado às disposições do tratado de extradição celebrado entre o Brasil e o Estado estrangeiro.

Portanto, para o STF, havendo tratado celebrado entre o Brasil e o Estado requerente, não há espaço para discricionariedade do Presidente da República, ou seja, a recusa da entrega do extraditando somente pode ocorrer nas hipóteses expressamente previstas no tratado.

V) REFERÊNCIAS BIBLIOGRÁFICAS

ACCIOLY, Hildebrando. *Manual de direito internacional público*. 11. ed. São Paulo: Saraiva, 1991.

BARROSO, Luís Roberto; TIBÚRCIO, Carmen. Algumas questões sobre a extradição no direito brasileiro. *Revista Ibero-Americana de Direito Público*.

CAHALLI, Yussef Said. *Estatuto do estrangeiro*. São Paulo: Saraiva, 1983.

DEL'OLMO, Florisbal de Souza. *A extradição no alvorecer do século XXI*. Rio de Janeiro: Renovar, 2007.

FRAGA, Mirtô. *O novo estatuto do estrangeiro comentado*. Rio de Janeiro: Forense, 1985.

MELLO, Celso D. de Albuquerque. *Curso de direito internacional público*. 8. ed. rev. e aum. Rio de Janeiro: Freitas Bastos, 1986.

PIOVESAN, Flavia. O direito de asilo e proteção internacional. In: ARAÚJO, Nádia de; ALMEIDA, Guilherme de Assis de (Coord.). *O Direito Internacional dos Refugiados: uma perspectiva brasileira*. Rio de janeiro: Renovar, 2001.

RESEK, José Francisco. *Direito internacional público*. 7. ed. São Paulo: Saraiva, 1998.

RUSSONANO, Gilda Maciel Correa Meyer. *A extradição no direito internacional e brasileiro*. 2. ed. Rio de Janeiro: José Konfino editor, 1973.

SOUZA, Artur de Brito Gueiros. *As novas tendências do direito extradicional*. Rio de Janeiro: Renovar, 1998.

— 14 —

Cooperação jurídica internacional e a concessão de *exequatur*

TEORI ALBINO ZAVASCKI
Ministro do Superior Tribunal de Justiça
Professor de Direito na UNB

Sumário: 1. Introdução; 2. Regime constitucional de competência nas relações internacionais; 3. *Exequatur* e *carta rogatória*: conceito e alcance; 4. Cooperação jurídica internacional: conceito e alcance; 5. Fontes normativas da cooperação jurídica internacional; 6. O sistema de cooperação jurídica à luz do direito público internacional; 7. Força normativa dos tratados que regulam a cooperação internacional; 8. Conclusões.

1. Introdução

A integração entre povos e nações, fruto do que se costuma denominar de globalização, ganhou, nas últimas décadas, uma notável velocidade de concretização, assumindo característica de fenômeno praticamente universal, natural e irreversível. O avanço tecnológico na área das comunicações e da informática e a modernização e a propagação dos meios de transporte de longa distância são responsáveis pela paulatina derrubada das fronteiras geográficas, sociais, culturais, econômicas e políticas entre as pessoas e as instituições de diferentes países, dando ensejo a profundas mudanças nas características qualitativas e quantitativas das relações internacionais. A instantaneidade e a facilidade das comunicações, especialmente, fizerem desaparecer, em muitas áreas da atividade humana, a distância e o tempo, conferindo às relações interpessoais e institucionais um caráter atemporal e multinacional.

Também o direito foi atingido pelo impacto da globalização. Nem se poderia supor que os atos e negócios jurídicos, lícitos e ilícitos, fenômenos sociais que são, pudessem ficar imunes aos efeitos dela decorrentes. E dentre as inúmeras mudanças que se fizeram necessárias para adaptar as instituições jurídicas ao mundo globalizado, uma das mais estratégicas foi, sem dúvida, a que se verificou no campo da cooperação entre as nações, visando não somente a atender ao novo perfil das relações internacionais legítimas, como também e especialmente à prevenção e à repressão das ilegítimas. Nessa área, a agilidade das condutas ilícitas e a eficácia transnacional de seus resultados se mostravam diretamente proporcionais à ineficiência e à insuficiência dos antigos e tradicionais mecanismos de cooperação utilizados entre os Estados, visando a combatê-las, consistentes em instrumentos formais e burocratizados, em geral intermediados por órgãos do Judiciário de cada País. Por isso mesmo, inúmeros acordos e tratados celebrados em tempos recentes, em âmbito bilateral e multilateral, dos quais o Brasil também é signatário, buscaram instituir um novo padrão de cooperação, mediante criação de instrumentos mais compatíveis com as exigências dos novos tempos. Construiu-se, assim, um sistema de cooperação jurídica em que os instrumentos tradicionais, notadamente o das cartas rogatórias, passaram a conviver com formas mais modernas, instituídas por fontes normativas de direito público internacional.

Com o presente estudo, o que se busca é traçar as características gerais do atual sistema de cooperação jurídica internacional adotada pelo Brasil, identificando os seus instrumentos de atuação e definindo as hipóteses em que (a) é indispensável a prévia expedição de carta rogatória e do consequente *exequatur* pelo Superior Tribunal de Justiça e as em que (b) é dispensável qualquer prévia intermediação do Judiciário, efetivando-se o controle jurisdicional dos atos de cooperação, se e quando necessário, pelas vias ordinárias.[1]

2. Regime constitucional de competência nas relações internacionais

Em nosso regime constitucional, "compete à União (...) manter relações com estados estrangeiros" (art. 21, I), competência essa que é exercida privativamente pelo Presidente da República (CF, art. 84, VII), com observância dos princípios indicados no art. 4º da Constituição, a saber: "I – independência nacional; II – prevalência dos direitos humanos; III – autodeterminação dos povos; IV – não intervenção; V – igualdade entre os Estados; VI – defesa da paz; VII – solução pacífica dos conflitos; VIII – repúdio ao terrorismo e ao racismo; IX – cooperação entre os povos para o progresso da humanidade; X – concessão de asilo político". A re-

---

[1] Essa matéria foi enfrentada pela Corte Especial do STJ no julgamento da Reclamação 2645, DJe de 16.12.09, constituindo o presente estudo adaptação do voto por mim proferido como relator do caso.

gra geral, portanto, é a de que as relações do Brasil com outros países são mantidas pelo Poder Executivo da União, que "é exercido pelo Presidente da República, auxiliado pelos Ministros de Estado" (CF, art. 76). Na área específica, o Presidente da República é auxiliado principalmente pelo Ministro de Estado das Relações Exteriores.

Há certas relações internacionais, todavia, para as quais a Constituição exige o concurso ou a aprovação dos outros Poderes. Assim, embora seja de competência privativa do Presidente da República "celebrar tratados, convenções e atos internacionais" (CF, art. 84, VIII), cabe ao Congresso Nacional "resolver definitivamente sobre tratados, acordos ou atos internacionais que acarretem encargos ou compromissos gravosos ao patrimônio nacional" (CF, art. 49, I). Da mesma forma, a competência privativa do Presidente da República de "declarar guerra", "celebrar a paz" e "permitir (...) que forças estrangeiras transitem pelo território nacional ou nele permaneçam temporariamente" (CF, art. 84, XIX, XX e XXII), está subordinada à aprovação do Congresso Nacional (art. 49, II).

No que se refere ao Poder Judiciário, a sua participação nas relações internacionais está prevista constitucionalmente nas hipóteses de pedidos de extradição e de execução de sentenças e de cartas rogatórias estrangeiras. Assim, "compete ao Supremo Tribunal Federal (...) processar e julgar, originariamente (...) a extradição solicitada por Estado estrangeiro" (CF, art. 102, I, *g*); "compete ao Superior Tribunal de Justiça (...) processar e julgar originariamente (...) a homologação de sentenças estrangeiras e a concessão de *exequatur* às cartas rogatórias" (CF, art. 105, I, *i*); e "aos Juízes federais compete processar e julgar (...) a execução de carta rogatória, após o *exequatur*, e de sentença estrangeira, após a homologação" (CF, art. 109, X).

Interessa ao presente estudo, primeiramente, definir o conteúdo e os limites da competência do STJ inscrita na cláusula constitucional de "concessão de *exequatur* às cartas rogatórias".

3. *Exequatur* e *carta rogatória*: conceito e alcance

As relações entre Estados soberanos que têm por objeto a execução de sentenças e de cartas rogatórias representam uma classe muito peculiar de relações internacionais. Elas se estabelecem, em última análise, em razão da atividade dos órgãos judiciários de diferentes Estados soberanos e decorrem do princípio da territorialidade da jurisdição, inerente ao princípio da soberania, segundo o qual a autoridade dos juízes (e, portanto, das suas decisões) não pode extrapolar os limites territoriais do seu próprio País. Assim, quando as sentenças e decisões devam ser cumpridas no território de outro Estado, a prestação jurisdicional dependerá, necessariamente, da cooperação estrangeira, o que explica o sistema de cooperação mútua que se estabelece no plano internacional. Em nosso sistema constitucional, conforme visto, os atos de órgãos judiciários estrangeiros, para serem aqui executados, dependem de um juízo de delibação do Superior Tribunal de Justiça, que tem competência para "homologação de sentenças" e para "concessão de *exequatur*" a cartas rogatórias estrangeiras, cabendo, depois, aos Juízes Federais a correspondente "*execução*". Em qualquer caso, o juízo de delibação se dá mediante procedimento formado em contraditório, que, mesmo em se tratando de carta rogatória, supõe a participação dos interessados, a quem é assegurado direito de defesa, e do Ministério Público, com a faculdade de impugnar o pedido (Resolução STJ 9/2005, artigos 8º a 10).

O termo "*exequatur*" tem, nesse domínio jurídico, um significado típico, historicamente bem sedimentado, assim enunciado por De Plácido e Silva: trata-se de "palavra latina, de *exsequi*, que se traduz *execute-se*, *cumpra-se*, empregada na terminologia forense para indicar *autorização* que é dada pelo Presidente do Supremo Tribunal Federal para que possam, validamente, ser executados, na jurisdição do juiz competente, as diligências ou atos processuais requisitados por autoridade jurídica estrangeira. O *exequatur* é dado na *carta rogatória*. E se distingue da *homologação*, que se apõe às sentenças estrangeiras, para que possam ser cumpridas no território nacional. Nesta circunstância, o *exequatur* se mostra um reconhecimento ou uma revalidação à *carta rogatória* para que possa ser atendida regularmente e devolvida ao juiz *rogante*, depois de devidamente cumprida".[2] Com a óbvia ressalva no que concerne à referência sobre competência (que hoje é do STJ, e não mais do STF), esse sentido da palavra *exequatur* – designativo de *cumpra-se* dado pela autoridade de determinado país a uma decisão proferida por órgão jurisdicional de outro país – é unívoco na linguagem jurídica, tanto no Brasil como em outros países. Confirmam isso nossos dicionários e vocabulários especializados, nacionais[3] e estrangeiros.[4] Conforme registra José de Moura Rocha, a propósito do sentido

---

[2] SILVA, De Plácido e. Vocabulário Jurídico, 27ª ed., RJ: Forense, 2007, p. 580.

[3] Veja-se o verbete *exequatur* em: SIDOU, J. M. Othon. *Dicionário Jurídico*: Academia Brasileira de Letras Jurídicas, 9ª ed., RJ: Forense Universitária, 2006, p.375; DINIZ, Maria Helena. *Dicionário Jurídico*, 2ª ed., vol. 2, SP: Saraira, 2005, p. 541; NAUFEL, José. *Novo Dicionário Jurídico Brasileiro*, RJ: Forense, 2002, p. 479; MAGALHÃES, Esther C. Piragibe e MAGALHÃES Marcelo C. Piragibe. *Dicionário Jurídico Piragibe*, RJ: Lumen Juris, 2007; ACQUAVIVA, Marcus Cláudio. *Dicionário Básico de Direito Acquaviva*, 5ª ed., SP: Ed. Jurídica Brasileira, 2004, p. 137; NEVES, Iêdo Batista. *Vocabulário Enciclopédico de Tecnologia Jurídica e Brocardos Latinos*, RJ: Forense, 1997, vol. I, p. 994; NUNES, Pedro. *Dicionário de Tecnologia Jurídica*. 12ª ed., RJ: Freitas Bastos, 1990, p. 416; XAVIER, Ronaldo Caldeira. *Latim no Direito*, 5ª ed., RJ: Forense, 2002, p. 151.

[4] D'AMELIO, Mariano. *Nuovo Digesto Italiano*, Torino: Unione Tipografico-Editrice Torinese, p. 739; COUTURE, Eduardo J. *Vocabulário Jurídico*, Buenos Aires: Depalma, 1991, p.273; CAPITANT, Henri. *Vocabulario Jurídico*, tradução para o espanhol de Aquiles Horácio Guaglianone, Buenos Aires: Depalma, 1986, p.269.

histórico do instituto, desde o direito romano o termo *exequatur* está relacionado ao sistema de cumprimento, num determinado território, de decisões jurisdicionais emanadas de outro território.[5] A rigor, sob esse aspecto, o que denominamos de homologação de sentença estrangeira não deixa igualmente de significar um *exequatur*, em sentido amplo.

Também *carta rogatória* (ou *carta rogatória internacional* ou, simplesmente, *rogatória*) é expressão com sentido inconfundível: designa o "instrumento itinerante com o qual, em obediência a convenção internacional ou com o concurso diplomático, a autoridade judiciária de um país solicita à de outro o cumprimento de determinadas providências processuais que estão fora de sua jurisdição. Diz-se *ativa*, quando a carta rogatória é encaminhada para cumprimento; e *passiva*, quando recebida para cumprimento".[6] Esse seu significado – de instrumento pelo qual o juiz de um país requisita, em outro país, o cumprimento de suas decisões –, é o adotado e reconhecido tanto nos textos normativos infraconstitucionais,[7] quanto na doutrina nacional.[8]

Não há dúvida, portanto, que, ao atribuir ao STJ a competência para a "concessão de *exequatur* às cartas rogatórias" (art. 105, I, *i*), a Constituição está se referindo, especificamente, ao juízo de delibação consistente em aprovar ou não o pedido feito por autoridade judiciária estrangeira ("Juízos ou Tribunais estrangeiros", segundo o art. 225 do Regimento Interno do STF) para cumprimento, em nosso país, de diligência processual requisitada por decisão do juiz rogante. É com esse sentido e nesse limite, portanto, que deve ser compreendida a referida competência constitucional.

4. Cooperação jurídica internacional: conceito e alcance

Todavia, o sistema de cooperação entre Estados soberanos vai muito além das relações decorrentes do cumprimento de atos de natureza jurisdicional, ou seja, de sentenças ou de decisões proferidas por seus juízes em processos judiciais. Mesmo no âmbito do que se costuma denominar, na linguagem do direito público internacional, de "cooperação jurídica internacional", há uma gama enorme de medidas solicitadas por um a

---

[5] ROCHA, José de Moura. *Enciclopédia Saraiva do Direito,* coordenação de Rubens Limongi França, SP: Saraiva, 1977, p.157-163.

[6] SIDOU, J.M.Othon. *Dicionário Jurídico:* Academia Brasileira de Letras Jurídicas, cit., p. 89.

[7] Por exemplo: art. 201 do CPC, art. 783 do CPP, art. 225 do Regimento Interno do STF.

[8] NAUFEL, José. *Novo Dicionário Jurídico Brasileiro*, cit., p. 201; DINIZ, Maria Helena. *Dicionário Jurídico*, vol. 2, cit., p. 611; HORCAIO, Ivan. *Dicionário Jurídico Referenciado*, SP: Primeira Impressão, 2006, verbete *rogatória;* NUNES, Pedro. *Dicionário de Tecnologia Jurídica*, cit., p. 158. Significado idêntico tem também no direito estrangeiro: *Enciclopedia del Diritto*, Giuffrè Editore, 1989, Vol. XLI, p. 97 e 113; AZARA, Antonio e EULA, Ernesto. *Novissimo Digesto Italiano*, Torino: Unione Tipografico-Editrice Torinese, vol. XVI, p. 252, verbete *rogatorie;* COUTURE, Eduardo J.. *Vocabulário Jurídico*, cit., p. 136.

outro Estado soberano que não são, nem teria sentido algum que o fossem, oriundas ou intermediadas pelos órgãos ou autoridades do respectivo Poder Judiciário e que, portanto, não são, nem teria sentido algum que o fossem, submetidas ao procedimento da carta rogatória, com as formalidades próprias desse instrumento processual.[9]

Embora não exclusivamente, é sobretudo na área da prevenção e da investigação penal que medidas eficazes e ágeis de cooperação entre as Nações se mostram indispensáveis. Conforme já assinalado, ninguém desconhece que o moderno fenômeno da globalização e da cada vez mais estreita aproximação entre os povos e instituições de diferentes países, na área econômica e em outras áreas, tornou propício e foi acompanhado também pelo fenômeno da criminalidade transnacional. Atualmente, é realidade corriqueira a ocorrência de delitos com características internacionais, seja em seus atos preparatórios, seja em sua execução, seja em sua consumação ou nas suas consequências. O crime e o produto do crime transitam, hoje, com singular agilidade – e facilidade – entre as fronteiras físicas e as barreiras jurídicas de controle e fiscalização. Proclama-se, por isso mesmo, no meio jurídico, a necessidade urgente de atualização, inclusive no plano normativo, dos métodos tradicionais, a fim de propiciar aos Estados meios adequados e idôneos de enfrentamento dessa nova realidade.[10]

Justamente por isso, tornou-se preocupação geral das Nações e dos Organismos Internacionais a adoção de medidas de cooperação mútua para a prevenção, a investigação e a punição efetiva de delitos dessa espécie, o que tem como pressuposto essencial e básico um sistema eficiente de comunicação, de troca de informações, de compartilhamento de provas e, mesmo, de tomada de decisões e de execução de medidas preventivas, investigatórias, instrutórias ou acautelatórias, de natureza extrajudicial. O sistema da cooperação jurídica internacional não exclui, evidentemente, as medidas de cooperação entre os órgãos judiciários, pelo regime das cartas rogatórias, no âmbito de processos já submetidos à esfera jurisdicional. Mas, além delas, conforme já enfatizado, a cooperação mútua engloba outras muitas providências que até podem, se for o caso, dar ensejo a futuras ações penais, mas enquanto circunscritas ao âmbito da prevenção e da investigação, não exigem prévia aprovação ou

---

[9] DIPP, Gilson Langaro. Carta rogatória e cooperação internacional, *Revista CEJ – Centro de Estudos Judiciários do Conselho da Justiça Federal*, n. 38, jul/set 2007, p. 40.

[10] FRANCO, Alberto Silva, e STOCO, Rui. *Código de Processo Penal e sua interpretação jurisprudencial*, vol. 5, 2ª ed., SP: Editora Revista dos Tribunais, p. 923-5; PEREIRA NETO, Pedro Barbosa. Cooperação penal internacional nos delitos econômicos, *Revista Brasileira de Ciências Criminais*, n. 54, maio-junho de 2005, p. 154; BRAGA, Rômulo Rhemo Palito. Aspectos político-criminais sobre branqueio de capital, *Revista de Informação Legislativa*, n. 165, janeiro/março de 2005, p. 99.

a intermediação judicial para serem executadas. Exigência dessa natureza não existe no plano do direito interno, nem há razão para existir no plano do direito internacional.

Realmente, no direito brasileiro, como na maioria dos países, a atividade de prevenção e investigação de delitos, que não têm natureza jurisdicional, não está afeta ao Poder Judiciário, mas sim às autoridades policiais ou do Ministério Público, vinculadas ao Poder Executivo. Aliás, a natureza da atividade jurisdicional – submetida, como regra, a procedimentos formais, públicos e em regime de contraditório –, não é adequada e nem compatível com atividades tipicamente policiais, como essas a que nos referimos agora, de prevenção e investigação criminal. Em nosso sistema, apenas algumas medidas dessa natureza dependem de prévia aprovação judicial, como é o caso das que demandam ingresso em domicílio individual, ou quebra de sigilo das comunicações telefônicas, telegráficas ou de dados (CF, art. 5º, XI e XII). Excetuadas hipóteses dessa natureza, não há razão alguma, mesmo em se tratando de investigações ou de medidas de prevenção levadas a efeito em regime de cooperação internacional, "jurisdicionalizar" tais atividades, submetendo-as à intermediação ou à prévia delibação dos órgãos do respectivo Poder Judiciário.

Por levar em conta tais circunstâncias, o sistema de cooperação jurídica internacional de que o Brasil faz parte retrata e respeita o sistema de competências e de atribuições adotados no plano do direito interno, preservando estrita e integralmente as competências constitucionais do Poder Judiciário, inclusive no que se refere ao controle jurisdicional da legitimidade dos atos praticados pelos órgãos e autoridades envolvidos.

5. Fontes normativas da cooperação jurídica internacional

Em nosso direito interno, são escassas as disposições legislativas específicas sobre as relações internacionais em matéria judiciária. As que existem, dizem respeito exclusivamente a homologação de sentenças estrangeiras ou a cumprimento de cartas rogatórias expedidas por órgãos do Judiciário. Ou seja, regulam relações estabelecidas no âmbito de processos de natureza jurisdicional já em curso. É o caso, no processo penal, dos artigos 780 a 790 do CPP, e, no processo civil, dos artigos 201, 202, 210 a 212 e 483 e 484 do CPC. Todavia, no que se refere às relações internacionais de cooperação e assistência jurídica em atividades que não dependem da participação do Judiciário ou que ainda não estão sujeitas à sua intervenção (v.g., a prevenção e a investigação de ilícitos), o legislador nacional nada dispôs a respeito.

Assim, as relações internacionais, no âmbito do que se denomina, genericamente, de cooperação jurídica, estão previstas, fundamentalmente, em normas de direito público internacional, estabelecidas em acordos bilaterais, regionais e multilaterais, que têm proliferado fecundamente em todo o mundo nas últimas décadas. No âmbito bilateral, o Brasil mantém, apenas para citar os mais recentes, acordos de cooperação jurídica em matéria penal com a Itália (Decreto 862, de 09.07.93), com a França (Decreto 3.324, de 09.07.93), com Portugal (Decreto 1.320, de 30.11.94), com o Paraguai (Decreto 139, de 29.11.95), com os Estados Unidos da América (Decreto 3.810, de 02.05.01), com a Colômbia (Decreto 3.895, de 23.08.2001), com o Peru (Decreto 3.988, de 29.10.81), com a República Popular da China (Decreto 6.282, de 03.12.07), com Cuba (Decreto 6.462, de 21.08.08), entre outros. No âmbito multilateral, além dos diversos acordos em matéria de cooperação civil, pode-se mencionar como relevantes: no âmbito do Mercosul, o "Protocolo de Assistência Jurídica Mútua em Assuntos Penais", promulgado no Brasil pelo Decreto 3.468, de 17.05.00; no âmbito da Organização dos Estados Americanos (OEA), a "Convenção Interamericana contra a Corrupção" (Decreto 4.410, de 07.10.02), a "Convenção Interamericana contra o Terrorismo" (Decreto 5.639, de 07.10.02) e especialmente a "Convenção Interamericana sobre Assistência Mútua em Matéria Penal", recentemente promulgada (Decreto 6.340, 03.01.08); e, no âmbito das Nações Unidas, além da "Convenção das Nações Unidas contra a Corrupção" (Convenção de Mérida), de 31.10.03, promulgada no Brasil pelo Decreto 5.687, de 31.01.06, merece destaque também a "Convenção das Nações Unidas contra o Crime Organizado Transnacional" (Convenção de Palermo), promulgada entre nós pelo Decreto 5.015, de 12.03.04. Particular realce merecem esses dois últimos documentos multilaterais, porque neles – mais especificamente, no artigo 46 e seus trinta incisos da Convenção de Mérida e no art. 18 e seus trinta incisos da Convenção de Palermo – está disciplinado detalhadamente um sistema de cooperação jurídica aplicável entre os Estados Partes sempre que não exista (ou se opte por não aplicar) um sistema específico previsto em outro tratado (art. 46.7 e art. 18.7, respectivamente).

O conjunto dessas normas internacionais sobre cooperação jurídica evidencia claramente a preocupação das Nações e dos Organismos Internacionais em estabelecer novos paradigmas de assistência mútua nessa área, a fim de enfrentar, com agilidade e eficiência, os graves problemas de aplicação das leis, especialmente das leis penais, numa realidade mundial globalizada. Ilustram essa preocupação os considerandos estampados no preâmbulo da Convenção das Nações Unidas contra a Corrupção, de 31.10.03, já referida, recentemente promulgada no Brasil (Decreto 5.687, de 31.01.06), que alertam: "(...) a corrupção deixou de ser um problema local para converter-se em um fenômeno transnacional que afeta todas as sociedades e economias", fazendo "necessária a cooperação internacional para preveni-la e lutar contra ela", o que "requer um enfoque amplo e multidisciplinar para prevenir e combater eficazmente" a sua propagação, bem como para "prevenir, detectar e dissuadir com maior eficácia as transferências internacionais de ativos adquiridos ilicitamente e a fortalecer a cooperação internacional para a recuperação destes ativos". Consideram, também, que "a prevenção e a erradicação da corrupção são responsabilidades de todos os Estados e que estes devem cooperar entre si, com o apoio e a participação de pessoas e grupos que não pertencem ao setor público, como a sociedade civil, as organizações não governamentais e as organizações de base comunitárias, para que seus esforços neste âmbito sejam eficazes". Daí o solene compromisso, estabelecido no art. 46:

> 1. Os Estados Partes prestar-se-ão a mais ampla assistência judicial recíproca relativa a investigações, processos e ações judiciais relacionados com os delitos compreendidos na presente Convenção. 2. Prestar-se-ão assistência judicial recíproca no maior grau possível, conforme as leis, tratados acordos e declarações pertinentes do Estado Parte requerido com relação a investigações, processos e ações judiciais relacionados com os delitos dos quais uma pessoa jurídica pode ser considerada responsável em conformidade com o artigo 26 da presente Convenção no Estado Parte requerente.

Compromisso semelhante foi assumido pelos Estados-Partes da Convenção de Palermo (art. 18.1 e 2).

6. O sistema de cooperação jurídica à luz do direito público internacional

A cooperação jurídica internacional estabelecida no conjunto de acordos regionais e multilaterais de que o Brasil é parte, adota, em linhas gerais, um modelo padronizado em nível internacional, que tem como característica importante a indicação, em cada Estado-Parte, de uma "autoridade central", responsável pelo trâmite burocrático dos pedidos de assistência em face de outro Estado-Parte, tanto no que diz respeito à cooperação passiva (recebimento de pedidos), quanto à cooperação ativa (formulação de pedidos). É o que consta, v.g., do art. 46.13 da Convenção de Mérida, do art. 18.13 da Convenção de Palermo e, no âmbito regional, do art. 3º do "Protocolo de Assistência Jurídica Mútua em Assuntos Penais – Mercosul", (Decreto 3.468, de 17.05.2000). A indicação de "autoridade central" é técnica adotada há mais tempo no plano internacional, como se pode constatar, v.g., na Convenção de Haia (art. 6º), sobre "Aspectos civis do sequestro internacional de crianças", de 1980, promulgada no Brasil pelo Decreto 3.087, de 21.06.99 (que indicou como sua autoridade central, nessa área, a Secretaria Especial de Direitos Humanos – SEDH da Presidência da República). No que se refere aos acordos bilaterais de cooperação jurídica, o Brasil indicou o Ministério da Justiça como a sua "autoridade central" (v.g.: art. 2º do Tratado firmado com a República Popular da China – Decreto 6.282/2007; art. III do Tratado firmado com a República da Colômbia – Decreto 3.895/2001; art. II do Tratado firmado com os Estados Unidos da América – Decreto 3.810/2001). Para o desempenho dessa função, o Ministério da Justiça dispõe, em sua estrutura administrativa, do Departamento de Recuperação de Ativos e Cooperação Jurídica Internacional – DRCI, vinculado à Secretaria Nacional de Justiça (Decreto 6.061, de 15.03.07). Cumpre a essa autoridade central, entre outras atividades, o gerenciamento dos pedidos de cooperação jurídica internacional, inclusive no que diz respeito à sua adequada instrução, segundo as exigências estabelecidas nos acordos internacionais, e a coordenação da sua execução pelas autoridades nacionais ou estrangeiras competentes.

Outra característica importante desse sistema padronizado de cooperação jurídica é o do estrito respeito às normas de direito interno de cada Estado-Parte, o que inclui cláusula de recusa à assistência quando o pedido for incompatível com essas normas. É o que decorre claramente dos vários incisos dos já referidos art. 46 da Convenção de Mérida ("Convenção das Nações Unidas contra a Corrupção") e art. 18 da Convenção de Palermo ("Convenção das Nações Unidas contra o Crime Organizado Transnacional". No mesmo sentido é o artigo 7º do "Protocolo de Assistência Jurídica Mútua em Assuntos Penais – Mercosul":

> 1. O processamento das solicitações será regido pela lei do Estado requerido e de acordo com as disposições do presente Protocolo. 2. A pedido do Estado requerente, o Estado requerido cumprirá a assistência de acordo com as formas e procedimentos especiais indicados na solicitação, a menos que esses sejam incompatíveis com sua lei interna.

Portanto, as providências de cooperação solicitadas por autoridades estrangeiras serão atendidas pelas autoridades nacionais com observância dos mesmos padrões, inclusive dos de natureza processual, que devem ser observados para as providências semelhantes no âmbito interno, tudo sujeito a controle pelo Poder Judiciário, por provocação de qualquer interessado, que poderá utilizar, para isso, os instrumentos processuais, inclusive os recursais, previstos no ordenamento comum.

As diligências passíveis de solicitação mútua entre os Estados Partes, em regime de cooperação internacional (indicadas, v.g, no art. 18.3 da Convenção de Palermo, no art. 46.3 da Convenção de Mérida e no art. 2º do "Protocolo de Assistência Jurídica Mútua em Assuntos Penais – Mercosul"), consistem, em grande número, de providências que, no âmbito do direito interno, não têm natureza necessariamente jurisdicional, ou seja, podem ser produzidas sem prévia autorização do Poder Judiciário.

Todavia, nos casos em que o direito interno exige tal autorização, o Estado Parte requerido fica comprometido e autorizado a requerer essa medida junto aos órgãos jurisdicionais nacionais, atuação que representa uma importante modalidade de cooperação jurídica. Pode-se dizer que, nessas circunstâncias, o Estado requerido atua em regime semelhante ao da substituição processual: requer em nome próprio para atender solicitação de outro Estado. Nesse sentido, tem significativa importância, no âmbito do direito brasileiro, o papel do Ministério Público Federal e da Advocacia-Geral da União, órgãos com capacidade postulatória para requerer, em nome do Estado brasileiro, perante o Judiciário, as medidas de cooperação internacional que, no âmbito interno, estão sujeitas a controle judicial (v.g.: quebra de sigilo). Foi justamente para disciplinar sua atuação que esses órgãos, juntamente com o Ministério da Justiça, editaram a Portaria Conjunta nº 1, de 27.10.2005 ("Dispõe sobre a tramitação de pedidos de cooperação jurídica internacional em matéria penal entre o Ministério da Justiça, o Ministério Público Federal e a Advocacia Geral da União").

Bem se percebe, pois, que as relações internacionais de cooperação e assistência mútua na área jurídica vão muito além das estabelecidas entre os órgãos jurisdicionais dos Estados, sujeitas a regime de *exequatur* e, portanto, à intermediação do Superior Tribunal de Justiça. Segundo decorre do sistema previsto nos diversos acordos internacionais firmados pelo Brasil, as relações de cooperação e assistência são estabelecidas também entre autoridades não judiciais, integrantes do Poder Executivo, competentes para atuar nas áreas de prevenção e de investigação de ilícitos civis e penais de caráter transnacional, como é o caso das autoridades de fiscalização, das polícias e do Ministério Público.

7. Força normativa dos tratados que regulam a cooperação internacional

A circunstância de estar a cooperação jurídica regulada, quase que exclusivamente, por acordos e tratados internacionais não retira do sistema assim estabelecido a sua força normativa, nem autoriza que se lhe negue a devida observância. Conforme reiterada jurisprudência do STF,[11] os tratados e convenções internacionais de caráter normativo, "(...) uma vez regularmente incorporados ao direito interno, situam-se, no sistema jurídico brasileiro, nos mesmos planos de validade, de eficácia e de autoridade em que se posicionam as leis ordinárias", inclusive para efeito de controle difuso ou concentrado de constitucionalidade,[12] com eficácia

---

[11] RE 80.004, Min. Cunha Peixoto, RTJ 83/809-848; PPex 194, Min. Sepúlveda Pertence, DJ de 04.04.97, RTJ 177/43; Ext 795, Min. Sepúlveda Pertence, DJ de 06.04.01.

[12] STF, ADI-MC 1480-3, Min. Celso de Mello, DJ de 18.05.2001.

revogatória de normas anteriores de mesma hierarquia com eles incompatíveis (*lex posterior derrogat priori*). Aliás, após a Emenda Constitucional 45/2004, essas fontes normativas internacionais alçam-se até à estatura constitucional, quando dispõem sobre direitos humanos e são aprovadas em dois turnos, por três quintos dos votos dos membros das Casas do Congresso Nacional (art. 5º, § 3º, da Constituição). Isso significa dizer que, salvo se declarados inconstitucionais, os tratados e convenções aprovados e promulgados pelo Brasil (como é o caso desses todos acima referidos), devem ser fielmente cumpridos por seus destinatários. No que diz respeito especificamente aos órgãos jurisdicionais, não se admite, porque então sim haverá ofensa à Constituição, seja negada aplicação, pura a simplesmente, a qualquer preceito normativo sem antes declarar formalmente a sua inconstitucionalidade. Conforme enuncia a súmula vinculante 10/STF, "viola a cláusula de reserva de plenário (CF, artigo 97) a decisão de órgão fracionário de Tribunal que, embora não declare expressamente a inconstitucionalidade de lei ou ato normativo do Poder Público, afasta a sua incidência, no todo ou em parte".

No que concerne ao sistema de cooperação jurídica internacional, é importante que se tenha consciência da necessidade de uma posição clara a respeito: ou se adota o sistema estabelecido nos compromissos internacionais, ou, se inconstitucional, não se adota, caso em que será indispensável, além da sua formal declaração interna de inconstitucionalidade, também denunciar, no foro internacional próprio, os tratados e convenções assinados e promulgados. O não cumprimento desses compromissos, é fácil perceber, acaba afetando o funcionamento do sistema como um todo, tanto no que diz respeito aos deveres de cooperação passiva que tem o Brasil em relação à comunidade das Nações, quanto no que diz com o atendimento dos interesses nacionais, nos pedidos de cooperação ativa formulado por autoridades brasileiras. Sob esse aspecto, é preocupante a constatação de que são muitas as solicitações de assistência jurídica, via rogatória, encaminhadas pelo Brasil, que acabam não recebendo acolhida pelos Estados requeridos porque formuladas sem observância do sistema estabelecido pelos acordos internacionais.[13]

Relativamente aos tratados e convenções internacionais sobre a co-operação jurídica, não há notícia de que tenha sido questionada a sua constitucionalidade, nem mesmo das cláusulas que estabelecem formas de cooperação entre autoridades encarregadas da prevenção ou da investigação penal, no exercício das suas funções típicas, dispensando a

---

[13] CABRAL, Maria Cláudia Canto. Anais do Seminário sobre Cooperação Judiciária e Combate à Lavagem de Dinheiro, publicação da Associação dos Juízes Federais – AJUFE, p. 101/2; SILVA, Ricardo Perlingeiro Mendes da. Anotações sobre o Anteprojeto de Lei sobre Cooperação Jurídica Internacional, Revista de Processo, n. 129, novembro de 2005, p. 135.

expedição de carta rogatória ou a participação ou intermediação de órgãos do Poder Judiciário, como estabelecem, v.g., o art. 46 da Convenção de Mérida ("Convenção das Nações Unidas contra a Corrupção") e o art. 18 da Convenção de Palermo ("Convenção das Nações Unidas contra o Crime Organizado Transnacional"). Nem há razão para afirmar que o sistema de cooperação jurídica neles estabelecido seja incompatível com a norma constitucional do art. 105, I, *i*, que fixa a competência do STJ para conceder *exequatur* a cartas rogatórias. Esse dispositivo da Constituição, conforme já enfatizado, simplesmente fixa a competência do STJ para intervir numa forma peculiar de cooperação internacional, estabelecida entre órgãos jurisdicionais e com objeto específico de viabilizar a execução de ato jurisdicional estrangeiro. Como toda norma sobre competência de tribunal superior, essa também deve ser interpretada restritivamente.[14] Não se pode ver nesse dispositivo a instituição de um monopólio universal do STJ na área de cooperação jurídica, razão pela qual a competência nele estabelecida não impede nem é incompatível com outras formas de cooperação jurídica internacional, que prescindem da intermediação ou da participação do Superior Tribunal de Justiça.

8. Conclusões

Pode-se afirmar, em suma, que, relativamente ao sistema de cooperação jurídica internacional vigente no Brasil: (a) compete, em regra, ao Presidente da República, auxiliado por seus ministros e pelos demais órgãos do Poder Executivo, manter as correspondentes relações com estados estrangeiros, sendo a intervenção de outros Poderes, nesse domínio, exigível apenas em situações especiais e restritas; (b) no que se refere ao Poder Judiciário, sua participação está prevista somente em casos de extradição (cuja autorização é dada pelo STF) e de execução de sentenças e de cartas rogatórias estrangeiras (cujo prévio *exequatur* é dado pelo STJ); (c) a expedição de cartas rogatórias decorre do princípio da territorialidade da jurisdição, sendo exigível, portanto, apenas para uma classe peculiar de relações internacionais, estabelecidas entre órgãos judiciários de diferentes Estados; (d) o *exequatur* a cartas rogatórias é juízo de delibação consistente em aprovar ou não o pedido feito por autoridade judiciária estrangeira para cumprimento, em nosso País, de sentença ou de diligência processual requisitada por decisão do juiz rogante; (e) há, todavia, inúmeras outras relações internacionais de cooperação e assistência mútua na área jurídica, previstas em acordos internacionais firmados pelo Brasil, que são estabelecidas, não entre órgãos judiciários, mas entre autoridades

---

[14] SILVA, Ricardo Perlingeiro Mendes da. Cooperação jurídica internacional e auxílio direito, Revista CEJ – Centro de Estudos Judiciários do Conselho da Justiça Federal, n. 32, março de 2006, p. 77.

de outros órgãos, nomeadamente os de fiscalização, de polícia e do Ministério Público, competentes para atuar nas áreas de prevenção e de investigação de ilícitos civis e penais de caráter transnacional; (f) as medidas de cooperação mútua, nessas áreas, têm como pressuposto essencial um sistema eficiente de comunicação, de troca de informações, de compartilhamento de provas e de tomada de decisões e de execução de medidas preventivas, investigatórias, instrutórias ou acautelatórias extrajudiciais, cuja natureza é incompatível com o prévio procedimento jurisdicional de expedição e *exequatur* de carta rogatória; (g) as providências de cooperação dessa natureza, dirigidas a uma autoridade central do Estado requerido, serão atendidas pelas autoridades nacionais com observância dos mesmos padrões, inclusive processuais, que devem ser observados para as providências semelhantes no âmbito interno, estando sujeitas a controle pelo Poder Judiciário, se e quando necessário, pelas vias ordinárias, por provocação de qualquer interessado (h) caso a medida solicitada dependa, segundo o direito interno, de prévia autorização judicial, cabe aos agentes competentes do Estado requerido atuar judicialmente visando a obtê-la; (i) o Ministério Público Federal e à Advocacia Geral da União estão investidos de capacidade postulatória para requerer, ao Judiciário brasileiro, quando for o caso, as medidas de cooperação jurídica solicitadas por Estado estrangeiro; (j) promulgados e adotados que foram pelo direito interno, os tratados e convenções que instituíram esse sistema de cooperação jurídica internacional têm força normativa de lei ordinária, razão pela qual, enquanto não denunciados ou declarados inconstitucionais, merecem integral e irrestrito cumprimento.

Impressão:
Evangraf
Rua Waldomiro Schapke, 77 - POA/RS
Fone: (51) 3336.2466 - (51) 3336.0422
E-mail: evangraf.adm@terra.com.br